Guide complet de la

GROSSESSE

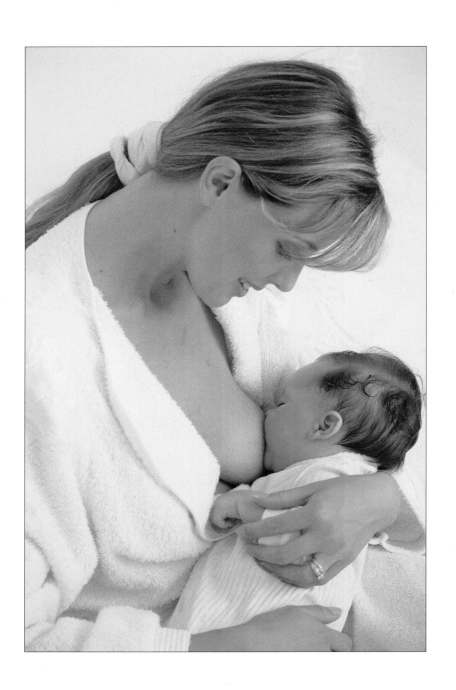

Heather Welford

Guide complet de la

GROSSESSE

Consultant
Professeur M.G. Elder

LES CHANGEMENTS DE VOTRE CORPS,
VOTRE BÉBÉ ET VOTRE VIE

 **Broquet**

97-B, Montée des Bouleaux, Saint-Constant, PQ, Canada J5A 1A9,
Tél.: (450) 638-3338 **Fax:** (450) 638-4338
Internet: http://www.broquet.qc.ca
Courriel: info@broquet.qc.ca

Catalogage avant publication de la Bibliothèque
nationale du Canada

Welford, Heather, 1952-

    Guide complet de la grossesse

    Traduction de: Pregnancy.
    Comprend un index.

    ISBN 2-89000-653-0

    1. Grossesse. 2. Accouchement. I. Titre.

RG525.W53514 2004   618.2'4   C2004-941009-1

POUR L'AIDE À LA RÉALISATION DE SON PROGRAMME ÉDITORIAL,
L'ÉDITEUR REMERCIE :
Le Gouvernement du Canada par l'entremise du Programme d'Aide au
Développement de l'Industrie de l'Édition (PADIÉ) ; La Société de
Développement des Entreprises Culturelles (SODEC) ; L'Association pour
l'Exportation du Livre Canadien (AELC).
Le Gouvernement du Québec - Programme de crédit d'impôt pour l'édition de
livres - Gestion SODEC.

Traduction : Anne-Marie Courtemanche, Fabienne Agin

TITRE ORIGINAL : Pregnancy, the complete guide to planning and birth

    Copyright © 1998 Marshall Editions Developments Ltd
    Publié pour la première fois au Royaume-Uni en 1998 par
    Marshall Publishing Ltd
    Création, publication et conception par
    Marshall Editions
    The Old Brewery, 6 Blundell Street
    London N7 9BH

POUR L'ÉDITION EN FANGUE FRANÇAISE :

    Copyright © Ottawa 2004
    Broquet inc.
    Dépôt légal — Bibliothèque nationale du Québec
    4ᵉ trimestre 2004

    Imprimé en Chine par Midas Printing International Ltd

ISBN 2-89000-653-0

CONTENU

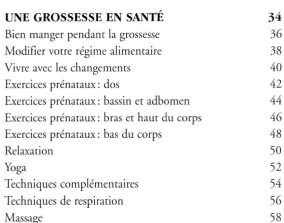

Avant-propos   6
Introduction   8

AVANT LA CONCEPTION   **10**
  Bilan de santé avant la grossesse   12
  Alimentation et régime alimentaire   14
  Forme physique   16
  Tabac, alcool et drogues   18
  Dangers et polluants   20
  Stress   22
  Questions fréquentes avant la conception   24
  Comment fonctionne votre corps   26
Essayer de concevoir   28
  Lorsque vous ne pouvez concevoir   30
  Traiter l'infertilité   32

UNE GROSSESSE EN SANTÉ   **34**
Bien manger pendant la grossesse   36
Modifier votre régime alimentaire   38
Vivre avec les changements   40
Exercices prénataux : dos   42
Exercices prénataux : bassin et adbomen   44
Exercices prénataux : bras et haut du corps   46
Exercices prénataux : bas du corps   48
Relaxation   50
Yoga   52
Techniques complémentaires   54
Techniques de respiration   56
Massage   58

LE PREMIER TRIMESTRE   **60**

Conception   62
Êtes-vous enceinte ?   64
Hormones reproductrices   66
Impact émotionnel   68
Premier mois   70
Choix relatifs à l'accouchement   72
Qui fait quoi en soins de santé ?   74
Deuxième mois   76
Première visite prénatale   78
Où donner naissance ?   80
Troisième mois   82
Nausées et vomissements   84
Malaises courants   86
Choix des cours prénataux   88
Fausse couche   90
Après une fausse couche   92

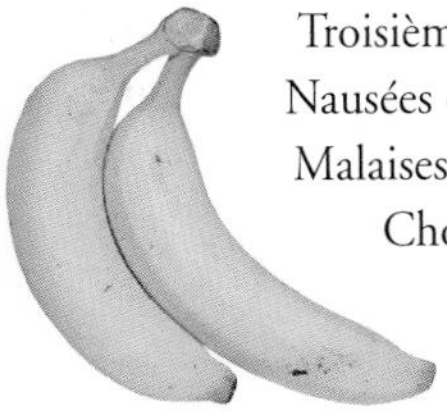

LE DEUXIÈME TRIMESTRE   **94**

Quatrième mois   96
Voir votre bébé   98
Examens prénataux   100
Cinquième mois   102
En contact avec votre bébé   104
Sixième mois   106
Impact émotionnel après six mois   108
Activité sexuelle   110
Malaises courants   112
Apparence   114
Habillement   116
Droits au travail   118
Gardiennage : les options   120
Choix d'une carrière   122
Jumeaux : votre grossesse   124
Jumeaux : problèmes associés   126

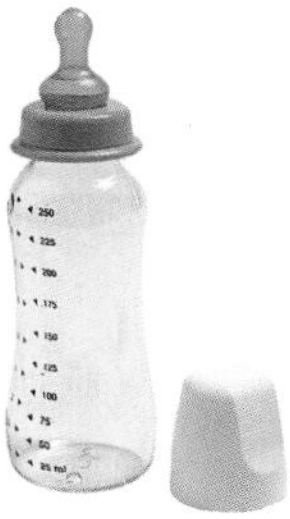

LE TROISIÈME TRIMESTRE   **128**

Septième mois   130
Plan de naissance   132
Huitième mois   134
Achats indispensables   136
Besoins de votre bébé   138
Neuvième mois   140
Malaises courants   142
Impact émotionnel des derniers mois   144
Traitements in utero   146

L'ACCOUCHEMENT   **148**

Que faut-il emporter à l'hôpital ?   150
Accouchement à la maison   152
Début du travail   154
Que faire lorsque le travail commence ?   156
Accouchement d'urgence   158
Admission à l'hôpital   160
Première phase   162
Ce que vous pouvez faire   164
Présentations et positions du bébé   166
Accouchement provoqué   168
Soulagement naturel de la douleur   170
Analgésiques pharmacologiques   172
Monitorage fœtale   174
Lorsqu'une césarienne est nécessaire   176
Naissance par césarienne   178
Période de transition   180
Deuxième phase   182
Ce que vous pouvez faire   184
Épisiotomie   186
Forceps et ventouse obstétricale   188
Votre bébé est né   190
Troisième phase   192
Donner naissance à des jumeaux   194

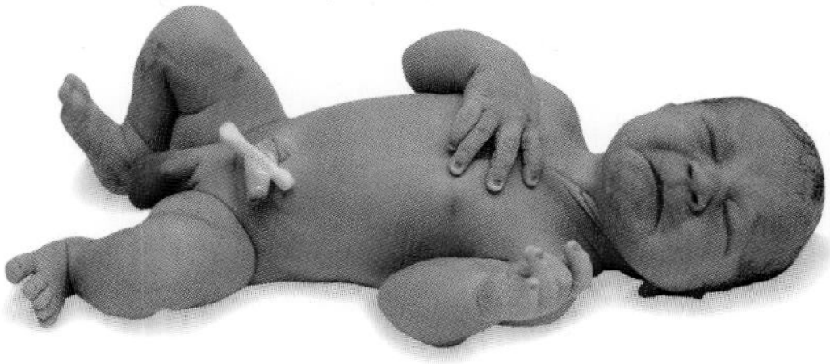

APRÈS LA NAISSANCE   **196**

Connaître votre bébé   198
Impact émotionnel de la naissance   200
Examen du bébé   202
Ce que votre bébé peut faire   204
Nourrir votre bébé   206
Soins intensifs pour les nouveaux-nés   208
Premières journées à la maison   210
À la maison avec votre bébé   212
Dépression postnatale   214
Consigner les premiers jours   216

Notes personnelles   218
Index   220
Remerciements   224

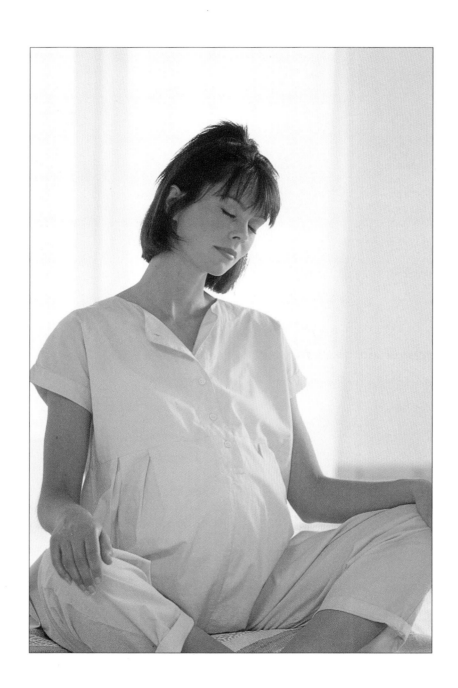

AVANT-PROPOS

Aujourd'hui être gynécologue et obstétricien est un défi stimulant. Nos patientes sont devenues nos partenaires dans le maintien de leur santé, intéressées à tout apprendre sur la grossesse. Elles souhaitent être bien informées pour pouvoir participer entiè-rement à tous les aspects de la grossesse, du travail et de l'accouchement. Elles demandent des infor-mations détaillées, compréhensibles, qui les aident à planifier, à évaluer les possibilités qui s'offrent à elles et à prendre des décisions éclairées.

Ce livre est en fait une ressource extra-ordinaire. Il répond aux questions les plus fréquemment posées par mes patientes, d'une manière précise et sensible. Il contient également de l'information médicale à jour et prend acte de l'ensemble des préoccupations, aussi bien émotion-nelles que physiques, des futurs parents. Notre objectif, en tant que parents, est de nous donner toutes les chances d'élever des enfants heureux et en santé. Ce livre constitue donc pour les parents le meilleur point de départ qui soit.

PROFESSEUR M. G. ELDER

INTRODUCTION

La grossesse est une période empreinte de grands changements physiques et émotionnels, d'énormes attentes et de doutes, alors qu'une nouvelle vie grandit en vous.

Il ne peut y avoir meilleure époque pour avoir un bébé. Les progrès en obstétrique rendent la naissance plus sûre que jamais pour les mères, même celles qui vivent avec des problèmes de santé avant de devenirs enceintes. Une meilleure connaissance de ce qui peut nuire aux bébés dans l'utérus, et une sensibilisation accrue de ce que les parents peuvent faire pour minimiser les risques, permet à un plus grand nombre de bébés de naître en santé et avec un poids normal. Les découvertes dans l'identification et le traitement des problèmes de fertilité signifient que plus de couples souhaitant avoir un bébé pourront effectivement en avoir un. Puis, le travail avec les bébés de petit poids ou avec les bébés malades a donné, même aux nourrissons les plus vulnérables, de meilleures chances de survivre sans séquelles à long terme.

Pour plusieurs parents, le fait de détenir une pléiade d'informations sur les succès des médecins à traiter des problèmes de santé ne fait qu'augmenter leurs craintes. Les futurs parents trop bien informés des facteurs de risque et des exigences physiques liées à la grossesse et à la naissance, permettent à des inquiétudes exagérées de leur voler leur joie. Rappelez-vous que de s'inquiéter sans agir ne sert à rien. Si votre amour a pour résultat le développement d'une nouvelle vie en vous, profitez-en à pleinement, c'est un des plus beaux cadeaux de la vie.

Les attitudes face à la grossesse ont également changé. Alors que la profession médicale rend la grossesse et la naissance de plus en plus sûres pour la mère et le bébé, les futurs parents deviennent des consommateurs plus avertis en termes de soins de santé, et mieux informés au sujet de la grossesse. Les soins prénataux et la naissance s'accomplissent maintenant en partenariat reconnu, au cours duquel les parents et le personnel médical identifient ensemble les alternatives, discutent des traitements et travaillent à un objectif commun : la naissance sécuritaire et heureuse d'un bébé en santé.

Un bébé consitue l'engagement ultime pour un couple, un testament reconnaissant toute la force de son amour et de son partenariat. Planifier une grossesse peut constituer pour vous deux une forte motivation à prendre soin de vous, à être en forme et en santé pour vivre pleinement les années exigeantes, mais enrichissantes, qui vous attendent.

UTILISER CE LIVRE

Dans un monde idéal, un homme et une femme décident d'avoir un bébé, puis ils passent tous deux quelques mois à se mettre en forme avant d'essayer de concevoir. Ils évaluent, puis modifient leur mode de vie. Ils identifient et travaillent à la réduction des sources de stress, font de l'exercice et se préoccupent d'une saine alimentation. Ils éliminent l'alcool, le tabac et les autres drogues, puis évaluent si leur milieu de travail peut avoir un effet sur la conception ou sur le progrès de la grossesse.

Pour plusieurs couples, une grossesse survient sans une telle préparation. Si vous êtes parmi les surpris, ce n'est pas une raison pour que la grossesse devienne source d'inquiétude. Si vous êtes déjà enceinte, lisez les conseils du chapitre 1, puis passez aux lignes directrices du chapitre 2 : Une grossesse en santé. Plusieurs problèmes liés à la grossesse résultent d'une trop grande accumulation d'actions : plus vous en faites, pire c'est. Alors, plutôt que de vous inquiéter pour ce que vous avez fait ou n'avez pas fait, concentrez-vous sur ce que vous pouvez faire à partir de maintenant.

Les chapitres 3, 4 et 5 décrivent les premiers trimestres de la grossesse. Au fur et à mesure que les mois passent, lisez sur les changements survenus dans votre corps, sur ce que vous pouvez resentir physiquement et émotionnellemnent, et ce à quoi vous pouvez vous attendre lors des examens prénataux. Notez les réponses aux questions les plus fréquemment posées par les futurs parents, puis consignez les questions que vous souhaitez poser à votre médecin, puis les réponses que vous obtenez.

Le chapitre 6 décrit en détail ce qui se passe lorsque le travail débute, com-

ment celui-ci risque de progresser, et ce à quoi vous pouvez vous attendre au cours de l'accouchement, Enfin, le chapitre 7 vous propose un survol des premiers jours à la maison avec votre nouveau-né.

VOTRE GROSSESSE

Il n'y a pas deux personnes identiques ni deux grossesses ou accouchements pareils. Pour la plupart des femmes, les deuxième et troisième trimestres présentent chacun leurs surprises. Par contre, plusieurs expériences sont semblables.

Pendant leur grossesse, plusieurs femmes traversent des périodes au cours desquelles elles ne se sentent pas à leur meilleur ; elles vivent également des périodes d'extrême vitalité où elles paraissent rayonnantes. Certaines femmes n'ont aucune hésitation à devenir enceinte, mais admettent hésiter (Serais-je capable ? Quel impact le bébé aura-t-il sur notre relation ?) La plupart des naissances sont exemptes de problèmes, mais si la grossesse présente des complications, les parents souhaiteront être préparés à vivre une

Prendre soin de vous le mieux possible avant de concevoir un enfant et pendant la grossesse est un des meilleurs moyens de veiller à ce que votre grossesse ait une conclusion heureuse, soit la naissance d'un superbe bébé en santé.

naissance qui ne se déroule pas comme prévu. Ce livre présente une naissance typique. De plus, il rassure en proposant de l'information sur les situations inhabituelles.

Une grossesse, c'est bien plus qu'une attente de neuf mois. C'est une période pour savourer les émotions et les sentiments que vous n'avez jamais éprouvés auparavant, et que vous n'expérimenterez plus jamais. C'est une période de préparation amoureuse vers une nouvelle étape de la vie de couple. C'est le temps de profiter de ce que vous avez déja, d'anticiper ce que cette nouvelle vie vous apportera, à vous et aux autres membres de votre famille, les grands-parents du bébé, les tantes et oncles lesquels partageront votre joie à son arrivée.

Avant la conception

EN VEILLANT À CE QUE votre partenaire et vous-même soyez en bonne santé avant de concevoir un bébé, vous :

- Accélérez la conception

- Réduisez les risques de fausse couche

- Aurez une grossesse plus facile, avec moins de problèmes potentiels

- Donnez à votre bébé les meilleures chances de bien se développer et de grandir dans votre utérus

- Favorisez la santé et la force de votre bébé, à la naissance et au cours de sa vie

- Vivez mieux le travail et l'accouchement

- Récupérez mieux et plus rapidement à la suite de la grossesse et de l'accouchement

- Répondez de façon plus énergique aux demandes des premières semaines et des premiers mois de votre vie de parents.

BILAN DE SANTÉ AVANT LA GROSSESSE

Donnez à votre bébé le meilleur départ possible dans la vie en veillant à ce que votre partenaire et vous-même soyez en forme et en santé avant d'essayer de concevoir un enfant.

Vous pouvez commencer à vous préparer pour une grossesse en santé dès maintenant. En améliorant votre régime alimentaire, en faisant de l'exercice régulièrement et en collaborant avec votre médecin pour régler vos problèmes de santé existants. Plus vous réglez les questions médicales avant votre grossesse, mieux vous et votre bébé serez en santé.

Il est important de consulter votre médecin si vous avez déjà fait une fausse couche, si vous avez des problèmes de fertilité ou d'autres problèmes d'ordre gynécologique. Votre médecin vous recommandera peut être des traitements ou des précautions spéciales. Veillez à ce que votre médecin sache que vous tentez de concevoir si vous avez un problème de santé récurrent, par exemple l'asthme, le diabète, l'hypertension ou un trouble du système circulatoire. Une médication courante peut devoir être changée ou ajustée pendant les premières semaines de la grossesse.

Si vous souffrez de maladies ou de blessures aiguës, donnez-vous le temps de récupérer complètement. Toutes les interventions chirurgicales mineures, les radiographies dentaires ou autre traitements devraient être faits maintenant.

DÉPISTAGE DES IMMUNITÉS

Des maladies telles la rubéole, la rougeole et la varicelle sont rares et ne constituent pas toutes un danger pour le bébé à naître puisque dans bien des cas le corps est en mesure de protéger le fœtus. Néanmoins, plusieurs médecins recommandent la mise à jour de la vaccination pour ces maladies et quelques autres comme les oreillons, l'hépatite B et le tétanos. Demandez conseil à votre médecin.

Le dépistage immunitaire peut être réalisé grâce à un simple test sanguin. Dans le cas de la rubéole, qui peut constituer un risque pour votre bébé si vous la contractez en début de grossesse, on vous recommandera d'attendre trois mois après la vaccination avant de concevoir. Il n'y a par contre aucun cas connu d'effet préjudiciable sur le fœtus causé par le vaccin de la rubéole. Ne vous inquiétez donc pas si vous devenez enceinte par accident.

CONSULTATION GÉNÉTIQUE

Les obstétriciens recommandent aux hommes et aux femmes ayant une histoire familiale de maladies héréditaires comme la fibrose kystique et la distrophie musculaire, d'obtenir une consultation génétique avant de concevoir un enfant. Cette consultation contribue à déterminer tout risque pour la santé du futur bébé.

Cette consultation peut également être conseillée si vous êtes à risque pour des maladies héréditaires en raison de votre origine ethnique : généralement les maladies drépanocytaires pour les individus d'origine africaine ; la thalassémie pour ceux de descendances méditéranéennes (principalement italiennes ou grecques), du sud-est asiatique ou des Philippines ; et la maladie de Gaucher pour les individus d'orgine juive ashkénaze.

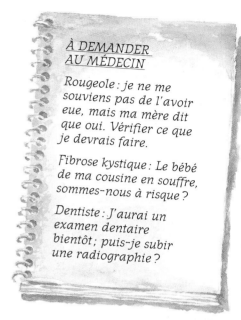

À DEMANDER AU MÉDECIN

Rougeole : je ne me souviens pas de l'avoir eue, mais ma mère dit que oui. Vérifier ce que je devrais faire.

Fibrose kystique : Le bébé de ma cousine en souffre, sommes-nous à risque ?

Dentiste : J'aurai un examen dentaire bientôt ; puis-je subir une radiographie ?

Gardez un cahier de notes à la portée de la main pour écrire, au moment où vous y pensez, les questions que vous souhaitez poser à votre médecin. Il est parfois difficile de tout se rappeler en plein examen médical. Notez les réponses ainsi que les recommandations de votre médecin pour que ne surviennent pas de doutes sur ce qu'il vous a dit.

PARTENAIRE : VOTRE SANTÉ

Deux personnes en santé ont les meilleures chances du monde de concevoir un bébé en santé. La santé d'un homme affecte la quantité et la qualité de son sperme, et augmente sa fertilité.

Le sperme a besoin de 100 jours pour parvenir à sa pleine maturité (consultez les pages 26 et 27), et ce délicat processus peut être affecté par un grand nombre de facteurs : le stress, le tabagisme, la consommation d'alcool et de drogues, une mauvaise nutrition, et la pollution environnementale, y compris l'exposition aux produits chimiques et aux toxines en milieu de travail.

Contraception

Si vous planifiez avoir un bébé, vous devrez évidemment cesser toute contraception. Si vous prenez des contraceptifs oraux, laissez votre corps expérimenter deux cycles menstruels normaux avant de tenter de concevoir. Les contraceptifs oraux combinés (ceux qui utilisent l'œstrogène et la progestérone), le contraceptif de progestérone ou minipilule, ainsi que les injections de progestérone (qui épaississent la muqueuse cervicale et altèrent la paroi intérieure de l'utérus pour réduire les chances de grossesse), empêchent, règle générale, l'ovulation. Dans la très grande majorité des cas, les cycles menstruels normaux reprennent rapidement, en un à deux mois.

Il existe également certaines preuves à l'effet que la pilule réduise la capacité d'absorption du corps de certaines vitamines et minéraux. Cesser rapidement de prendre la pilule laisse aussi le temps à votre corps de récupérer de son effet.

En attendant, utilisez une méthode de contraception dite de barrière comme un condom ou un diaphragme (une cape) avec spermicide. L'une de ces méthodes devrait vous procurer une contraception adéquate pendant cette période.

Puisqu'un dispositif intra-utérin (DIU) ne perturbe pas votre cycle menstruel, vous pouvez, en théorie, devenir enceinte dès que vous le faites enlever. Des symptômes tels un besoin fréquent d'uriner, une sensation de brûlure pendant que vous urinez ou des menstruations anormales (plus abondantes ou plus douloureuses que d'habitude) peuvent être un signe de maladie pelvienne inflammatoire, qui peut être déclenchée par un dispositif intra-utérin. Si vous présentez l'un de ces symptômes, consultez votre médecin avant de tenter de concevoir. Les maladies pelviennes inflammatoires peuvent être traitées avec des antibiotiques.

Si vous devenez enceinte alors que vous prenez des contraceptifs oraux, ne paniquez pas. Il n'existe aucune preuve que les contraceptifs oraux augmentent les risques d'anomalies fœtales. Il est aussi possible de devenir enceinte avec un dispositif intra-utérin. Votre médecin pourra vous conseiller à savoir si vous devez le faire enlever ou non. Si votre médecin considère qu'il est plus sûr de le laisser en place, soyez aux aguets en cas de douleur ou de saignements (consultez la page 91).

Si vous êtes exposé de façon routinière à ces facteurs, le fait d'agir pour les éliminer ou les minimiser, au moins trois mois avant la conception, devrait faire une importante différence. Vous produirez assurément un sperme plus sain et augmenterez la numération des spermatozoïdes (le nombre de spermatozoïdes sains ou viables). En suivant les conseils des pages 14 à 23, vous risquez également d'accélérer la conception et de donner à votre bébé un meilleur départ.

Si vous participez à une consultation génétique, vous aurez besoin d'informations sur vos deux familles. Dans de rares cas, le médecin demandera un test sanguin aux deux partenaires. Certaines maladies peuvent être transmises par un parent alors que pour d'autres, comme la fibrose kystique, les deux parents doivent être porteurs du gène pour que la maladie puisse être transmise.

ALIMENTATION ET RÉGIME ALIMENTAIRE

Le moyen le plus sûr d'avoir une saine alimentation pendant la grossesse est de bien s'alimenter avant la conception.

Un régime alimentaire bien équilibré est important en tout temps, et encore plus avant et pendant la grossesse. Les femmes qui s'alimentent bien ont plus de chances de concevoir des bébés en santé et de récupérer rapidement après l'accouchement. Elles présentent également moins de complications telles l'anémie, la pré-éclampsie (consultez les pages 126 à 127 et 143) et sont moins susceptibles d'entrer en travail prématurément. Un régime alimentaire sain peut aider la croissance du bébé dans l'utérus.

De bons aliments donnent à votre corps les minéraux et vitamines dont il a besoin pour bien fonctionner. Ciblez les aliments entiers, faibles en gras et riches en glucides, mangez beaucoup de fruits et de légumes, des grains entiers, des quantités modérées de viande maigre et des produits laitiers faibles en gras.

Pour vous assurer de suivre un régime équilibré, consultez le guide alimentaire pyramidal (à droite). Élaboré par des experts en nutrition, ce schéma divise les aliments en six catégories et indique quelle quantité vous devriez consommer chaque jour. Vous constaterez une gamme de portions recommandées. Avant la grossesse, la plupart des femmes doivent respecter le plus petit nombre de portions. Une fois enceinte, c'est le nombre le plus élevé qui s'applique, en particulier lorsqu'il est question de protéines et d'aliments contenant du calcium.

ALIMENTS À ÉVITER

Un régime alimentaire sain élimine les calories vides, telles les sucreries, les boissons gazéifiées et les grignotines riches en gras et en sel, ainsi que les aliments et les sucres rafinés. De tels aliments ajoutent des calories sans fournir d'éléments nutritifs.

Les médecins recommandent de réduire également votre consommation de caféine : thé, café et boissons gazeuses brunes. Les spécialistes croient qu'une trop grande quantité de caféine peut augmenter le risque de fausse couche et inhiber la capacité d'absorber le fer contenu dans les aliments.

Les conseils diététiques des pages 36 et 37 peuvent vous servir de guide au cours des trois mois qui précèdent la conception.

Assurez-vous d'obtenir le maximum de bienfaits de la nature en mangeant des aliments frais. Les aliments transformés et préparés contiennent généralement moins de nutriments et de fibres alimentaires. Les vitamines peuvent être détruites par la cuisson, vous avez donc tout intérêt à cuire les légumes très légèrement, à manger des fruits et des légumes crus, ou à boire des jus frais chaque jour.

Vitamines et minéraux

Un régime alimentaire sain devrait contenir toutes les vitamines et les minéraux dont votre corps a besoin (consultez les pages 36–37). Pourtant, des études indiquent qu'au cours des trois mois avant et après la conception, une quantité supplémentaire d'acide folique, une des plus importantes vitamines du groupe B, est tout particulièrement importante. Augmenter la quantité d'acide folique dans votre alimentation peut se traduire par une réduction significative du risque d'avoir un bébé présentant à la naissance l'un des problèmes connus sous le nom d'anomalies du tube neural, principalement le *spina bifida* et l'anencéphalie.

Vous pouvez augmenter votre consommation d'aliments riches en acide folique en ajoutant ceux-ci à votre alimentation :
- Légumes verts en feuilles, tels les épinards, le brocoli, les choux de Bruxelles, l'okra, les haricots verts et le choux-fleur.
- Pains de blé entier, céréales et pâtes alimentaires.
- Agrumes et bananes.
- Légumineuses, tels les haricots à œil noir, les pois chiches et les lentilles.
- Lait, yogourt et fromage.

GROSSESSE ET POIDS

Idéalement, commencez votre grossesse lorsque votre poids est normal, près de votre poids santé. Évitez les régimes chocs pour perdre du poids. Ils ne contribuent en rien à établir de bonnes habitudes alimentaires, peuvent éliminer de votre organisme des nutriments essentiels, et même arrêter l'ovulation. Perdez du poids progressivement et laissez votre corps se stabiliser avant de concevoir. Votre médecin peut vous fournir un plan équilibré qui mènera à une perte de poids saine.

Si vous souffrez d'un trouble de l'alimentation comme la boulimie (frénésie alimentaire suivie de vomissements provoqués), consultez un professionnel de la santé avant de concevoir. De telles maladies imposent un stress énorme au corps et rendent plus difficiles les grossesses saines. La boulimie peut également réduire votre capacité de concevoir un bébé. Le désir de devenir enceinte sera peut-être la motivation dont vous aviez besoin pour surmonter ce trouble.

Si votre poids est insuffisant ou que vous vous entraînez physiquement au point d'avoir des menstruations irrégulières ou interrompues, consultez un professionnel de la santé. Il est peu probable que vous puissiez concevoir jusqu'à ce que votre poids se rapproche de votre poids-santé.

La pyramide alimentaire

Gras, huiles et sucres, modérément

Fromage, yogourt, et lait : 2 à 4 portions - 30 g de fromage; 250 ml de lait ou 150 g de yogourt, 125 g de fromage cottage

Viande, poisson, œufs, volaille, noix et légumineuses : 2 à 4 portions – 90 g de viande ou de poisson, 1 œuf

Fruits : 2 à 4 portions – une pomme, une poire ou une banane; 60 g de raisins; 100 ml de jus

Légumes : 3 à 5 portions – 150 g de légumes en feuilles; 90 g d'autres légumes; 200 ml de jus

Pain, céréales, riz et pâtes : 6 à 11 portions – une tranche de pain, un demi bagel, 90 g de riz ou de pâtes cuites

● Extraits de levure ou de malt.

Il peut être difficile d'ingérer suffisamment d'acide folique provenant des aliments frais. Demandez conseil à votre médecin à propos des suppléments en capsules : un supplément de 400 mcg chaque jour réduit le risque d'anomalies du tube neural de 50 à 70 %.

Les aliments riches en acide folique contiennent souvent d'autres vitamines et minéraux : les légumes en feuilles et les agrumes contiennent de la vitamine C, alors que le lait est riche en calcium.

Remarque : il n'est pas nécessaire de dépasser la dose recommandée.

La pyramide alimentaire recommande un nombre de portions, pour différents aliments, que vous devriez prendre chaque jour, en portions moyennes. Les glucides devraient compter pour au moins 55 % de votre ingestion de calories, et les gras ne pas dépasser 20 %. Plusieurs protéines et aliments riches en calcium, comme la viande rouge et le fromage, sont également de bonnes sources de gras.

FORME PHYSIQUE

La conception est le point de départ du travail le plus important de votre corps. Commencez-donc dès maintenant à vous mettre en forme.

Un corps en santé produit moins d'énergie et l'utilise plus efficacement qu'un corps mal-en-point. L'exercice d'aérobie, toute forme d'exercice qui augmente votre rythme cardiaque, aide vos organes et votre système cardio-vasculaire à mieux fonctionner.

Les femmes qui font de l'exercice avant la conception et pendant la grossesse peuvent maintenir leur forme physique jusqu'à l'accouchement. Préserver le tonus et la force musculaire aide une femme à porter le poids supplémentaire associé à la grossesse et à mieux vivre le travail et l'accouchement en fournissant un meilleur soutien au dos et aux jambes.

Le vélo et la marche sont des moyens agréables de vous mettre en forme pour la grossesse, et ils peuvent se pratiquer avec votre partenaire. Des activités régulières, trois fois par semaine, sont beaucoup plus bénéfques qu'un élan frénétique une fois la semaine.

Exercices

Avec aussi peu que 10 minutes deux fois par jour d'exercices simples pour vos jambes (ci-dessous), vos bras et épaules (au centre), le bas de votre dos, le haut de vos cuisses et vos épaules, augmentera votre forme physique générale. Commencez avec une routine de chaque exercice. Après quelques semaines, vous serez en mesure de faire deux routines d'un exercice avant de passer au suivant.

Mouvements vers l'avant

1 Tenez-vous debout, les jambes écartées à la largeur des hanches, les orteils pointant vers l'avant. Fléchissez légè-rement les genoux. Contracter votre abdomen et inclinez le bassin vers l'avant.

2 Respirez alors que vous faites un pas vers l'avant avec le pied droit. Abaissez le ge-noux gauche à 15 cm (6 po) du sol. Gardez le genoux droit derrière vos orteils.

3 Maintenez cette position en comptant jusqu'à 6, puis expirez en vous relevant en position droite. Faites ce mouvement de 6 à 8 fois. Répétez l'exer-cice entier, avec la jambe gauche.

Balancements des bras

1 Tenez-vous debout, les jambes suffisamment écartées pour que les pieds soient au-delà de la largeur des épaules. Placez les pieds vers l'extérieur à un angle de 45 degrés. Avec le dos droit et l'abdomen contracté, croisez les mains devant les hanches. Flé-chissez lentement les genoux pour atteindre la position illustrée.

L'exercice physique facilite la circulation, ce qui améliore l'approvisionnement en oxygène pour le bébé, et réduit la probabilité de varices, d'hémorroïdes et de rétention d'eau pour la mère. L'exercice brûle aussi les calories, contribuant à éviter une trop grande prise de poids et facilitant le retour à votre poids santé après la naissance. L'exercice contribue à un meilleur sommeil.

Consultez toujours votre médecin avant d'entreprendre un programme de mise en forme. Si vous avez un historique de fausse couche, de travail prématuré ou d'autres problèmes, votre médecin vous conseillera probablement de ne pas faire d'exercices violents, et vous suggérera des activités alternatives. Les entraînements intenses, dans le but de courir un marathon, peuvent abaisser votre fertilité (consultez les pages 28–29).

COMMENT DÉMARRER

Si vous ne faites pas d'exercice régulièrement, commencez par des changements mineurs dans votre routine pour améliorer à augmenter votre condition physique de base. Utiliser l'escalier plutôt que l'ascenseur au travail et dans les centres commerciaux, courir pour monter l'escalier à la maison, marcher dans l'escalier mécanique, sont autant d'exercices qui augmentent le rythme cardiaque, brûlent du gras et améliorent le tonus musculaire global.

Changez votre approche par rapport à vos déplacements : prenez votre vélo plutôt que la voiture une fois par semaine, marchez jusqu'à la gare ou au métro, ou bien descendez de l'autobus ou du métro un ou deux arrêts plus tôt pour marcher davantage. Modifiez votre promenade du week-end en alternant marche rapide, jogging et course, à raison de 5 minutes pour chaque exercice.

ÉLABORER UN PLAN

Passez 20 minutes à faire des exercices planifiés, au moins deux ou trois fois par semaine. Variez les exercices ; vous vous ennuierez moins vite si vous essayez différentes activités. Parmi les exercices d'aérobie interressants :

- natation ;
- marche rapide soutenue ;
- jogging ;
- pédaler (sur un exerciseur ou un vrai vélo) ;
- ramer (sur un rameur, c'est aussi efficace que sur un bateau) ;
- danse d'aérobie : step, aérobie à glissements latéraux, danse d'aérobie douce ou callisthénie ;
- tennis ou autre sport de raquette.

L'entraînement avec les poids ou en résistance dans un centre d'entrainement s'avère une bonne activité cardiovasculaire, et améliore le tonus de certains muscles. Pour un entraînement global optimal, alternez l'entraînement avec les poids et deux ou trois sessions d'activité d'aérobie chaque semaine.

Planifiez votre entraînement. Si vous avez des journées régulières ou des cours, vous respecterez fort probablement votre engagement. Vous trouverez peut-être aussi une motivation supplémentaire à vous entraîner avec un copain ou une copine. Après trois ou quatre semaines, vous vous sentirez plus forte et pleine d'énergie ; après six à huit semaines, vous aurez plus de tonus. Pour garder votre motivation élevée, notez votre progrès en précisant la distance parcourue à pied ou à la nage, avant de commencer à perdre le souffle. Vous devriez constater une amélioration de semaine en semaine et de mois en mois.

Veillez sur vous pendant que vous vous entraînez. Mangez bien et pas trop et suivez les lignes directrices des pages 42–43.

Étirement du dos

1 Assoyez-vous avec le dos droit, les jambes écartées et les muscles abdominaux resserrés. Déposez les mains à l'intérieur du haut des cuisses ; respirez normalement.

2 Inspirez profondément puis, lentement, balancez les bras sur le côté puis au-dessus de la tête. Pendant le mouvement, dépliez les genoux jusqu'en position droite.

3 Expirez pendant que les bras reprennent la position de départ. Répétez 10 fois, en préservant la fluidité du mouvement.

2 Détendez les épaules, puis soulevez la taille et penchez-vous vers l'avant, à partir des hanches, pour placer les mains sur le sol. Lorsque vous sentez une légère tension au niveau de l'aine, du bas du dos et du haut des cuisses, maintenez la position pendant 8 à 10 secondes. Répétez l'exercice 6 à 8 fois.

TABAC, ALCOOL ET DROGUES

Certains risques pour la santé sont inévitables. Par contre, nous en contrôlons plusieurs autres. Parmi les risques que nous pouvons contrôler : l'usage du tabac, de l'alcool et des drogues.

Toutes les drogues, y compris le tabac et l'alcool, présentent un certain degré de risque pour la santé de votre bébé pendant que vous êtes enceinte. De plus, l'usage de certaines drogues peut rendre la conception même plus difficile. Votre partenaire et vous, vous devriez réviser votre consommaton de tabac, d'alcool et de drogues avant d'essayer de concevoir.

CESSER DE FUMER

La cigarette est la principale cause de maladie et de décès prématuré en Occident. L'usage du tabac réduit l'efficacité de vos poumons, irrite les bronches et vous rend plus fragile à la bronchite.

Le tabagisme augmente le risque de développer un cancer de la bouche, de la gorge et des poumons. La nicotine fait aussi battre le cœur à un rythme plus élevé et le fait travailler plus fort, augmentant le risque d'infarctus. Même les « fumeurs passifs », ceux qui respirent la fumée secondaire des fumeurs, sont à risque.

Le tabagisme est également lié à des problèmes de fertilité, puisque les produits chimiques contenus dans le tabac interfèrent avec les niveaux d'hormones. De la nicotine, trouvée à des degrés concentrés dans l'œuf fécondé, pourrait être responsable d'une division cellulaire anormale.

L'usage du tabac pendant la grossesse augmente le risque de fausse couche et de naissance prématurée. Il peut aussi affecter le développement du bébé. Les fumeurs sont plus susceptibles de donner naissance à des bébés de petit poids, qui sont à leur tour plus susceptibles de souffrir de maladies et de mort périnatale (décès pendant ou peu de temps après la naissance). La mort subite du nourrisson (MSN) ou « mort au berceau », est plus courante chez les bébés de fumeurs.

Les médecins vous recommandent fortement de cesser complètement de fumer avant d'essayer de concevoir un enfant. Votre médecin peut d'ailleurs probablement vous référer à un bon groupe de soutien local. Les expériences d'anciens fumeurs sont très différentes les unes des autres ; certains ont réussi à

Partenaire et alcool

L'alcool affecte la production de testostérone, l'hormone mâle liée à la formation et à la maturation du sperme. Les buveurs moyens et excessifs peuvent produire des spermatozoïdes anormalement formés, sans queue, ou avec une queue trop petite pour un mouvement adéquat. Ces hommes produisent également moins de spermatozoïdes, leur sperme est moins fonctionnel, donc leur fertilité moindre, que les hommes qui ne boivent qu'occasionnellement.

De plus, les pères alcooliques ont un risque plus élevé de produire des bébés souffrant du syndrôme d'alcoolisation fœtale (SAF). Ces bébés sont petits, ce qui les rend plus vulnérables au cours des premières semaines de leur vie. Ils peuvent aussi souffrir de déficience mentale et de problèmes physiques.

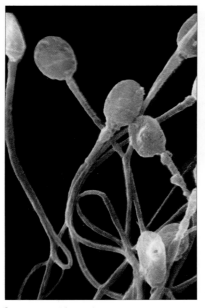

Spermatozoïdes sains

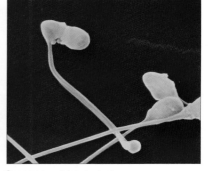

Spermatozoïdes malsains

L'alcool réduit le nombre de spermatozoïdes sains atteignant l'éjaculation. La quantité de spermatozoïdes des hommes consommant de l'alcool peut être augmentée en coupant la consommation d'alcool au moins trois mois avant le moment planifié de la conception.

Les poumons d'un non-fumeur (à gauche) sont clairs et de couleur rose. En plus de la nicotine et du monoxyde de carbone, la fumée de cigarette contient des goudrons collants qui adhèrent aux tissus délicats des poumons (à droite) et altèrent leur fonctionnement.

cesser de fumer en réduisant progressivement leur consommation, alors que d'autres ont préféré arrêter « d'un seul coup ».

Si vous avez essayé d'une façon et que vous avez échoué, essayez l'autre. Certains anciens fumeurs ont cessé de fumer en choisissant une journée, dans un futur rapproché, où ils cesseraient l'usage du tabac, à un moment où le stress serait à son niveau minimum et où ils seraient préparés.

Les timbres cutanés et les gommes à mâcher à base de nicotine sont parfois prescrits aux fumeurs qui souhaitent arrêter mais en sont incapables sans aide. Ces produits ne sont pas recommandés pendant la grossesse. Si vous planifiez de devenir enceinte, évitez-les ou cessez de les utiliser avant qu'une chance de concevoir se présente.

Des thérapies complémentaires, telles l'acupuncture et l'hypnotisme, ont aidé certaines personnes à arrêter de fumer.

CONSOMMATION D'ALCOOL

Une consommation d'alcool élevée peut avoir de graves effets sur votre santé, augmentant les risques de problèmes au foie, de troubles du système digestif et de certains cancers. Cela peut aussi affecter la fertilité en perturbant le cycle menstruel et en diminuant la numération des spermatozoïdes (consultez la page 13).

Si vous consommez de l'alcool

Un exemple concret
L'histoire d'une fumeuse

MARGUERITE, 32 ANS, A COMMENCÉ À FUMER LA CIGARETTE ALORS QU'ELLE ÉTAIT ÉTUDIANTE.

« Tout le monde fumait, ça semblait donc la chose à faire. C'est vite devenu un besoin, plus qu'une habitude sociale, et lorsque j'étais tout particulièrement tendue et stressée, je fumais jusqu'à deux paquets de cigarettes par jour.

J'ai ensuite rencontré Bill, un non-fumeur. Il m'aimait mais détestait mon tabagisme et l'odeur du tabac sur mes vêtements et dans mes cheveux. Je savais que le tabagisme affectait ma santé, mais j'étais incapable d'arrêter, même en participant à un groupe de soutien pour gens souhaitant arrêter de fumer.

Lorsque nous nous sommes mariés et que nous avons décidé d'avoir des enfants, j'ai voulu arrêter à tout prix. Je connaissais les risques associés à l'usage du tabac pendant la grossesse et ne souhaitais faire quoi que ce soit qui pourrait mettre en danger mon bébé. Comme dernier recours, j'ai consulté un hypnothérapeute. J'étais sceptique mais heureusement, après

plusieurs rencontres, cela a fonctionné. Quatre ans plus tard, je ne fume plus mais j'ai un garçon de deux ans et une petite fille de trois mois, tous deux en pleine santé. Cesser de fumer est le plus beau cadeau que je pouvais offrir à mes enfants. »

pendant votre grossesse, votre bébé boit avec vous, puisque l'alcool pénètre dans la circulation sanguine fœtale. Plusieurs femmes s'inquiètent parce qu'elles ont consommé de l'alcool alors qu'elles ne se savaient pas enceintes. Un verre à l'occasion ne constitue pas un danger en soi. Par contre, une consommation régulière ou exagérée peut être dangereuse. Le meilleur moyen de réduire les risques pour votre bébé est de cesser la consommation d'alcool avant de tenter de concevoir.

Si vous n'êtes pas capable d'arrêter de boire, demandez conseil à votre médecin, ou consultez un groupe de soutien tel les Alcooliques anonymes.

DROGUES ILLICITES

La cocaïne, l'héroïne et les autres drogues dures, tout comme le cannabis sous toutes ses formes, ont des effets dommageables sur la fertilité de la femme et le sperme de l'homme. Ainsi le cannabis contient du THC (tétrahydrocanabinol), un produit chimique qui s'accumule dans les testicules de l'homme. L'usage régulier de cette drogue affecte la quantité de spermatozoïdes et la formation du sperme.

Les drogues dures augmentent les risques de fausse couche, de naissance prématurée et d'anomalies à la naissance. La cocaïne traverse le placenta, réduit le flux sanguin vers le fœtus et inhibe la croissance. La consommation de l'une ou l'autre de ces drogues, pendant la grossesse, expose votre bébé à des risques de santé graves.

DANGERS ET POLLUANTS

Peu importe où vous vivez ou ce que vous faites, vous serez exposés à des éléments potentiellement dangereux dans votre quotidien. Mais vous pouvez minimiser ces dangers.

La grossesse et l'accouchement, dans notre milieu, sont plus sécuritaires aujourd'hui que jamais auparavant, et la majorité des bébés naissent en santé. Pourtant, des produits chimiques et d'autres dangers sont présents à la maison et dans l'environnement au travail, et vous avez tout intérêt à être consciente de leur présence, surtout si vous planifiez une grossesse.

À LA MAISON
Dans certains secteurs, l'eau contient des niveaux élevés de polluants, en particulier du plomb. Si vous vivez dans une vieille maison, il serait sage de faire analyser l'eau. En attendant, utilisez une eau filtrée ou en bouteille.

Plusieurs produits de nettoyage contiennent des produits chimiques toxiques. Lorsque vous nettoyez la maison, portez des gants de caoutchouc

pour éviter d'absorber ces produits par la peau. Lisez les étiquettes et évitez d'utiliser des produits désignés comme toxiques. Ne mélangez jamais des produits à base de chlore avec des produits contenant de l'ammoniaque. Ce mélange produit des émanations potentiellement mortelles. N'utilisez les produits dont l'odeur est forte, tels les vernis, que dans des endroits bien aérés.

Les insecticides peuvent aussi contenir des produits chimiques potentiellement dangereux. Préférez les méthodes naturelles de contrôle des insectes et des animaux nuisibles à la maison et dans le jardin, et évitez d'aller dehors si un voisin vaporise un insecticide. Si vous vivez à proximité de terres agricoles régulièrement vaporisées, restez à l'intérieur, les fenêtres fermées pendant la vaporisation et faites analyser l'eau potable.

Si vous avez un chat et que vous planifiez une grossesse, vous pouvez demander à votre médecin d'effectuer un test sanguin qui vous indiquera si vous êtes immunisée contre la toxoplasmose. Plusieurs propriétaires de chats ont été injectés et sont désormais immunisés.

Les excréments des chats contiennent un organisme pouvant causer la toxoplasmose, une maladie pouvant affecter le développement du fœtus et causer une naissance prématurée ou un bébé de petit poids. Cette maladie peut aussi causer la fièvre, la jaunisse et des problèmes oculaires pour le bébé. Si vous êtes enceinte ou que vous planifiez une grossesse, ne manipulez pas d'extréments de chat ni de litière. (Si personne d'autre ne peut nettoyer la litière, portez des gants de

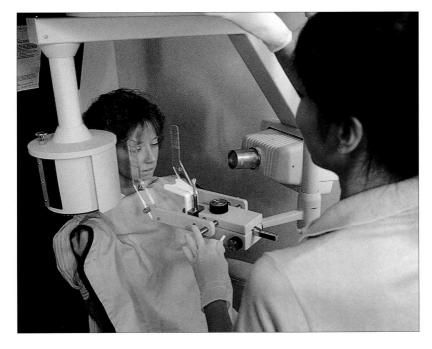

Si vous êtes enceinte, ou si vous pensez l'être, évitez les rayons X, à moins que de refuser un tel examen mette votre vie en danger. Si vous subissez un rayon X, insistez pour porter un tablier protecteur en plomb sur l'abdomen. Les radiations sont exprimées en rad. Les dommages à l'embryon et au fœtus ne surviennent qu'à des doses élevées, plus de 50 rad ; la plupart des équipements modernes produisent une dose de moins de 5 rad.

caoutchouc.) Lavez vos mains après avoir touché à un chat. Assurez-vous que votre chat demeure éloigné des surfaces où la nourriture est préparée ou consommée. Portez des gants lorsque vous jardinez même si vous n'avez pas de chat, puisque les excréments de chats peuvent avoir contaminé le sol de votre jardin.

Les agneaux et les moutons peuvent être porteur du **chlamydia psittaci**, un organisme pouvant causer l'avortement chez la brebis. Pour cette raison, évitez le contact avec les agneaux et les brebis en lactation.

AU TRAVAIL

Si vous travaillez avec des ordinateurs, prenez en compte les plus récentes études sur les risques potentiels avant de devenir enceinte (consultez l'encadré de droite).

Le travail qui implique une activité exténuante ou le soulèvement de lourdes charges peut augmenter légèrement le risque de fausse couche et de naissance prématurée. Si vous travaillez avec des substances potentiellement toxiques, tels des liquides pour le nettoyage à sec, ou des produits chimiques photographiques ou d'imprimerie, vous devriez vérifier les procédures de sécurité. Discutez-en avec votre employeur si vous êtes dans une de ces situations, il a peut-être l'obligation légale de vous proposer un autre poste (consultez aussi les pages 118 – 119).

Les travailleurs de la santé sont exposés à des risques en raison des produits chimiques utilisés pour la stérilisation, les gaz utilisés pour l'anesthésie, les infections des gens qu'ils soignent et les radiations des équipements de radiographie. Les femmes travaillant avec les rayons X devraient demander que soit surveillée leur exposition quotidienne, afin de ne pas dépasser les niveaux sécuritaires.

Si vous travaillez avec de jeunes enfants, il est essentiel de faire confirmer votre immunité en lien avec les maladies infantiles (consultez les pages 12 – 13).

Êtes-vous à l'abri des dispositifs d'affichage ?

Un dispositif d'affichage (VDU) émet un niveau faible et continu de radiations. En théorie du moins, ces radiations peuvent être dangereuses pour le système reproducteur de l'homme et de la femme, ainsi qu'au fœtus en début de grossesse. Mais même si nous savons que les radiations sont potentiellement dangereuses, nous savons aussi que l'être humain a toujours vécu avec des formes naturelles de radiations.

Depuis le milieu des années 80, des études réalisées partout dans le monde ont indiqué un risque plus élevé de fausse couche, de mortinaissance, et d'anomalies à la naissance chez les femmes qui travaillent avec des dispositifs d'affichage. Pourtant, d'autres recherches semblent réfuter ces études, ou du moins les questionner.

Jusqu'à ce qu'une information plus précise soit disponible, l'approche la plus sûre, si vous êtes enceinte ou planifiez de le devenir, est de limiter votre temps d'exposition. Aucun problème n'est associé aux femmes qui utilisent un dispositif d'affichage pendant moins de 20 heures par semaine. Vous devriez également respecter les directives de sécurité communes à tous les utilisateurs de tels dispositifs. Afin de maximiser votre bien-être : faites des pauses régulières, levez-vous et étirez vos jambes ; assurez-vous que votre chaise soit dotée d'un dossier qui soutient le bas du dos et que le clavier et le moniteur sont à des hauteurs appropriées ; asseyez-vous à une distance minimale de 75 cm (30 po) de l'écran de l'ordinateur et de son disque dur.

Si vous êtes inquiète des effets que peuvent avoir sur vous les radiations de votre dispositif d'affichage, consultez votre employeur et votre médecin à propos des dispositifs de protection. Un tablier recouvrant votre corps ou un filtre d'écran peut réduire la quantité de radiations atteignant votre corps.

CONJOINT : VOS RISQUES EN MILIEU DE TRAVAIL

Si vous travaillez avec des matières dangereuses ou dans un secteur de pollution élevée, votre fertilité peut être affectée. Des études ont démontré que les matières environnementales, en milieu de travail et chimiques affectent les spermatozoïdes. Dans certains cas, ces risques ont été liés à l'infertilité, aux fausses couches, aux anomalies à la naissance et à la mortinaissance.

Même s'il est peu problable que vous puissiez changer d'emploi ou de conditions de travail, vous pouvez au moins contribuer à minimiser les dommages potentiels. Veillez à respecter scrupuleusement toutes les procédures de sécurité et au besoin à porter les vêtements protecteurs.

STRESS

Une certaine dose de stress ajoute du piquant à la vie et contribue à un rendement plus efficace. Cela vous aide également à reconnaître le danger et autres menaces à votre bien-être.

Si vous vous sentez exaltée et stimulée par votre vie, vous faites l'expérience des aspects positifs du stress. À l'opposé, trop de stress peut avoir des effets négatifs sur vos fonctions mentales et physiques.

VOTRE CORPS ET LE STRESS

Un surplus de stress se traduit en général par des symptômes physiques sur plusieurs parties du corps. Le plus souvent, le stress cause des maux de tête, de la tension, un raidissement du cou, des muscles du visage et des maux de dos. La tension peut également réduire l'appétit, produire des problèmes gastriques et des indigestions et, dans des cas extrêmes, le syndrome du colon irritable, et des ulcères à l'estomac et au duodénum.

Un stress aigu augmente le rythme cardiaque et la pression sanguine. Le stress chronique augmente la fatigue et affecte le système immunitaire en réduisant la résistance à l'infection. Le teint pâlit et une apparence terne, en plus des démangeaisons et des éruptions cutanées, peuvent survenir. Les cheveux peuvent perdre leur lustre et commencer à tomber. De plus, le stress peut mener à la dépression et un mode de sommeil perturbé.

Particulièrement important pour les personnes qui espèrent concevoir un enfant, le stress affaiblit la libido chez les individus des deux sexes et peut affecter la fertilité. Une femme très stressée peut ovuler de façon irrégulière ; chez l'homme, la production de spermatozoïdes viables peut décliner. Le stress peut aussi créer un cycle psychologique désastreux : ne pas devenir enceinte lorsque vous le souhaitez peut créer un stress, qui en retour rend la conception plus difficile. La recherche a démontré que le stress causé par l'infertilité est similaire à celui qu'expérimentent les gens qui font face à des maladies constituant un danger de mort, comme les maladies cardiaques et le cancer.

ÊTES-VOUS STRESSÉE ?

Votre mode de vie et la façon dont vous réagissez aux différentes situations auxquelles vous faites face au quotidien peuvent affecter vos niveaux de stress. Pensez à votre vie professionnelle. Si vous avez de la difficulté à vous couper du travail, ou que vous vous sentez coupable lorsque vous prenez quelques jours de congé, il est possible que vous éprouviez trop de stress. Dormez-vous bien ? Ou êtes-vous souvent étendue la nuit à vous inquiéter à propos de votre travail, de votre de famille, de votre santé, de l'argent et autres préoccupations ? C'est aussi un signe d'un trop grand stress. Les personnes stressées ne se sentent généralement pas bien et se mettent facilement en colère. Elles ont aussi souvent besoin d'alcool ou de drogues pour apprécier la vie.

Si vous êtes stressée, pensez à pratiquer certains exercices, ou même tous les exercices de détente suggérés ici. Si les symptômes de stress sont extrêmes, parlez-en à votre médecin qui vous orientera vers une aide professionnelle efficace.

RÉDUCTION DU STRESS

La première étape vers la réduction du stress dans votre vie est l'identification de sa cause. Si vous en faites trop, à la maison ou au travail, tentez de déléguer ou d'éliminer un certain nombre de vos responsabilités. Faire une liste, en ordre d'importance, d'un certain nombre de tâches réalisables dans une journée peut aussi contribuer à réduire le stress. Le fait de rayer sur la liste chaque tâche réalisée vous procurera également un sentiment d'accomplissement et de contrôle de la situation.

Prenez du temps, loin de la pression et de l'activité, sans vous sentir coupable. Relaxez dans un bain chaud ou sous une douche rafraîchissante. Accordez-vous des périodes de temps pour écouter de la musique, ou pour participer à une activité qui vous plaît. Participez à un de vos sports préférés ou faites une longue promenade. Vous en reviendrez plus fraîche et en meilleure forme pour répondre aux exigences de votre vie.

Partagez vos problèmes avec votre partenaire, ou encore, si vous ne faites que vous inquiétez l'un l'autre, discutez plutôt avec un membre de la famille, une amie, ou un conseiller professionnel.

RELAXATION COMPLÈTE

Vous pouvez utiliser les techniques de respiration décrites aux pages 56 et 57 pour combattre instantanément le stress. Ensuite, faites l'essai des techniques de relaxation générale suivantes qui contribueront également à soulager la tension de votre corps :

Une fois par jour, passez 10 minutes ou plus en relaxation focalisée. Trouvez un endroit calme et étendez-vous, la tête appuyée sur un support confortable. Fermez les yeux et imaginez-vous dans un endroit paisible : une île tropicale, ou pourquoi pas une rivière qui coule doucement.

Contractez et détendez chaque partie de votre corps. En commençant par les orteils, contractez en comptant jusqu'à quatre, puis détendez. Poursuivez vers le haut du corps, en passant par les mollets, les cuisses et le torse jusqu'à la tête, sans

oublier les doigts. Restez dans cette attitude, en vous assurant que vos muscles sont détendus, et répétez l'exercice pour toute partie du corps qui semble toujours tendue. Simultanément, concentrez-vous sur cet endroit imaginaire qui vous inspire la détente. L'objectif est d'empêcher les pensées inquiétantes d'entrer dans votre esprit. Marchez sur votre île, nagez dans votre paisible rivière. Écoutez les sons de cet endroit merveilleux. Abandonnez-vous au sentiment de tranquillité.

BIENFAITS

Apprendre à maîtriser le stress vous aidera à mieux faire face aux irritations et aux problèmes de la vie. Cela les empêchera de vous voler votre bonheur ou votre santé. Si vous êtes détendue, vous ressentirez moins de maux et de douleurs, vous dormirez mieux, serez moins fatiguée, vous dépendrez moins de stimulants artificiels et vous serez plus efficace. Et le merveilleux boni, c'est que votre santé, votre apparence et vos relations sexuelles s'amélioreront. Encore plus important, vous apprécierez bien plus la vie et il sera beaucoup plus agréable d'être en votre compagnie.

Les moments de relaxation ne sont jamais du gaspillage, ni de l'égoïsme, même si vous pouvez être tentée de les voir de cette façon. Ils sont plutôt une habileté vitale essentielle et revitalisante qui vous aide, non pas seulement à titre de nouveau parent, mais aussi dans toutes les sphères de la vie au quotidien.

Techniques de relaxation

Si vous pouvez faire face aux irritations mineures lorsqu'elles surviennent, vous êtes sur la bonne voie pour réduire le stress. Ces exercices rapides et faciles peuvent être réalisés presque partout, à la maison, au bureau, dans l'auto ou sous la douche.

1 Contractez votre visage en fronçant, en pinçant vos lèvres et en fermant vos yeux très fort. Maintenez cette position en comptant jusqu'à quatre.

2 Détendez votre visage, une partie du visage à la fois, lentement et délicatement.

3 Contractez vos épaules en les soulevant vers vos oreilles et en maintenant cette position pendant une seconde ou deux.

4 Détendez-les puis « roulez-les », cinq fois vers l'avant, cinq fois vers l'arrière.

QUESTIONS FRÉQUENTES AVANT LA CONCEPTION

Q *Devrions-nous subir un test sanguin avant d'essayer de concevoir?*

R Dans certaines circonstances, un test sanguin peut être souhaitable. Il vous permet de déterminer votre immunité face aux maladies pouvant affecter votre bébé, si vous les contractez pendant la grossesse: la varicelle et les oreillons. Un test sanguin est essentiel si vous avez des raisons de croire qu'un de vous deux, votre partenaire ou vous-même souffre d'une affection sous-jacente, par exemple le VIH. Si vous êtes inquiète à propos des maladies héréditaires, un test sanguin peut vous fournir des informations précieuses (consultez aussi les pages 12–13).

Q *Mon sang est de facteur Rhésus négatif, et celui de mon partenaire est positif. Ceci peut-il signifier des problèmes?*

R Le bébé d'une première grossesse ne sera pas affecté, mais le facteur Rhésus (voir ci-dessous) constitue une menace pour les grossesses subséquentes. Votre médecin demandera des tests sanguins périodiques afin de déterminer s'il existe une menace pour le bien-être du bébé. Au besoin, des injections d'immunoglobine anti-D seront administrées pour prévenir la maladie hémolytique du nouveau-né et éviter tout préjudice au bébé.

Q *Je souffre de maux de tête occasionnels que je traite avec de l'acide acétylsalicilique ou de l'acétaminophène. Puis-je continuer d'utiliser ces médicaments pendant la grossesse?*

R Un comprimé occasionnel de l'un de ces médicaments ne pose aucun risque. Beaucoup de femmes ont pris des médicaments en vente libre sans savoir qu'elles étaient enceintes et ces médicaments n'ont affecté ni leur grossesse ni leur bébé. Par contre, tous les médicaments que vous prenez traversent le placenta. Plusieurs médecins vous conseilleront donc d'éviter tous ceux qui ne sont pas essentiels pendant la grossesse. Des doses fréquentes d'acide acétylsalicilique (Aspirin) devraient être évitées.

Le facteur Rhésus

Si vos globules rouges contiennent une substance connue sous le nom de facteur Rhésus, votre sang est Rhésus positif. Si une femme Rhésus négatif conçoit un bébé avec un homme Rhésus positif et que le bébé, à son tour, est Rhésus positif, la femme pourrait devenir sensibilisée au sang Rhésus positif au moment de l'accouchement. Si un bébé subséquent est aussi Rhésus postif, le corps de la mère reconnaîtra le sang «étranger» du bébé et produira des anticorps pour attaquer le bébé.

Première grossesse

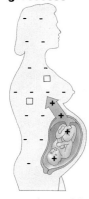

Après le premier bébé

Grossesses subséquentes

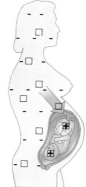

 Rh négatif

 Rh positif

☐ Anticorps

⊞ Maladie hémolytique du nouveau-né

Le sang Rh positif du bébé entre dans la circulation sanguine de la mère.

Des anticorps se développent dans le corps de la mère pour combattre le sang Rg positif et demeurent dans l'organisme.

Les anticorps pénètrent dans le sang Rh positif du prochain bébé, ultérieur, causant la maladie hémolytique du nouveau-né.

Q *Ma sœur affirme qu'elle a conçu le fils qu'elle avait toujours souhaité en choisissant le moment de la conception pour avoir un garçon. Est-ce possible ?*

R Bien des gens pensent que plus la relation sexuelle a lieu proche du moment de l'ovulation, plus les chances de concevoir un garçon sont grandes. Les spermatozoïdes masculins sont des nageurs plus forts que les spermatozoïdes féminins, mais ils ne vivent pas aussi longtemps. Leur chance de survie jusqu'à la conception diminue si l'ovulation a lieu une journée ou deux après la relation sexuelle.

D'autres personnes affirment qu'un régime alimentaire faible en sucre et riche en sel et en potassium produiront un garçon, alors qu'un régime alimentaire contenant beaucoup de calcium et de magnésium créera une fille. Et de se donner une douche vaginale avec du bicarbonate de soude, un alcalin, avant la relation sexuelle augmenterait les probabilités de concevoir un garçon, alors que si cette douche en est une de vinaigre blanc, les probabilités pencheraient du côté d'une fille.

Aucune de ces méthodes n'est pourtant un gage de réussite. Certaines familles produisent plus d'enfants d'un sexe que de l'autre. Il n'existe aucune preuve que cela soit causé par un facteur autre que le hasard.

L'arbre familial des gènes

Les caractéristiques de la mère et du père sont transmises au bébé par les chromosomes qui contiennent de nombreux gènes. Les anomalies à la naissance et les maladies héréditaires peuvent aussi être transmises de la même façon.

Le bébé hérite de deux versions de chaque gène : une de chaque parent. Parfois, les gènes sont identiques. Mais s'ils sont différents, un peut être dominant et l'autre récessif, ce qui fait que le bébé portera une caractéristique, mais n'en sera pas affecté. Si un gène récessif est jumelé à un autre gène similaire plus bas sur l'arbre familial, l'enfant héritera de la caractéristique. C'est de cette façon que la couleur des yeux et des cheveux, et l'incidence des maladies telles le diabète sautent une génération.

La façon dont les gènes affectent la couleur des yeux

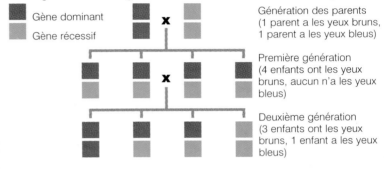

Gène dominant
Gène récessif

Génération des parents
(1 parent a les yeux bruns,
1 parent a les yeux bleus)

Première génération
(4 enfants ont les yeux bruns, aucun n'a les yeux bleus)

Deuxième génération
(3 enfants ont les yeux bruns, 1 enfant a les yeux bleus)

Q *Avoir des jumeaux, est-ce héréditaire ? Ma mère est une jumelle, une de mes tantes a des jumelles identiques, et un cousin a des triplets.*

R Oui et non. La tendance, pour une femme, à produire plus d'un œuf par ovulation ne semble pas avoir d'origine familiale. Donc, les jumeaux ou triplets dizygotes, qui se développent dans des œufs séparés, sont plus probables s'il existe un historique de naissances multiples dans la famille de la mère. Les jumeaux identiques, par contre, sont créés grâce à un seul œuf fertilisé qui se divise ensuite. Il n'existe aucune preuve que ceci soit causé par l'hérédité.

Une visite chez le médecin, avant la conception, vous donne l'occasion de discuter de vos préoccupations. Cela vous permettra aussi de déterminer si vous serez heureuse d'être traitée par lui (ou elle) pendant votre grossesse.

Q *J'ai 35 ans et, idéalement, j'aimerais attendre environ un an avant de concevoir. Si je deviens mère plus âgée, à quoi puis-je m'attendre au cours de la grossesse et de l'accouchement ?*

R Au fur et à mesure que vous avancez en âge, la fertilité diminue et cela peut prendre plus de temps avant que vous ne deveniez enceinte. Par contre, une fois que vous avez conçu un bébé, la principale différence entre vous et une mère plus jeune est le risque accru du syndrôme de Down et d'autres aberrations chromosomiques. Ces risques augmentent progressivement au cours de vos années fertiles.

Parmi les mères plus âgées, il existe un risque un peu plus élevé de fausses couches, de diabète, de maladies cardiovasculaires, ainsi que de naissance par césarienne. Cependant, une fois qu'une grossesse chromosomiquement normale est établie, vos chances de succès sont très élevées.

COMMENT FONCTIONNE VOTRE CORPS

Au cours des années pendant lesquelles une femme peut avoir des enfants, son corps est soumis à un rythme de changements contrôlés par les hormones, le cycle menstruel.

Le corps d'une femme commence à se préparer à la conception avant même qu'elle naisse. À la naissance, les ovaires d'une fille contiennent tous les œufs (ovules) que ses ovaires libéreront au cours des années pendant lesquelles elle pourra avoir des enfants. Ces ovules sont en dormance, dans son corps, jusqu'à la puberté. À l'aube de la puberté, son corps produit des hormones qui stimulent le grossissement de sa poitrine, l'élargissement de ses hanches, et la naissance de ses poils dans la région des aisselles et du pubis. Environ un an après ces changements, lorsqu'elle a atteint environ 47 kg et que le gras dans son corps représente environ 25 % de son poids total, son cycle menstruel commence.

LE CYCLE MENSTRUEL

L'apparition des premières règles, connue sous le nom de *ménarche*, marque le début des années fertiles de la femme. La ménopause, soit lorsque les règles cessent, qui survient normalement entre 45 et 55 ans, marque la fin de ces années.

Chez 95 % des femmes, le cycle menstruel dure en moyenne 28 jours, mais les médecins considèrent normal un cycle qui dure entre 22 et 35 jours.

Au début du cycle, la paroi de l'utérus, l'endomètre, est mince et les ovaires inactifs. Ensuite, l'hypophyse libère une hormone folliculostimulante qui cause le mûrissement d'un follicule contenant un ovule, dans un des ovaires (règle générale, une alternance se fait d'un ovaire à l'autre, chaque mois). Les cellules du follicule sécrètent une hormone appelée

L'appareil génital féminin

Les délicats organes reproducteurs de la femme sont entourés et protégés par les os de la ceinture pelvienne, dans le bas de l'abdomen.

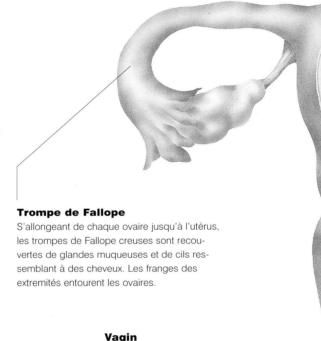

Utérus
L'utérus est la cavité musculaire dans laquelle l'ovule fertilisé s'implante et se développe.

Trompe de Fallope
S'allongeant de chaque ovaire jusqu'à l'utérus, les trompes de Fallope creuses sont recouvertes de glandes muqueuses et de cils ressemblant à des cheveux. Les franges des extremités entourent les ovaires.

Vagin
Le vagin est le canal qui s'étend de la vulve au col de l'utérus. Ses replis cutanés s'étirent au besoin, pour laisser passer le bébé pendant l'accouchement.

œstrogène qui cause l'épaississement de l'endomètre, en préparation pour l'œuf fertilisé. Environ 14 jours avant le début des règles (environ au milieu d'un cycle régulier), le follicule se rompt et libère l'ovule mature. C'est ce qu'on appelle l'ovulation. L'ovule se déplace alors le long de la trompe de Fallope.

S'il est fertilisé (consultez les pages 62 à 63), il s'implante dans la riche paroi de l'utérus ; s'il n'est pas fertilisé, il meurt et l'utérus se débarrasse de sa paroi, sous forme de règles. Les saignements durent en général de trois à cinq jours, et parfois même sept jours. Le cycle recommence ensuite.

Ovaire

Les ovaires contiennent les ovules et produisent deux hormones : l'œstrogène et la progestérone. Il y a deux ovaires, chacun environ de la taille d'un petit raisin, et situés de chaque côté de l'utérus.

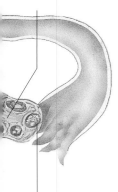

Follicule

Le follicule est une petite boule de cellules, à l'intérieur de l'ovaire, qui contient un ovule.

Col de l'utérus

Au cours de la grossesse, le col de l'utérus demeure complètement fermé jusqu'au début du travail, lorsque les hormones stimulent l'utérus pour que celui-ci commence à se contracter, et provoquent le ramolissement puis l'ouverture du col de l'utérus.

Votre partenaire

Un homme produit des spermatozoïdes à partir de la puberté et pour le reste de ses jours ; la production de sperme est le résultat de l'influence de l'hormone sexuelle appelée testostérone, et des gonadotrophines sécrétées par l'hypophyse. Ces hormones sont continuellement libérées, plutôt que produites par cycle comme leurs collègues dans le corps de la femme.

Les organes reproducteurs, les testicules, l'épididyme, le canal déférent et le pénis, produisent, emmagasinent et éjectent le sperme qui pourra éventuellement fertiliser un ovule dans le corps de la femme.

Les spermatozoïdes, continuellement en formation, ont besoin de 100 jours pour attendre la maturité. Pendant cette période, les cellules originales produites dans les testicules se divisent pour ne contenir que la moitié du complément normal de chromosomes (consultez les pages 62–63). Au fur et à mesure qu'ils se développement, ils quittent les testicules et se déplacent dans le canal déférent, jusqu'à l'épididyme. À cet endroit, ils continuent la maturation et c'est là que leur queue (semblable à un fouet) se développe, ce qui leur facilitera éventuellement les déplacements dans l'appareil génital de la femme. Après un autre stade de croissance et de maturation, ils passent dans le canal déférent où leur développement se complète. Une fois matures, ils mesurent environ 0,05 mm de longueur.

Pendant l'éjaculation, les spermatozoïdes sont libérés par le pénis. Si l'éjaculation ne survient pas, les spermatozoïdes matures sont réabsorbés par le corps, et de nouveaux sont produits. Chaque éjaculation contient environ 300 millions de spermatozoïdes, ou 100 millions par millilitre de sperme. Même si, en théorie, un seul spermatozoïde est nécessaire pour fertiliser un ovule, les hommes dont le nombre de spermatozoïdes est inférieur à 20 millions par millilitre peuvent avoir des problèmes de fécondité.

L'appareil génital masculin

Canal déférent

Les deux canaux déférents, un pour chaque testicule, conduisent le sperme des testicules à l'urètre.

Urètre

L'urètre, le tube qui relie la vessie et le pénis, transporte les spermatozoïdes et le sperme pendant l'éjaculation, et permet à l'urine de quitter la vessie.

Pénis

Le pénis est l'organe sexuel externe de l'homme, celui par lequel les spermatozoïdes voyagent pour atteindre et fertiliser l'ovule. Pendant l'excitation sexuelle, les vaisseaux sanguins du pénis se gonflent de sang, puis le pénis se durcit et se dresse.

Prostate

La prostate produit les sécrétions qui forment en partie le liquide séminal.

Épipidyme

Ce long tube plat et vrillé fait le lien entre les testicules et les canaux déférents.

Les testicules

Retenus par une enveloppe cutanée appelée scrotum, les testicules fabriquent les spermatozoïdes. Ils sont à l'extérieur du corps, là où ils peuvent maintenir une température légèrement inférieure, ce qui est préférable pour la production des spermatozoïdes.

ESSAYER DE CONCEVOIR

Vos chances d'avoir un bébé plus tôt que plus tard sont excellentes : trois couples sur quatre conçoivent dans les six mois suivant le début des relations sexuelles non protégées.

Si vous et votre partenaire vous avez suivi les conseils sur le style de vie donnés dans les pages précédentes, (consultez les pages 12 – 23) vous mettez toutes les chances de votre côté pour concevoir et mettre au monde un enfant en santé. Ceci est important pour **vous** deux : environ un tiers de tous les cas d'infertilité sont attribuables à un problème chez l'homme.

QUAND MON OVULATION SE PRODUIT-ELLE ?

L'ovulation est essentielle à la conception. L'ovulation se produit environ 14 jours avant le début des règles, peu importe la longueur de votre cycle. Le fait de noter la longueur moyenne de votre cycle menstruel vous aidera donc à déterminer à quel moment vous ovulez.

Certaines femmes ressentent des douleurs abdominales au moment de l'ovulation ; toutes les femmes vivent certains changements au niveau des sécrétions vaginales. Le mucus devient plus clair, moins visqueux et plus abondant lorsque l'ovulation se produit. Si vous observez vos sécrétions chaque jour du mois, vous serez en mesure d'anticiper l'ovulation lorsque ces changements surviendront.

La température du corps diminue immédiatement avant l'ovulation, puis augmente de nouveau lorsque l'ovulation se produit. Afin de détecter ce changement, prenez votre température chaque matin avant de sortir du lit, et avant de boire ou de manger. Vous devriez consigner ces informations pendant plusieurs mois si vous souhaitez identifier un modèle clair et cohérent.

Enfin, vous pouvez utiliser un test de

La création d'un ovule

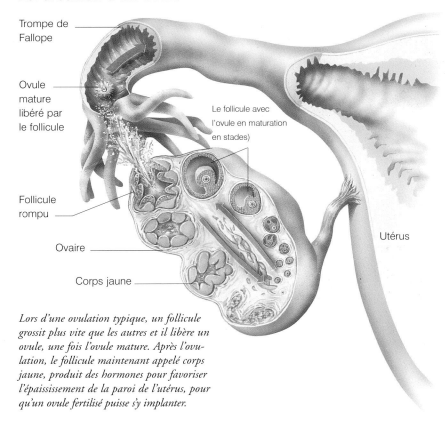

Trompe de Fallope

Ovule mature libéré par le follicule

Le follicule avec l'ovule en maturation en stades)

Follicule rompu

Ovaire

Corps jaune

Utérus

Lors d'une ovulation typique, un follicule grossit plus vite que les autres et il libère un ovule, une fois l'ovule mature. Après l'ovulation, le follicule maintenant appelé corps jaune, produit des hormones pour favoriser l'épaississement de la paroi de l'utérus, pour qu'un ovule fertilisé puisse s'y implanter.

fertilité maison, disponible auprès des pharmaciens. Ce test détecte, dans un échantillon de votre urine, l'augmentation de l'hormone lutéinisante, ou LH (consultez la page 66), qui apparaît plus ou moins entre 24 et 36 heures avant l'ovulation.

QUAND VAIS-JE CONCEVOIR ?

Lorsque vous aurez appris à déterminer le moment de votre ovulation, vous serez plus apte à planifier la conception en ayant des relations sexuelles pendant la portion la plus fertile de votre cycle menstruel.

Les relations sexuelles, le plus près possible de l'ovulation, la veille ou le jour même, sont idéales. Si vous n'êtes pas certaine de la journée, faites l'amour au moins toutes les 48 heures pendant 3 à 4 jours, avant et après la date probable. Une fois que l'ovule est libéré de l'ovaire, il demeure fertile pendant 12 à 24 heures. Mais les spermatozoïdes peuvent vivre dans le corps de la femme pendant deux à trois jours, il est donc possible qu'un ovule soit fertilisé par un spermatozoïde qui est déjà dans une trompe de Fallope au moment de l'ovulation.

La position dans laquelle se fait la pénétration peut améliorer les chances que les spermatozoïdes de votre partenaire atteignent l'ovule non fertilisé. La position du missionnaire, en particulier si vous placez vos jambes sur les épaules de votre partenaire, permet une pénétration profonde ; les spermatozoïdes sont donc éjaculés aussi proche que possible du col de l'utérus. Si vous avez un orgasme, votre col utérin baigne dans le sperme, ce qui augmente les chances des spermatozoïdes d'atteindre leur destination. Un plus grand nombre de spermatozoïdes resteront dans votre corps si vous vous étendez sur le dos, un coussin sous les fesses, pendant environ 20 minutes après la relation.

FACTEURS AFFECTANT L'OVULATION

Le fait d'avoir un cycle menstruel régulier de plus ou moins 28 jours est un bon signe que vous ovulez. Les cycles menstruels longs, plus de 35 jours, et les plus courts, moins de 21 jours, peuvent indiquer un problème.

Le poids peut affecter la fertilité, tout comme l'état de santé global. Si vous souffrez d'une insuffisance pondérale sévère ou que vous vous entraînez excessivement, il est possible que vous n'ovuliez pas, ou que vous ne soyez pas menstruée. Les femmes souffrant d'une surcharge pondérale grave, c'est-à-dire avec un surplus de poids représentant 20 % de plus que la moyenne en termes de poids et de corpulence, peuvent ovuler de façon irrégulière et être prédisposées à des problèmes telle l'hypertension.

L'âge peut constituer un autre facteur : le déclin de fertilité le plus abrupt chez la femme survient après l'âge de 35 ans, et ce taux s'accélère après 42 ans. Les ovules que vous produisez à ce moment peuvent devenir moins féconds : ils ne sont pas fertilisés aussi facilement, ou ils ne s'implantent pas, une fois fertilisés.

POUR VOTRE PARTENAIRE

Un homme ne peut vérifier sa fertilité, il ne peut que l'améliorer. Les spermatozoïdes se développent mieux à une température inférieure à celle du corps. Il est donc indiqué de garder les testicules au frais en portant des pantalons amples, ce qui pourra augmenter le nombre de spermatozoïdes.

La chute de température, avant l'ovulation, est d'environ 0,2 °C (0,5 °F) ; l'augmentation lors de l'ovulation est d'environ 0,5 °C (1 °F). Si vous souhaitez savoir à quel moment vous ovulez, prenez votre température chaque jour à l'aide d'un thermomètre spécial de fertilité (disponible auprès du pharmacien) dont la gradation est plus précise que les thermomètres réguliers.

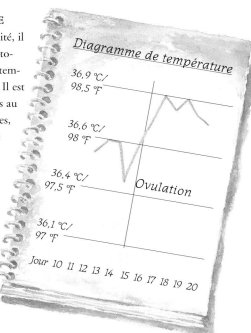

Diagramme de température

36,9 °C/ 98,5 °F

36,6 °C/ 98 °F

36,4 °C/ 97,5 °F — Ovulation

36,1 °C/ 97 °F

Jour 10 11 12 13 14 15 16 17 18 19 20

Un exemple typique
Faire face à l'infertilité

LISA, 38 ANS, N'A JAMAIS DOUTÉ DE SA CAPACITÉ À DEVENIR MÈRE.

« *Rick et moi nous nous sommes mariés lorsque j'avais 34 ans. J'ai cessé d'utiliser des moyens de contraception lors de notre lune de miel, mais après 18 mois, je n'étais toujours pas enceinte. Nous étions de plus en plus impatients. Mon médecin a donc suggéré que nous consultions un spécialiste. Celle-ci a découvert que mon ovulation était irrégulière et que la numération du sperme de Rick était normale. J'étais ébranlée. Et même si Rick s'est montré compréhensif, je me sentais responsable.*

Notre médecin a suggéré un traitement de fertilité impliquant des injections d'hormones autoadministrées. Tout ça est devenu une préoccupation commune qui nous a rapprochés. Après quatre mois, je n'étais toujours pas enceinte, on nous a donc suggéré de tenter la fécondation in vitro. Après deux tentatives ratées, j'étais devenue tellement tendue que les gens de la clinique nous ont conseillé de nous « reposer » pendant six mois. Ils nous ont également suggéré de consulter un thérapeute, pour travailler sur la façon dont nous réagirions si nous n'arrivions pas à concevoir un enfant.

La participation à ces rencontres était le premier pas vers l'acceptaton du fait que nous allions peut-être rester un couple, et ne jamais devenir une famille. Étonnamment, au milieu de la période de « repos », la conception s'est faite naturellement.

Nous avons maintenant un fils, et nous ne pourrions être plus heureux. Plus jamais je ne verrai l'infertilité de la même façon. »

LORSQUE VOUS NE POUVEZ CONCEVOIR

Même lorsqu'ils ont fait tout ce qui était possible pour améliorer leurs chances de concevoir, certains couples ne peuvent avoir de bébé que grâce à une intervention médicale.

Savoir quand demander de l'aide pour un problème de fertilité peut s'avérer difficile. La décision dépend grandement de votre état de santé et de votre âge. Si vous pensez avoir un problème, vous n'êtes pas menstruée, vous avez des fibromes ou avez été traitée pour ce problème, ou pour l'endométriose ou une maladie transmise sexuellement, mieux vaut consulter votre médecin le plus rapidement possible. Si vous êtes un jeune couple en santé dans la vingtaine, vous pouvez avoir essayé de concevoir pendant plus d'un an, sans succès, et toujours avoir de grandes chances de concevoir sans aide. Si vous êtes dans la trentaine ou plus âgés, demandez de l'aide si vous avez tenté de concevoir sans succès pendant au moins six mois.

IDENTIFIER LE PROBLÈME

Votre partenaire et vous, vous avez peut-être un problème qui vous rend infertiles ; ou vous souffrez tous les deux de problèmes mineurs qui, combinés, empêchent la conception. Consultez à titre de couple et traitez ceci comme une énigme à solutionner ensemble.

Votre médecin vous posera des questions sur votre santé et votre histoire médicale, et sur la fréquence et le moment des relations sexuelles. S'il ne peut rien identifier qui indique la source du problème, votre médecin vous référera peut-être à un spécialiste pour des tests. Ceux-ci comprendront vraisemblablement les suivants : numération des spermatozoïdes pour votre partenaire ; un regard de plus près sur la formation des spermatozoïdes et la façon dont ils se déplacent ; des tests sanguins pour vérifier vos

POURQUOI NE PUIS-JE PAS CONCEVOIR ?

Les causes d'infertilité chez les femmes sont plus nombreuses que chez les hommes. L'investigation se fait par un processus d'élimination, c'est donc dire que si votre partenaire est fertile, votre appareil génital sera examiné, en détail.

Trompe de Fallope

Dans les ovaires
L'endométriose et les autres infections peuvent causer la cicatrisation et le mauvais fonctionnement des ovaires.

Dans l'utérus
La chirurgie pour retirer les fibromes affaiblit parfois l'utérus ; les fibromes ou polypes peuvent altérer sa forme ; les anomalies congénitales ou l'exposition à certaines drogues et hormones, lorsque vous étiez dans l'utérus de votre mère, peut affecter la capacité de l'utérus de soutenir la vie.

Utérus

Col de l'utérus

Vagin

niveaux d'hormones ; une hystérosalpingographie (voyez à droite) ; et un test pour examiner votre glaire cervicale après une relation sexuelle pour vérifier l'activité des spermatozoïdes.

La cause la plus courante d'infertilité chez les femmes est le blocage des trompes de Fallope (responsable d'environ 50 % des cas). Dans environ un tiers des cas,

les problèmes hormonaux sont les coupables : si vous ne produisez pas suffisamment d'œstrogène ou de progestérone, il est possible que vous ovuliez de façon irré-gulière ou que la paroi de votre utérus n'épaississe pas suffisamment pour implanter un ovule fertilisé.

Votre partenaire a peut-être trop peu, ou pas du tout, de spermatozoïdes dans

Dans les trompes de Fallope

Les cicatrices causées par la maladie pelvienne inflammatoire, l'endométriose ou une grossesse ectopique peuvent provoquer des blocages des trompes de Fallope ; les trompes peuvent aussi être endommagées par une intervention chirurgicale.

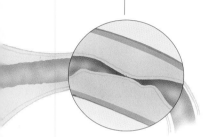

Paroi de
l'utérus

Dans le col de l'utérus

Des infections tel la chlamydia, peuvent vous faire développer des réactions allergiques aux spermatozoïdes de votre partenaire, résultant en la production d'anticorps pour les neutraliser ; votre glaire cervicale est peut-être trop épaisse pour laisser passer les spermatozoïdes ou tellement fine qu'elle ne favorise pas les déplacements des spermatozoïdes vers le col de l'utérus.

son éjaculation. Ses spermatozoïdes sont peut-être endommagés et incapables de se rendre à l'ovule, ou de le fertiliser avec succès s'il l'atteint.

Si aucun problème médical ne peut être identifié, la psychothérapie peut aider à cerner une cause liée au stress, et un transfert tubaire des gamètes (GIFT) peut être recommandé (consultez la page 33).

Comprendre le jargon

Votre spécialiste devrait vous expliquer le but de chacun des tests qui vous sont suggérés. Les interventions les plus courantes, en lien avec la fertilité, sont décrites ici.

Investigation tubaire

Une investigation tubaire vérifie l'état et le fonctionnement des trompes de Fallope. Ceci peut impliquer une laparoscopie, une hystérosalpingographie, ou les deux.

Laparoscopie

Pour détecter les kystes de l'ovaire, l'endométriose et autres conditions affectant les organes reproducteurs, une petite incision, d'environ 12 mm de longueur, est pratiquée près de votre nombril, puis un laparoscope, tel un tube, est inséré. La lumière du laparoscope donne au chirurgien une vue de vos ovaires, de votre utérus et de vos trompes de Fallope.

Hystérosalpingographie

Dans le cadre de cette intervention, un colorant est injecté dans le vagin. Le colorant doit passer dans l'utérus et les trompes de Fallope. S'il ne le fait pas, une ou les deux trompes sont bloquées.

Numération des spermatozoïdes

La numération des spermatozoïdes est le test le plus élémentaire pour les hommes. Seul un spermatozoïde est nécessaire pour la fécondation de l'ovule. Par contre, à moins que des spermatozoïdes soient présents en quantité suffisante dans le sperme, 20 à 150 millions par millilitre, des problèmes à concevoir peuvent survenir.

Test de réaction acrosomique

L'acrosome, dans la tête du spermatozoïde, contient les enzymes qui permettent de percer la paroi de l'ovule et de rendre la fécondation possible. Un test pour vérifier si les spermatozoïdes de votre partenaire peuvent pénétrer un de vos ovules peut aussi être effectué si le test de numération des spermatozoïdes s'avère normal.

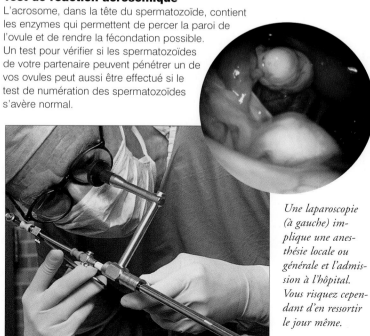

Le laparoscope permet une excellente vue des ovaires (blanc), de l'utérus (orange) et des trompes de Fallope. Des images vidéo sont souvent enregistrées à titre de référence. Une laparoscopie effectuée au cours de la seconde moitié du cycle menstruel peut aussi révéler si l'ovulation a eu lieu.

Une laparoscopie (à gauche) implique une anesthésie locale ou générale et l'admission à l'hôpital. Vous risquez cependant d'en ressortir le jour même.

TRAITER L'INFERTILITÉ

Le traitement contre l'infertilité est une des plus belles histoires de succès de la médecine. Au cours des 20 années qui ont suivi la naissance du premier bébé éprouvette, des milliers de couples qui avaient perdu tout espoir de concevoir sont devenus parents.

Lorsque la cause la plus probable de votre incapacité à concevoir aura été identifiée, on pourra vous proposer des traitements. Souvenez-vous, toutefois, qu'aucun traitement n'est assorti d'une garantie de réussite. Avant de commencer, réfléchissez, ensemble, à l'importance réelle d'avoir un bébé pour vous deux. Dans quelles circonstances, et après combien de traitements différents, vous arrêterez-vous. Le *counselling* a aidé bien des couples à travailler ensemble afin de déterminer comment ils se sentiraient s'ils étaient incapables de devenir des parents biologiques.

VOTRE PARTENAIRE ET VOUS

Si votre problème est lié à l'ovulation, vous n'ovulez pas ou vous ovulez de façon irrégulière, des stimulateurs d'ovulation, sous forme d'injections ou de comprimés, peuvent vous être suggérés. Pris à un certain moment dans le mois, ils stimulent les règles. Vous serez ensuite examinée pour déterminer si votre ovulation a été stimulée et, si c'est le cas, on vous conseillera sur le moment d'avoir des relations sexuelles.

Un déséquilibre hormonal qui inhibe l'ovulation ou l'implantation de l'ovule fertilisé peut être régulé, encore une fois

Faire face au défi que représente l'infertilité peut rapprocher un couple, mais cela peut également éloigner les conjoints. Pour l'amour d'une relation solide, empreinte de support, il est important de ne blâmer personne. Les tests et les traitements ne doivent pas prendre le dessus sur votre vie. Assurez-vous de conserver d'autres intérêts, carrières, amis, passe-temps, et de continuer à vous parler et à vous écouter.

à l'aide de médicaments. Les médicaments utilisés pour stimuler l'ovulation réussissent très bien : ils fonctionnent chez environ 80 % des femmes qui les prennent, dont la moitié d'entre elles deviendront enceintes. Leur seul inconvénient est qu'en demandant au corps de produire plus d'un ovule par cycle, ils augmentent les chances de naissance multiple.

Une intervention chirurgicale (de plus en plus, la laparoscopie jumelée à la chirurgie au laser) peut parfois être utilisée pour éliminer des cicatrices de l'endomètre et autres petits blocages des trompes de Fallope. Dans les cas où les trompes elles-mêmes sont endommagées, si elles ne se contractent pas pour favoriser le passage de l'œuf de l'ovaire à l'utérus, ou si les minuscules poils qui les entourent, et qui aident aussi les ovules sont endommagés, une intervention chirurgicale ne sera probablement pas proposée.

Une faible numération des spermatozoïdes peut parfois être augmentée grâce à un traitement hormonal, et un blocage des canaux déférents ou de l'épididyme peut être éliminé grâce à une intervention chirurgicale. Par contre, si le problème consiste à amener les spermatozoïdes au bon endroit, ou si la glaire cervicale est hostile, (consultez les pages 28–29), une insémination artificielle peut être proposée. Ceci implique que votre partenaire éjacule du sperme dans un contenant et qu'un échantillon de ce sperme soit injecté directement dans votre utérus. L'insémination artificielle dans l'utérus (IUI) est souvent utilisée de concert avec des traitements de fertilité qui favorisent la production de plus d'un ovule, et donc, augmentent les chances de conception.

Parmi les autres options, la fécondation in vitro (FIV) et le transfert tubaire des gamètes (GIFT). Ces dernières sont décrites à droite.

AIDE EXTÉRIEURE

La plupart des traitements de fertilité impliquent l'utilisation de vos ovules et les spermatozoïdes de votre partenaire. Mais s'il y a un problème existe avec l'un de vous deux, d'autres options vous seront peut-être suggérées.

S'il existe peu de chances que les spermatozoïdes de votre partenaire fertilisent un de vos ovules, vous souhaiterez peut-être considérer l'insémination artificielle par donneur (IAD). Les donneurs sont soigneusement examinés en lien avec les maladies sexuellement transmissibles et les maladies héréditaires, et ils sont agencés physiquement, pour ressembler le plus possible au « père ». Les spermatozoïdes sont ensuite injectés dans le vagin ou l'utérus de la femme. Les taux de réussite peuvent être aussi élevés que 70 %.

Les femmes dont les ovules échouent prématurément, ou qui sont nées avec des ovaires qui ne fonctionnent pas, peuvent être en mesure d'avoir un bébé grâce à un don d'ovule, ce dernier étant fertilisé avec les spermatozoïdes de votre partenaire, à l'aide d'une procédure similaire à la fécondation in vitro. Une pénurie générale d'ovules de donneurs rend ce traitement très difficile à obtenir.

THÉRAPIES COMPLÉMENTAIRES

Un certain nombre de thérapies complémentaires ont réussi à traiter l'nfertilité. Si vous trouvez le traitement conventionnel dérangeant ou gênant, ou si vous souhaitez éviter l'intervention ou les médicaments, vous pouvez choisir de consulter un homéopathe ou un acupuncteur. Tenez votre médecin au courant en tout temps et ne cessez jamais de prendre des médicaments traditionnels sans en discuter d'abord avec votre médecin.

FIV et GIFT

Lors d'une FIV (fécondation in vitro), la fécondation a lieu dans une capsule de laboratoire. L'embryon qui en résulte est ensuite déposé dans l'utérus de la femme, là où, si tout va bien, il s'implante et se développe comme dans toute grossesse traditionnelle.

Si vous optez pour une FIV, vous débuterez un traitement hormonal qui vous fera ovuler et produire plusieurs ovules à la fois. Ces ovules sont prélevés et fécondés avec les spermatozoïdes de votre partenaire.

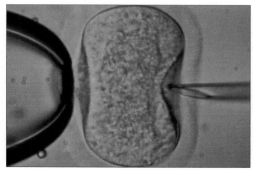

Les spermatozoïdes peuvent être ceux de plusieurs éjaculations pour obtenir une concentration plus efficace, et sont ensuite nettoyés pour éliminer les spermatozoïdes malsains. Parfois, un certain nombre d'ovules est fécondé et jusqu'à trois embryons sont placés dans l'utérus ; les embryons «de secours» sont congelés et peuvent ensuite être utilisés pour une nouvelle tentative, si tout ne se passe pas comme prévu ou pour vous offrir la chance d'avoir un deuxième enfant, éventuellement.

Lors d'un transfert tubaire des gamètes (GIFT), l'ovule et les spermatozoïdes sont obtenus de la même façon que lors d'une FIV, mais ils sont insérés dans la trompe de Fallope ; la fécondation se fait donc dans votre corps. Cette méthode se rapproche davantage de la conception naturelle. Le transfert tubaire des gamènes est souvent un succès lorsque le problème est du côté des spermatozoïdes de l'homme, ou si la cause de l'infertilité est inconnue.

Il y a un grand nombre de facteurs à prendre en compte avant de tenter la FIV ou le GIFT. Le plus important est qu'aucun des deux traitements n'est un gage de réussite. Des centres détenant une expérience et une expertise considérables atteignent un taux de réussite de 30 % ou plus avec la FIV, et jusqu'à 35 % avec le GIFT. Le couple moyen essayera la FIV trois ou quatre fois avant de concevoir et de porter un enfant ; d'autres feront encore plus de tentatives. Les coûts du traitement varient, mais peuvent être élevés, en particulier si plusieurs tentatives sont nécessaires.

Le traitement est physiquement et émotionnellement exigeant et stressant. Les probabilités de grossesses multiples sont supérieures, sans compter le risque pour la mère et les fœtus. (Jusqu'à un quart des mères dont le traitement de FIV est réussi portent plus d'un bébé.) Les premiers stades de votre grossesse seront surveillés de plus près que si vous aviez conçu «naturellement». Une fois les premiers mois passés, toutefois, votre grossesse a les meilleures chances de progresser normalement, jusqu'à la naissance d'un bébé normal et en santé.

En FIV, les spermatozoïdes de votre partenaire ou d'un donneur sont recueillis puis placés dans une capsule, avec l'ovule. Dans certaines cliniques, la membrane extérieure de l'ovule est parfois percée, sans être rompue, grâce à une microaiguille qui contient les spermatozoïdes. La fécondation demande environ 18 heures et la division cellulaire commence 12 heures plus tard.

Une grossesse
en santé

LA GROSSESSE EST UNE OCCASION *d'accorder une atten-*
tion toute particulière à votre santé, à votre régime aliment-
taire et à votre condition physique. Au cours de ces mois :

- *Votre corps fera des demandes supplémentaires pour nourrir la nouvelle vie qui s'y développe*

- *Bien manger et être en bonne forme physique vous aidera à vous préparer pour le travail et l'accouche-ment, et pour les énormes défis que représentent les premières semaines et les premiers mois de la vie de parents*

- *Vous devrez peut-être modifier la façon dont vous effectuez des tâches simples du quotidien, comme soulever des objets, pour éviter d'étirer vos muscles*

- *Vous apprendrez aussi des techniques de relaxation et de réduction rapide du stress, lesquelles vous aideront pendant le travail et bien longtemps après.*

C'est une période pour bien profiter de la vie, afin d'avoir toute la vitalité dont vous aurez besoin pour traverser dans la joie les journées exigeantes et enrichissantes que vous aurez à vivre !

BIEN MANGER PENDANT LA GROSSESSE

Un régime alimentaire sain pendant la grossesse nourrit aussi bien votre bébé que vous-même. Vous n'avez pas besoin de « manger pour deux », mais vous devez par contre ingérer en quantité suffisante tous les nutriments essentiels.

Pendant la grossesse, votre corps a besoin non seulement d'un régime équilibré, mais aussi de plus d'aliments. Vous aurez besoin de plus d'énergie pour maintenir votre bonne forme pendant les neuf mois au cours desquels votre poids augmentera considérablement, et pour satisfaire les exigences supplémentaires de vos principaux organes. Vous devez également ingérer suffisamment de nutriments pour nourrir la nouvelle personne qui grandit en vous.

Votre corps fait tout ce qu'il peut pour vous aider. Les changements métaboliques veillent à ce que vous obteniez les meilleures valeurs pour chaque calorie que vous consommez. La plupart des femmes enceintes n'ont besoin d'ajouter qu'environ 200 à 300 calories par jour aux 1 500 à 2 000 calories qu'une femme non enceinte doit consommer.

UN RÉGIME ALIMENTAIRE ÉQUILIBRÉ

Une régime alimentaire sain et équilibré doit contenir un apport quotidien de tous les nutriments dont votre corps a besoin.

Les protéines forment les blocs qui permettent de construire de nouveaux tissus pour l'organisme. Parmi les bonnes sources de protéines, nommons le poisson, la viande, les œufs, le lait, le fromage, les grains, les noix et les légumineuses.

Les glucides bruts sont essentiels pour l'énergie. La majorité de votre consommation de glucides devrait provenir de féculents comme les pommes de terre, le riz brun, le pain de blé entier, les pâtes, la farine et les céréales. Les glucides raffinés que l'on retrouve dans le pain blanc, le riz blanc, les gâteaux et les sucreries ajoutent des calories sans ajouter beaucoup d'énergie.

Les vitamines contribuent au fonctionnement de plusieurs systèmes et processus de l'organisme, y compris le système immunitaire. Les fruits et les légumes constituent de bonnes sources de vitamines et devraient être consommés crus, ou cuits à la vapeur, dans la mesure du possible : la cuisson peut réduire ou détruire les vitamines de ces aliments. Parmi les autres aliments riches en vitamines, nommons le poisson et la viande, le lait, les céréales et le pain de blé entier.

Les minéraux sont aussi essentiels au fonctionnement de l'organisme. Le calcium contribue à la formation des os et des dents, et le fer est essentiel pour que votre sang soit normal. Le besoin de ces deux minéraux augmente pendant la grossesse. Vous avez également besoin d'infimes quantités de plusieurs autres minéraux, comme l'iode, le magnésium et le zinc. De petites quantités de plusieurs minéraux sont présentes dans les grains, les fruits et les légumes. Le fer est présent dans les viandes rouges, le poisson, les légumineuses, le pain de blé entier et les légumes verts foncés. Le calcium est présent dans les produits laitiers, les produits à base de soya, certains poissons, la farine blanche enrichie et les légumes verts en feuilles.

Des acides gras essentiels sont nécessaires au développement et à la croissance. Les meilleures sources sont les huiles de plantes, comme l'huile de canola ou de carthame, et les huiles de poisson.

Rations alimentaires recommandées (RAR) de vitamines et de minéraux

La femme enceinte moyenne a besoin de la quantité donnée de ces importants minéraux et vitamines, et ce, quotidiennement. La plupart des gens qui respectent un régime alimentaire équilibré atteignent ces rations en mangeant bien. Mais si ce n'est pas déjà le cas, vérifiez les étiquettes pour vous assurer que vous obtenez tout ce dont vous avez besoin.

Calcium	1 200 mg
Phosphore	1 200 mg
Magnésium	320 mg
Fer	30 mg
Zinc	15 mg
Vitamine A	800 mcg
Vitamine D	10 mcg
Vitamine E	10 mg
Vitamine C	70 mg
Vitamine B	
Thiamine	1,5 mg
Riboflavine	1,6 mg
Niacine	17 mg
Vitamine B_6	2,2 mg
Acide folique	400 mcg
Vitamine B_{12}	2,2 mcg

Les fibres contribuent à une bonne digestion et aident à prévenir la constipation. Les aliments riches en fibres comprennent la farine de blé entier, le pain complet et les pâtes, les fèves et certaines céréales pour petit déjeuner.

Pendant la grossesse vous devriez également augmenter la quantité de liquide. Le volume de sang, en augmentant (consultez les pages 96 à 97), a besoin de liquide pour se former, et le corps de votre bébé est largement constitué d'eau. Vous aurez de toute façon probablement plus soif que d'habitude. Choisissez de boire de l'eau, des jus de fruits et de légumes, du lait écrémé, des tisanes d'herbages et de fruits, et du café décaféiné (consultez la page 14).

COLLATIONS SANTÉ

Tout au long de votre grossesse, vous trouverez probablement que vous avez plus d'appétit que d'habitude. Essayez de prendre un bon petit déjeuner : des céréales, un fruit ou un jus de fruits frais, un yogourt, des œufs ou du pain de blé entier grillé. Si vous avez besoin d'une collation pour restaurer vos niveaux d'énergie, optez pour du fromage, des fruits frais ou séchés, ou des craquelins faits de grains entiers. Si vous n'avez pas l'habitude de manger entre les repas, ce qui est la norme, deux collations par jour vous fourniront toutes les calories supplémentaires dont vous aurez besoin.

Suivez les lignes directrices de la pyramide alimentaire de la page 15, et lisez les étiquettes des emballages lorsque vous choisissez des produits.

Si des fruits, légumes et grains biologiques sont disponibles dans votre région, préférez-les aux variétés non biologiques. Les produits biologiques sont cultivés dans une terre certifiée sans résidus chimiques provenant des pesticides.

Régimes spéciaux

Si vous mangez bien, vous ne devriez pas avoir besoin de suppléments de vitamines ou de minéraux (consultez les pages 14–15). Toutefois, si la gamme d'aliments que vous mangez est restreinte, pour des questions de santé, de religion, ou par choix, vous devez vous assurer que votre corps reçoit tous les nutriments dont il a besoin.

Végétarien

On croit souvent que parce qu'ils ne mangent ni viande ni poisson, les végétariens manquent de protéines, de fer, de calcium et de vitamine B_{12}. Mais en fait, ces nutriments sont présents dans bon nombre de produits laitiers, et les fèves, noix, graines, grains, légumineuses, beurre d'arachide et soya (comme le tofu et le tempeh) contiennent tous des protéines. Les végétariens qui consomment ces aliments en quantité et suivent les lignes directrices des pages 14 et 15 ne devraient avoir aucun problème pendant la grossesse.

Végétalien

Un régime qui exclut la viande, le poisson, les oeufs et les produits laitiers peut mener à une déficience en nutriments. La vitamine B_{12} n'existe naturellement que dans les produits d'origine animale, même si elle est parfois ajoutée à des aliments telles les céréales pour petit déjeuner. Vérifiez les étiquettes des emballages d'aliments que vous achetez et considérez prendre un supplément.

La vitamine D est présente dans les produits laitiers et les huiles de poisson et de foie. Cette vitamine est aussi fabriquée par le corps après une exposition au soleil, mais si vous vivez dans une région nordique et sombre, ou si vous ne passez pas beaucoup de temps dehors, vous avez besoin de supplément de vitamine D.

Même si le calcium se retrouve dans plusieurs aliments (voir plus bas), il est plus concentré dans les produits laitiers. Encore une fois, vous risquez d'avoir besoin d'un supplément.

Sans gluten

Si vous êtes sensible au gluten (une protéine contenue dans plusieurs céréales, en particulier le blé), vous devez éviter la plupart des pains, pâtes et produits de boulangerie. Les lentilles et les légumineuses, les pommes de terre et le riz brun constituent de bonnes sources alternatives de glucides.

Sans lactose

Certaines personnes trouvent le lactose, un glucide présent dans le lait, indigeste. Certains peuvent le tolérer dans le fromage ou le yogourt, mais pas dans le lait. Si c'est votre cas, vous avez tout de même une bonne source de calcuim. Mais si vous ne pouvez ingérer aucune forme de lactose, il est important de trouver ailleurs votre calcium : dans le lait de soya ; les poissons osseux tels la sardine ou le saumon ; dans les légumes verts, tels le brocoli ou le chou vert ; dans les fruits séchés, les graines de sésame, les amandes et les arachides. Certains commerces vendent du lait enrichi en calcium et réduit en lactose. Si vous ne croyez pas obtenir suffisamment de calcium, votre médecin vous conseillera probablement de prendre un supplément.

MODIFIER VOTRE RÉGIME ALIMENTAIRE

Inutile de s'inquiéter outre mesure à propos de ce que vous mangez pendant la grossesse. Par contre, certains risques peuvent être évités ; il est donc sage de prendre quelques précautions supplémentaires.

Les indigestions et brûlures d'estomac semblent rimer avec grossesse. Elles sont causées par les changements hormonaux de votre tube digestif ; par la relaxation de tous vos muscles, y compris ceux de votre estomac, ce qui permet à l'acide de l'estomac de remonter jusqu'à l'œsophage ; et par votre utérus qui grossit et s'appuie sur votre estomac. Rien de tout cela ne peut faire de mal à votre bébé, mais peut-être désagréable pour vous. Vous pouvez d'ailleurs minimiser ces inconforts en modifiant vos habitudes alimentaires.

HABITUDES ALIMENTAIRES SAINES

Pendant la grossesse, prendre de plus petits repas plus souvent, semble être une règle d'or. Ceci assure que des acides gastriques ont matière à digérer, sans que vous ne vous sentiez inconfortablement repue.

Préférez les aliments simples, évitez les aliments trop riches ou trop épicés, comme le cari ou le chili, ou encore les sauces à base de crème ou de vin. Achetez des aliments frais chaque fois que cela est possible, puis faites bouillir, cuire ou rôtir le poisson ou la viande, plutôt que d'adopter la friture.

Dans la même veine, faites cuire les pommes de terre plutôt que de les faire frire. Évitez les viandes transformées (comme la saucisse ou le bacon) et le chocolat qui causent souvent des indigestions. Choisissez des aliments faibles en gras, en sel et en sucre raffiné.

Vous pouvez faire ces mêmes choix éclairés lorsque vous mangez à l'extérieur. La plupart des restaurants conviennent à votre état. Par contre, certains sont mieux que d'autres. N'allez pas dans des restaurants spécialisés dans les aliments frits ou qui font chauffer longtemps les aliments déjà cuits. Et n'oubliez pas que la nourriture servie dans la grande majorité des restaurants de repas rapides est riche en gras, en sel, en calories, mais faible en nutriments.

Tabagisme et alcool pendant la grossesse

Fumer pendant la grossesse peut nuire à votre bébé. Le meilleur conseil est d'arrêter de fumer, de préférence plusieurs mois avant de concevoir. Les bébés nés de parents fumeurs sont plus à risque de naissance prématurée et de syndrome de mort subite du nourrisson ; également de problèmes respiratoires, ainsi que de retards de développement et de croissance au cours de l'enfance.

Fumer augmente les niveaux d'oxyde de carbone dans la circulation sanguine de la mère. Ceci réduit l'efficacité du transport de l'oxygène jusqu'au fœtus. La nicotine contracte les vaisseaux sanguins du placenta, du côté de la mère, ce qui nuit au fonctionnement général du placenta. Ceci entrave la croissance du bébé, et pour certains, le faible poids qui en résulte n'est ni plus ni moins qu'une question de vie et de mort.

Plus vous fumez, plus le risque est élevé. Si vous êtes incapable d'arrêter, réduisez au moins le nombre de cigarettes que vous fumez. Si vous devenez enceinte avant d'avoir arrêté, il est préférable d'arrêter dès que vous le

pouvez, peu importe le stade de votre grossesse, que de ne pas arrêter du tout.

Si vous buvez de l'alcool pendant que vous êtes enceinte, l'alcool se retrouve dans le sang du bébé, ainsi que dans le vôtre. Toutefois, les opinions diffèrent par rapport au niveau de risque d'une faible ou moyenne consommation d'alcool.

La consommation abusive d'alcool est la cause du syndrôme d'alcoolisation fœtale, un regroupement de symptômes incluant des caractéristiques faciales distinctes, un faible poids à la naissance et des capacités mentales altérées. Une consommation d'alcool à des niveaux moins élevés est aussi associée à des fausses couches précoces et à des difficultés à devenir enceinte. La recherche visant à déterminer le niveau sécuritaire de consommation d'alcool, s'il peut être déterminé qu'une consommation d'alcool est sécuritaire, est impossible à réaliser. Le meilleur conseil est tout simplement de vous abstenir de consommer de l'alcool alors que vous êtes enceinte.

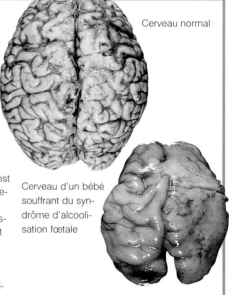

Cerveau normal

Cerveau d'un bébé souffrant du syndrôme d'alcoolisation fœtale

Le cerveau d'un enfant dont la mère consommait abusivement de l'alcool pendant la grossesse est plus petit que la normale, et son cortex (couche extérieure) comporte moins de plis et des cellules moins organisées. Les connections entre les cellules sont endommagées, causant une déficience mentale.

La nourriture chinoise s'avère normalement un bon choix. Les pâtes et la pizza conviennent aussi, surtout si vous choisissez des sauces ou garnitures plus simples. Demandez qu'on vous serve à part la vinaigrette et n'en utilisez qu'une petite quantité.

Plusieurs restaurants servent maintenant des tisanes aux fruits en plus du café : essayez-les à la fin du repas.

ALIMENTS POTENTIELLEMENT DANGEREUX

Les aliments qui contiennent des organismes pouvant affecter votre santé ou celle de votre bébé sont rares. Mais en portant attention à votre régime et en évitant certains aliments, vous pouvez réduire davantage les risques.

La listeria est une bactérie qui se développe dans certains aliments et peut causer la listériose, une maladie caractérisée par des symptômes s'apparentant à ceux de la grippe et pouvant causer une naissance prématurée ou une fausse couche. Pendant la grossesse, évitez :

● le lait non pasteurisé

● les fromages affinés à pâte molle (y compris le Brie, le Camembert, le bleu danois et le bleu Stilton)

● la crème glacée molle produite en distributrices

● les pâtés de poisson et de viande présentés sans emballage au comptoir des charcuteries

● la volaille pré-cuite ou pré-rôtie

● les aliments cuits surgelés

La listeria risque moins d'être présente dans des aliments préparés, emballés et vendus dans des conditions hygiésniques. La nourriture laissée à la température ambiante et qui est en contact avec l'air présente le plus de risques. Les aliments traités par la chaleur, comme les viandes en conserve et le lait pasteurisé, stérilisé, ou les autres produits laitiers sont plus sécuritaires puisque ce processus tue les bactéries.

Le lait et le fromage pasteurisés et la crème glacée dure vendue en cartons ou contenants de plastique sont sans risque.

La salmonelle ne traverse pas le placenta, elle ne peut donc être nocive pour votre bébé. Par contre, elle peut vous rendre très malade, vous donner de graves nausées, des vomissements et de la diarrhée. Évitez de manger des œufs crus ou légèrement cuits et de la volaille insuffisament cuite ou réchauffée.

L'organisme causant la toxoplasmose peut être présent dans la viande ou le poisson non cuit ou insuffisament cuit, et dans les extréments de chats (consultez les pages 20 – 21). La plupart des gens sont immunisés contre la toxoplasmose, et l'immunité de la mère protègera son enfant à naître. Toutefois, si vous l'attrapez alors que vous êtes enceinte, votre bébé est à risque. Les effets peuvent varier de la jaunisse à la cécité ou aux handicaps mentaux.

Un test sanguin peut déterminer si vous êtes immunisée contre la toxoplasmose. Lavez et pelez les fruits et légumes, et si vous n'êtes pas immunisée contre la toxoplasmose, mangez-les cuits dans la mesure du possible.

Même si on a déjà conseillé aux femmes enceintes de manger du foie pour sa teneur en fer et en vitamine A, des quantités excessives de vitamine A peuvent s'avérer toxiques pour le bébé à naître. Les femmes enceintes devraient éviter de manger les abats d'animaux, puisque ceux-ci contiennent des quantités extrêmement élevées de vitamine A.

Le fait d'être enceinte ne restreint pas votre vie sociale dans la mesure où vous choisissez bien les restaurants et ce que vous commandez au menu. Optez pour des mets composés de beaucoup de produits frais, et évitez les endroits qui recouvrent tout de sauces souvent riches en calories et faibles en nutriments.

VIVRE AVEC LES CHANGEMENTS

Au cours de la grossesse, puisque vous prenez du poids et que votre forme change, il est important que vous modifiez votre façon d'éxécuter plusieurs tâches et mouvements du quotidien.

Le signe le plus évident que votre grossesse progresse est votre change-ment de forme. Le placenta produit une hormone appelée relaxine qui rend les articulations de la colonne vertébrale et du bassin plus flexibles, en préparation de la naissance. Ceci permet à votre centre de gravité de s'ajuster, au fur et à mesure que votre utérus grossit et devient plus lourd, poussant votre abdomen vers l'avant. Votre poitrine est aussi poussée vers l'avant, et vos fesses ont tendance à aller vers l'extérieur pour vous aider à garder l'équilibre. Pour cette raison, le bas de votre dos supporte un stress supplémentaire pouvant causer des maux de dos.

Renforcez votre dos pour qu'il soit capable de tolérer la pression supplémentaire qu'on lui impose. Si votre colonne vertébrale n'était pas bien alignée avant que vous ne deveniez enceinte, vos risques d'avoir des maux de dos pendant la grossesse sont plus grands.

Modifier la façon dont vous vous tenez debout, la façon dont vous vous asseyez, et dont vous bougez peut réduire l'inconfort, éviter des maux chroniques et des problèmes à long terme. Faites des essais, vous trouverez ce qui est bien pour vous. Vous aurez peut-être besoin d'un certain temps pour adopter de nouvelles postures qui vous supportent mieux, mais celles-ci deviendront éventuellement automatiques.

DEBOUT

Vous pouvez apprendre à reconnaître une bonne posture et à renforcer votre dos en vous tenant debout, le dos au mur.

Changements au niveau de la colonne vertébrale

Afin de compenser les changement au niveau de votre centre de gravité, altéré, les courbes normales de votre colonne vertébrale sont exagérées : vers l'arrière au niveau de la poitrine, et vers l'avant dans la région lombaire pour équilibrer le poids de votre abdomen.

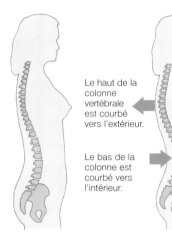

Pas enceinte

Enceinte

Le haut de la colonne vertébrale est courbé vers l'extérieur.

Le bas de la colonne est courbé vers l'intérieur.

Vos épaules et vos fesses devraient toucher au mur. Tout en gardant vos épaules détendues, tentez de toucher au mur avec le bas de votre dos. Vous sentirez vos fesses se serrer vers l'intérieur et votre colonne vertébrale se redresser. Maintenant, marchez en vous éloignant du mur et détendez-vous un peu pour ne pas être trop rigide. Chaque fois que vous êtes debout, tentez de recréer cette posture détendue mais droite.

ASSISE

Vous serez plus à l'aise et protégerez mieux votre dos si vous vous asseyez en ayant la colonne vertébrale bien soute-nue. À un stade plus avancé de la grossesse, vous serez probablement plus à l'aise avec un petit coussin glissé sur le bas de votre dos. Si votre travail im-plique d'être assise à un bureau ou dans la même position pendant une longue période, roulez vos épaules dans un sens, puis dans l'autre, pour relâcher la ten-sion. Si possible, asseyez-vous sur une

Debout
Rentrez vos fesses et gardez vos épaules vers l'arrière, sans être tendue.

chaise à haut dossier qui soutient bien le haut de votre dos. À la maison, être assise sur le plancher, le dos au mur, renforcera votre colonne vertébrale.

ÉTENDUE

Vous ne ferez pas de mal à votre bébé si vous vous étendez sur l'estomac, peu importe le stade de votre grossesse. Par contre, la plupart des femmes considèrent que cela est de plus en plus désagréable au fur et à mesure que la grossesse progresse. Vous étendre sur l'estomac peut aussi causer des maux de dos si vous avez un matelas qui permet que votre abdomen s'enfonce dans le lit et que votre dos se cambre. Essayez plutôt de vous étendre sur le côté, avec la jambe supérieure soulevée. Vous aimerez peut-être aussi placer un oreiller entre vos jambes, sous les genoux. Si vous préférez vous étendre sur le dos, assurez-vous que votre tête soit bien soutenue par un ou deux oreillers. Certains médecins vous recommanderont de ne pas vous étendre sur le dos après environ 20 semaines puisque la pression de l'utérus sur les principaux vaisseaux sanguins peut décroître l'apport de sang à l'utérus.

SOULEVER DES CHARGES

Pour éviter les douleurs et les blessures lorsque vous soulevez un objet, utilisez vos jambes plutôt que votre dos. Pliez les genoux puis soulevez. Vous devriez sentir la tension dans le haut des cuisses, et non dans votre dos.

Si vous devez vous pencher pour faire un lit ou habiller un tout-petit, mettez-vous à genoux sur le plancher ou accroupissez-vous.

Mon dos me fait souffrir...

Les maux de dos sont parmi les affections les plus courantes de la grossesse. Porter attention à votre posture (voir la page opposée) vous aidera à éviter les maux et les douleurs, et à soulager les maux déjà présents.

Vous pouvez obtenir un soulagement grâce à quelques exercices simples.

1 Placez-vous à quatre pattes, les bras tendus et le dos droit : imaginez que vous tentez d'équilibrer un plateau sur votre dos. Faites ensuite tomber le plateau (imaginaire) en contractant les muscles abdominaux, en rentrant les fesses et en courbant le dos. Aplatissez de nouveau le dos et répétez l'exercice de six à huit fois. Maintenez chaque position pendant cinq secondes.

2 Tenez-vous debout, adossée à un mur, un pied devant l'autre. Pliez les bras de façon à ce que les coudes touchent le mur, penchez-vous vers l'avant et appuyez la tête sur les bras. Collez le bas du corps au mur. Maintenez cette position en comptant jusqu'à cinq, puis relevez-vous. Répétez de six à huit fois. Répétez avec l'autre pied vers l'avant.

3 Roulez chaque épaule vers l'avant cinq fois, puis vers l'arrière cinq fois ; vous soulagerez la douleur dans le haut au dos. (Une forte poitrine peut ajouter des maux de dos, assurez-vous que votre soutien-gorge vous procure un soutien suffisant.)

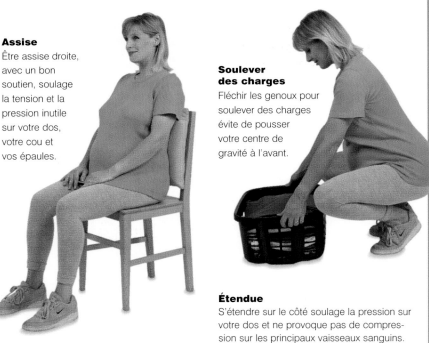

Assise
Être assise droite, avec un bon soutien, soulage la tension et la pression inutile sur votre dos, votre cou et vos épaules.

Soulever des charges
Fléchir les genoux pour soulever des charges évite de pousser votre centre de gravité à l'avant.

Étendue
S'étendre sur le côté soulage la pression sur votre dos et ne provoque pas de compression sur les principaux vaisseaux sanguins.

EXERCICES PRÉNATAUX : DOS

Des exercices délicats, pendant la grossesse, vous feront vous sentir en forme et plus énergique, amélioreront votre circulation, vous permettront de demeurer souple et de préparer votre corps pour la naissance.

Les exercices présentés dans les pages suivantes se concentrent sur les régions du corps potentiellement problématiques et aident à éviter ou à soulager la constipation, les maux de dos, les problèmes circulatoires et autres malaises courants. Parce que les exercices étirent et tonifient vos muscles, ils contribueront à vous préparer pour le travail et l'accouchement.

Pendant la grossesse, vous pouvez aussi essayer la natation, le yoga (consultez les pages 52 et 53), la marche et les cours d'exercices d'aérobie conçus pour les femmes enceintes. Si vous souhaitez pratiquer des activités plus vigoureuses comme le tennis et le jogging, consultez d'abord un médecin.

● Faites toujours un bon échauffement composé d'exercices délicats avant de commencer une activité plus exigeante.

● Ne vous épuisez pas et n'ayez pas trop chaud ; faites suffisamment d'exercice pour sentir que vos muscles travaillent, mais pas trop pour souffrir pendant une semaine.

● Terminez comme vous avez commencé, avec des exercices délicats et quelques minutes de relaxation. Arrêter abruptement peut provoquer un malaise.

● Portez des vêtements amples et confortables qui vous permettent de bouger et de vous étirer facilement, et ne portez pas d'élastique serré à la taille.

● Ne faites pas d'exercice si votre estomac est vide ou trop plein. Vous risquez de vous évanouir avec un estomac vide et d'avoir des nausées avec un estomac trop plein.

● Faites de l'exercice sur un plancher droit qui comporte une certaine flexibilité.

● Précisez toujours à l'instructeur que vous êtes enceinte.

Étirement du dos

Cet exercice fournit un bon étirement de l'arrière du haut des cuisses jusqu'à la colonne et jusqu'au haut du dos.

1 Tenez-vous debout, les pieds plus écartés que la largeur des hanches, et fléchissez légèrement les genoux.

2 Pliez-vous au niveau de la taille, très lâchement et délicatement, comme une poupée en chiffon, et détendez les épaules et les bras pour qu'ils soient lâches et souples.

3 En gardant les genoux fléchis, placez les mains à plat sur le plancher, devant vous. Si vous ne pouvez atteindre le plancher, placez les mains aussi bas que possible.

4 Redressez lentement et doucement les jambes, sans bloquer les genoux. Les mains risquent de se soulever légèrement du plancher. Ressentez l'étirement, mais n'allez pas au point où il devient inconfortable. Maintenez cette position pendant cinq secondes.

5 Fléchissez de nouveau les genoux et détendez les épaules et les bras (gauche). Relevez-vous lentement en déroulant.

6 Répétez la séquence complète cinq fois.

Bascule lombaire

Cet exercice renforcit et tonifie l'ensemble du dos, ainsi que les muscles abdominaux.

1 Étendez-vous sur le dos. Pliez les genoux et gardez les pieds à plat sur le plancher. Étendez les bras de chaque côté. Respirez lentement et régulièrement.

2 Poussez le creux du dos sur le plancher pour que le dos soit droit.

3 Lorsque vous sentez la tension dans le dos et au niveau de l'abdomen, maintenez la position pendant cinq secondes, puis relâchez.

4 Répétez cinq fois.

Soulèvements du haut des cuisses

Le soulèvement du haut des cuisses procure un étirement délicat et complet de la colonne vertébrale et du haut des cuisses.

1 Étendez-vous sur le dos, genoux fléchis et pieds à plat sur le plancher, légèrement écartés.

2 Placez les mains sous votre cuisse droite. Inspirez en rapprochant les genoux de votre poitrine.

3 Maintenez pendant trois secondes, expirez lentement.

4 Inspirez en abaissant lentement la jambe en position de départ.

5 Répétez les étapes 2 à 4 avec votre jambe gauche.

6 Répétez les étapes 2 à 4 avec les deux jambes : placez une main sous chaque cuisse, écartez-les en les soulevant pour qu'elles soient de chaque côté de votre abdomen.

7 Répétez la séquence complète cinq fois : jambe droite, jambe gauche, les deux jambes.

Soulèvement des épaules

Vous aurez besoin d'une chaise pour réaliser cet exercice. Choisissez-en une dont le dossier est rigide et droit, facile à saisir.

1 Les pieds ensemble et les bras détendus et pendants de chaque côté, tenez-vous bien droite, les fesses retenues. La chaise devrait être à une longueur de bras de distance, le dos vers vous.

2 Inspirez en étirant les bras vers le haut. Sentez l'étirement de votre corps.

3 Pliez-vous au niveau de la taille et tenez-vous au dossier de la chaise avec les deux mains. Gardez la tête, cou et colonne vertébrale en ligne droite. Prenez quatre grandes respirations.

4 Dépliez-vous lentement et reprenez la position de départ. Répétez cinq fois.

EXERCICES PRÉNATAUX : BASSIN ET ABDOMEN

Faire des exercices pour les muscles du plancher pelvien est tout aussi important pendant et après la grossesse puisque cela prépare les muscles pour la naissance et évite des problèmes éventuels.

Le plancher pelvien est constitué d'une toile de soutien de tissu musculaire sous votre intestin, votre vessie et votre utérus. Il existe trois ouvertures dans le plancher pelvien : l'urètre, le vagin et l'anus. Les hormones de grossesse rendent les muscles et ligaments plus élastiques, en préparation de tout l'étirement nécessaire au travail. Le poids du bébé, le poids accru de l'utérus, le déplacement d'autres organes abdominaux et le processus de la naissance en soi peuvent toutefois trop étirer les muscles, et conduire à un affaiblissement et une perte de tonus. L'exercice peut garder ces muscles en bonne forme et vous aider à éviter des problèmes après l'accouchement tels l'incontinence urinaire d'effort (écoulement d'urine lorsque vous riez, éternuez ou courez) et même le prolapsus de l'utérus.

Les muscles de l'abdomen s'étirent également au fur et à mesure que votre bébé grandit. Ces muscles supportent presque tout le poids supplémentaire de la grossesse, ils doivent donc être très forts. L'exercice leur permettra de conserver leur tonus. Des muscles abdominaux forts contribuent aussi à soutenir la colonne vertébrale, à prévenir les maux de dos et peuvent contribuer à réduire l'affaissement de l'abdomen après l'accouchement, ce que la plupart des femmes vivent à différents degrés.

Si les muscles de votre plancher pelvien sont faibles, vous trouverez peut-être ces exercices difficiles au début, mais vous vous améliorerez avec la pratique. Pensez à

Exercices du plancher pelvien

Plus vous faites des exercices pour les muscles du plancher pelvien, mieux c'est ! Faites-les assise, debout, ou étendue sur votre lit. Ciblez la réalisation de quatre à cinq séquences de 10 ou 12 exercices chaque jour. Pratiquez-les après l'accouchement aussi.

1 Imaginez que vous tentez de retenir un écoulement d'urine et serrez les muscles pour empêcher la perte.

2 Respirez normalement et retenez les muscles serrés en comptant jusqu'à quatre.

3 Détendez lentement.

4 Répétez l'exercice 10 à 12 fois.

vos muscles de plancher pelvien comme un « monte-charge » que vous pouvez soulever à partir du plancher, jusqu'au troisième étage. Soulevez les muscles du premier étage et maintenez la position ; puis ceux du second et maintenez la position ; enfin ceux du troisième. Maintenez la position de chaque niveau aussi longtemps que vous le pouvez.

Une fois la technique maîtrisée, faites ces exercices aussi souvent que vous le pouvez. Pratiquez chaque fois que vous vous lavez les mains ; inscrivez la lettre P sur des feuilles de bloc-notes autocollantes et collez-les un peu partout dans la maison, chaque fois que vous voyez un P, faites une séquence d'exercice. Répétez une séquence pendant que vous êtes au téléphone.

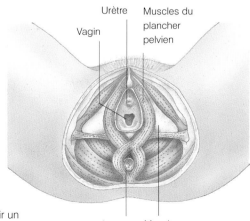

Urètre
Muscles du plancher pelvien
Vagin
Anus
Muscle pubococcygien

Les muscles du plancher pelvien forment un huit et soutiennent la ceinture pelvienne. Des couches de muscles plus profondes soutiennent la vessie et l'utérus. Le plus grand muscle, le pubococcygien, s'étire de l'avant du bassin jusqu'à la base de la colonne vertébrale.

Soulèvement pelvien

Cet exercice tonifie et étire
les muscles abdominaux.

1 Étendez-vous sur le dos, les bras de chaque côté, les paumes au sol. Pliez les genoux et rapprochez les pieds des fesses. Collez les fesses.

2 Inspirez pendant que vous soulevez le bassin du sol. Maintenez pendant quatre secondes, expirez lentement.

3 Reprenez la position de départ. Répétez quatre fois.

Étirement abdominal

Cet exercice est un petit peu plus difficile. N'en faites pas trop,
s'il vous cause un malaise, cessez. Ne faites qu'une ou deux
répétitions à la fois.

1 Étendez-vous sur le dos, les bras de chaque côté. Pliez les genoux et tirez-les vers la poitrine avec les mains.

2 Placez les mains sur le plancher, les paumes vers le bas. Inspirez.

3 Expirez alors que vous étirez la jambe droite et abaissez-la lentement vers le plancher. Inspirez et expirez pendant que vous étirez la jambe gauche et abaissez-la lentement vers le sol.

4 Reprenez la position de départ et répétez.

Avertissement

Les exercices abdominaux exigeants qui sont réalisés pendant que vous êtes étendue sur le dos (tels les redressements assis) doivent être interrompus après quatre à cinq mois de grossesse.

EXERCICES PRÉNATAUX : BRAS ET HAUT DU CORPS

Préserver le tonus des muscles de vos bras et leur force contribuera à soulager les maux que peuvent causer des seins plus lourds aux épaules, au cou et au haut du dos.

Les bras et le haut du corps sont souvent négligés dans les programmes d'exercice puisqu'ils subissent moins de stress que les autres parties du corps. Par contre, un haut du corps fort et souple peut contribuer à soulager les brûlures d'estomac et à améliorer votre respiration, votre circulation et la capacité de vos poumons, puisqu'ils doivent tous travailler plus fort pendant la grossesse.

Cercles des bras

Cet exercice tonifie l'ensemble des bras ainsi que les muscles musculaire qui traversent l'arrière des épaules. Il peut aussi être effectué en double à titre d'étirement au début de chaque session d'exercice.

1 Asseyez-vous droite, la tête légèrement soulevée. Gardez les épaules à l'arrière.

2 Étirez les bras de chaque côté, les paumes vers le haut.

3 Faites de petites cercles simultanément avec les deux bras, 10 vers l'avant, puis 10 vers l'arrière.

Étirement des épaules

Cet étirement peut s'avérer difficile au début, mais si vous continuez de le pratiquer, vous remarquerez que vous deviendrez plus souple. Ne forcez pas l'étirement jusqu'à éprouver de la douleur.

1 Tenez-vous debout bien droite et soulevez le bras droit au-dessus de la tête. Pliez le coude en laissant la main tomber derrière le dos, pour que celle-ci repose entre les épaules.

2 Pliez le bras gauche et faites glisser la main gauche dans votre dos, les paumes vers l'extérieur. Essayez d'atteindre la main droite avec la gauche. Si vous en êtes incapable, tenez un chiffon ou une chaussette avec la main droite que vous tenterez de saisir. Sentez l'étirement. Respirez normalement et maintenez la position pendant cinq secondes.

3 Répétez avec l'autre main (vous remarquerez peut-être qu'un bras s'étire mieux que l'autre, c'est normal). Répétez deux fois de chaque côté.

Étirement du dos

Cet exercice contribuera à soulager la tension dans les épaules, malaise très courant durant la grossesse. Les épaules fournissent un effort supplémentaire lors des changements de posture et du grossissement de votre poitrine.

1 Asseyez-vous droite et maintenez les paumes et les doigts ensemble. Pointez les doigts vers le haut.

2 En gardant les mains dans cette position, élevez-les lentement. Rapprochez les coudes pendant que vous inspirez lentement.

3 Élevez les mains jusqu'à ce que vous ne puissiez plus maintenir les coudes ensemble et que vous sentiez la tension dans le haut des bras et le dos. Maintenez cette position en comptant jusqu'à cinq. Expirez pendant que vous abaissez les mains jusqu'à la position de départ. Répétez quatre fois de plus.

Soulager la tension du cou

La tension et la douleur du cou sont fréquentes pendant la grossesse. Cet exercice vous détendra et peut aussi être inclus à un échauffement.

1 Asseyez-vous et laissez la tête tomber vers l'avant sur la poitrine. Appuyez doucement les mains à l'arrière de la tête pour sentir la tension de votre cou. Maintenez cette position en comptant jusqu'à cinq.

2 Soulevez légèrement le menton pour pencher la tête vers l'arrière. Sentez l'étirement dans la gorge. Maintenez cette position en comptant jusqu'à cinq.

3 Ramenez la tête en position droite, puis penchez-la vers l'épaule droite. Sentez l'étirement du côté gauche du cou. Maintenez cette position en comptant jusqu'à cinq.

4 Répétez en inclinant vers l'épaule gauche.

Soulager les brûlures d'estomac

Cet exercice contribue à soulager les brûlures d'estomac et l'oppression de la poitrine.

1 Placez-vous à genoux à environ 30 cm (12 po) d'un mur, les genoux écartés.

5 Tournez la tête vers la droite et regardez par-dessus l'épaule droite. Maintenez cette position en comptant jusqu'à cinq.

6 Répétez du côté de l'épaule gauche.

7 Faites de petits cercles avec la tête, cinq fois d'un côté, cinq fois de l'autre.

8 Répétez la séquence complète deux fois.

2 Soulevez les bras et appuyez-vous vers l'avant pour que les paumes soient appuyées contre le mur. Respirez normalement et gardez les bras droits. Maintenez cette position en comptant jusqu'à 10 si vous le pouvez, ou maintenez-la en comptant jusqu'à cinq et augmentez graduellement. (Remarque : vous ne devriez sentir aucun étirement dans le dos. Il devrait plutôt se situer au niveau des épaules et des bras.)

EXERCICES PRÉNATAUX : BAS DU CORPS

Faire des exercices des jambes, chevilles et pieds améliore la force et la souplesse globales, et aide à éviter un certain nombre de malaises courants lors de la grossesse.

Porter attention au bas de votre corps peut aider à prévenir les varices. Cela peut également soulager et éviter la constipation, les crampes, les douleurs causées par l'enflure et améliorer la circulation globale et le niveau d'énergie.

Garder vos pieds soulevés pendant la nuit (en les appuyant sur un oreiller ou en déposant quelques livres épais sous le pied du matelas) et pendant certaines périodes le jour corrigera également ces problèmes.

Cercles des pieds

Cet exercice peut être réalisé alors que vous êtes assise à un bureau ou lorsque vous vous détendez. Faites-le aussi souvent que vous le pouvez, surtout si vous avez souvent des crampes.

1 Soulevez un pied du plancher et faites des cercles en faisant travailler l'articulation de la cheville à plusieurs reprises, premièrement d'un côté, puis de l'autre. Ne bougez pas le genou.

2 Répétez l'exercice avec l'autre pied.

Étirement des muscles des mollets

Des muscles des mollets forts et souples aideront à minimiser la fatigue et à prévenir les crampes dans le bas des jambes.

1 Placez-vous debout face à un mur, suffisamment loin pour que les bras soient droits lorsque les paumes sont à plat sur le mur.

2 Avec les pieds écartés et à plat sur le plancher, déplacez le corps vers le mur alors que vous pliez les bras, et expirez. Maintenez cette position en comptant jusqu'à cinq.

3 Inspirez pendant que vous reprenez lentement la position de départ. Répétez quatre fois.

Étirement des cuisses

Cet exercice veut étirer et tonifier les muscles des cuisses, mais il est également très bénéfique pour favoriser la souplesse globale et la circulation sanguine.

1 Répétez l'étirement des muscles des mollets mais soulevez un genoux vers le mur alors que vous vous penchez vers celui-ci. Gardez la colonne droite et votre autre pied à plat sur le sol tout le long de l'exercice.

2 Répétez avec l'autre jambe, puis deux fois de plus avec chaque jambe.

Étirement sur escalier

Faites cet étirement chaque fois que vous montez l'escalier. Enlevez vos chaussures pour le faire si celles-ci ont des talons hauts.

1 Tenez-vous debout sur une marche. En gardant le dos droit, reculez un talon en dehors du rebors de la marche. Lorsque vous sentez l'étirement dans le mollet, maintenez la position en comptant jusqu'à cinq. Répétez cinq fois, puis répétez avec l'autre talon.

Extension des jambes

Cet exercice pour les jambes contribue à tonifier aussi vos muscles abdominaux.

1 Étendez-vous sur le dos, la tête et les épaules soutenues par un oreiller ou un coussin. Pliez les genoux et placez les pieds à plat sur le plancher, légèrement écartés.

2 Faites glisser lentement les deux jambes pour qu'elles soient droites devant vous.

3 Repliez d'abord le genou droit, puis le gauche, pour reprendre la position de départ. Ne courbez pas le dos : ce dernier doit rester fermement au plancher. Demandez à une autre personne de vérifier si vous faites l'exercice correctement.

4 Répétez la séquence cinq fois de plus.

Accroupissement

S'accroupir étire tout le corps, même si vous sentez la tension principalement dans les mollets et l'aine d'abord, puis ensuite dans le bas des jambes. Excellent pour augmenter la flexibilité du bassin et soulager la constipation. Cela peut aussi devenir une position reposante. Certaines femmes choisissent d'accoucher dans cette position qui dilate très bien la région du périnée. Si un accroupissement complet est trop difficile, ou si vous avez des varices sur les jambes, la vulve ou le rectum, pratiquez un accroupissement supporté, à l'aide d'un petit tabouret ou d'un gros livre.

1 Tenez-vous bien droite, les pieds écartés d'environ 60 cm (2 pieds).

2 Abaissez lentement le corps en gardant le dos bien droit. Tenez les mains ensemble et utilisez les coudes pour écarter les genoux. Retenez-vous à quelqu'un (ou à quelque chose) pour au besoin préserver votre équilibre.

3 Maintenez cette position aussi longtemps que vous êtes à l'aise. Répétez plusieurs fois par jour en allongeant la durée. Vous devez pratiquer chaque jour pour développer cette habileté et préserver votre souplesse.

RELAXATION

Les moments calmes, passés à écouter de la musique ou à lire un livre vous permettent d'être au diapason de votre bébé, à l'écart des autres distractions.

Détendre le corps et l'esprit, pendant la grossesse, fait beaucoup plus que de créer un sentiment de bien-être. Cela permet une récupération physique et aide à prévenir la tension pouvant mener à l'hypertension artérielle. Cela procure également un repos aux parties de votre corps qui ont à supporter le poids supplémentaire et de fournir l'effort pour vous maintenir debout. Parce qu'elle aiguise vos facultés mentales et libère des analgésiques naturels, la relaxation peut s'avérer une aide précieuse pour faire face au travail qu'exigera l'accouchement.

Un corps détendu est lié à un esprit détendu. Le stress et les inquiétudes peuvent se manifester par des maux de tête ou de dos, alors que la douleur physique et l'épuisement augmentent les inquiétudes et le stress (consultez les pages 22 – 23).

Tout au long de votre grossesse, essayez de trouver un peu de temps, chaque jour, pour vous occuper de vous. Ce faisant, vous serez plus apte (et disposée) à consacrer temps et énergie à

Si vous pratiquez un passe-temps relaxant avant de devenir enceinte, poursuivez sa pratique. Le jardinage est reposant : entourée de beauté, dehors à l'air frais...

votre travail, à votre partenaire et à votre quotidien. Essayez de dormir beaucoup. Demandez de l'aide aux autres pour la réalisation de tâches telles les emplettes, que vous trouverez peut-être plus inconfortables au fur et à mesure que votre grossesse progresse. Si votre travail est stressant au point qu'il vous est difficile est d'y faire face, discuter avec votre employeur de la possibilité de commencer plus tôt votre congé de maternité ou de travailler à temps partiel pendant un certain temps.

PRATIQUER LA RELAXATION

Les techniques de relaxation sont simples. Le défi est de prendre le temps de les pratiquer. La relaxation ne doit pas être pratiquée chaque jour au même endroit et à la même heure, mais si vous tentez d'établir une routine, il est plus probable que vous la mainteniez et que vous remarquiez ce qui manque à votre vie lorsque vous ne trouvez pas le temps de la pratiquer. Vous pouvez même vous lever de 15 à 20 minutes plus tôt chaque matin pour faire un temps de relaxation. Ou gardez-vous du temps pour la relaxation dès votre retour du travail, ou tout de suite après le bain ou la douche.

La technique décrite aux pages 22 et 23 fonctionnera parfaitement tout au long de votre grossesse. Dans les derniers stades, vous serez plus à l'aise sur le côté. Terminez toujours lentement et doucement votre session de relaxation, en bâillant, en vous étirant et en secouant vos membres, si vous le souhaitez.

Vous pouvez adapter cette technique aux situations de tous les jours et l'utiliser chaque fois que vous avez besoin d'évacuer la pression. Chaque fois que vous vous sentez tendue, concentrez-vous sur une respiration lente et rythmique, inspirant par le nez et expirant par la bouche. Laissez la tension s'échapper de vos épaules en les

---

Partenaires : vous pouvez aider

Parce que vous connaissez bien votre partenaire et que vous vous préoccupez de son bien-être, vous décèlerez peut-être plus rapidement qu'elle les signes de stress. Vous êtes peut-être plus conscient que votre partenaire de la pression qu'elle subit dans la réalisation de son travail ou de ses tâches quotidiennes ; vous remarquerez qu'elle est plus fatiguée, ou peut-être que sa patience est mise à rude épreuve ; vous remarquerez aussi un froncement tendu. Si vous donnez un massage à votre partenaire (consultez les pages 58 et 59), vous sentirez la tension dans le cou et les épaules, là où les muscles sont souvent tendus.

Par-dessus tout, soyez disponible pour discuter de tout problème, et faites votre part pour les tâches domestiques ou avec les autres enfants, pour que votre partenaire puisse se reposer. Encouragez-la à se détendre. Si vous trouvez du temps pour faire des exercices de relaxation avec votre partenaire, c'est encore mieux : il y a encore plus de chances qu'elle les fasse ! Vous en retirerez aussi les bienfaits.

---

contractant et en les relâchant, puis pliez et dépliez vos doigts et vos mains. Si vous devez parler, prenez une voix douce et parlez lentement. Cette technique de relaxation rapide est très pratique pendant les contractions et l'accouchement, et dans les premières semaines de votre vie en tant que maman, en particulier si vous avez un bébé qui pleure ou qui dort peu. Cela contribue à prévenir une escalade de tension entre la mère et le bébé, laquelle peut rendre les situations encore plus difficiles.

S'ENTRAÎNER POUR LE TRAVAIL

Les techniques de relaxation jouent un rôle important en vous préparant pour le travail. La tension dans une partie du corps indique qu'il y a tension ailleurs. Si votre cou et vos épaules sont tendus, ou si vous serrez les dents ou les poings, il est fort probable que votre filière génitale le soit également. Assurez-vous que votre partenaire soit conscient de cela ; s'il travaille à détendre la tension dans le haut de votre corps, vous aurez le loisir de vous concentrer sur la relaxation de vos muscles abdominaux.

Les instructeurs des cours prénataux enseignent en général les techniques de relaxation. Ils expliquent aussi ce à quoi

vous devriez vous attendre du travail, réduisant ainsi l'élément de peur parfaitement normal pour la femme qui attend son premier bébé. La peur cause bien sûr des tensions dans votre corps, rendant l'accouchement plus difficile et produisant un cycle de peur-tension-douleur-plus de peur.

Une des techniques les plus populaires (et des plus controversées) a été créée par le Dr Fernand Lamaze (consultez les pages 72 – 73). Cette méthode apprend à la femme à réduire la douleur et à utiliser des techniques de respiration, et plusieurs formes de diversion, pour altérer sa perception de la douleur, la conditionnant efficacement à ne pas éprouver toute l'intensité de la douleur. Le corps répond efficacement et positivement aux contractions, sans complication causée par un excès de tension.

Les critiques qui s'opposent à cette idée selon laquelle la femme s'éloigne de la douleur des contractions croient qu'elle devrait plutôt écouter son corps et répondre à ses exigences. Ils suggèrent que la méthode Lamaze ne procure pas une expérience d'accouchement complète, ce qui n'empêche pas cette méthode d'être bien efficace pour plusieurs femmes.

YOGA

Les adeptes du yoga espèrent unifier les facettes physique, mentale et spirituelle de leur être. Plusieurs femmes lui confèrent de grands avantages pendant la grossesse.

Le yoga est bien plus qu'une façon de faire de l'exercice. C'est une approche globale pour la santé du corps et de l'esprit. Les adeptes du yoga tentent d'atteindre un niveau de conscience, de paix et de bien-être supérieur grâce à certaines postures physiques et à la relaxation. Plusieurs de ces postures, ou asanas, étirent doucement les muscles du corps d'une manière tout à fait sécuritaire pour les femmes enceintes. Les techniques de respiration et de relaxation du yoga font la promotion d'une perspective calme et paisible. De plus, le yoga constitue un excellent moyen de soulager plusieurs malaises de la grossesse, y compris l'incontinence urinaire d'effort, les varices, les crampes, les brûlures d'estomac, la constipation et les maux de dos. Parce qu'il fait la promotion de la paix d'esprit, augmente la souplesse et met l'accent sur la respiration contrôlée, le yoga peut aussi grandement faciliter l'accouchement.

Si vous êtes débutante en yoga, vous avez tout intérêt à avoir un professeur. Dites-lui que vous êtes enceinte avant de commencer. Si vous pratiquez déjà le yoga, demandez conseil sur ce que vous pouvez faire et ne pas faire pendant la grossesse. Il y aura probablement peu d'exercices que vous ne pourrez pas faire, quoique certaines positions plus avancées, exigeant une plus grande souplesse et une flexibilité supérieure, risquent de ne pas être recommandées. Évidemment, tout ce qui exige un trop grand effort devrait être évité.

Les positions brièvement illustrées sont une introduction à ce que vous apprendrez si vous pratiquez régulièrement le yoga ; elles sont parfaitement sécuritaires pendant la grossesse et plus efficaces si elles sont pratiquées tous les jours. Vous pouvez les pratiquer que vous fassiez ou non du yoga de façon plus approfondie.

Portez des vêtements amples et confortables pour ces exercices. Commencez chaque session avec un minimum de cinq minutes de relaxation (consultez les pages 22–23).

Étirement de la colonne vertébrale

Faire cet exercice chaque jour contribue à augmenter la flexibilité de la ceinture pelvienne et garde les muscles de la ceinture pelvienne et du haut des cuisses bien souples et forts. La souplesse de ces parties du corps est un grand avantage pendant le travail et l'accouchement.

1 Asseyez-vous bien droite sur le plancher, les jambes dépliées devant vous.

2 Pliez les genoux puis abaissez-les vers le sol. Placez les plantes des pieds ensemble et tirez les talons vers le corps.

3 Placez les mains autour des chevilles et rapprochez lentement les talons du corps. Ne forcez pas trop.

4 Lorsque les talons sont aussi proches que possible du corps, déposez les paumes des mains sur le plancher, derrière vous. Sentez la colonne s'étirer vers le haut. Maintenez cette position pendant environ deux minutes, puis relaxez lentement, en respirant profondément deux ou trois fois.

Fléchissement des genoux

Cette posture renforce vos jambes et améliore la flexibilité de vos cuisses et du haut de votre corps.

1 Tenez-vous debout bien droite, regardez au loin et respirez lentement et régulièrement.

2 Écartez suffisamment les jambes pour que les pieds soient au-delà de la largeur des épaules. Tournez le pied droit légèrement vers l'intérieur, vers votre corps, et pointez le pied gauche vers l'extérieur.

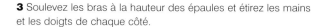

3 Soulevez les bras à la hauteur des épaules et étirez les mains et les doigts de chaque côté.

4 Fléchissez le genou gauche pour qu'il soit à angle droit et que la cuisse soit presque parallèle au plancher (n'amenez pas votre genou plus loin que les orteils). Sans tordre le corps, tournez la tête et regardez la main gauche.

5 Respirez régulièrement en maintenant cette position pendant une minute. Ensuite, pendant que vous inspirez, dépliez la jambe gauche et abaissez les bras.

6 Répétez les étapes 2 à 5 en fléchissant le genou droit et en regardant la main droite.

Redressement à genoux

Cette position est tout particulièrement efficace pour soulager la constipation et les problèmes de digestion.

1 Placez-vous à genoux, le dos et les cuisses droites. Gardez les genoux collés et les talons légèrement décollés. Collez les orteils ensemble. Détendez les bras.

2 Lentement et délicatement, abaissez les fesses jusqu'à être assise entre les talons. Déposez les mains sur les cuisses. En respirant lentement et également, relaxez les muscles de l'abdomen. Maintenez cette position pendant deux secondes. Relaxez puis répétez.

Balancement pelvien

Cet exercice contribue à soulager les maux de dos pendant la grossesse et il est particulièrement efficace si vous le réalisez chaque jour.

1 Placez-vous à quatre pattes, le dos et les bras droits. Respirez régulièrement.

2 Pendant que vous expirez, balancez vers l'arrière pour que les fesses s'appuient sur les talons. Abaissez le haut de votre corps et étirez les bras devant vous. Baissez la tête vers l'avant.

3 Inspirez pendant que vous balancez vers l'avant, en gardant les mains au même endroit. Redressez vos jambes et laissez les bras se redresser aussi.

4 Continuez de balancer vers l'arrière et vers l'avant tant que vous êtes à l'aise. Les mouvements doivent être longs et doux.

TECHNIQUES COMPLÉMENTAIRES

Les exercices complémentaires et les techniques de relaxation peuvent améliorer votre condition physique, préparer votre corps et votre esprit pour l'accouchement et vous soulager des malaises de la grossesse.

Ces suggestions sont une brève introduction à un certain nombre de thérapies et de techniques que plusieurs femmes enceintes ont trouvé bien utiles. Si vous souhaitez les explorer plus en profondeur, vous n'avez qu'à trouver un praticien qualifié, participer à une classe ou lire un livre sur le sujet.

LA TECHNIQUE ALEXANDER

Cette méthode de rééducation et d'amélioration de la posture et du mouvement du corps a été développée il y a 100 ans par un acteur australien du nom de F. Matthias Alexander. Elle est utilisée avec succès pour soulager des conditions comme le stress, les troubles respiratoires, l'arthrite, les maux de dos et les troubles du tube digestif.

Pendant la grossesse, la technique Alexander peut vous aider à faire les ajustement nécessaires à votre posture lorsque vous vous asseyez, lorsque vous vous tenez debout ou que vous vous étendez ; elle peut vous alerter lorsque la posture adoptée est mauvaise ; elle peut aussi vous aider à vous mettre au même diapason que votre corps, à comprendre ses besoins pour que vous soyez plus consciente de ce qui vous procurera du confort pendant les contractions et l'accouchement.

Vous ne pouvez apprendre la technique Alexander à la maison ou la pratiquer vous-même ; vous aurez besoin d'un professeur qualifié. Il existe sûrement, dans votre région, un regroupement de professeurs de la technique Alexander qui peut vous en recommander un près de chez vous. Les cours offerts le sont sur une base individuelle,

et votre professeur identifiera les améliorations réalisées dans la façon dont vous maintenez votre corps. Une leçon, par exemple, vous apprendra peut-être à vous étendre en ayant la colonne vertébrale, le cou et la tête alignés.

TAI-CHI

Cette gymnastique chinoise de mouvements fluides et détendus est parfois décrite comme une forme de méditation en mouvement. La discipline comprend des techniques de respiration, de bon équilibre et d'alignement adéquat du corps, et, selon les croyances, il augmente le niveau de conscience physique et spirituel. Les praticiens qualifiés et expérimentés parlent d'une sensation de calme, d'un sentiment d'entité et de paix. Les groupes qui pratiquent le tai-chi choisissent souvent un lieu extérieur, on les voit d'ailleurs dans les parcs du monde entier.

Le tai-chi est particulièrement doux. Son efficacité dépend de mouvements lents et détendus. Parce que le tai-chi exige peu d'effort physique, il convient à tous les stades de la grossesse et à toutes les conditions physiques. L'utilisation thérapeutique du tai-chi pour

Selon cette philosophie chinoise, le tai-chi harmonise le yin et le yang, les aspects actif et passif du cosmos. Cet art chinois ancien composé de mouvements fluides, rythmiques et délibérés est réputé pour l'amélioration de la capacité de se détendre.

soulager le stress et l'angoisse peut atteindre ses plus grands avantages pendant la grossesse.

Le tai-chi devrait être appris avec un professeur, et en observant ceux qui le pratiquent.

MÉDITATION

La méditation, sous toutes ses formes, est liée de près au yoga (consultez les pages 52 et 53) et suscite un état de calme intérieur. Avoir un professeur, au moins dans les débuts, vous aidera à développer les techniques de base. Vous apprendrez à créer un état méditatif en faisant le vide de toutes pensées et distractions externes, en utilisant des techniques de respiration, en répétant un son, en émettant un bourdonnement ou en vous concentrant sur un objet précis. On vous encouragera à trouver un moment tranquille pour méditer chaque jour, et ainsi en tirer le maximum d'avantages.

Les praticiens croient que la méditation aide à développer une sensibilité supérieure envers vos propres besoins et envers ceux des autres. Ils affirment qu'il peut favoriser une attitude positive et d'acceptation, autant d'éléments pouvant être très bénéfiques pendant la grossesse et l'accouchement.

ACUPRESSION

Certaines femmes considèrent l'acupuncture très utile pendant la grossesse, le travail et l'accouchement. Pour celles qui refusent le principe de l'aiguille, l'acupression donne plus ou moins les mêmes résultats. Utilisant les doigts au lieu des aiguilles, ce traitement stimule les points de pression spécifiques liés à ce que la médecine orientale traditionnelle appelle les méridiens, des voies de passages partout sur le corps qui sont reliés au fonctionnement des différents organes.

L'acupression peut soulager une gamme variée de problèmes allant du

L'acupression appliquée à une région du pied affecte une région précise du corps : le pied gauche influence le côté gauche du corps, et le pied droit, le côté droit du corps. En plus de favoriser la relaxation, la pression appliquée à des points précis peut aider à soulager les problèmes des parties du corps qui y sont associées, tels les maux de dos.

Muscles de la région pelvienne

Ovaire

Utérus

stress aux problèmes digestifs, jusqu'à la douleur. Vous pouvez apprendre à pratiquer une forme simple d'acupression sur vous-même, en appliquant une pression sur certains points des tempes, pour soulager un mal de tête, ou sur le poignet pour combattre la nausée.

SHIATSU

Cette thérapie japonaise ancienne implique plusieurs des éléments de l'acupression. On croit qu'elle favorise un esprit et un corps sain en stimulant le flux de l'énergie naturelle du corps dans les méridiens.

Au Japon, le shiatsu est considéré comme le guérisseur de problèmes ou de troubles spécifiques, comme une aide aux diagnostics, et aussi comme une technique préventive qui encourage une bonne santé globale. Même si vous pouvez apprendre vous-même le shiatsu, vous devriez consulter un professionnel si vous n'êtes pas certaine de ce que vous pouvez faire. Les praticiens recommandent de ne pas appliquer de pression sur certaines parties du corps pendant la grossesse. La plupart des techniques sont toutefois sécuritaires et peuvent contribuer à soulager certaines des douleurs et des malaises mineurs de la

grossesse, tout en vous préparant à l'accouchement.

VISUALISATION

La thérapie de la visualisation utilise le pouvoir de l'imagination pour combattre les sentiments négatifs et les conditions ou malaises physiques en recourant à des images mentales positives. Combinée à la relaxation, la visualisation favorise un état calme, réceptif et sans stress (consultez les pages 22 – 23 et 50 – 51).

Certaines femmes pensent qu'une telle technique peut contribuer à les préparer à l'accouchement et à l'art d'être parent. Les cours prénataux encouragent parfois les participantes à fermer leurs yeux et à s'imaginer pendant l'accouchement. Les participantes visualisent une dilatation sans effort, détendue et calme, alors que le bébé naît. On demande ensuite aux femmes de visualiser le geste de tenir leur bébé, pour apprendre à le connaître, à l'aimer. Une réflexion sur les émotions heureuses et positives que vous expérimentez pendant ces visualisations peut vous aider à découvrir et à explorer les angoisses et les doutes, et à devenir plus confiante face aux défis qui se présenteront.

TECHNIQUES DE RESPIRATION

*Apprendre à respirer différemment peut sembler difficile.
Mais en fait, certaines techniques de respiration peuvent
devenir une seconde nature, avec un peu de pratique.*

À l'exception de ceux et celles qui souffrent d'asthme ou de troubles similaires, la plupart du temps, nous ne sommes pas conscients de la façon dont nous respirons. Afin d'apprendre des façons thérapeutiques de respirer, nous devons toutefois, être conscients de ce que nous faisons.

Lorsque nous respirons, nous amenons de l'air dans nos poumons. L'oxygène contenu dans l'air traverse les parois des poumons et entre dans le sang, puis circule partout dans le corps, nourrissant les organes internes. Lorsque vous êtes enceinte, l'oxygène traverse également les parois de l'utérus jusqu'au placenta, et c'est de là qu'il alimente le bébé en oxygène. Le sang transporte le déchet qu'est l'oxyde de carbone loin des organes (et de votre bébé) jusqu'aux poumons pour que vous puissiez l'expirer. Pendant ce processus, le diaphragme monte et descend, massant les organes internes et les muscles. Une respiration irrégulière cause des mouvements du diaphragme qui le sont tout autant. Celui-ci ne fonctionne donc pas adéquatement. Respirer trop rapidement signifie souvent inspirer avant que la dernière respiration ait été adéquatement expirée, laissant de l'air courant dans les poumons et entravant de l'oxygène dans le reste du corps, et jusqu'à votre bébé.

Pendant que vous vous entraînez physiquement, vous pouvez tirer le meilleur parti de vos mouvements ou de vos étirements en expirant au cours du mouvement qui exige le plus grand effort. Inspirez par le nez et expirez par la bouche. Ne respirez pas au moment où vous contractez un muscle, ceci peut entraver la circulation sanguine et causer des étourdissements. Respirez profondément et régulièrement.

Lorsque vous vous détendez, concentrez-vous sur votre respiration. Encore une fois, inspirez par le nez et expirez par la bouche. Pendant que vous inspirez, imaginez que vous respirez dans le calme et la paix. Lorsque vous expirez, pensez à vous débarrasser de toutes les tensions de votre corps. Respirez plus lentement et profondément que d'habitude.

RESPIRER PENDANT LES CONTRACTIONS

On enseigne parfois la respiration contrôlée en guise de technique pour contrôler la douleur causée par les contractions durant le travail. Respirer régulièrement aide à ne pas être tendu en raison de la peur ou de l'inconfort, ce qui augmente la douleur (consultez les pages 50 – 51). Pour vous préparer au travail de l'accouchement et être en confiance, vous pouvez apprendre différentes façons de respirer et les pratiquer. Aucune de ces techniques n'est conçue pour éloigner vos pensées du travail. Au contraire, elles vous proposent un moyen de travailler avec votre corps et de vous adapter au fur

Bien respirer

Il est plus facile de pratiquer les techniques de respirations lorsque vous savez que vous avez la bonne technique.

1 Asseyez-vous dans une position détendue. Tenez une plume à environ 15 cm (6 po) de votre bouche. Pour la respiration de niveau 1, la plume devrait vaciller légèrement mais demeurer droite pendant que vous expirez. Pour le niveau 2, la plume devrait bouger plus rapidement, et fléchir légèrement, en s'éloignant de vous. Pour le niveau 3, la plume doit fléchir clairement en s'éloignant de vous.

Niveau 2 Fléchissement léger

Niveau 1 Vacillement léger

Niveau 3 Fléchissement marqué

et à mesure des étapes du travail et de l'accouchement.

● Niveau 1 : détendez-vous et commencez à inspirer. Lorsque vous expirez, faites un effort supplémentaire à celui que vous feriez normalement, et imaginez tout l'air qui quitte vos poumons. Inspirez et expirez de nouveau, de la même façon, en gardant un rythme lent, régulier et doux. Respirez de cette façon entre les contractions.

● Niveau 2 : utilisez cette méthode lorsqu'une contraction approche. Respirez un peu plus rapidement et ne videz pas complètement vos poumons lorsque que vous expirez. Continuez à respirer rapidement, sans vider complètement vos poumons, jusqu'à ce que la douleur ait atteint son sommet. Lorsque vous

sentez que la contraction tire à sa fin, reprenez une respiration plus lente pour qu'à la fin de la contraction, vous soyez de nouveau au niveau 1. Indiquez la fin de la contraction avec une longue expiration.

● Niveau 3 : pendant la transition (consultez les pages 180 et 181) ou vers la fin de la première phase du travail, vos contractions risquent d'être intenses, exigeant toute votre force et toute votre concentration. De courtes respirations rapides et superficielles vous aideront. Inspirez rapidement et expirez, puis inspirez rapidement de nouveau. (Ce n'est pas la même chose que l'halètement.) Certaines femmes font un bruit expiratoire pour maintenir le rythme et la concentration.

Hyperventilation

Lorsque vous éliminez trop de dioxide de carbone, ce qui arrive parfois lorsque vous paniquez ou sentez que vous n'avez pas le contrôle, vous commencez à hyperventiler ou à faire de l'hyperpnée. Vous vous sentez faible ou vous avez des étourdissements.

L'hyperventilation n'est pas inhabituelle pendant le travail et il est préférable de reconnaître ses signes pour y faire face efficacement. Vous pouvez ramener vos niveaux d'oxygène à la normale en refermant vos mains sur votre nez et votre bouche, et en prenant quelques respirations, ou en respirant dans un sac de papier. Faire un effort de relaxation conscient aidera également. Vous trouverez peut-être plus facile de respirer normalement si votre partenaire fait de même avec vous.

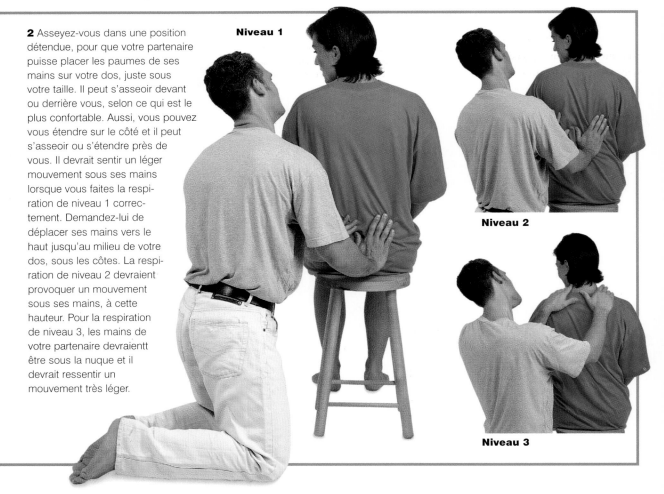

2 Asseyez-vous dans une position détendue, pour que votre partenaire puisse placer les paumes de ses mains sur votre dos, juste sous votre taille. Il peut s'asseoir devant ou derrière vous, selon ce qui est le plus confortable. Aussi, vous pouvez vous étendre sur le côté et il peut s'asseoir ou s'étendre près de vous. Il devrait sentir un léger mouvement sous ses mains lorsque vous faites la respiration de niveau 1 correctement. Demandez-lui de déplacer ses mains vers le haut jusqu'au milieu de votre dos, sous les côtes. La respiration de niveau 2 devraient provoquer un mouvement sous ses mains, à cette hauteur. Pour la respiration de niveau 3, les mains de votre partenaire devraientt être sous la nuque et il devrait ressentir un mouvement très léger.

Niveau 1

Niveau 2

Niveau 3

MASSAGE

Fait par un masseur professionnel ou par votre partenaire, le massage peut s'avérer stimulant, rafraîchissant, relaxant et agréable.

En plus d'être extrêmement agréable, le massage comporte des avantages thérapeutiques bien évidents. Il améliore la circulation, règle les problèmes de digestion et d'élimination, contribue à faire disparaître les malaises mineurs, les raideurs, et favorise le sommeil.

Si votre partenaire n'est pas à l'aise à l'idée de vous faire un massage, vous pouvez toujours retenir les services d'un massothérapeute professionnel, à son bureau ou à la maison. Masser sa partenaire est un geste intime merveilleux. Les techniques de base ne sont pas difficiles à apprendre : utilisez les exercices décrits ici pour vous guider. Vous vous améliorerez avec le temps ; demandez à votre partenaire ce qu'il (elle) aime, et remarquez ensuite les effets sur votre corps et sur votre esprit le lendemain.

Utilisez une lotion légère ou de l'huile végétale, en y ajoutant quelques gouttes d'huiles essentielles (consultez l'encadré intitulé Aromathérapie, à la page suivante). Ainsi, les mains du masseur n'irriteront pas votre peau, et celle-ci en ressortira encore plus douce et soyeuse.

TECHNIQUES DE MASSAGE

Chaque technique utilise différents mouvements des mains.

● Effleurage : frottez une grande région à l'aide de mouvements fermes et lents.
● Percussion : faites comme si vous hachiez avec des mouvements secs et rapides (ceci est à éviter pendant la grossesse, sauf sur les jambes).
● Friction : frottez en mouvements circulaires avec un ou plusieurs doigts, les pouces ou les mains.
● Pétrissage : saisissez et serrez pour

stimuler la circulation sanguine et détendre les muscles.

UN MASSAGE

Étendez-vous sur le côté. Pliez légèrement la jambe inférieure et soulevez votre jambe supérieure à un angle de 90°, en pliant au niveau du genou ; placez un coussin sous le genou plié. Placez d'autres oreillers ou coussins autour de vous pour plus de confort : sous la tête, l'abdomen ou les épaules. Le masseur s'agenouillera ou s'étendra près de vous.

Si vous n'avez pas le temps de faire un massage complet du corps, ne précipitez pas les mouvements. Concentrez-vous plutôt sur certaines régions.

MASSEURS : CE QUE VOUS POUVEZ FAIRE

2 Saisissez et serrez la peau du dos en commençant par la colonne vertébrale et vers le côté, d'abord d'un côté et ensuite de l'autre.

3 Faites maintenant des cercles avec les coussinets de vos doigts, partout dans le dos. N'ayez pas peur d'appuyer fermement mais demandez à la personne qui reçoit le massage de vous dire si le massage l'incommode.

4 Répétez la même séquence de techniques sur les fesses.

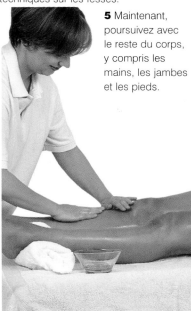

5 Maintenant, poursuivez avec le reste du corps, y compris les mains, les jambes et les pieds.

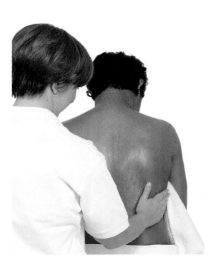

1 Commencez par le dos et utilisez l'effleurage de chaque côté de la colonne. Allez de la taille aux épaules et de nouveau vers le bas, recouvrant les côtés du dos. Répétez plusieurs fois.

Auto-massage

C'est une habileté bien utile qui peut être utilisée avant et après la grossesse pour soulager la tension et retrouver l'énergie en tout temps.

Visage

Masser votre visage est un moyen doux de soulager les maux de tête. Utilisez une huile douce pour éviter d'étirer votre peau. Placez vos mains sur votre visage et frottez lentement vers les oreilles. Imaginez que les douleurs et tensions disparaîssent au fur et à mesure que vous frottez vers l'extérieur.

Les yeux fermés, déplacez les mains sur les joues. Faites de petits cercles sur le front avec le bout des doigts. Caressez doucement les sourcils avec vos doigts.

Cou et épaules

Soulagez les raideurs et les douleurs dans ces régions en glissant la main sur un côté de votre cou, sur l'épaule et le bras, jusqu'au coude. Répétez plusieurs fois, puis faites de même de l'autre côté.

Jambes

Vous pouvez soulager les maux de jambes en les frottant avec de l'huile, à l'aide de mouvements doux, des chevilles jusqu'aux cuisses. Fermement et méthodiquement, serrez et relâchez la peau des cuisses, puis ensuite des mollets. Frottez ensuite chaque jambe de nouveau. (Consultez la page 48 pour découvrir un exercice qui contribue à éviter les crampes.)

6 L'abdomen peut être délicatement massé. En utilisant la portion plate de vos mains, appliquez de légers mouvements circulaires. Travaillez d'abord autour du nombril puis en vous en éloignant, concentrez-vous sur des mouvements fluides et rythmiques.

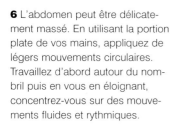

Aromathérapie

À l'aide d'huiles essentielles, ajoutez plaisir et senteurs envoûtantes à votre massage. Toutefois, la plupart des aromathérapeutes recommandent des mélanges moins concentrés d'huiles essentielles pendant la grossesse, puisque la peau est plus sensible pendant cette période. Utilisez donc cinq gouttes d'huile essentielle pour deux cuillères à table d'huile de base.

Il est également important d'utiliser une huile végétale : huile d'amande, de jojoba ou de sésame (les huiles minérales devraient être évitées pendant la grossesse).

Le premier trimestre

LES MÉDECINS divisent généralement la grossesse en
trois trimestres de trois mois chacun. Pendant les trois
premiers mois de votre grossesse, vous vivrez :

- L'excitation d'apprendre que vous portez
  une vie

- Des changements physiques alors que votre corps
  nourrit votre fœtus

- Les changements hormonaux qui contribuent
  à la formation des principaux organes
  de votre fœtus

- Des sautes d'humeur, de l'exaltation à la
  panique ou à la dépression, alors que votre
  esprit et votre corps s'ajustent à votre
  nouveau rôle.

C'est aussi le moment de choisir un praticien qualifié
qui guidera vos soins prénataux, et de commencer
à penser à l'endroit et à la façon dont vous
souhaitez accoucher.

CONCEPTION

*La conception se produit lorsqu'un spermatozoïde féconde l'ovule.
Quelques jours plus tard, l'amas de cellules qui se divise rapidement
s'implante sur la paroi de votre utérus ; c'est le début de la grossesse.*

Pour que la conception survienne, une relation sexuelle a lieu en général dans les 36 heures suivant l'ovulation (consultez les pages 26–27). Même si des millions de spermatozoïdes s'échappent du corps de la femme en raison de la gravité, des millions d'autres meurent tout simplement, et environ seulement 2 000 spermatozoïdes réussissent leur odyssée dans le vagin. Ils passent dans le col de l'utérus, puis dans l'utérus, jusqu'aux trompes de Fallope. Pendant ce temps, lorsque l'ovule est libéré par l'ovulation, la trompe de Fallope l'aide à se déplacer grâce au mouvement de petits poils et aux contractions de la trompe elle-même.

L'ovule peut aussi attirer les spermatozoïdes en libérant des substances chimiques agissant comme un aimant. De nombreux spermatozoïdes peuvent atteindre l'ovule, mais un seul libère les enzymes pouvant dissoudre la paroi extérieure de l'ovule et le pénétrer. La surface de l'ovule se referme derrière le spermatozoïde gagnant pour que les autres ne puissent entrer. Le noyau de l'ovule et le spermatozoïde fusionnent.

LE SEXE DE VOTRE BÉBÉ

C'est à ce stade que le sexe de votre bébé le détermine. Au moment de la fécondation,

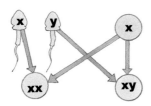

Le spermatozoïde contient des chromosomes X ou Y (à gauche) alors que les ovules ne contiennent que des chromosomes X. Deux X auront pour résultat une fille, mais si un X et un Y se rejoignent, le bébé sera un garçon.

De la fécondation à la conception

La fécondation se produit dans la portion supérieure de la trompe de Fallope, environ une heure après la relation sexuelle. Au cours des quelques jours suivants, la cellule ainsi créée se déplace de la trompe de Fallope jusqu'à l'utérus, se divisant tous les 12 à 15 heures pendant qu'elle se déplace. Lorsqu'elle atteint l'utérus, elle compte environ 100 cellules et s'implante dans la paroi douce et spongieuse de l'utérus. La conception a maintenant eu lieu.

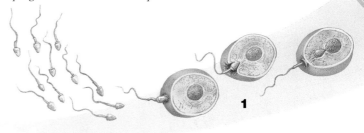

2

1

1 Fécondation
La fusion du noyau de l'ovule et du spermatozoïde forme une nouvelle cellule contenant 46 chromosomes. 23 cellules du spermatozoïde et 23 cellules de l'ovule.

2 Division cellulaire
La nouvelle cellule se divise immédiatement en deux, puis parcourt la trompe de Fallope. Les cellules, appelées *blastomères*, continuent à se diviser et deviennent plus petites avec chaque division.

chaque parent fait sa contribution avec un chromosome déterminant le sexe, soit un X ou un Y. Parce que les femmes ne portent que les chromosomes X et que les hommes sont à la fois porteurs des chromosomes X et Y, c'est la contribution de l'homme qui détermine le sexe du bébé. Si la cellule sexuelle du spermatozoïde est un chromosome X, le bébé sera une fille ; et si c'est un Y, le bébé sera un garçon.

LE PROCESSUS DE LA CONCEPTION

L'ovule fertilisé traverse la trompe de Fallope jusqu'à l'utérus. La division cellulaire débute au moment de la

fécondation et se poursuit tout au long de son parcours. La grossesse débute lorsque l'amas de cellules, scientifiquement appelé *blastocyste*, s'implante dans la paroi utérine (voir ci-après).

Il arrive que le blastocyste s'implante non pas dans l'utérus, mais dans une trompe de Fallope. C'est ce qu'on appelle une grossesse ectopique, ce qui cause des douleurs et des saignements. Il est important de consulter immédiatement votre médecin si de tels symptômes surviennent. La grossesse avortera éventuellement, mais sans intervention médicale la trompe peut éclater, ce qui peut constituer un danger pour la vie.

4 Implantation

L'amas de plus de 100 cellules, maintenant appelée blastocyste, se fait une niche dans la paroi de l'utérus et s'y implante. Ce processus peut causer de légers saignements, que vous interpréterez peut-être comme de légères règles.

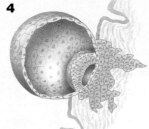

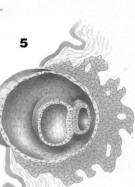

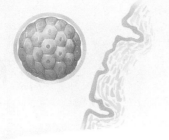

3

3 Arrivée dans l'utérus

Environ 60 heures après la fécondation, l'amas de cellules, ou morula, contient de 8 à 16 blastomères et atteint l'utérus.

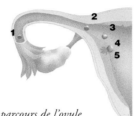

Le parcours de l'ovule du site de fécondation jusqu'à l'implantation peut prendre de cinq à sept jours.

5 Conception

À l'endroit de l'implantation, la couche extérieure des cellules est nourrie grâce à votre sang ; cette portion de la couche extérieure se développera pour devenir le placenta.

Plus d'un... ou deux

Environ 1 grossesse sur 80 donne naissance à des jumeaux. Il y a à peine 15 ans, c'était environ 1 grossesse sur 100. L'augmentation est habituellement attribuée aux traitements de l'infertilité, en particulier l'utilisation de médicaments qui stimulent l'ovulation. Au-delà de ces traitements, les femmes sont plus susceptibles d'avoir des jumeaux si elle deviennent enceintes après 35 ans. Les femmes antillaises d'origine africaine ont deux fois plus de chances que les femmes européennes d'avoir des jumeaux. Et les femmes qui ont dans leur famille une histoire de jumeaux peuvent aussi hériter de cette tendance (consultez les pages 24 – 25).

Environ les deux tiers des jumeaux ne sont pas identiques ou fraternels. Ceux-ci surviennent lorsque deux ovules sont libérés lors de l'ovulation et qu'ils sont fécondés par des sper-matozoïdes différents. Les jumeaux (fraternels) ne sont pas plus semblables que toute autre frère ou sœur.

Les jumeaux identiques sont le résultat de la division d'un ovule fécondé en deux. Toujours du même sexe, les jumeaux identiques partagent le même bagage génétique.

Les naissances multiples en plus grand nombre de bébés identiques et fraternels surviennent de la même façon que les naissances de jumeaux. Elles sont rares : par exemple, seule une grossesse sur 6 000 a pour résultat des triplets, mais en raison de la popularité des traitements de l'infertilité, celles-ci deviennent plus fréquentes.

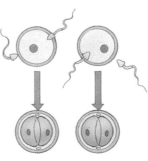

Les jumeaux (fraternels) se développent lorsque deux ovules séparés sont fécondés, chacun par un spermatozoïde.

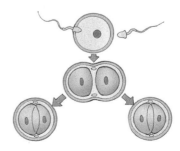

Des jumeaux identiques se développent lorsqu'un spermatozïde féconde un ovule, qui se divise en deux.

ÊTES-VOUS ENCEINTE ?

Si vous essayez de devenir enceinte, vous êtes sûrement à l'affût des signes. Si votre grossesse n'est pas planifiée, certains signes passeront peut-être inaperçus.

L'indication la plus évidente que vous êtes enceinte est, bien sûr, l'absence de menstruations, mais il y aussi de nombreux autres signes.

TEST DE GROSSESSE

Vous pouvez acheter un test de grossesse à la pharmacie. Précis dès le premier jour des règles manquées, le test recherche la présence dans votre urine de la gonadotrophine chorionique (hCG), une hormone sécrétée seulement lorsque vous êtes enceinte. Puisque celle-ci est généralement abondante au lever, le matin, ces tests recommandent souvent d'utiliser votre premier échantillon d'urine du matin.

Si vous respectez les instructions à la lettre, vous pouvez vous attendre à obtenir des résultats rapides et précis. De temps à autre, un test peut donner un résultat négatif, indiquant que vous n'êtes pas enceinte, alors que vous l'êtes. Ceci survient s'il n'y a pas suffisamment d'hormones présentes au moment du test. Si vous n'êtes toujours pas menstruée une semaine plus tard, faites de nouveau le test. Une môle hydatiforme, qui n'est pas une vraie grossesse (consultez la page 91), est la seule cause probable d'un résultat erroné.

CHEZ LE MÉDECIN

Si vous n'êtes pas certaine des résultats du test réalisé à la maison, les médecins, les hôpitaux, les pharmacies et les cliniques pour femmes proposent des tests. Des tests d'urine, identiques à ceux que vous faites à la maison, sont statistiquement plus précis lorsque réalisés par des professionnels (ils en réalisent un plus grand nombre). Vous pouvez également faire un test sanguin qui mesure la

Les signes qui ne mentent pas

Modifications du goût
Les changements hormonaux qui contribuent parfois aux malaises de la grossesse peuvent aussi rendre certains aliments déplaisants en début de grossesse.

Augmentation de volume des seins
Les niveaux plus élevés de progestérone peuvent augmenter le volume de vos seins, les alourdir et les rendre plus sensibles puisqu'ils se préparent à produire du lait. Vos mamelons peuvent devenir un peu plus foncés.

Nausées et vomisssements
Des niveaux plus élevés de hCG, la relaxation des muscles du système digestif, une quantité accrue d'acide gastrique et une sensibilité aux odeurs peuvent contribuer aux nausées et aux vomissements. (Consultez les pages 84–85.)

Fatigue
Tous les organes principaux de votre bébé, ainsi que le placenta, se forment. Ces demandes peuvent vous fatiguer.

Sensibilité
Vous développez peut-être une sensibilité accrue aux odeurs, probablement liée aux changements hormonaux. Des odeurs telles la fumée de cigarette ou les odeurs de cuisson peuvent vous donner la nausée.

Mictions fréquentes
Les hormones de grossesse, en particulier la relaxine, détendent tous vos muscles, y compris ceux de la vessie. Un flux accru de sang dans les reins cause une augmentation de la production d'urine. Il y a également plus de fluides dans votre corps en raison de l'activité accrue de vos tissus et organes.

Pertes vaginales
Les changements hormonaux causent aussi souvent une augmentation des pertes vaginales.

quantité précise de gonadotrophine chorionique (hCG) dans votre sang. Ceci peut être utile pour déterminer la date de la grossesse de façon précise puisque la quantité de gonadotrophine chorionique augmente rapidement au début de la grossesse.

Lors d'un examen vaginal, rarement fait de nos jours en début de grossesse, l'utérus sera soulevé dans la cavité pelvienne, le volume sera augmenté et sera plus mou que d'habitude.

UN RÉSULTAT POSITIF

Consultez votre médecin dès que vous obtenez un résultat positif. Il ou elle pourra vous guider à propos des différentes options prénatales, des soins auxquels vous pouvez vous attendre, des tests que vous aimeriez peut-être subir pour vous assurer que votre bébé se développe normalement (consultez les pages 100 et 101), et tout changement que vous devriez faire dans votre style de vie, dans votre alimentation et votre activité physique. Si votre grossesse est planifiée, vous avez probablement suivi les conseils décrits au chapitre 1, sinon, il est temps de commencer à prendre soin de vous et de votre bébé.

Date prévue pour l'accouchement

Janvier	1	2	3	4	5	6	7	8	9	10	11	12	13	14	15	16	17	18	19	20	21	22	23	24	25	26	27	28	29	30	31
Octobre	8	9	10	11	12	13	14	15	16	17	18	19	20	21	22	23	24	25	26	27	28	29	30	31	1	2	3	4	5	6	7

Février	1	2	3	4	5	6	7	8	9	10	11	12	13	14	15	16	17	18	19	20	21	22	23	24	25	26	27	28
Novembre	8	9	10	11	12	13	14	15	16	17	18	19	20	21	22	23	24	25	26	27	28	29	30	1	2	3	4	5

Mars	1	2	3	4	5	6	7	8	9	10	11	12	13	14	15	16	17	18	19	20	21	22	23	24	25	26	27	28	29	30	31
Décembre	6	7	8	9	10	11	12	13	14	15	16	17	18	19	20	21	22	23	24	25	26	27	28	29	30	31	1	2	3	4	5

Avril	1	2	3	4	5	6	7	8	9	10	11	12	13	14	15	16	17	18	19	20	21	22	23	24	25	26	27	28	29	30
Janvier	6	7	8	9	10	11	12	13	14	15	16	17	18	19	20	21	22	23	24	25	26	27	28	29	30	31	1	2	3	4

Mai	1	2	3	4	5	6	7	8	9	10	11	12	13	14	15	16	17	18	19	20	21	22	23	24	25	26	27	28	29	30	31
Février	5	6	7	8	9	10	11	12	13	14	15	16	17	18	19	20	21	22	23	24	25	26	27	28	1	2	3	4	5	6	7

Juin	1	2	3	4	5	6	7	8	9	10	11	12	13	14	15	16	17	18	19	20	21	22	23	24	25	26	27	28	29	30
Mars	8	9	10	11	12	13	14	15	16	17	18	19	20	21	22	23	24	25	26	27	28	29	30	1	2	3	4	5	6	7

Juillet	1	2	3	4	5	6	7	8	9	10	11	12	13	14	15	16	17	18	19	20	21	22	23	24	25	26	27	28	29	30	31
Avril	7	8	9	10	11	12	13	14	15	16	17	18	19	20	21	22	23	24	25	26	27	28	29	30	1	2	3	4	5	6	7

Août	1	2	3	4	5	6	7	8	9	10	11	12	13	14	15	16	17	18	19	20	21	22	23	24	25	26	27	28	29	30	31
Mai	8	9	10	11	12	13	14	15	16	17	18	19	20	21	22	23	24	25	26	27	28	29	30	31	1	2	3	4	5	6	7

Septembre	1	2	3	4	5	6	7	8	9	10	11	12	13	14	15	16	17	18	19	20	21	22	23	24	25	26	27	28	29	30
Juin	8	9	10	11	12	13	14	15	16	17	18	19	20	21	22	23	24	25	26	27	28	29	30	1	2	3	4	5	6	7

Octobre	1	2	3	4	5	6	7	8	9	10	11	12	13	14	15	16	17	18	19	20	21	22	23	24	25	26	27	28	29	30	31
Juillet	8	9	10	11	12	13	14	15	16	17	18	19	20	21	22	23	24	25	26	27	28	29	30	31	1	2	3	4	5	6	7

Novembre	1	2	3	4	5	6	7	8	9	10	11	12	13	14	15	16	17	18	19	20	21	22	23	24	25	26	27	28	29	30
Août	8	9	10	11	12	13	14	15	16	17	18	19	20	21	22	23	24	25	26	27	28	29	30	31	1	2	3	4	5	6

Décembre	1	2	3	4	5	6	7	8	9	10	11	12	13	14	15	16	17	18	19	20	21	22	23	24	25	26	27	28	29	30	31
Septembre	7	8	9	10	11	12	13	14	15	16	17	18	19	20	21	22	23	24	25	26	27	28	29	30	1	2	3	4	5	6	7

Le tableau ci-dessus vous aidera à calculer la journée prévue pour l'accouchement. Trouvez la première journée de vos dernières menstruations sur la ligne supérieure ; la date qui se trouve immédiatement dessous est votre date prévue pour l'accouchement.

Gardez cependant en tête que seulement 5 % des bébés « se pointent » à la date prévue. Il vous sera probablement plus facile d'imaginer que l'arrivée de votre bébé se fera entre deux semaines avant et deux semaines après la date prévue d'accouchement. Les jumeaux naissent presque toujours avant la fin des 40 semaines de grossesse.

HORMONES REPRODUCTRICES

Les hormones sont en réalité des messagers chimiques qui stimulent des parties de votre corps pour que celles-ci remplissent certaines fonctions.

Produites par les glandes endocriniennes, les hormones sont des substances chimiques transportées par le sang aux cellules ou aux tissus qu'elles stimuleront. En collaboration avec votre système nerveux, les hormones contrôlent le fonctionnement de vos organes. Parmi leurs très nombreuses responsabilités, elles jouent un rôle essentiel dans tous les aspects de la reproduction : réguler le cycle menstruel, maintenir la grossesse, déclencher les contractions, favoriser l'accouchement et stimuler la production du lait maternel.

L'hypophyse, à la base du cerveau, produit huit hormones qui contrôlent toutes les glandes productrices d'hormones du corps, y compris les ovaires. Parmi les hormones hypophysaires, les gonadotrophines stimulent les gonades (les ovaires et les testicules), provoquant le développement sexuel et rendant possible la reproduction.

Les hormones féminines, principalement l'œstrogène (un terme global qui se rapporte à plusieurs hormones différentes) et la progestérone, sont produites dans les ovaires.

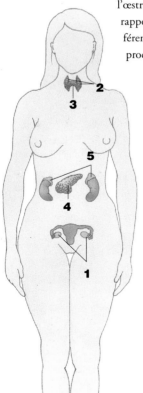

L'hypophyse est responsable du contrôle des glandes et des organes producteurs d'hormones, y compris les ovaires (1), les glandes parathyroïdes (2), la glande thyroïde (3), le pancréas (4) et les reins (5).

Comment les hormones affectent votre corps

Lorsque vous n'êtes pas enceinte...

Pendant vos années fertiles, si vous êtes en bonne santé, votre corps est régulé par le cycle menstruel lequel, est orchestré par un certain nombre d'hormones.

La partie du cerveau voisine de l'hypophyse, appelée *hypothalamus*, déclenche la sécrétion, par l'hypophyse, de l'hormone follicostimulante (FSH). Cette hormone circule dans le sang jusqu'à l'ovaire et lui indique de préparer un ovule pour l'ovulation. Plusieurs cellules se rassemblent autour de l'ovule, formant une structure semblable à une balle, appelée un follicule, à l'intérieur de l'ovaire. Le fluide produit par les cellules du follicule est riche en œstrogène.

Un certain nombre de follicules débutent leur développement, mais éventuellement, il y en a un qui se développera plus rapidement que les autres et progressera jusqu'à la surface de l'ovaire. En guise de réponse aux niveaux élevés d'œstrogène dans le sang, l'hypophyse produit l'hormone lutéinisante (LH). L'arrivée de cette hormone provoque la libération de l'ovule par le follicule. Elle transforme également le follicule éclaté en corps jaune. Le corps jaune est ensuite stimulé par l'hormone lutéinisante pour produire la progestérone.

Si un ovule fécondé ne s'implante pas dans la paroi de l'utérus, les niveaux d'œstrogène et de progestérone chutent ; et c'est cette chute d'hormones qui cause l'élimination de la paroi utérine, soit vos menstruations.

▬ Œstrogène	▬ hCG*
▬ Progestérone	▬ Prolactine et HPL*
▬ FSH	▬ Oxytocine*
▬ LH	* Après la conception

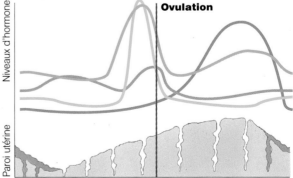

Cycle de l'ovule

Niveaux d'hormone

Ovulation

Paroi utérine

0 2 4 6 8 10 12 14 16 18 20 22 24 26 28

Au moment de la conception...

Lorsqu'un ovule fécondé se développe, incrusté dans la paroi de votre utérus, cela déclenche la production de l'hormone appelée hCG. Cette hormone empêche les menstruations. Au même moment, le corps jaune continue de grandir et de produire de la progestérone. La progestérone, avec l'œstrogène synthétisée par le follicule ovarien, contribue à maintenir la grossesse et à bâtir la muqueuse nutritive (l'endomètre) de l'utérus.

La progestérone influence d'autres parties du corps aussi. Par exemple, vos seins commencent leur préparation pour la lactation. L'aréole grossit et devient plus foncée, et les tubercules de Montgomery (consultez la page 106) deviennent plus visibles, ils lubrifient le mamelon pendant l'allaitement. Les seins eux-mêmes se gonflent, au fur et à mesure que les tissus qui produiront et emmagasineront le lait sont créés. Ces changements sont responsables de la sensibilité et des douleurs aux seins que ressentent la plupart des femmes aux seins pendant la grossesse.

Les réactions aux hormones peuvent causer des nausées au début de la grossesse et même des sautes d'humeur.

Pendant la grossesse...

À partir de la 10e semaine, le placenta assure la tâche de nourrir le fœtus et crée des niveaux élevés de progestérone, lesquels empêchent l'ovulation. La progestérone détend également les vaisseaux sanguins, pour qu'ils soient en mesure de transporter une quantité accrue de sang, ce qui aidera en retour votre cœur et vos poumons à faire face aux exigences de la grossesse, et les muscles lisses des organes tels l'utérus, la vessie et les intestins.

Le placenta sécrète également la relaxine, ce qui provoque la relaxation des tissus conjonctifs et des ligaments. La production de prolactine et d'hormone lutéotrope placentaires, les hormones de fabrication du lait, est déclenchée par l'hypophyse et le placenta. L'œstrogène et la progestérone retardent la production du lait.

Vos glandes surrénales libèrent un surplus de cortisone qui peut réduire les réactions allergiques communes aux troubles, tel l'asthme. Les niveaux d'adrénaline, de noradrénaline et d'endorphine augmentent également, accélérant le rythme cardiaque et la respiration, et faisant travailler le système digestif plus rapidement. Elles sont aussi responsables des sautes d'humeur, puisqu'elles stimulent le mécanisme de « fuite – défense ».

À la naissance...

L'hormone appelée oxytocine stimule l'utérus pour qu'il commence à se contracter afin d'expulser le bébé. Les médecins peuvent utiliser une oxytocine synthétique pour provoquer le travail ou l'accélérer si celles-ci sont faibles ou trop peu fréquentes.

Une fois le placenta expulsé (consultez les pages 192 et 193), les niveaux de progestérone et d'œstrogène chutent rapidement, puis la prolactine et l'hormone lutéotrope placentaire (HPL) peuvent entamer leur boulot.

Lorsque le bébé commence à téter, cela envoie des impulsions à l'hypophyse, laquelle libère plus d'oxytocine qui agit alors à titre de stimulant. De minuscules contractions dans les cellules qui emmagasinent le lait dans les seins et l'expulse. Dans les premiers jours, l'oxytocine cause également des contractions de l'utérus alors que vous allaitez votre bébé ; ces contractions sont responsables de ce qu'on appelle les *tranchées*.

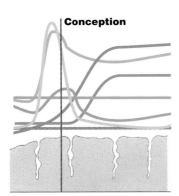

Conception

Conception — 10 jours

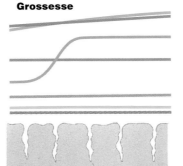

Grossesse

10 jours — 9 mois

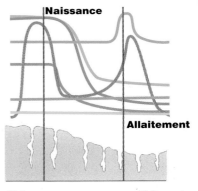

Naissance

Allaitement

Naissance — Allaitement

IMPACT ÉMOTIONNEL

Les changements physiques ne sont qu'une portion de l'histoire d'une grossesse. L'impact émotionnel et ses effets sur votre personne et sur vos relations sont tout aussi importants.

Q *J'ai toujours souhaité devenir mère. Maintenant que je suis enceinte, j'ai peur. J'ai de la difficulté à croire que je serai à la hauteur de la tâche. Mon manque de confiance est-il normal?*

R Il est fréquent d'être secouée par l'énorme responsabilité que représente le fait de devenir parent. Parfois, un manque de confiance peut être une réaction face à vos propres expériences avec vos parents, que celles-ci soient bonnes ou mauvaises. Vous pensez peut-être que vos parents ont été extraordinaires avec vous et que vous ne leur arriverez jamais à la cheville. Ou bien, le souvenir d'une enfance malheureuse presque oubliée peut resurgir, avec ses vieux ressentiments et ses blessures, peut-être même pour la première fois.

Discutez-en avec votre conjoint, avec des ami(e)s qui sont aussi des parents, et avec vos propres parents. Vous découvrirez peut-être que ce bébé à naître rapproche les générations et vos sentiments actuels se calmeront au fur et à mesure que vous en apprendrez plus sur les sentiments de vos parents envers vous, lorsque vous étiez enfant et aujourd'hui, alors que vous êtes adulte.

Lire des livres sur l'art d'être parent, participer à des cours prénataux et questionner les spécialistes sur tout ce qui vous préoccupe augmentera votre confiance en vos capacités de devenir mère.

Q *J'éprouve des sentiments négatifs par rapport à ma grossesse et je me sens coupable de ne pas me réjouir à l'idée d'avoir un bébé. Est-ce que je vais toujours me sentir de cette façon?*

R Toutes les femmes ne sont pas heureuses à l'idée d'avoir un bébé. Même lorsque la grossesse est planifiée, les femmes ont souvent des arrières-pensées une fois la grossesse confirmée. Par contre, les très grands changements hormonaux qui se produisent dans votre corps vous préparent, à votre insu, à répondre aux besoins de votre nouveau-né. Lorsqu'il arrive, vous serez presque certainement envahi par des sentiments d'amour et de protection pour ce petit être que votre partenaire et vous avez créé et qui dépendra entièrement de vous.

Q *Après plusieurs années de traitements d'infertilité, ma femme et moi avons appris qu'elle était enceinte. Nos familles et ami(e)s sont si heureux pour nous. Je suis soulagé que les tentatives soient terminées mais maintenant la vie a repris son cours normal et je me sens diminué. La grossesse est-elle réellement si ordinaire ?*

R Elle peut l'être. Plusieurs couples qui ont passé beaucoup de temps à tenter de concevoir (même ceux qui n'ont pas eu besoin d'aide) découvrent qu'ils étaient si concentrés sur l'idée de concevoir qu'ils ne peuvent passer à l'étape suivante, soit la grossesse, ou même au-delà, à l'étape de devenir parents.

Cela veut peut-être aussi dire que vous êtes incertain de votre nouveau rôle. Vos émotions ont toutes été impliquées dans les tentatives de conception et dans l'observation, avec votre partenaire, des signes indiquant que vous aviez en effet conçu un bébé. Maintenant que cela est fait, vous avez peut-être l'impression que votre partenaire a moins besoin de vous. Mais elle a toujours besoin de votre soutien. Demeurez impliqué dans la grossesse en l'accompagnant aux cours prénataux, aux rendez-vous chez le médecin et aux différents examens qu'elle devra subir. Discutez ensemble du bébé et de votre vie après la naissance. Votre excitation devrait revenir à la charge lorsque la naissance approchera.

La plupart des femmes sont enchantées à l'idée de devenir mère. Il est cependant tout à fait normal d'éprouver des craintes, vous allez, après tout, prendre la responsabilité de la santé et du bien-être d'un nouvel être. Partagez vos préoccupations avec les gens qui vous entourent, en particulier votre partenaire.

Q *J'ai des hauts et des bas très marqués, et parfois, je perds carrément patience avec mon mari, sans raison apparente. Il y a des fois où je suis très touchée par une info à la télévision et que je me mets à pleurer. On m'a dit que mes émotions étaient régies par mes hormones et que les choses reviendraient à la normale avec le temps. Est-ce vrai ?*

R Il est tout à fait normal que vos hormones provoquent des hauts et des bas marqués pendant la grossesse. L'exaltation à la pensée de devenir mère peut rendre les hauts plus hauts, puis la fatigue et les nausées peuvent rendre les bas très bas. Vous pouvez éviter ceci en veillant à dormir suffisamment et en mangeant bien. Évitez la caféine, le chocolat et autres collations sucrées, même si ces produits vous font plaisir temporairement, ils ont tendance à rendre les bas encore pires.

Faites de l'exercice régulièrement : marchez, nagez ou pratiquez des exercices d'aérobie (adaptée aux femmes enceintes) de deux à trois fois par semaine. L'exercice physique déclenche la libération d'endorphines parfois appelées hormones du bonheur.

Par-dessus tout, même si vous n'avez pas envie de faire l'amour, restez proche de votre partenaire. Exprimez-lui vos sentiments et profitez au maximum du fait qu'en ce moment, il n'y a que vous deux.

Et même si les sautes d'humeur sont tout à fait normales pendant la grossesse, la dépression ne l'est pas. Si vous ne vous sentez pas capable de faire face aux bas pendant plus d'une semaine ou deux, parlez-en à votre médecin. Il ou elle vous recommandera peut-être de consulter un spécialiste.

Q *Nous souhaitions avoir un bébé, mais pas maintenant. Nous venons de réaliser un engagement financier important. Nous sommes maintenant inquiets des coûts liés à l'arrivée d'un enfant. Est-ce aussi coûteux qu'on le dit ?*

R Les besoins des bébés sont très simples : de la nourriture, un toit, du réconfort et de l'amour. Il est vrai qu'en grandissant, les enfants coûtent plus cher, ce qui n'empêche pas les parents de répondre à leurs besoins grandissants. Ne laissez pas d'éventuels problèmes financiers dominer votre grossesse. Utilisez ces mois pour trouver de l'équipement, et des vêtements abordables (consultez les pages 136 à 139) et ne soyez pas mal à l'aise d'accepter des dons d'ami(e)s et de membres de la famille.

Q *Je n'avais pas réalisé que les services de garde d'enfant, dans ma région, étaient si coûteux. Ni mon conjoint ni moi n'avons les moyens de quitter notre travail et je suis inquiète de ne pas y arriver.*

R Pour la plupart des parents qui travaillent, le principal défi lorsqu'ils ont des enfants est de trouver des soins de garde adéquats. Et c'est un domaine dans lequel vous ne pouvez couper à moins d'avoir des membres de la famille qui peuvent aider. Différents types de services de garde sont décrits aux pages 120 à 123. Lisez bien, puis réfléchissez à ce qui convient le mieux pour votre bébé et pour vous. Il est important de prendre en compte toutes les options, y compris évaluer la possibilité, pour un parent, de quitter son emploi. Vous constaterez peut-être que vous avez besoin de moins d'argent que vous le pensiez, une fois éliminés les coûts de la poursuite d'une carrière.

POUR VOUS

La grossesse est habituellement comptée à partir du premier jour de vos dernières menstruations. Le premier mois inclut le cycle menstruel avant l'implantation, lorsque votre corps prépare votre utérus en vue d'une grossesse potentielle. Une fois que la fécondation a eu lieu, les hormones empêchent la paroi de l'utérus, l'endomètre, de commencer à se détacher comme il le ferait pour un cycle menstruel normal. Alors que l'amas de cellules (blastocyste) se divise et se déplace le long de la trompe de Fallope (consultez les pages 62 et 63), les hormones provoquent l'épaississement de l'endomètre, en préparation de l'implantation. Une fois l'implantation effectuée, les hormones suppriment l'ovulation (consultez les pages 66 – 67).

Vous n'êtes peut-être pas consciente que vous êtes enceinte, mais si vous tentez de concevoir et êtes à l'affût des signes, vous remarquerez peut-être ces premiers signes décrits à la page 64.

À la fin du premier mois, votre corps et votre utérus ont probablement leur taille normale. Il ne sera pas évident que vous êtes enceinte, en particulier si c'est votre première grossesse.

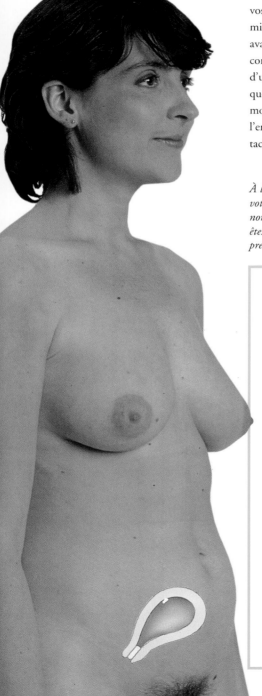

Prise totale de poids

Certaines femmes commencent à prendre du poids dès le début de la grossesse et ont pris 1 kg (2 lb) ou plus au cours des trois premiers mois, en particulier au niveau des hanches, de la poitrine et des cuisses. Votre corps a besoin d'un surplus de tissu graisseux pendant la grossesse et l'allaitement.

Selon votre corpulence et si vous aviez un poids insuffisant lors de la conception, vous prendrez probablement un maximum de 10 à 16 kg (22 à 35 lb). La majorité de cette prise de poids se produit pendant la deuxième moitié de la grossesse, même s'il est commun de ne prendre que 250 g (1/2 lb) dans les quelques dernières semaines.

Les soins prénataux modernes se concentrent moins sur la prise de poids que dans le passé. On croyait auparavant que les femmes enceintes devaient contrôler leur poids pendant la grossesse. Nous savons maintenant que certaines femmes prennent naturellement plus de poids que les autres. Une prise de poids stable et modérée, un régime alimentaire sain et un bon niveau d'exercice physique peuvent aider à éviter bien les maux de dos et l'apparition de varices.

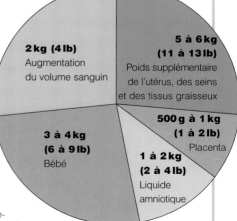

2 kg (4 lb)
Augmentation du volume sanguin

5 à 6 kg (11 à 13 lb)
Poids supplémentaire de l'utérus, des seins et des tissus graisseux

500 g à 1 kg (1 à 2 lb)
Placenta

3 à 4 kg (6 à 9 lb)
Bébé

1 à 2 kg (2 à 4 lb)
Liquide amniotique

POUR VOTRE BÉBÉ

De cinq à sept jours après la fécondation de l'ovule (consultez les pages 62 à 63), le blastocyste atteint l'utérus et s'enfonce dans la paroi de l'utérus. À ce moment-là, il est appelé embryon.

L'embryon sécrète ses propres substances protectrices ; celles-ci contribuent à modifier votre système immunitaire pour que votre corps accepte le bébé. Le bagage génétique du bébé, provenant à parts égales de votre partenaire et de vous-même, produirait autrement des anticorps dans votre corps.

Les cellules extérieures de l'embryon commencent à sortir au cours de la semaine suivante, se fixant à vos cellules sanguines et formant le premier lien avec votre système. Ceci constitue le début de la formation de la villosité choriale qui deviendra le placenta. La réponse de votre corps à la fécondation est de produire de l'hCG (consultez les pages 66 et 67) qui circule dans votre corps, présente dans votre sang et dans votre urine.

Les cellules internes de l'embryon se divisent alors en trois couches, chacune contenant les débuts de différentes parties du corps de votre bébé.

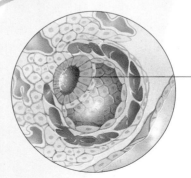

26 à 27 jours
Les organes, le début des membres et une tête avec une bouche et des yeux apparaissent.

21 jours
Des ébauches, de tissus, se forment. Celles-ci deviendront les nerfs et les muscles de l'embryon.

12 à 15 jours
La villosité choriale se crée et les formes du cordon ombilical et du bébé commencent à se montrer.

5 à 7 jours
Le blastocyste s'enfonce dans la paroi de l'utérus.

 Taille réelle
Le blastocyste, incroyablement complexe, est plus ou moins de la taille du point à la fin de cette phase. Il se trouve dans un sac gestationnel d'environ 6 mm (¼ po) de diamètre.

CHOIX RELATIFS À L'ACCOUCHEMENT

Puisque la société d'aujourd'hui tend à accepter de plus en plus la naissance comme un processus naturel, vous découvrirez un grand nombre de choix relatifs à l'accouchement.

Les médecins ont appris comment éliminer en grande partie la douleur associée à l'accouchement. Chaque jour, ils utilisent des interventions dans les cas d'accouchements problématiques pour sauver des milliers de bébés qui n'auraient pas survécu autrement. Mais jusqu'à tout récemment, de tels progrès transformaient la naissance en un protocole impersonnel, et ce, dans bien des hôpitaux, de telle sorte que les mères et les pères avaient peu à dire sur la façon dont se déroulait l'accouchement.

Aujourd'hui, la plupart des médecins acceptent que vous ayez des choix qui vous permettent de décider le degré d'intervention médicale que vous souhaitez au cours du travail et de l'accouchement lui-même. Plusieurs femmes vivent une expérience plus positive lorsqu'elles ont leur mot à dire sur les soins qu'elles reçoivent, y compris sur comment et où elles accouchent (consultez les pages 80–81). Des études ont démontré que ces femmes sont davantage valorisées par le processus de la naissance et souffrent moins de dépression postpartum, peu importe si le travail a été facile ou problématique, long ou court.

Le meilleur moment pour commencer à penser à l'accouchement, c'est au cours des premiers stades de votre grossesse. Vous devrez évaluer les différentes approches, prendre en compte si vous accoucherez dans un hôpital ou une maison de naissance, vous inscrire dans un établissement et rencontrer, puis être satisfaite de l'équipe de médecins, sages femmes et infirmier(e)s qui prendront soin de vous. Et même si vous ne pouvez tout décider au préalable, vous trouverez peut-être utile d'aborder ces sujets avec votre partenaire, vos professionnels de la santé, vos amis et votre famille (consultez les pages 132 et 133 pour des conseils sur l'élaboration d'un plan de naissance).

Alors que vous évaluez différentes méthodes pour la naissance, gardez toujours en tête les questions les plus importantes pour vous.

UN ACCOUCHEMENT CONTRÔLÉ

Certaines mères se sentent plus en sécurité et moins angoissées si la naissance est suivie de près et contrôlée par des soignants, avec un soutien technique disponible au besoin. Vous saurez peut-être d'entrée de jeu que vous souhaitez obtenir des médicaments pour soulager la douleur (consultez les pages 172 et 173). Ou bien on vous conseillera peut-être un type précis d'analgésique si la naissance de votre bébé est provoquée (consultez les pages 168–169).

Votre médecin vous recommandera peut-être une césarienne avant même que le travail ne commence, pour plusieurs raisons. Si votre bébé est victime d'une présentation transversale, la césarienne vous sera peut-être conseillée (consultez les pages 166–67). Les médecins encouragent aussi une intervention médicale lorsque les mères souffrent de certains problèmes médicaux : hypertension, maladies des reins ou herpès génital actif.

ACCOUCHEMENT NATUREL

C'est un terme global qui réfère à un accouchement sans médicaments et sans intervention des médecins et infirmières. Dans son interprétation la plus stricte, cette approche refuse la provocation des contractions, l'accélération du travail, la rupture artificielle des membranes, la surveillance électronique continue du fœtus, l'utilisation des forceps ou de la ventouse obstétricale, ou encore la césarienne. Un accouchement naturel se base sur le soutien et l'encouragement du médecin ou de la sage-femme, et de votre partenaire. Les techniques de respiration et de relaxation pourront vous aider à contrôler la douleur et à éliminer le besoin de médicaments.

Si l'accouchement naturel vous intéresse, considérez-le comme un idéal. Si des complications imprévues surviennent toutefois, ou si le travail est très douloureux ou prolongé, vous devriez être préparée à demander conseil à vos soignants.

ACCOUCHEMENT ASSISTÉ PAR LE CONJOINT

C'est une forme d'accouchement naturel, souvent considérée comme une méthode distincte par les couples. Un accouche-

L'époque où les conjoints faisaient impatiemment les cent pas dans une salle d'attente ou un long corridor, attendant que leur conjointe accouche, est bel et bien révolue. Donner naissance est maintenant reconnu comme une expérience familiale à laquelle les conjoints sont encouragés à participer. Votre partenaire peut vous supporter physiquement, en massant ou en frottant les parties tendues de votre corps ; ou mentalement en vous rappelant les techniques de respiration ; ou émotionnellement en vous encourageant et en vous félicitant de vos efforts.

ment actif implique de bouger pendant les premiers stades du travail, ce qui risque d'augmenter la vitesse de dilatation du col de l'utérus. Cela élimine aussi la tension qui peut s'accumuler lorsque vous êtes assise ou étendue, attendant la prochaine contraction. Lorsque les contractions deviennent plus fortes, votre partenaire ou compagnon d'accouchement vous soutient physiquement, soit en position accroupie ou autres positions. Donner naissance à un bébé en étant étendue sur le dos comporte des désavantages réels : cela peut entraver l'approvisionnement en oxygène du bébé et exige que vous poussiez contre la gravité, plutôt que de laisser la gravité vous aider à donner naissance à votre bébé.

La pièce utilisée pour un accouchement actif est en général équipée de chaises, sacs à fèves et de meubles de différentes hauteurs. Ces articles deviennent des outils permettant à la femme en travail de trouver une gamme de positions confortables et de continuer à bouger aussi longtemps qu'elle le souhaite.

MÉTHODE PSYCHOPROPHYLACTIQUE

Rendue populaire en occident par le travail de Fernand Lamaze (consultez la page 75), cette technique a d'abord été pratiquée en Russie. La psychoprophylaxie obstétricale prépare l'esprit pour le travail et la naissance, à l'aide d'exercices de respiration qui contribuent à réduire la douleur et à vous en distraire. Certains instructeurs de cours prénataux combinent cette formation avec des techniques de relaxation qui éliminent la douleur, évitent la tension provoquée par la peur, et aident au processus de la naissance.

ACCOUCHEMENT DANS L'EAU

Plusieurs femmes considèrent que le fait de relaxer dans un bain d'eau chaude est un bon moyen de faire face aux contractions du travail, au point que certaines femmes décident de rester dans l'eau pour l'ensemble du travail et de l'accouchement.

Plusieurs mères ont trouvé l'expérience d'un accouchement dans l'eau, un superbe moyen d'amener leur enfant dans ce monde. Par contre, les recherches se poursuivent pour l'établissement de principes directeurs de sécurité.

Si vous pensez que vous êtes une candidate à l'accouchement dans l'eau, vérifiez si l'hôpital que vous avez choisi dispose de ces installations. Si vous souhaitez une naissance à la maison, ces piscines peuvent être louées (consultez les petites annonces des magazines sur la grossesse pour trouver des fournisseurs). Que vous soyez à la maison ou à l'hôpital, assurez-vous que votre sage-femme ou votre médecin a déjà assisté un accouchement de cette façon, afin d'être en mesure de vous fournir le soutien dont vous avez besoin.

LE MIEUX POUR VOUS ?

La plupart des centres hospitaliés pourront réaliser vos souhaits.

Votre santé et celle de votre bébé doit être le facteur déterminant de votre décision. Si vous êtes en santé et vivez une grossesse normale, vous aurez un éventail de choix plus large. Une femme ayant développé une condition telle la prééclampsie (page 143) ou le placenta praevia (consultez les pages 176 et 177), ou dont les grossesses précédentes ont présenté des complications, sera plus limitée dans ses choix.

Lisez sur les options qui s'offrent à vous et parlez à vos amies de leurs expériences avant de prendre votre décision.

QUI FAIT QUOI EN SOINS DE SANTÉ

Vivre une grossesse en santé et un accouchement réussi dépend de vous, de votre partenaire et des professionnels de la santé que vous choisissez pour vous aider.

Selon l'endroit que vous choisissez pour l'accouchement, une variété de professionnels de la santé seront impliqués dans vos soins prénataux. Plusieurs femmes choisissent des soins partagés, consultant leur médecin généraliste pour certaines consultations prénatales, et leur sage-femme ou leur obstétricien pour d'autres.

VOTRE MÉDECIN GÉNÉRALISTE

Votre médecin généraliste s'intéresse à tous les aspects de la santé de toute votre famille : c'est-à-dire votre conjoint, vos enfants et vous.

La première consultation à la suite d'un test de grossesse positif devrait être chez votre médecin généraliste. Si vous n'avez pas de médecin généraliste, vous devez en trouver un. Tous les médecins généralistes ne proposent pas de soins obstétricaux, et parmi ceux qui offrent ce service, plusieurs ne pratiquent pas d'accouchements. Si vous croyez, pour une raison ou pour une autre, que votre médecin généraliste ne peut prendre soin de vous pendant votre grossesse, vous pouvez en choisir un autre, de façon permanente ou uniquement pour votre grossesse.

Afin de trouver un médecin généraliste qui s'intéresse tout particulièrement aux grossesses et aux accouchements, consultez des sages-femmes de votre secteur, votre

Avant votre première visite à l'hôpital que vous avez choisi pour donner naissance à votre enfant ou, si vous planifiez une naissance à la maison, chez votre médecin généraliste ou votre sage-femme, notez toutes les questions relatives à l'accouchement qui vous tiennent le plus à cœur.

hôpital local ou votre CLSC. Vous pouvez aussi demander conseil dans un établissement de santé spécialisé dans le soin des enfants, ou vous pouvez vous informer auprès d'amies qui ont récemment eu un enfant, pour savoir ce qu'elles ont pensé de leur médecin généraliste.

L'OBSTÉTRICIEN CONSEIL

Si vous décidez d'accoucher dans un hôpital, vos soins seront assurés par un obstétricien conseil. Lors d'une grossesse qui progresse normalement, il est par contre peu probable que vous le voyiez. Si votre grossesse est considérée à risque élevé (si par exemple votre histoire obstétricale compte trois fausses couches ou plus, que vous souffrez de diabète, de maladies du cœur ou des reins, ou que vous développez une prééclampsie grave), l'obstétricien vous rencontrera probablement pour un certain nombre de rencontres, sinon toutes vos rencontres prénatales. Il sera également disponible, sinon présent, pour votre accouchement.

Les exercices d'assouplissement sont une partie essentielle de la formation de Lamaze (consultez l'encadré de droite). Ils préparent votre corps physiquement pour répondre aux exigences du travail et de l'accouchement. La préparation mentale est tout aussi importante. Les classes inspirées par Lamaze travaillent à la diminution de la perception de la douleur par le biais d'exercices de respiration.

À DEMANDER AU MÉDECIN

Quelle est votre attitude par rapport à un accouchement assisté par le conjoint ?

Mon partenaire peut-il m'accompagner si une césarienne devient nécessaire ?

Je préférerais ne pas subir d'épisiotomie ; pourriez-vous m'aider à l'éviter ?

Je souhaite allaiter mon bébé ; pourrez-vous m'aider à obtenir le soutien dont j'aurai besoin ?

Mon beau-fils, âgé de 8 ans, souhaite être présent à l'accouchement. Qu'en pensez-vous ?

Avez-vous une certaine expérience concernant un accouchement dans l'eau ?

Innovateurs en préparation à l'accouchement

Depuis les années 1950, une pléiade de livres et, plus récemment, de vidéos, présentant les méthodes alternatives concernant la grossesse et l'accouchement ont été produits. Lorsque ces documents ont été publiés, ils faisaient la promotion d'idées qui étaient alors majoritairement rejetées par les professionnels de la santé et les parents. Progressivement, un certain nombre de ces idées ont fait leur chemin jusqu'à faire partie du courant principal des soins de santé. Voici certains noms, et les principaux crédos de leurs philosophies, que vous entendrez peut-être par la bouche de votre médecin, de votre sage-femme ou lors de vos cours prénataux, ou que vous verrez dans la littérature concernant la grossesse et l'accouchement.

Vous n'avez évidemment pas l'obligation de respecter à la lettre une ou l'autre de ces approches : plusieurs femmes empruntent à plusieurs philosophies les éléments qui répondent le mieux à leurs besoins.

Robert Bradley

L'inventeur de l'accouchement « assisté par le conjoint » dans les années 1970. Ce médecin américain fait la promotion d'un régime alimentaire sain et de l'activité physique pendant la grossesse, afin de préparer le corps au travail et à l'accouchement. Il a aussi préconisé l'accouchement sans médicaments. Il affirmait que cela était possible si une femme travaillait avec son corps, utilisant une respiration abdominale profonde pendant le travail, plutôt que de tenter de se distraire de la douleur.

Sheila Kitzinger

Dans son travail, Kitzinger se concentre sur les droits et besoins de la mère pour que celle-ci puissent bénéficier de l'accouchement de son choix, à l'endroit qu'elle choisit. Sceptique face aux pratiques institutionnelles, elle a écrit plusieurs ouvrages sur l'accouchement à la maison. Son livre intitulé *Good Birth Guide*, publié dans les années 1980, a évalué les accouchements dans les hôpitaux d'un point de vue de consommateur, et a provoqué des changements de pratiques dans les hôpitaux du monde entier.

Fernand Lamaze

Influencé par l'ouvrage du médecin britannique Grantley Dick-Read intitulé *Childbirth Without Fear*, le physicien français Fernand Lamaze énonce les grandes lignes de l'accouchement sans douleur dans les années 1950. Il croyait que la douleur liée à l'accouchement était augmentée par la peur et la tension. Il a donc fait la promotion de techniques de relaxation, de sessions d'entraînement pour répondre à la douleur de façon positive plutôt que négative.

Frederick Leboyer

Le médecin français Frédérick Leboyer a écrit *Pour une naissance sans violence*, publié pour la première fois dans les années 1970. Leboyer a demandé pourquoi l'environnement dans lequel se produisait l'accouchement n'était pas adapté en fonction des stimuli du nouveau-né. Il croyait que l'obstétrique standard, qui ignorait l'effet sur un bébé des éclairages vifs, du bruit et de la séparation de sa mère, pourrait être dommageable pour un bébé. Un « accouchement Leboyer » se déroule dans une pièce faiblement éclairée et est assisté par des soignants calmes et respectueux qui soutiennent et encouragent la mère pendant l'accouchement, manipulent le bébé avec délicatesse et amour, et veillent à ce que la mère et le bébé partagent les précieuses premières heures de la vie du bébé.

Michel Odent

Dans *Bien naître*, son ouvrage le plus populaire, le médecin français Michel Odent affirmait que l'accouchement devrait être, autant que possible, à l'abri de toute technologie. Il a préconisé l'accouchement assisté par le conjoint (consultez les pages 72 et 73) et a été un des premiers professionnels de la santé à reconnaître la valeur, pour certaines femmes, du travail dans l'eau.

LA SAGE-FEMME

Les sages-femmes sont formées pour prendre en charge des grossesses normales, et pour accoucher les bébés lorsque le travail ne présente aucun problème, comme c'est le cas la majorité du temps. La plupart des hôpitaux et généralistes, ou encore les établissements de soins communautaires locaux ont maintenant presque tous à leur disposition une équipe de sages-femmes qui suivent la grossesse, le travail et l'accouchement. Ceci signifie que vous connaîtrez la personne qui donnera naissance à votre bébé, même si le travail est long et que les quarts de travail changent, à l'hôpital, pendant votre accouchement. Si vous souhaitez une naissance à la maison, votre sage-femme restera avec vous du travail jusqu'à la toute fin de l'accouchement.

Rappelez-vous que si, à tout moment, vous n'êtes pas satisfaite des personnes qui prennent soin de vous, vous pouvez demander de consulter d'autres professionnels. Vous devriez toujours être consultée avant qu'une personne que vous ne connaissez pas puisse participer à une de vos rencontres prénatales.

POUR VOUS

Alors que le placenta fonctionne déja très bien, l'augmentation des hormones qu'il produit vous donnera peut-être des nausées ou de la constipation. La grossesse augmente les demandes sur le système circulatoire qui produit environ 2 litres supplémentaires de sang au cours des 40 semaines de la grossesse. Résultat, vous vous sentirez peut-être gonflée et aurez envie d'uriner plus souvent. Les nausées vous feront peut-être perdre l'appétit et contribueront à un sentiment de fatigue. Assurez-vous de bien manger et de faire de votre dose de repos et de votre sommeil une priorité.

Si vous êtes enchantée d'être enceinte, vous souhaiterez probablement le dire à tout le monde. Mais n'oubliez pas que les fausses couches précoces ne sont pas rares (une grossesse sur six se termine en fausse couche). Si vous ne souhaitez pas que la planète entière connaisse votre perte, si cela vous arrive, ne le dites qu'à votre conjoint et quelques proches. D'un autre côté, certaines femmes apprécient de pouvoir partager leur chagrin et bénéficier du soutien de leurs ami(e)s dans de telles situations. Vers la fin du troisième mois, vous pouvez faire votre annonce en toute confiance.

Même si votre bébé se développe rapidement dans votre utérus, votre entourage ne voit peut-être pas que vous êtes enceinte.

Le placenta

Le système de survie de votre bébé, le placenta, se développe pendant le deuxième mois de grossesse. Il est complètement fonctionnel entre la 10e et la 12e semaine, recueillant l'oxygène et les nutriments dans votre sang, les traitant pour ensuite les transmettre à votre bébé. Il agit également à titre de filtre, éliminant certains dangers avant qu'ils n'atteignent votre bébé. Votre immunité à certaines maladies traverse le placenta pour protéger votre bébé, et tous les déchets produits par votre bébé, y compris le dioxyde de carbone, traverse de nouveau le placenta et est ensuite éliminé par votre corps.

Le placenta se développe à partir des villosités choriales. Le chorion est la membrane extérieure du sac qui porte l'embryon ; les villosités, semblables à des doigts, se forment à partir du chorion. D'un côté, les villosités se terrent dans la paroi

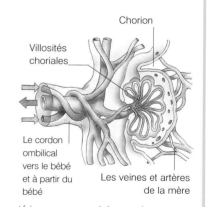

Chorion

Villosités choriales

Le cordon ombilical vers le bébé et à partir du bébé

Les veines et artères de la mère

utérine pour recevoir la nourriture provenant de votre corps. Le chorion devient la surface externe du placenta et, du côté opposé, se rabat. Au fur et à mesure que la structure se développe, cela devient plus complexe. Le placenta atteint sa pleine épaisseur d'environ 2,5 cm à la 16e semaine, mais continue de grandir en diamètre. Il pèse environ 500 g et mesure 20 cm de diamètre au moment de l'accouchement.

POUR VOTRE BÉBÉ

Entre la 7ᵉ et la 11ᵉ semaine de grossesse, le petit embryon devient une forme humaine reconnaissable. Au plus tard à la 8ᵉ semaine, une tête distincte se développe, beaucoup plus grande que le reste du corps. Le tronc est devenu droit, mais la tête est toujours penchée vers la poitrine. La queue, qui était visible le premier mois, raccourcit puis disparaît.

La période embryonnaire se termine à la 10ᵉ semaine suivant la conception ; le bébé entre dans le stade fœtal. On l'appelle dorénavant fœtus. La plupart de l'important travail qui consiste à former les organes internes, le cerveau et le système nerveux, ainsi que le squelette se produit au cours de ce mois.

L'embryon contient trois couches de cellules. Le système nerveux du bébé commence à se former lorsque la couche supérieure se replie sur elle-même pour constituer un tube. À partir de ce tube neural, c'est la colonne vertébrale et le cerveau qui se développent.

Des développements majeurs au sein des organes internes du bébé se produisent dans la seconde couche de cellules ; au cours du second mois, les poumons, le foie, les reins et le système digestif sont bien présents.

La troisième couche de cellules embryonnaires devient le cœur. Le fœtus, à ce moment, possède déjà ses propres vaisseaux sanguins, dont certains sont connectés à votre système sanguin dans la paroi utérine. Ce sont ces vaisseaux qui deviennent le cordon ombilical, qui contient les vaisseaux sanguins, lesquels agissent comme voie aller-retour vers le placenta.

Bras et jambes

Ce qui ressemblait plus à des « bourgeons » de membres sont maintenant devenus des bras et des jambes reconnaissables ; de légères dépressions sur les mains et les pieds montrent l'emplacement futur des doigts et des orteils.

À l'intérieur de l'utérus

Le cordon ombilical s'est allongé et le fœtus flotte maintenant librement dans le sac amniotique qui le protégera tout au long de la grossesse.

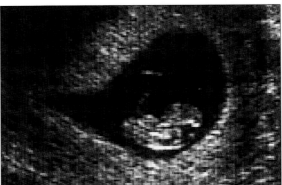

Tête et visage

Les caractéristiques faciales deviennent de plus en plus évidentes : la bouche et la langue sont formées ; les yeux et les narines, qui se sont formés, à l'origine, sur les côtés de la tête, sont maintenant à l'avant ; et les oreilles se sont déplacées du cou vers la tête.

Taille

À la fin de la neuvième semaine, l'embryon a doublé la taille qu'il avait seulement deux semaines plus tôt. Il mesure maintenant 16 mm (²⁄₃ po), la taille d'un petit raisin.

À la huitième semaine, la forme de l'embryon a changé. Elle présente une extrémité plus grande et ronde : la tête. Une échographie réalisée à ce moment montre le cœur qui bat.

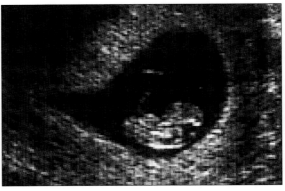

PREMIÈRE VISITE PRÉNATALE

Attendez-vous à ce que la première visite chez votre médecin, une fois votre grossesse confirmée, soit la plus longue. La plupart des examens réalisés à ce moment ne se répèteront pas.

Lorsque vous visitez votre médecin pour un examen initial, il vous posera plusieurs questions et réalisera de nombreux tests qui lui permettront d'établir votre profil de santé de base. Éventuellement, votre médecin ou votre sage-femme utilisera cette information à titre comparatif pour évaluer la progression de votre grossesse.

Pendant que votre médecin ou sage-femme en apprend plus sur vous, vous pouvez aussi en apprendre plus sur lui ou sur elle, comme sur votre grossesse. N'ayez pas peur de poser toutes les questions qui vous viennent à l'esprit. Rien de ce qui vous préoccupe est trop banal pour ne pas être mentionné lors d'une visite.

Votre médecin vous posera des questions sur cette grossesse et toute grossesse précédente (y compris les fausses couches et les avortements), il ou elle vous questionnera sur vos antécédents de maladies graves, d'allergies, d'infections gynécologiques et d'intervention chirurgicales. On cherchera aussi à obtenir des informations sur vos parents et leur santé, à propos de maladies ou états pathologiques dans vos deux familles; sur votre consommation d'alcool, de drogues et de médicaments.

Vous subirez ensuite plusieurs tests.

Certains ne seront administrés qu'une fois; les autres seront répétés lors de chaque visite prénatale. Chaque fois que vous subissez un test, assurez-vous de comprendre les procédures impliqués et les résultats. Rien de ce qui concerne vos soins prénataux ne devrait constituer un mystère pour vous.

EXAMENS DE BASE

Votre médecin réalisera des tests sanguins de base. Pour ce faire, il prendra un petit échantillon de sang à l'aide d'une seringue. L'échantillon sera analysé afin d'identifier votre groupe sanguin, pour déterminer le rhésus (Rh) positif ou négatif (consultez la page 24) et pour vérifier votre immunité contre la rubéole.

Selon l'endroit où vous vivez, et parfois selon votre médecin, différentes

Consignez votre grossesse

Votre médecin ou votre sage-femme bâtira un dossier à la suite de vos visites prénatales, constitué des notes, suivantes: les détails physiques, ainsi que l'information à propos de vos grossesses précédentes, fausses couches ou avortements; un compte-rendu des conseils diététiques ou de l'information qu'il ou elle vous a donné; votre plan de soins tout au long de votre grossesse; les dates prévues d'échographie ou d'amnio-centèse (consultez les pages 132 et 133); et toute consultation entre votre médecin, les autres professionnels de la santé impliqués et vous.

Certains suggèrent que vous consigniez vous-même ces notes. D'autres vous donnent tout simplement une version abrégée. Ces notes contiennent des informations aussi essentielles que votre groupe sanguin et certaines lectures lors de chaque visite, par exemple votre pression artérielle et la taille de votre utérus.

Vous souhaiterez peut-être transporter ces notes avec vous en tout temps, pour que si vous avez besoin de traitements médicaux urgents, un médecin ait un accès immédat aux informations qui concernent votre grossesse.

Vous souhaiterez peut-être aussi tenir votre propre cahier de notes où vous inscrirez des informations plus personnelles. Notez les questions lorsqu'elles vous viennent à l'esprit, vous les aurez ainsi à la portée de la main lors de votre prochaine visite. Inscrivez également les réponses à vos questions, afin d'avoir sous la main tous les conseils reçus. Plus tard, vous pourrez y inscrire le moment où vous avez senti votre bébé bouger pour la première fois, son premier hoquet ou son premier coup de pied; prendre des notes pendant vos cours prénataux; inscrire des noms de produits que vos amies trouvent pratiques; et faire la liste de ce que vous ne souhaitez pas oublier lorsque vous partirez pour l'hôpital.

Première visite prénatale: 6/7

Groupe sanguin: O+

Pression artérielle: 120/70

Taille: 1,73 m

Poids: 65 kg

Hauteur de l'utérus: 7,5 cm

Utilisez votre cahier de grossesse comme bloc-notes et comme journal personnel. Vous constituerez ainsi un souvenir unique de ces mois excitants.

maladies transmises sexuellement, y compris le VIH, le virus qui cause le sida seront dépistés. Demandez quelles maladies seront recherchées, en particulier si vous pensez que vous êtes à risque pour des maladies transmissibles sexuellement.

Si vous êtes à risque d'avoir contracté le VIH, demandez à votre médecin de vous expliquer le test de VIH et le suivi possible. Si vous savez que vous êtes porteuse du VIH, dites-le à votre médecin. Vous serez suivie de près et recevrez des médicaments qui réduisent le risque de transmettre le virus à votre bébé pendant l'accouchement.

Vous subirez peut-être un frottis cervical pour mettre de côté toute anomalie possible au niveau du col de l'utérus. Si le frottis indique une infection, vous serez traitée pour que cela n'interfère pas avec votre grossesse. Si des changements à des cellules précancéreuses sont identifiés, ils peuvent être surveillés.

Vous serez probablement pesée et mesurée. Souffrir d'une insuffisance ou d'une surcharge pondérale importante (20 % en-decà ou au-delà du poids moyen pour votre taille) peut rendre votre grossesse plus difficile. Certains médecins surveillent votre poids à chaque visite ; d'autres considèrent inutile de peser une femme qui est visiblement en pleine santé.

On vous demandera peut-être si vous avez réfléchi à la façon dont vous souhaitez nourrir votre bébé ; vous pourrez alors discuter des différentes options.

Vous n'êtes évidemment pas obligée de prendre une décision immédiatement.

EXAMENS DE ROUTINE

Lors de chaque visite, vous devrez fournir un échantillon d'urine qui servira à la recherche de traces de sucre et de protéines. Un changement du niveau de sucre peut indiquer ce qu'on appelle souvent le diabète de grossesse.

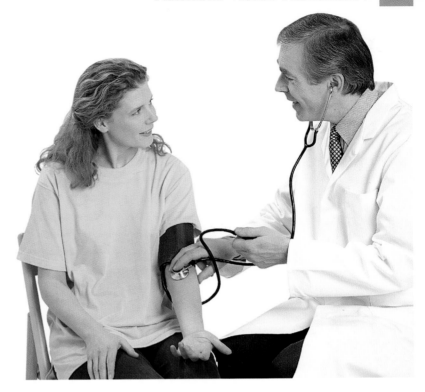

Certaines femmes développent le diabète pendant la grossesse (consultez la page 143). Dans la mesure où celui-ci est contrôlé par un régime alimentaire ou de l'insuline, il ne nuira ni à votre bébé ni à vous. Et il disparaîtra après la naissance de votre bébé.

La présence de protéines dans votre urine peut être un signe d'infection ou d'hypertension de grossesse. Des infections aux reins et à la vessie peuvent aussi être découvertes grâce à un test d'urine.

Votre pression artérielle sera aussi surveillée pour s'assurer qu'elle demeure dans des valeurs normales (100 à 140 sur 60 à 90). Si votre médecin vous indique que votre pression artérielle est légèrement élevée, ne paniquez pas. Les femmes enceintes se retrouvent souvent avec une lecture un peu plus élevée, causée par l'énervement ou l'anxiété. Si votre pression artérielle est élevée lors de deux visites consécutives, votre médecin souhaitera peut-être la surveiller de plus près.

La lecture de pression artérielle lors de votre première visite prénatale est une donnée de base importante. La pression artérielle chute en général un peu pendant les premiers mois de la grossesse. C'est pour cette raison que vous vous sentez faible parfois. La pression artérielle augmente ensuite légèrement autour du septième mois. Si vous vous éloignez de ce modèle, votre médecin recommandera peut-être des visites prénatales plus fréquentes pour surveiller de plus près votre grossesse.

Votre médecin ou sage-femme palpera l'extérieur de votre abdomen pour évaluer la croissance de votre utérus et de votre bébé. Vous subirez peut-être également un examen interne, encore une fois pour déterminer la taille de votre utérus. Ceci fournit une autre indication de la durée de votre grossesse et aide à alerter le médecin rapidement en cas de problème interne, par exemple des fibromyomes. Il ou elle recherchera aussi toute anomalie au niveau de la ceinture pelvienne, du vagin et du col de l'utérus pouvant affecter l'accouchement.

OÙ DONNER NAISSANCE

Vous apprécierez probablement davantage l'accouchement si vous vous sentez bien dans un environnement et que les personnes qui vous aident sont amicales, dévouées et professionnelles.

Q *Comment puis-je connaître les politiques et pratiques des différents hôpitaux et savoir comment se déroule un accouchement dans l'un ou l'autre ?*

R Questionnez votre médecin généraliste. Il vous recommandera peut-être un hôpital plutôt qu'un autre. Questionnez aussi les mères que vous connaissez et qui ont eu un enfant dans la dernière année. Vous pouvez aussi téléphoner aux hôpitaux et les questionner sur leurs procédures. Grâce à ces informations, vous devriez être en mesure de vous faire une bonne idée des politiques générales sur la durée du séjour, les visites, etc.

Q *Puis-je visiter l'hôpital ou l'unité avant de décider si je souhaite y donner naissance à mon bébé ?*

R Oui. Téléphonez à l'hôpital et demandez à quel moment les futurs parents peuvent visiter les salles de travail et d'accouchement, ainsi que les chambres postnatales. Si de telles visites ne sont pas routine, demandez à votre médecin ou à votre sage-femme de trouver un moment où vous pourrez visiter (même une unité bien occupée a souvent une chambre libre). Des visites sont souvent organisées, dans le cadre des cours prénataux, mais si vous ratez cette visite ou si votre conjoint est dans l'impossibilité d'y aller avec vous, et qu'il souhaite aussi visiter les installations, vous devriez être en mesure d'obtenir un autre moment de visite.

Q *À quoi devrais-je m'attarder lors d'une visite d'hôpital ?*

R Jugez l'atmosphère et la transparence face aux questions, mais aussi l'apparence globale de l'endroit. Préparez quelques questions sur des sujets qui vous tiennent à cœur.

Demandez au personnel comment vous pouvez être certaine d'obtenir le type d'aide dont vous avez besoin, tel le soutien à l'allaitement. S'ils insistent sur la disponibilité du personnel et d'autres impondérables, vous aurez une indication claire que vous risquez de ne pas obtenir le soutien dont vous avez besoin.

Remarquez aussi l'attitude des médecins et des infirmier(e)s. Sont-ils professionnels, courtois ? Écoutent-ils vos préoccupations et questions ? Considérez-vous leurs réponses éclairantes et rassurantes ?

Remarquez aussi la disposition des lieux où se déroulent le travail et l'accouchement. Y a t-il du mobilier à différentes hauteurs pour un accouchement assisté par le conjoint, si c'est votre souhait ? Ou avez-vous le sentiment que l'endroit n'est peuplé que d'une bonne quantité d'équipement métallique brillant ? Les unités à la fine pointe sont dotées d'équipement mais celui-ci est hors de la vue lorsqu'il n'est pas utilisé ; l'accent est mis sur la création d'un climat confortable, plutôt que sur celle d'un environnement clinique.

Vous souhaitez ressentir que vous serez en mesure de vous détendre à l'hôpital. Mais n'oubliez pas que la principale priorité est de donner naissance à un bébé en santé : le décor de la pièce ne devrait être qu'une considération secondaire.

Q *À la suite d'une césarienne qui m'a laissée dépressive pendant des mois suivant la naissance de notre premier bébé, je suis décidée à éviter cette fois-ci l'intervention chirurgicale. J'ai l'impression que la seule façon d'éviter cela serait de donner naissance à mon bébé à la maison. Ai-je raison ?*

R Si votre césarienne a été provoquée par un problème qui est peu susceptible de se répéter (consultez les pages 176 et 177), il est possible que vous viviez un accouchement vaginal normal cette fois-ci et il n'y a donc aucune raison de ne pas pouvoir accoucher à la maison. Par contre, certains médecins préfèrent que les femmes qui ont eu une césarienne donnent naissance par la suite, à l'hôpital, en cas de complications.

Demandez à votre médecin s'il croit que la distance entre votre maison et l'hôpital peut poser problème. Faites-lui connaître votre désir, puis prenez votre décision.

Les lits d'accouchement sont un choix populaire dans bien des hôpitaux. La tête peut être surélevée pour vous soutenir si vous souhaitez vous asseoir pendant le travail et l'accouchement, et la base peut être retirée un peu avant l'accouchement pour que le médecin ou la sage-femme puisse vous aidez à accoucher.

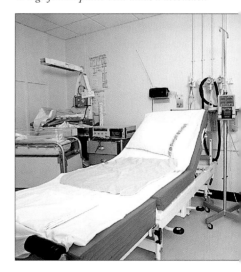

Une salle d'acouchement moderne peut ressembler davantage à une chambre d'hôtel qu'à une chambre d'hôpital. Un éclairage doux, un décor sympahtique, la literie et le mobilier « comme à la maison » contribuent à vous détendre et à vous faire sentir comme si vous étiez chez vous. Une telle installation est un indicateur clair des politiques de l'hôpital et de son attitude face à la naissance : vous n'êtes pas malade ; il n'est donc pas nécessaire de vous traiter comme tel. Votre équipe santé et vous, êtes partenaires dans l'accouchement de votre bébé.

Q *J'ai subi plusieurs opérations lorsque j'étais adolescente. Elles m'ont laissé un goût amer des hôpitaux. J'aimerais avoir mon bébé à la maison, suis-je irresponsable ?*

R Le fait que vous ayez vécu de mauvaises expériences à l'hôpital ne devrait pas affecter la naissance de votre bébé. Les chambres de travail et d'accouchement sont des endroits joyeux dans la plupart des hôpitaux, fourmillant de parents, de membres de la famille, de fleurs, de photos et de cadeaux.

Plusieurs professionnels de la santé croient qu'un premier bébé devrait toujours naître à l'hôpital, même si peu de recherches soutiennent cette théorie. Les naissances à l'hôpital comportent elles aussi leurs risques, principalement celles liées à des interventions inutiles ou au mauvais moment, ou encore à l'utilisation inadéquate de la technologie. Il existe également des preuves selon lesquelles les femmes qui souhaitent accoucher à la maison, et qui réalisent leur souhait, sont beaucoup plus détendues et récupèrent beaucoup plus vite de l'accouchement.

Une mauvaise expérience dans un autre contexte ne devrait pas constituer un facteur important dans votre prise de décision. Rappelez-vous que vous avez le droit d'accoucher à la maison et d'avoir les soins appropriés.

Q *Même si mon hôpital compte certaines salles d'accouchement de style maison, il n'y en a pas suffisamment pour répondre à la demande. Puis-je insister pour en avoir une ?*

R Les salles d'accouchement modernes ressemblent davantage à une chambre à coucher. Vous n'y vivez pas l'expérience perturbante d'être déplacée de la salle de travail à la salle d'accouchement lorsque votre médecin ou votre sage-femme considère que vous êtes prête à donner naissance, ou à une chambre postnatale dans laquelle se trouvent d'autres mères et leur enfant, alors que vous tentez de passer quelques heures dans le calme. Mais de telles chambres existent souvent en quantité limitée et la plupart des hôpitaux les affectent sur la base du premier arrivé, premier servi.

Faites connaître vos souhaits. Si, lorsque vient le moment d'accoucher, une telle chambre n'est pas disponible, le personnel de l'hôpital tentera peut-être de vous offrir la majorité de ses avantages, dans un environnement standard.

Q *Mon conjoint planifie de rester avec nous lorsque notre bébé sera né. Cela semble si étrange de permettre aux pères de rester uniquement quelques heures, pour ensuite les renvoyer à la maison. Pourquoi les pères ne peuvent-ils pas rester avec leur bébé ?*

Dans certains hôpitaux, cela est possible, **R** même si ce n'est pas monnaie courante pour des raisons d'espace. Également, la durée des séjours dans la plupart des hôpitaux, pour un accouchement normal, ne dépasse pas 24 à 48 heures. Vous ne serez donc pas séparés pour longtemps. Vous aurez tous deux besoin de repos. Le travail et l'accouchement peuvent être longs, physiquement et mentalement épuisants. Votre partenaire devrait pouvoir rester à vos côtés aussi longtemps qu'il le souhaite après l'accouchement et pouvoir vous visiter en tout temps, mais après quelques heures, vous ressentirez peut-être le besoin de dormir.

Le fait d'aller à la maison permet aussi à votre conjoint de s'assurer que tout est prêt pour votre arrivée.

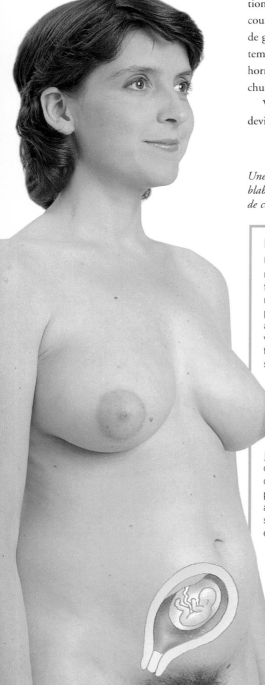

POUR VOUS

Si vous avez souffert de nausées, vous constaterez peut-être une amélioration notable de ces symptômes au cours du 3ᵉ mois. Vers la 14ᵉ semaine de grossesse, le placenta a complètement pris le relais de la production hormonale et les niveaux de hCG chutent (consultez les pages 66–67).

Vos seins prendront du volume et deviendront plus douloureux (consultez les pages 106 et 107) et vous remarquerez peut-être une coloration plus marquée de la peau (consultez les pages 96–97). Certaines femmes ont une petite rondeur à l'abdomen ; dont le moment d'apparition et la taille varient grandement d'une femme à l'autre. Cette petite rondeur devient visible à ce stade non seulement parce que l'utérus grossit, mais aussi parce que plusieurs autres organes de la région pelvienne sont déplacés (consultez les pages 112–113) par l'utérus qui remonte dans l'abdomen.

Une petite rondeur commencera vraisemblablement à être plus évidente à partir de ce stade de votre grossesse.

Faire face à la fatigue

Un des effets les plus courants du premier trimestre de la grossesse est la fatigue. En fait, vous serez probablement plus fatiguée à ce moment que pendant les quatre à cinq mois à venir, alors que le poids supplémentaire que vous portez peut ajouter à votre fatigue. Avoir des habitudes alimentaires saines vous aidera à y faire face.

Adoptez un régime alimentaire équilibré (consultez les pages 36 et 37), comprenant des glucides en quantité pour maintenir vos niveaux d'énergie. Prenez des repas régulièrement et ne sautez jamais le petit déjeuner. Si vous considérez avoir peu d'appétit, essayez de consommer un plus grand nombre de petits repas ou de collations nutritives au cours de la journée. Évitez les boissons stimulantes telles le thé, le café et le cola, puis éliminez l'alcool.

Reposez-vous chaque fois que cela vous est possible. Une courte sieste l'après-midi, ou une demie-heure passée à vous détendre en lisant, vous remettra probablement sur pied pour la soirée. Et acceptez toutes les offres d'aide à la maison.

Changez vos habitudes. Tentez de planifier vos déplacements effectués par transport publics en dehors de l'heure de pointe. Vous vous assurerez ainsi une place assise et vous arriverez au travail fraîche et dispose. Si vous sentez que votre énergie baisse, faites une courte promenade à l'air frais.

Si vous avez de la difficulté à dormir, tentez d'en identifier la cause. Êtes-vous inquiète en regard de l'accouchement, du bébé, ou d'autres choses ? Partagez vos inquiétudes avec votre conjoint et obtenez l'aide d'un spécialiste, le cas échéant.

Passez vos soirées à vous détendre et faites un effort conscient pour relaxer avant d'aller au lit. Lisez un livre, écoutez de la musique, regardez un bon film sur vidéo. Prenez une tisane ou une boisson à base de lait chaud, une boisson que vous aimiez enfant et qui vous aidera à vous endormir. Un bain chaud (et non bouillant) avec quelques gouttes d'huile essentielle d'amande sera d'autant plus relaxant.

Pour votre bébé

Tous les organes et les membres du bébé sont complètement formés à la fin de la 12ᵉ semaine, même si le bébé passera encore plusieurs mois dans l'utérus. Le reste de la grossesse sera voué à la croissance et à la maturation du bébé.

Maintenant que le placenta est complètement fonctionnel, ses hormones prennent le dessus sur les tâches jusque-là effectuées par le corps jaune (consultez les pages 66 et 67). Le cordon ombilical transporte des nutriments du placenta jusqu'au bébé et élimine les déchets du bébé.

Le bébé a encore beaucoup d'espace pour se déplacer dans le sac amniotique, la membrane qui l'entoure et qui contient environ 100 ml (3½ oz) de liquide amniotique. Ce liquide fournit au bébé des nutriments, maintient un environnement stérile à une température constante et le protège des coups. Même si le bébé se déplace plus qu'il ne flotte ou répond aux mouvements de votre corps, vous ne sentez pas encore ces mouvements (consultez la page 102).

À ce stade, le bébé commence à bouger sa lèvre supérieure, le premier stade de développement de son réflexe de succion, et avale un peu de liquide amniotique. Le bébé produit aussi des gouttes d'urine stérile qui sont éliminées grâce aux échanges placentaires et au rafraîchissement du liquide amniotique.

Mains

Les doigts se sont séparés et les mains sont complètement développées, avec de la peau mais pas d'ongles.

Organes génitaux

Les organes sexuels externes sont suffisamment développés pour qu'une échographie révèle le sexe de l'enfant, si la position du bébé le permet.

Squelette

Sa structure est complète mais le squelette est à ce moment fait de cartilage mou.

Tête et visage

Le visage du bébé compte un petit nez et un menton. Les paupières se sont développées sur les yeux. Les dents sont présentes dans les gencives. Les oreilles ont atteint leur position finale.

Taille

À la fin de la 14ᵉ semaine, le bébé mesure environ 80 mm (3 po) de longueur ; la taille d'une petite poire.

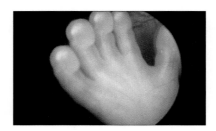

La main du bébé, mesurant moins de 6 mm (¼ po) de longueur, n'est pas moins complètement formée et facile à reconnaître.

NAUSÉES ET VOMISSEMENTS

Seulement la moitié des femmes souffrent de nausées, si vous en souffrez, vous pouvez vous attendre à ce qu'elles cessent d'ici la fin du troisième mois.

Ces« malaises de grossesse » vont de la légère nausée du matin jusqu'aux vomissements qui durent toute la journée. Même si on l'appelle souvent « nausée du matin », seulement 10 % des femmes en souffrent uniquement le matin.

QUELLES SONT LES CAUSES ?

Certains experts ont spéculé sur la responsabilité de l'hormone hCG (consultez les pages 66 et 67) dans le déclenchement des nausées. Puisque les niveaux de hCG chutent après environ trois mois, alors que les nausées diminuent normalement, cette théorie semble plausible. Elle est aussi observable chez les femmes

qui portent des jumeaux, les quantités d'hormones de grossesse était donc plus élevées, elles souffrent davantage de nausées malaises que les femmes enceintes d'un seul bébé.

Le stress pourrait également en être la cause. Les femmes qui vivent beaucoup de stress, à la maison ou au travail, semblent en souffrir davantage. Celles qui sont particulièrement fatiguées semblent plus susceptibles de souffrir de ces nausées.

Un surplus d'acide dans l'estomac en début de grossesse, combiné à la relaxation de tous les muscles du corps, y compris ceux du système digestif, peuvent aussi contribuer aux nausées de grossesse.

Les autres éléments déclencheurs sont variés et nombreux ; ils incluent des odeurs ou des goûts spécifiques qui ne vous ont jamais dérangés auparavant ; des aliments frits ou épicés, ou encore un manque d'aliments. Vous pouvez développer une aversion pour le café, ou pour l'odeur des légumes cuits.

COMMENT Y FAIRE FACE

Des femmes ont trouvé plusieurs remèdes simples qui aident à faire face aux nausées.

Le plus important facteur est de manger aussi bien que possible. Prenez fréquemment des petits repas à saveur très douce, afin de garder de la nourriture en tout temps dans votre estomac, grignotez un craquelin ou une galette de riz avant d'être trop affamée. Autant que possible prenez le petit déjeuner, même si vous vous sentez particulièrement mal le matin. Les glucides augmenteront votre niveau d'énergie.

Lorsque la nausée survient, essayez de prendre une petite collation ou un petit craquelin sucré, en buvant très lentement une boisson gazeuse, un ginger ale ou un cola (sans caféine autant que possible).

Une collation riche en glucides avant de vous lever le matin peut contribuer à combattre la nausée en réapprovisionnant votre taux de glycémie. Restez au lit pendant 20 minutes environ pour vous donner le temps de digérer un peu.

Selon la tradition, une tisane de gingembre chaude soulagerait toute forme de nausée. Vous pouvez aussi obtenir les effets bénéfiques du gingembre en suçant un morceau de gingembre crystallisé ou en mangeant un biscuit au gingembre.

Si vous souffrez de vomissements graves, demandez à votre médecin si vous ne devriez pas prendre un additif nutritionnel pour compenser, en partie, ce que vous perdez. Certaines femmes trouvent que le fait de manger des aliments riches en vitamine B6 aide à réduire la gravité des nausées. Parmi les aliments contenant des niveaux élevés de cette vitamine : les graines de sésame, les raisins, les bananes, le germe de blé, le thon et les pommes de terre.

Soyez attentive aux soins dentaires puisque les vomissements contiennent des acides qui s'attaquent à l'émail des dents. Nettoyer fréquemment vos dents vous permettra aussi d'avoir une bouche et une haleine fraîches entre les épisodes de nausées. Ayez une brosse à dents au travail.

QUAND CONSULTER UN MÉDECIN ?

Les vomissements de grossesse graves, connus sous le terme *hyperemesis gravidarum*, surviennent dans environ 1 grossesse sur 200 et peuvent nécessiter une intervention médicale, y compris des changements de régime alimentaire, du repos, et la prise d'antiacides ou d'antiémétiques. Ne choisissez pas seule de combattre la nausée avec des antiémétiques ; ceux-ci devraient être prescrits par un médecin. Dans de rares cas, ce traitement ne contrôle pas la nausée et l'hospitalisation devient nécessaire. La femme enceinte recevra alors une alimentation par voie intraveineuse pour s'assurer qu'elle et son bébé soient adéquatement nourris.

Si vous vous retrouvez dans cette rare situation, rappelez-vous que les femmes enceintes et leur bébé se remettent toujours de ces malaises, même lorsqu'ils

sont graves, et que le traitement qui minimise les pires symptômes est efficace. Rassurez-vous en pensant que les bébés sont beaucoup plus souples qu'on ne le croit et qu'aussi mal que vous puissiez vous sentir, ni vous ni votre bébé ne subiront d'effets secondaires.

L'accupression et autres thérapies complémentaires se fondent sur l'application de pression sur des points de pression précis afin de stimuler ou de rediriger le flux d'énergie dans le corps. Les poignets élastiques de la compagnie Seaband sont conçus avec une balle intégrée qui applique une pression au poignet lorsqu'ils sont portés. Certaines personnes trouvent qu'ils réduisent les nausées.

Besoin impéreux de manger

Le besoin impéreux de manger certains aliments pendant la grossesse, parfois des combinaisons inhabituelles d'aliments, font partie du folklore colorée de la grossesse. Presque toutes les femmes ont une histoire à raconter à propos d'un goût pour un aliment bizarre pendant la grossesse.

Un besoin impéreux peut être un goût précis, parfois une odeur. Souvent, le goût désiré est prononcé : piquant, très froid, ou chaud et épicé. Le froid sur les papilles gustatives semble être la sensation préférée.

La plupart de ces goûts bizarres sont sans danger. Ils peuvent être causés par les changement hormonaux de la grossesse. Ou bien ils indiquent une déficience nutritionnelle ; peut-être que certains minéraux

ou vitamines manquent à votre alimentation.

Dans de rares cas, une femme enceinte développera un goût bizarre pour des substances non alimentaires comme le sable, le charbon ou l'argile. Si vous éprouvez de tels goûts, vous souffrez de pica (perversion du goût qui porte à manger des substances non comestibles) et devez consulter votre médecin.

Aucun traitement n'existe pour ces besoins impéreux (ou contre une aversion pour certains aliments), et il est probablement préférable de les considérer comme des inconvénients inoffensifs de courte durée. Assurez-vous que même si vous perdez l'appétit pour certains aliments, vous continuerez d'ingérer ceux que vous aimez et maintiendrez un régime alimentaire varié.

Mangez peu à la fois et souvent. Lorsque votre estomac est vide, le surplus d'acide n'a rien à digérer, ce qui provoque les nausées. Manger entre les épisodes de nausées, même si vous n'avez pas faim, peut éviter une attaque et vous aider à obtenir le minimum de nutriments dont vous avez besoin. Ayez toujours dans votre sac des grignotines santé.

MALAISES COURANTS

Les malaises courants du début de la grossesse font que vous ne vous sentez plus vous-même ; prenez beaucoup de repos et attendez une amélioration dans les mois à venir.

Comme c'est le cas des nausées de la grossesse (consultez les pages 84 et 85), les autres malaises qui surviennent parfois en début de grossesse varient d'une femme à l'autre ; leur gravité est également très différente. Dans la plupart des cas, ce sont des malaises plutôt que des problèmes sérieux.

CONSTIPATION

Très fréquente pendant la grossesse, la constipation peut survenir chez des femmes qui n'en ont jamais souffert. Les hormones de grossesse (consultez les pages 66 et 67) détendent les muscles du système digestif, et l'utérus en prenant du volume font pression sur l'intestin.

Des mesures diététiques peuvent contribuer à réduire ce problème. Augmentez votre consommation de liquides en prenant un verre d'eau supplémentaire avec chaque repas. Consommez plus de fibres en mangeant beaucoup de fruits et de légumes. De plus, passez aux céréales et aux pains de blé entier et de son. Vous trouverez peut-être plus facile de manger de plus petits repas et d'ajouter un repas ou deux pour que votre système digestif ait moins de travail après chaque repas, vous permettant de vous sentir plus à l'aise.

De l'exercice modéré comme la marche et l'exercice d'aérobie contribuent à éviter la constipation, en plus de vous faire le plus grand bien.

Si vous prenez des comprimés de fer, ils risquent de contribuer à votre constipation. Discutez avec votre médecin de la possibilité d'en essayer une autre variété ou de cesser les suppléments de fer.

SENSIBILITÉ DES SEINS

Les seins sensibles sont monnaie courante au début de la grossesse et, dans certains cas, cela peut-être inconfortable. Cette sensibilité devrait toutefois disparaître vers le milieu de la grossesse.

Vos seins commenceront à prendre du volume en raison de l'activité hormonale (consultez la page 67). Trouver la bonne taille de soutien-gorge est important pour le confort et le soutien (consultez la page 117).

BRÛLURES D'ESTOMAC

L'effet relaxant des hormones de grossesse sur les muscles du système digestif peut causer des brûlures d'estomac. Pour les auto-soins concernant ce malaise, consultez les pages 142 – 143.

ÉTOURDISSEMENTS

Vous pouvez vous sentir faible, et même perdre connaissance parce que votre approvisionnement en sang n'est pas encore adéquat pour faire face aux exigences de la grossesse. De plus, votre tension artérielle chutera légèrement en début de grossesse (consultez la page 79). Si vous sentez un malaise, prenez quelques respirations lentes et profondes, puis trouvez un endroit tranquille où vous asseoir pendant environ une demi-heure. Lorsque vous vous levez d'une chaise ou de votre lit, faites-le lentement. Et dites à votre médecin si vous perdez connaissance ou si vous présentez d'autres symptômes.

PERTES VAGINALES

Même s'il s'agit d'un inconvénient désagréable, l'augmentation des pertes vaginales est fréquente, en raison encore une fois des changements hormonaux.

La marche ou le jogging (si vous pratiquiez le jogging avant votre grossesse) peut aider à soulager plusieurs des malaises courants des trois premiers mois. Stimuler votre métabolisme de cette façon aide à combattre le ralentissement du processus de digestion et augmente le tonus musculaire, soulage la constipation et réduit les brûlures d'estomac.

La plupart des femmes portent des protège-dessous qui peuvent être changés aussi souvent que nécessaire. Si les pertes deviennent odorantes, ou si vous ressentez des démangeaisons ou des douleurs, consultez votre médecin qui vous proposera un traitement. Le médecin suggérera probablement l'utilisation d'éponges ou de crèmes vaginales puisqu'elles ne peuvent en aucun cas nuire à votre bébé.

SAUTES D'HUMEUR

Une combinaison de facteurs peut causer les sautes d'humeurs. Le surplus d'hormones qui circule dans votre corps peut contribuer à ces hauts et à ces bas. L'impact psychologique de savoir que vous êtes enceinte et débutez un tout nouveau chapitre de votre vie peut être troublant. Ne vous arrêtez pas aux sentiments négatifs. Un bon régime alimentaire (consultez les pages 36 à 39) et de l'exercice (consultez les pages 42 et 49) vous aideront, tout comme le fait de rester active, de voir des amis, et ne pas vous isoler.

MÉDICAMENTS

Il est naturel de souhaiter prendre quelque chose pour soulager un malaise. Les médecins fondent leur connaissance de ce qui est sécuritaire pendant la grossesse sur l'expérience et sur des hypothèses théoriques basées sur les ingrédients actifs contenus dans un médicament. Parfois, comme ce fut le cas de la tragédie de la thalidomide dans les années 1960, l'évaluation a posteriori prouve qu'un médicament considéré sécuritaire (pour combattre les nausées du matin) ne l'était pas. La thalidomide a eu des effets dévastateurs sur le développement des membres des fœtus.

Nous savons que certains médicaments ne doivent pas être pris parce qu'ils interfèrent avec le développement fœtal.

À propos de certains autres, nous pouvons uniquement affirmer qu'au mieux de nos connaissances, ils sont sécuritaires. La meilleure ligne de conduite à adopter est de ne rien prendre sans d'abord consulter votre médecin.

Si vous êtes angoissée parce que vous avez pris un médicament avant de savoir que vous étiez enceinte, discutez-en avec votre médecin.

Plusieurs remèdes homéopathiques sont sécuritaires pendant la grossesse, mais consultez tout de même un médecin avant d'entreprendre un traitement. Le yoga et d'autres thérapies complémentaires peuvent soulager des malaises pour lesquels des médicaments seraient normalement prescrits (consultez les pages 52–55).

Plusieurs médicaments, y compris certains analgésiques et remèdes contre la toux, ne sont pas recommandés pendant la grossesse. Certaines herbes et huiles aromathérapeutiques, tels le genièvre et l'eucalyptus, devraient aussi être évitées. Si vous éprouvez un doute à propos de la préparation utilisée, consultez votre médecin, votre sage-femme, votre praticien de médecine douce ou votre pharmacien pour obtenir son opinion.

«Je n'ai plus rien à porter...»

Vous sentir bien et élégante peut être un casse-tête au début de la grossesse. Votre abdomen n'est pas encore assez volumineux pour les vêtements de maternité, mais vos vêtements réguliers ne vous font plus, surtout si ce sont des vêtements à taille ajustée.

Faites un anneau élastique et enfilez-le dans la boutonnière de la taille de vos pantalons. Faites glisser une extrémité sur l'autre et tirez. Lorsque vous êtes prête à porter les pantalons, tirez l'extrémité libre de l'anneau autour du bouton de l'autre côté. Portez des pulls ou t-shirts amples pour recouvrir l'écart ainsi créé.

Les jupes à taille élastique et amples seront les plus confortables.

Une jupe ajustée, même si la fermeture-éclair n'est pas fermée, aura tendance à glisser sur votre ventre.

Si vous en avez les moyens, achetez des vêtements confortables pour votre taille actuelle, une ou deux robes ou chemisiers qui se portent par-dessus les vêtements seront bien pratiques pendant votre grossesse, et après l'accouchement avant de retrouver votre taille d'avant. Les chemisiers à ouverture sur le devant sont les plus pratiques si vous pensez allaiter. (Consultez les pages 116–117.)

Pour plus de confort, empruntez quelques pulls ou chemises de votre conjoint. Ils risquent de vous faire tout au long de votre grossesse.

CHOIX DES COURS PRÉNATAUX

Les cours prénataux vous proposent, à votre conjoint et à vous, des conseils sur tous les aspects de la grossesse et de l'accouchement. Ils sont aussi un endroit priviligié pour développer des amitiés.

Q *Quelles sont les principales différences entre un cours de préparation à l'accouchement, un cours prénatal et un cours sur l'art d'être parent?*

R Parfois, il existe très peu de différences. Le nom peut refléter une tradition bien plus que le contenu du cours. Lorsque vous choisissez un cours, demandez à l'instructeur ou au professeur de vous préciser son expérience, la taille de la classe, où et à quel moment les cours seront donnés. Vous devriez vous attendre à ce que tous les cours proposent un certain niveau de préparation à l'accouchement. Ceux-ci devraient expliquer le processus physique, enseigner comment reconnaître le début du travail et ses différents stades, et faire la démonstration des différentes positions pouvant être adoptées pour le travail et l'accouchement.

Les premiers mois des nouveaux parents devraient aussi être abordés et inclure des sujets tels l'alimentation du bébé et le retour au travail. Certains cours enseignent les rudiments de l'art d'être parent: comment donner le bain, changer une couche et faire face aux nourrissons difficiles. La plupart donne aussi des conseils sur les débuts de l'allaitement.

Les meilleurs cours prénataux accueillent avec plaisir les conjoints qui souhaitent s'impliquer. Ils encouragent aussi les contacts personnels, entre vous et l'instructeur. Vous pouvez poser des questions, sachant que vos préoccupations seront écoutées et comprises.

Q *Pourquoi suivre de tels cours? Ne puis-je pas obtenir cette information par l'entremise de mon médecin ou d'un bon livre?*

R Le principal avantage de ces cours est de vous donner l'occasion d'échanger avec un professionnel qui a le temps de répondre à toutes vos questions, ou presque. Ils vous aident à établir votre agenda pour l'accouchement; vous donne des informations sur les hôpitaux locaux; vous permettent d'exprimer vos propres besoins et préoccupations; et vous apprennent souvent des techniques pratiques pour faire face aux contractions. Vous y trouverez aussi une occasion de créer de nouvelles amitiés autant pour vous que pour votre bébé. J'ai déjà entendu parler de collègues de classe qui continuaient de se rencontrer une fois par mois, même après 10 ans, uniquement pour le plaisir et le soutien social.

Si vous faites la navette pour vous rendre au travail, vous préférerez peut-être choisir des cours près de votre maison, ce qui vous permettra de garder plus facilement contact après la naissance.

Q *Je viens de découvrir que je suis enceinte. Quand devrais-je penser aux cours prénataux?*

R Les cours prénataux précoces ont généralement lieu une fois ou deux. Les cours, qu'ils se déroulent à l'hôpital ou dans un centre de soins communautaire, débutent en général autour du sixième mois et durent de huit à neuf semaines. Idéalement, vous devriez terminer ces cours quelques semaines avant votre date prévue pour l'accouchement.

Les places disponibles pour les cours les plus populaires seront rapidement prises. Si vous avez entendu dire que tel ou tel cours était particulièrement intéressant, réservez tôt.

N'oubliez pas que vous pouvez suivre plus d'un cours prénatal si vous êtes incertaine de la qualité de celui que vous avez choisi ou s'il ne répond pas à vos besoins.

Que devrais-je savoir à propos de ces cours qui enseignent l'accouchement sans douleur?

La manie de décrire l'accouchement comme étant sans douleur est disparue. Les bons professeurs de cours prénataux parlent honnêtement du travail et de l'accouchement. La vérité, c'est que pour la plupart des femmes, l'accouchement comporte un certain degré de douleur, peu importe les techniques utilisées.

Dans un bon cours, vous apprendrez des techniques de respiration ou de relaxation qui vous aideront à faire face à la douleur, pour ne pas avoir besoin de médicaments, ou n'en avoir besoin que tardivement ou en plus petites quantités. Ces techniques vous aident aussi à considérer l'accouchement comme une expérience appréciable.

La peur et l'ignorance rendent le travail plus déconcertant qu'il ne doit l'être. Les bons cours vous informeront aussi de toutes les options possibles.

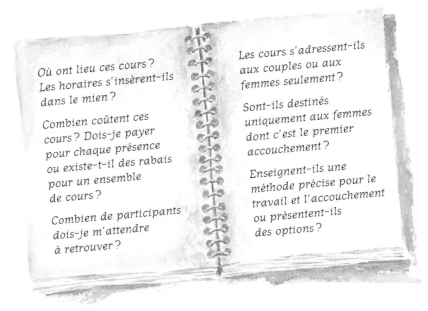

Où ont lieu ces cours? Les horaires s'insèrent-ils dans le mien?

Combien coûtent ces cours? Dois-je payer pour chaque présence ou existe-t-il des rabais pour un ensemble de cours?

Combien de participants dois-je m'attendre à retrouver?

Les cours s'adressent-ils aux couples ou aux femmes seulement?

Sont-ils destinés uniquement aux femmes dont c'est le premier accouchement?

Enseignent-ils une méthode précise pour le travail et l'accouchement ou présentent-ils des options?

Inscrivez toutes les questions à poser à propos d'un cours avant de vous y inscrire. Vous n'avez pas de temps à perdre à assister à des cours qui ne conviennent pas à vos besoins.

Et les pères? S'attend-on à ce qu'ils soient présents?

La plupart des cours, de nos jours, sont destinés aux couples. Par contre, une mère qui n'a pas de conjoint, ou dont le conjoint ne souhaite pas participer, est aussi la bienvenue. Les cours fournissent aux pères une introspection unique sur l'expérience de la grossesse et permettent la discussion, sans oublier les connaissances à acquérir. Les pères peuvent aussi trouver du soutien dans ces cours et apprendre des moyens d'aider réellement leur partenaire pendant le travail et l'accouchement. Ils peuvent pratiquer des techniques de massage et développer des habiletés à encourager et à soutenir leur partenaire. Leurs craintes et inquiétudes devraient aussi être considérées lors des cours.

Et si mon conjoint ne souhaite pas participer?

Ce serait vraiment dommage qu'il manque une partie de l'expérience à partager votre grossesse. Encouragez-le à exprimer les raisons qui le tiennent à l'écart. Au besoin, assistez au premier cours seule, puis expliquez-lui tout ce que vous pourriez apprendre ensemble. Il a peut-être peur d'être le seul homme, et sera peut-être rassuré de savoir que plusieurs autres futurs pères participent au cours. S'il y est fermement opposé, n'insistez pas. S'il ne souhaite pas non plus assister à l'accouchement, vous avez le choix de trouver un autre compagnon d'accouchement, votre mère, votre sœur ou une amie. Ces dernières pourront également assister à vos cours. Une fois le bébé né, il y a bien des chances que votre partenaire s'implique davantage.

FAUSSE COUCHE

L'estimation du taux des fausses couches varie. Puisque nous pouvons maintenant confirmer très rapidement une grossesse, il est clair qu'un plus grand nombre d'ovules fécondés ne réussissent pas à s'implanter, contrairement à ce qu'on a déjà cru.

Même si les chercheurs suggèrent maintenant qu'au moins une conception sur quatre se termine en fausse couche, les données généralement disponibles veulent qu'une grossesse sur six se termine en fausse couche. La fausse couche se définit comme une interruption de grossesse avant la 20ᵉ semaine. La plupart des fausses couches surviennent au cours des trois premiers mois.

POURQUOI LES FEMMES SUBISSENT DES FAUSSES COUCHES

La nature fait un très bon travail lorsque vient le temps de poursuivre une grossesse normale et en santé, certains ovules fécondés ne passent pas la barre, peu importe la raison. La plupart des fausses couches précoces sont, règle générale, le résultat d'une conception imparfaite : l'ovule fécondé peut échouer à s'implanter dans la paroi utérine ou échouer dans la division cellulaire, ou encore, la division cellulaire peut se solder par une erreur. La solution que trouve la nature est d'interrompre la grossesse. Les scientifiques ne comprennent pas pourquoi certains ovules traversent le processus complexe de la fécondation pour ensuite échouer à l'obstacle suivant ; une théorie veut que l'ovule normal ait dans ce cas été fécondé par un spermatozoïde anormal. Lorsque ceci se produit, l'ovule fécondé est appelé « ovule pathologique ».

De 1 à 2 % des fausses couches surviennent autour de la 20ᵉ semaine, conséquence d'une incompétence du col utérin. Le col de l'utérus ne reste pas fermé, mais commence à se dilater alors que le bébé fait pression sur les parois.

Échec de grossesse

Une fausse couche est la forme la plus fréquente de perte la grossesse, mais ses causes sont souvent obscures. Une gamme de facteurs peuvent causer une interruption de grossesse. Dans d'autres cas, malgré les résultats de tests, la femme n'est peut-être pas enceinte.

Séparation du placenta
À l'occasion, le placenta ne se forme pas comme il le devrait. Si l'utérus est malformé, le placenta risque de ne pas s'attacher fermement à la paroi utérine. Ou bien il peut échouer dans la production de suffisamment d'hormones pour soutenir la grossesse qui s'interrompera alors spontanément.

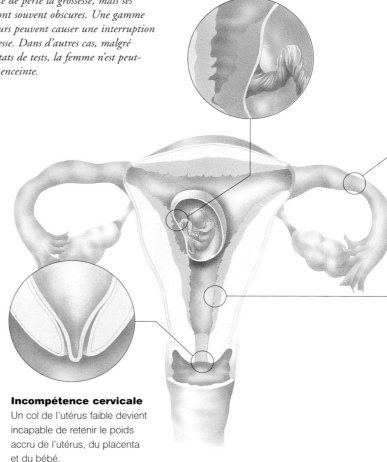

Incompétence cervicale
Un col de l'utérus faible devient incapable de retenir le poids accru de l'utérus, du placenta et du bébé.

Si votre médecin soupçonne cet état, il pourra insérer une suture dans le col de l'utérus pour le garder fermé. Ce « cerclage » du col utérin peut être enlevé juste avant l'accouchement.

Les fausses couches se produisent aussi parce que la mère souffre de maladies rénales, d'hypertension, de troubles émotionnels graves, d'un déséquilibre hormonal, de fibromyomes ou d'un utérus malformé. Les fausses couches ne surviennent pas en raison de troubles émotionnels mineurs, de chutes mineures lors d'activités physiques normales, d'exercices modérés lors d'une journée particulièrement stressante ou d'une relation sexuelle.

Grossesse ectopique

L'ovule fécondé s'implante dans une trompe de Fallope pouvant se rompre alors que l'embryon grossit. Certaines portions d'une trompe sont plus étroites que les autres. Le moment où la trompe éclate varie pour cette raison. Une grossesse ectopique doit être enlevée par une intervention chirurgicale (consultez la page 62).

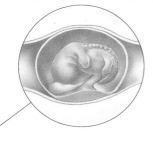

Môle hydatiforme

Ce n'est pas une vraie grossesse mais plutôt une collection de sacs remplis de fluide qui grandissent à partir de la villosité choriale. Les hormones de grossesse sont produites, c'est pourquoi les tests de grossesse se sont révélés positifs. La môle grossit plus rapidement qu'un bébé, ce qui éveille certains soupçons. Une dilatation et curetage (à droite) est normalement réalisée pour éliminer la môle.

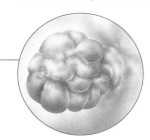

Dilatation et curetage

Laissé à lui-même, votre corps s'occupera généralement des effets ultérieurs de la fausse couche, et vous pouvez prendre pour acquis que les tissus de la grossesse se sont détachés. Par contre, si vous souffrez de saignements inexpliqués ou prolongés, une dilatation et un curetage risquent d'être recommandés. Les médecins utilisent aussi cette procédure lorsque le fœtus est mort mais demeure dans l'utérus. Votre corps expulserait éventuellement naturellement les restes de la grossesse, mais après quelques semaines, les tissus sont généralement éliminés chirurgicalement pour réduire les risques d'infection.

L'intervention chirurgicale pour l'élimination des tissus dans l'utérus implique l'ouverture, la dilatation, du col de l'utérus. Ceci permet au chirurgien d'insérer un instrument, la curette, qui peut aspirer ou gratter l'intérieur de l'utérus afin d'éliminer les restes des tissus de la grossesse.

La dilatation et le curetage sont normalement effectués sous anesthésie générale (parfois sous anesthésie locale) et comporte un léger risque de dommage au col et à l'utérus, et à tout jumeau inconnu qui se trouve toujours dans l'utérus (occurence rare).

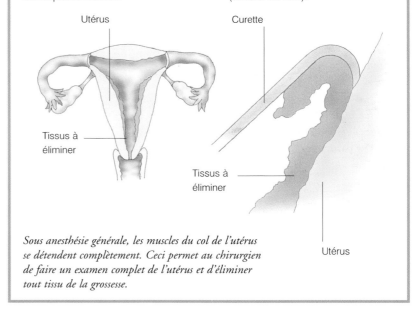

Sous anesthésie générale, les muscles du col de l'utérus se détendent complètement. Ceci permet au chirurgien de faire un examen complet de l'utérus et d'éliminer tout tissu de la grossesse.

SAIGNEMENTS PENDANT LA GROSSESSE

Les femmes enceintes peuvent avoir des saignements au cours des premiers mois de grossesse. Certaines femmes perdent de petites quantités de sang tout au long de la grossesse. Si vous constatez des saignements plus importants que de « petites taches », ou si les « petites taches » se poursuivent pendant plus de quelques jours, consultez un médecin.

Le sang que vous voyez sera toujours le vôtre, jamais celui de votre bébé.

Les saignements qui n'évoluent pas vers une fausse couche, la majorité des cas, n'auront aucun effet nocif sur votre santé ou sur celle de votre bébé.

LES SIGNES D'ALERTE

Ces symptômes peuvent indiquer une fausse couche imminente. Consultez votre médecin ou rendez-vous à l'hôpital si vous souffrez de : douleurs abdominales basses similaires à celles des menstruations, accompagnées de saignements vaginaux ; douleur grave ou continuelle sans saignements ; ou des saignements sans douleur mais plus abondants que des menstruations normales.

S'il y a des caillots dans le sang, ou si vous expulsez des tissus (en général gris ou rose), vous avez peut-être commencé une fausse couche. Tentez de conserver tout ce que vous avez expulsé dans un contenant. Ceci permettra probablement à votre médecin de vous dire si la fausse couche est imminente, si elle est partielle ou complète. Notez tout autre symptôme, par exemple des nausées ou une température élevée.

APRÈS UNE FAUSSE COUCHE

Vivre une fausse couche est un événement traumatisant, physiquement et émotionnellement. Ce qui n'empêche pas la majorité des couples de réussir ultérieurement à avoir un bébé en santé.

Une fausse couche est un événement stressant et dévastateur. Personne n'y répondra avec le même degré de tristesse. Mais pour bien des couples, plusieurs semaines ou mois de planification, d'anticipation, se sont déjà écoulées, et dans le cas d'une fausse couche tardive, il s'agit d'un attachement au bébé, dont les mouvements ont été ressentis.

L'IMPACT PHYSIQUE

Dans toutes les fausses couches, à l'exception des plus précoces, des contractions utérines et une dilatation du col de l'utérus causeront des douleurs physiques. Si votre médecin pense qu'il reste certains tissus de la grossesse, vous devrez subir une dilatation et curetage pour éviter toute possibilité d'infection (consultez la page 91). Vous continuerez peut-être de remarquer des taches de sang intermittentes pendant quelques semaines puisque votre utérus travaille à reprendre sa forme d'avant grossesse.

Votre corps doit s'ajuster au fait qu'il ne nourrit plus un bébé. Les niveaux supplémentaires d'hormones, l'augmentation du volume sanguin,

Le chagrin, la colère et le déni sont des sentiments fréquents à la suite d'une fausse couche. Parlez-vous l'un l'autre de cette perte, et prenez le temps de l'accepter avant d'essayer de concevoir de nouveau. N'oubliez pas que les chances de devenir parents sont en votre faveur.

Pour les conjoints

C'est souvent la femme qui est le point focal des soins et préoccupations à la suite d'une fausse couche. On vous demandera «Comment va votre femme?» plutôt que de vous demander «Comment allez-vous?» ou «Comment allez-vous tous les deux?»

Vous avez aussi besoin de soutien. Alors que vous faites déjà face à vos propres émotions, vous servez peut-être aussi de tampon entre votre conjointe et la profession médicale, posant des questions à propos de ce qui s'est passé et de quels soins elle aura besoin, tout en la soutenant pendant une période épuisante physiquement et émotionnellement.

Parce que vous n'avez pas vécu physiquement la perte que votre conjointe a subie, vous êtes peut-être plus en colère que qui que ce soit. En effet, vous vous êtes concentré sur la grossesse et vous avez aussi senti les mouvements du bébé. Vous aussi, vous avez fait des plans d'avenir et vous vous êtes imaginé père et membre d'une famille.

Reconnaissez la difficulté et la tension qui existent. Les couples doivent partager leurs sentiments et se soutenir. Ils doivent parler de cette perte mutuelle et reconnaître leur tristesse. Ils pourront ensuite faire face à l'avenir et à la prochaine grossesse. Avec espoir.

le poids et les seins plus volumineux auront besoin de temps pour revenir à la normale. Si la fausse couche survient tard dans la grossesse, vos seins produiront peut-être même du lait. Ce qui durera seulement quelques jours.

L'IMPACT ÉMOTIONNEL

Les semaines qui suivent une fausse couche peuvent être difficiles : une période exigeante pour le corps, et des émotions tout aussi difficiles à vivre.

Vivez votre deuil. Dans le cas de fausses couches tardives, certains couples choisissent de voir leur bébé. Les experts affirment que cela peut vous aider à accepter ce qui s'est passé. Si vous aviez commencé à préparer la chambre du bébé à la maison, ne laissez pas une amie ou un membre de la famille bien intentionné tout enlever. Faites-le vous même, lorsque vous vous en sentirez capable. Si vous planifiez une autre grossesse, vous souhaiterez peut-être ne toucher à rien.

Si vous avez besoin de temps à l'écart du travail, prenez-le. Ou bien, si vous pensez que le retour à la normale le plus rapidement possible vous aidera, n'hésitez pas. Certaines femmes s'inquiètent, pensant que c'est ce qu'elles ont bu, mangé ou fait avant de savoir qu'elles étaient enceintes qui en sont la cause. Pourtant, les fausses couches sont rarement causées par quelque chose d'aussi simple que ce que vous avez fait ou non.Concentrez-vous sur vos propres besoins, plutôt que sur la culpabilité.

Les gens ne sauront peut-être pas quoi vous dire pour vous exprimez leur sympathie. Ils éviteront peut-être le sujet, ne sachant que dire. Acceptez-le, et ne vous formalisez pas de ce qui semble être de l'indifférence.

Discuter avec d'autres femmes ayant vécu une fausse couche peut vous aider en ce moment. Certaines

---

Un exemple concret
La perte d'une famille

JESSICA, 35 ANS, ET SON MARI, SOUHAITENT UNE GRANDE FAMILLE.

« *Nous avons facilement conçu notre premier enfant et avons vécu une grossesse et un accouchement merveilleux. Lorsque Samuel a fêté son premier anniversaire, j'étais enchantée d'être de nouveau enceinte. Nous avons attendu pendant 14 semaines avant d'annoncer la grande nouvelle. Une semaine plus tard, j'ai fait une fausse couche.*

Je croyais que le fait d'avoir déjà un enfant superbe et en santé me permettrait de faire face plus facilement à cette perte, mais il n'en fut rien. Observer Sam se développer me rendait encore plus consciente de ce que ce bébé nous aurait apporté et malgré son jeune âge je ressentais pour Samuel la perte d'un frère ou d'une sœur qui aurait eu presque le même âge que lui.

« *Certains jours, je me forçais à faire des choses avec Samuel pour chasser ma* tristesse ; *d'autres jours, je me sentais coupable de ne pas avoir poursuivi mon deuil plus longtemps.*

Six mois plus tard, j'étais de nouveau enceinte et j'ai passé quelques mois à être inquiète, convaincue que je perdrais aussi ce bébé. Il a maintenant un an. Il est en excellente santé. Je sais que je suis chanceuse mais je me surprend encore parfois, à les regarder tous les deux, et à imaginer le frère ou la sœur qui devrait être assis avec eux. La douleur de la perte est partie mais je ne peux oublier le bébé que j'ai perdu. »

---

femmes considèrent aussi que la consultation ou les organismes d'entraide proposant des cours de groupe aident à libérer les émotions. Ce peut être un soulagement de ne pas avoir à faire semblant que tout va bien.

PLANIFIER L'AVENIR

La plupart des femmes pensent à l'avenir après une fausse couche en tentant de nouveau d'être enceinte. Faire une fausse couche ne signifie pas que vous ne pourrez plus avoir d'enfant. La plupart des grossesses subséquentes sont exemptes de problèmes. Si votre médecin identifie un problème tel l'incompétence cervicale (consultez les pages 90 et 91), il vous conseillera sur les options de traitement.

Lorsque vous serez physiquement remise et que les pertes vaginales ou saignements auront cessé, attendez d'avoir été menstruée une fois avant de concevoir de nouveau. Ceci vous permettra de préciser le début de votre grossesse avec exactitude et d'être certaine que votre corps s'est remis de cette perte. Vos règles apparaîtront probablement environ cinq semaines après la fausse couche. Cela peut cependant être plus long.

Il est inévitable que, malgré toutes les statistiques rassurantes, vous serez inquiète à l'idée d'entreprendre une autre grossesse. N'oubliez pas qu'une fausse couche n'a aucun effet sur les grossesses futures. De plus, votre médecin surveillera votre grossesse de près si vous avez une histoire de fausses couches.

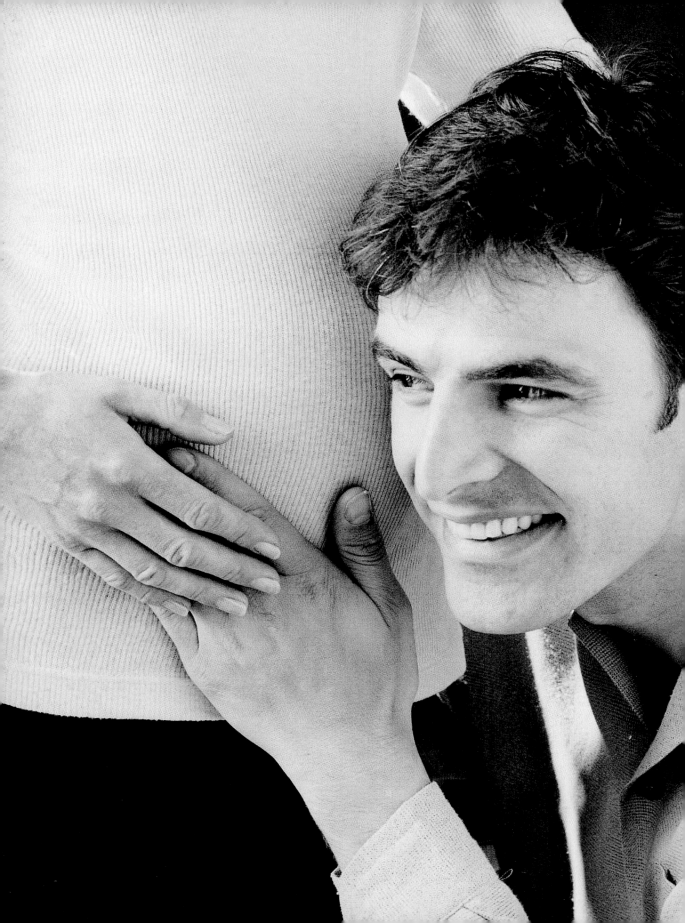

Le deuxième trimestre

ALORS QUE LA NOUVELLE de votre grossesse devient évidente pour le monde entier, cette deuxième période de trois mois risque d'être celle au cours de laquelle vous serez et vous vous sentirez le mieux. Au cours de cette période, vous allez probablement :

- Présenter un « éclat » très particulier à grossesse : vos cheveux luiront et votre peau rayonnera

- Avoir un premier coup d'œil, grâce à l'échographie, sur votre fœtus, puis des tests confirmeront son état de bien-être

- Devenir de plus en plus consciente des mouvements et de la croissance de votre bébé

- Entrer dans une période d'affection profonde pour votre conjoint alors que le bébé devient un lien émotionnel très fort entre vous deux

- Penser à votre plan de carrière et à la personne qui prendra soin de votre bébé.

Quatrième mois

POUR VOUS

Au cours de ce mois, vous ferez l'expérience d'une énergie renouvelée puisque les malaises du premier trimestre diminueront. Votre utérus se soulève, formant une protubérance qui permet à la taille de vos vêtements de bien s'ajuster. L'utérus augmentera sa taille de 20 fois pendant la grossesse, et la majorité de cette croissance survient avant la fin du quatrième mois.

Certaines femmes remarquent que leur visage a une forme plus ronde au cours de ces semaines, et au-delà. Ceci est causé dans la plupart des cas par des changements du système circulatoire, provoquant la rétention d'eau. Ces

Alors que votre abdomen s'arrondit ce mois-ci, votre grossesse commence à être apparente aux autres.

changements créent aussi l'éclat que bien des femmes présentent au cours de ces mois.

Le volume sanguin augmente puisque vous produisez plus de fluides corporels et de nouveaux tissus. Vous remarquerez peut-être que vous avez plus soif et transpirez plus.

La taille de votre cœur augmentera légèrement et il travaillera plus fort, pas plus vite, pour pomper une plus grande quantité de sang partout dans le corps.

Pendant cette période, vous subirez peut-être des tests pour vérifier le bien-être de votre bébé (consultez les pages 100 – 101). Discutez de toutes vos questions avec les spécialistes et avec votre conjoint.

Changements au niveau de la peau

À environ 16 ou 17 semaines, vous remarquerez peut-être une coloration plus foncée de votre peau, en particulier si votre teint est olive ou légèrement hâlé. Les femmes aux cheveux pâles et roux remarqueront moins cela. Une pigmentation accrue de la peau est normale et peut être attribuable aux hormones circulant dans votre corps pendant la grossesse. Des naevi, des taches de rousseurs et autres zones de pigmentation plus foncées seront plus prononcées ; le changement le plus évident, toutefois, sera la ligne brune abdominale, qui va du nombril jusqu'au-dessus de l'os pubien, au centre de l'abdomen. Vos mamelons seront peut-être aussi plus foncés, et l'aréole (la peau colorée qui entoure le mamelon) risque de s'étendre un

peu. Cette pigmentation disparaîtra après la naissance.

Parfois la couleur du visage change aussi. Chez les femmes dont la peau est plus foncée, des zones plus pâles se développent parfois sur le front, le nez et les joues, formant une sorte de « masque ». (Les femmes à la peau pâle peuvent développer des taches plus foncées.) Ce masque de grossesse, ou chloasma, disparaît aussi après la naissance.

Au fur et à mesure que votre abdomen prend du volume, de fines stries ou lignes peuvent apparaître. Ces vergetures sont roses ou rouges chez les femmes à la peau pâle, et plus foncées chez les femmes à la peau noire (consultez les pages 114 – 115). Votre peau pourrait également devenir plus sèche.

POUR VOTRE BÉBÉ

À ce stade, votre bébé se déplace avec plus de vigueur et d'énergie, avec ses bras, ses jambes, sa tête et son torse. En plus, il roule et donne de petits coups avec ses pieds (consultez les pages 102 – 103). Il est peu probable que vous ressentiez ces mouvements, en partie parce qu'ils sont tamponnés par le liquide amniotique. Si c'est votre premier bébé, vous ne réalisez peut-être pas que le sentiment de flottement dans votre ventre, est en réalité votre bébé qui bouge. Si vous avez déjà eu un bébé, les muscles de votre abdomen sont plus détendus. Cet assouplissement peut rendre les mouvements des bébés subséquents facilement identifiables.

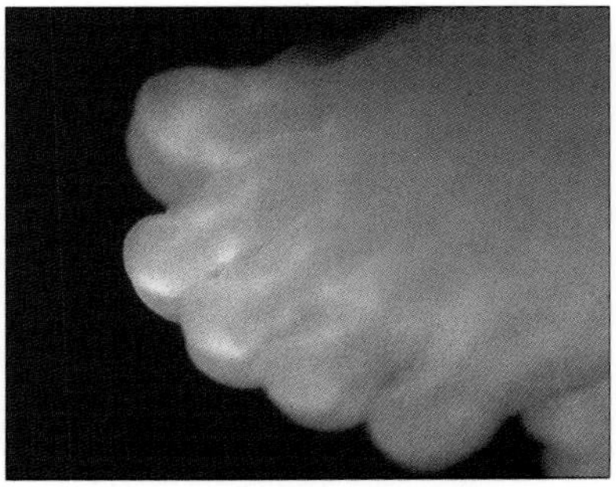

Cheveux

Les cheveux de votre bébé commencent à pousser à environ 16 semaines. Des poils doux et fins, connus sous le nom de lanugo, poussent aussi pour recouvrir son corps. On ne comprend pas tout à fait sa fonction mais il existe probablement entre autres pour protéger la peau du bébé et pour contribuer au maintien de la température de son corps.

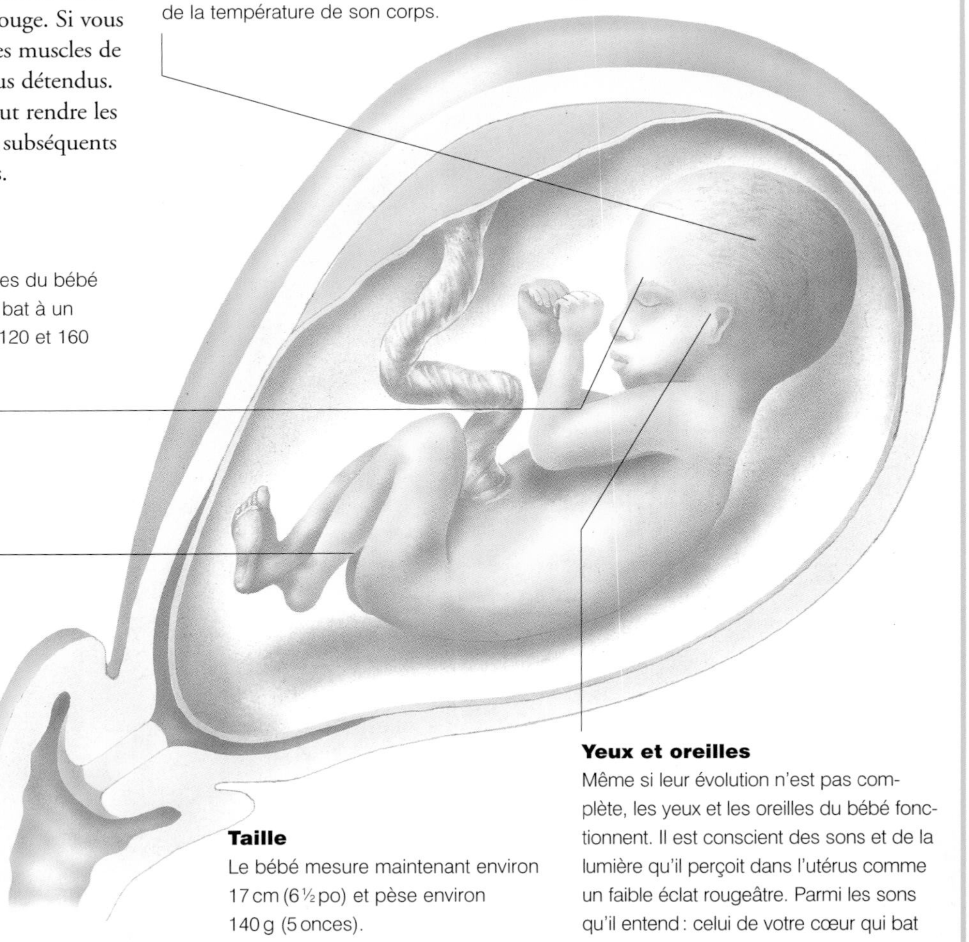

Au plus tard au quatrième mois, les ongles des doigts et des orteils auront commencé à apparaître.

Organes principaux

Tous les principaux organes du bébé fonctionnent et son cœur bat à un rythme qui se situe entre 120 et 160 battements/minute.

Yeux

Les cils et sourcils commencent à apparaître.

Organes génitaux

Les organes sexuels sont plus clairement définis, et le sexe de votre bébé pourra être vu sur une échographie (consultez les pages 98 – 99).

Taille

Le bébé mesure maintenant environ 17 cm (6 ½ po) et pèse environ 140 g (5 onces).

Yeux et oreilles

Même si leur évolution n'est pas complète, les yeux et les oreilles du bébé fonctionnent. Il est conscient des sons et de la lumière qu'il perçoit dans l'utérus comme un faible éclat rougeâtre. Parmi les sons qu'il entend : celui de votre cœur qui bat (consultez les pages 104 – 105).

VOIR VOTRE BÉBÉ

L'échographie vous donne, ainsi qu'aux professionnels impliqués dans vos soins prénataux, l'occasion de visualiser votre bébé à l'intérieur de votre utérus.

L'échographie est l'outil le plus précieux des soins obstétricaux. Cela permet à votre médecin d'évaluer si votre bébé grandit normalement, en particulier s'il existe un écart entre la taille du bébé et la taille type à ce stade de la grossesse. L'échographie permet aux médecins de surveiller la structure et la taille des principaux organes et des os du bébé, y compris la colonne vertébrale. Cette technologie est utilisée pour vérifier certains signes d'anomalies ; telle, la formation incomplète des vertèbres de la colonne vertébrale, le spina bifida. L'échographie peut être aussi utilisée pour déterminer combien de bébés vous portez.

La position et l'état du placenta peuvent être déterminés grâce à l'échographie. En début de grossesse, il est essentiel de connaître l'emplacement du placenta, et du bébé, si une amniocentèse doit être effectuée (consultez les pages 100–101). Plus tard dans la grossesse, une échographie peut être utilisée pour détecter les causes possibles de saignements inexpliqués. Ceci survient le plus souvent lorsque le placenta commence à se séparer prématurément (un état connu sous le nom de décollement placentaire) ou s'il est implanté bas dans l'utérus, pouvant ainsi, éventuellement, interférer avec la sortie sécuritaire du bébé (placenta praevia).

À un stade plus avancé de la grossesse, l'échographie peut être utilisée pour surveiller la position du bébé dans l'utérus, ce qui peut influencer l'accouchement. Dans certains cas, il aide même à déterminer si une césarienne sera nécessaire (consultez les pages 176–177).

On vous proposera vraisemblablement une échographie autour de 18–20 semaines pour confirmer les dates et voir combien de fœtus vous portez, et pour vérifier s'il y a des anomalies. On vous proposera peut-être une deuxième échographie vers la fin de la grossesse si des complications sont soupçonnées, ou pour vérifier la croissance de votre bébé si vous souffrez de diabète ou d'hypertension, entre autre choses.

ÉCHOGRAPHIE

L'échographie est sans douleur, même si on vous demandera de boire beaucoup et de ne pas uriner, ce qui tout au plus peut s'avérer inconfortable. (Une vessie pleine pousse l'utérus vers le haut pour que le technicien obtienne une meilleure image.)

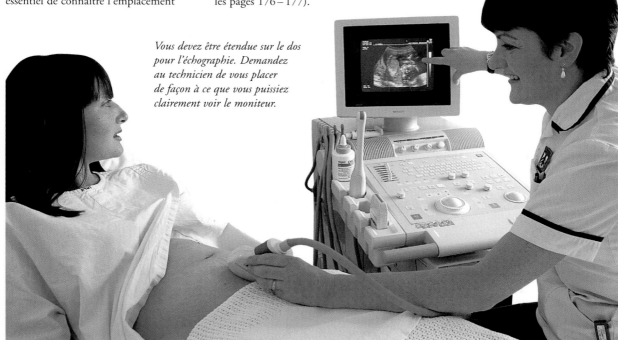

Vous devez être étendue sur le dos pour l'échographie. Demandez au technicien de vous placer de façon à ce que vous puissiez clairement voir le moniteur.

Du gel lubrifiant, plutôt froid est étendu sur votre abdomen. Le technicien déplace ensuite le transducteur sur votre abdomen. Le transducteur émet des ultrasons qui font écho sur le bébé et sont interprétés par un ordinateur, puis traduits en images transmises sur un écran. (Certaines machines utilisent le son pour suivre la circulation sanguine. Ceci peut fournir des informations supplémentaires sur le bien-être de votre bébé.)

INTERPRÉTATION DES RÉSULTATS

Vous risquez de ne pas reconnaître la forme du bébé lorsque vous le verrez à l'écran. Le ou la technicienne qui effectue l'échographie vous expliquera ce qu'il ou elle voit. Demandez-lui de vous montrer le contour du corps de votre bébé, de vous montrer le placenta et de vous pointer les principaux organes du corps. Vous pourrez probablement voir battre le cœur de votre bébé et discerner assez clairement de quel côté il est couché.

Si vous souhaitez le savoir, demandez au technicien s'il est possible de déterminer le sexe de votre bébé. Il n'est pas toujours possible de le faire, la façon dont votre bébé est placé peut cacher les organes génitaux, et même lorsque le bébé est bien placé et qu'il est possible de voir les organes génitaux, l'image peut être mal interprétée. On vous préviendra que le sexe n'est peut-être pas le bon. Si vous ne souhaitez pas connaître le sexe de votre bébé, dites-le d'abord au technicien.

Essayez de prendre rendez-vous pour l'échographie à un moment où votre conjoint pourra vous accompagner, afin qu'il puisse partager avec vous ce moment merveilleux où vous voyez votre bébé pour la première fois. Certains hôpitaux peuvent vous imprimer une photo de l'échographie. Si vous souhaitez en avoir une, demandez-le.

Y a-t-il des risques?

L'échographie est utilisée à grande échelle depuis 30 ans, et de nos jours, la majorité des femmes enceintes des pays industrialisés en subissent au moins une au cours de leur grossesse. La médecine affirme que l'échographie ne cause aucun effet secondaire nocif et que ses nombreux avantages surpassent largement ses risques théoriques. Non seulement les problèmes peuvent-ils être découverts plus tôt, mais les futurs parents trouvent également que c'est l'aspect le plus agréable des soins pendant la grossesse et est un élément positif du développement du lien.

Les risques théoriques de l'échographie sont concentrés sur l'effet des ultrasons sur le tissu fœtal. Certains experts affirment qu'ils rebondissent tout simplement, sans causer de mal. D'autres diront plutôt qu'elles peuvent provoquer la formation de bulles de gaz ou de points chauds dans les cellules, ce qui pourrait les endommager. Ces risques existent uniquement en théorie. Les nombreuses études réalisées pour évaluer la sécurité de l'échographie n'ont trouvé aucune preuve d'effets dangereux. Les détracteurs affirment que les essais n'ont pas été faits sur la base d'échantillons*. Les études complémentaires réalisées au cours des 12 à 20 années suivantes n'ont indiqué aucun effet indésirable.

Les preuves indiquent que les échographies sont sécuritaires. Détendez-vous donc et appréciez la vue de votre bébé.

*Lors d'essais réalisés avec des échantillons, des milliers de femmes sont mises en correspondance avec autant de contrôles, puis leur bébé et elles-même sont suivies pendant des décennies, jusqu'à ce que la génération suivante naisse.

Tête
La tête semble très grosse par rapport au corps.

Bras
Les mains et les doigts sont parfois visibles.

L'échographie peut détecter un embryon aussi tôt qu'à sept semaines de grossesse. Par contre, plus le bébé grandit, plus il est facile d'identifier les différentes parties de son corps.

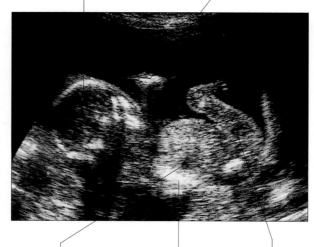

Cœur
Vous devriez être en mesure de voir battre le cœur.

Colonne vertébrale
La colonne vertébrale est courbée; la densité osseuse augmente au fur et à mesure que la grossesse progresse.

Jambes
Les jambes du bébé sont repliées sur son corps.

EXAMENS PRÉNATAUX

Lorsque vous êtes enceinte de 8 à 18 semaines, un certain nombre de tests peuvent être effectués pour confirmer que votre bébé est en santé et se développe comme prévu.

Q *Quels types de tests sont utilisés pour détecter les malformations ? Sont-ils offerts à toutes ?*

R Il existe deux types de tests : le premier cherche à établir le degré de risque que court une mère de donner naissance à un enfant avec une ou des malformations ; l'autre est plus poussé et est utilisé pour établir le diagnostic d'anomalies précises.

Les médecins proposent généralement certains tests uniquement aux femmes à risque élevé de donner naissance à un bébé avec un problème. Une mère plus âgée (de plus de 35 ans) court plus de risques de donner naissance à un bébé souffrant du syndrome de Down, se verra proposer le prélèvement de villosités choriales (PVC) ou une amniocentèse. Ces deux tests comportent un léger risque de fausse couche, les médecins sont donc prudents dans son utilisation.

Des tests peuvent aussi être proposés après qu'une échographie ait détecté un problème potentiel. Des plis épais de la peau au niveau de la nuque du bébé, peuvent être une indication du syndrome de Down. L'amniocentèse peut réfuter (ou confirmer) le diagnostic. Et les mères qui ont eu un bébé souffrant d'une déficience, ou celles qui sont porteuses d'une maladie génétique, se verront proposer des tests chromosomiques.

Demandez à votre médecin la raison pour laquelle on vous propose des tests, puis discutez de leurs implications et veillez à ce qu'on vous donne les résultats.

Q *Quelles sont les différences entre l'amniocentèse et le PVC ? Quand sont-ils effectués ?*

R Le prélèvement de villosités choriales (PVC) est disponible uniquement dans quelques grands hôpitaux et est effectué alors que vous êtes à environ 8 à 11 semaines de grossesse. Une fine aiguille est insérée, dans l'utérus, par le col de l'utérus ou par l'abdomen, pour prélever un petit échantillon de villosité choriale, le tissu qui se terre dans la paroi de l'utérus et qui devient éventuellement le placenta. Un échantillon contient l'information génétique nécessaire afin de déterminer si le fœtus souffre d'une anomalie chromosomique, tel le syndrome de Down, ou un trouble génétique comme la drépanocytose.

Les résultats sont généralement disponibles au cours des 3 à 7 jours suivant le test. Le PVC comporte un risque de fausse couche de 0,5 à 2 %.

L'amniocentèse est normalement réalisée entre la 16e et la 18e semaine de grossesse. Le médecin prélèvera un échantillon du liquide amniotique dans lequel baigne votre bébé, à l'aide d'une aiguille insérée dans l'abdomen et dans l'utérus, puis dans le sac amniotique. Les cellules contenues dans le fluide sont testées pour la recherche d'anomalies chromosomiques ; les résultats sont, règle générale, disponibles en trois semaines. Le test comporte un léger risque de fausse couche, évalué à 0,5 %.

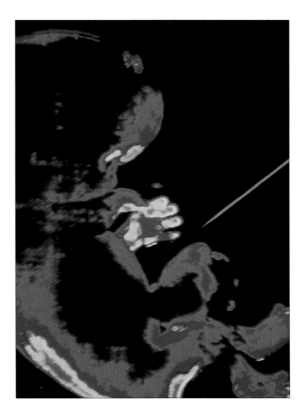

Avant l'amniocentèse et le PVC, vous subirez une échographie pour établir l'endroit le plus sécuritaire pour l'insertion de l'aiguille. Pour l'amniocentèse (montrée à gauche), une petite quantité de liquide amniotique est prélevée pour le test. Pour le PVC, un échantillon du tissu qui deviendra le placenta est prélevé.

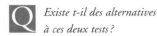

Q *Existe t-il des alternatives à ces deux tests?*

R Oui. Le PVC et l'amniocentèse sont des tests effractifs, c'est-à-dire qu'ils pénètrent dans l'utérus. Pour certaines femmes, l'examen triple est plus approprié. Pour cet examen, un échantillon de sang sera prélevé et testé pour la recherche de trois hormones ou substances similaires à des hormones, l'alpha-fœtoprotéine (AFP), la gonadotrophine chorionique (hCG) et les œstriols non conjugués. Une niveau plus élevé ou plus faible que la normale de l'une ou de plusieurs d'entre elles peut se traduire par un risque plus élevé de problèmes chromosomiques ou d'anomalies du tube neural, principalement le spina bifida.

Les résultats, en général disponibles dans les 10 jours, indiqueront « une chance sur ». Donc, si le résultat est de une chance sur 380 ou une pour 380, cela signifie que pour chaque 380 grossesses avec le même résultat, 379 risquent d'être normales.

Si vous considérez que les résultats indiquent un risque plus élevé que la mesure qui vous est acceptable, vous pouvez choisir de subir une amniocentèse ou une échographie pour obtenir des informations plus précises.

Q *Ma sœur a perdu un bébé souffrant du spina bifida quelques jours après sa naissance. Mon bébé peut-il être testé pour des anomalies du tube neural?*

R Le test de l'alpha-fœtoprotéine (AFP) peut être utilisé en soi pour détecter un problème potentiel, à la suite duquel un diagnostic plus précis peut être effectué grâce à une échographie. L'échographie peut identifier la formation de la colonne vertébrale et de la tête de votre bébé. Toutefois, votre médecin vous avisera du fait que les résultats du test d'alpha-fœtoprotéine (AFP) peuvent être positifs sans qu'une anomalie existe réellement.

Q *Quels autres tests sont disponibles?*

R Ce secteur des soins obstétricaux continue de se développer, et plusieurs tests, la plupart effractifs, sont toujours en cours d'évaluation. Dans certains hôpitaux, un échantillon de sang est prélevé du cordon ombilical et analysé pour une gamme d'infections, anomalies et autres conditions telles l'hémophilie. Ce test n'est pas disponible partout ni dans tous les pays.

Le liquide amniotique peut aussi être testé pour déterminer la maturité des poumons du bébé. Cette information est cruciale lorsque vient le temps de décider si le bébé peut naître accouché de façon prématurée et sécuritaire, et afin de déterminer si le nouveau-né aura besoin de soins spéciaux.

Q *Les tests prénataux qui indiquent une anomalie mènent-ils tous à l'interruption de la grossesse?*

R Non. D'abord, il faut savoir que la plupart des résultats des tests sont normaux. Toutefois, vous devriez y penser sérieusement avant de subir un test. Comment vous sentiriez-vous si le test indiquait que votre bébé souffre d'une anomalie? Est-ce que vous prendriez en compte une interruption? Sinon, penseriez-vous que le test vous a permis d'en apprendre autant que possible sur la condition de votre bébé, d'optimiser l'endroit et le moment de l'accouchement, et de vous préparer pour son arrivée?

Certains couples préfèrent ne pas être testés pour des anomalies en raison de l'anxiété générée par le test, puis ensuite par l'attente des résultats qui peut aussi être épuisant émotionnellement. D'autres ne prendraient en compte une interruption en aucun cas. Il considèrent donc ces tests inutiles. Plusieurs

personnes sont confiantes d'être capables d'accepter et d'aimer leur bébé, peu importe son état de santé physique ou mental.

Votre médecin vous fera part de son opinion. La décision finale vous appartient.

Q *Si notre bébé souffre d'une anomalie, quelle est la procédure si nous décidons d'interrompre la grossesse?*

R Cela dépend du moment où vous déciderez d'interrompre la grossesse. En début de grossesse, une dilatation et un curetage sont effectués (consultez la page 91). Plus tard, la seule alternative est de provoquer le travail avec des hormones. Si la procédure est effectuée après 22 semaines, le bébé peut naître vivant et survivre pendant une courte période. Réfléchissez. Souhaitez-vous voir et prendre votre bébé dans vos bras, ou désirez-vous que le personnel de l'hôpital prenne une photo pour vous?

Il est normal de vivre un deuil à la suite de la perte de votre bébé, peu importe quand cette perte survient. L'expérience globale de la grossesse, les tests subis, la décision d'interrompre la grossesse et la perte du bébé sont extrêmement stressants. Même si vous êtes certaine d'avoir pris la bonne décision, cela peut être une période de deuil pour votre partenaire et vous-même, pour les autres qui vous entourent et qui auraient aimé votre bébé.

Partagez vos sentiments avec les personnes qui vous sont chères. Si vous souhaitez discuter avec des gens qui comprennent l'expérience pour l'avoir vécue, demandez à votre médecin de vous mettre en contact avec un groupe de soutien.

Cinquième mois

POUR VOUS

D'ici la fin du mois, il sera vraiment évident que vous êtes enceinte. Vous vous sentirez énergique et en santé, et votre peau sera splendide (consultez la page 114). La perte de cheveux normale, vécue par tous au cours de leur vie, ralentit pendant la grossesse. Et grâce à l'activité hormonale supplémentaire, vos cheveux seront plus riches en huiles (consultez la page 115), et donc plus épais et brillants.

Votre utérus s'est soulevé davantage à l'extérieur de la ceinture pelvienne, vous avez maintenant un bourrelet arrondi autour de la taille qui rend les vêtements à taille élastique nécessaire.

Un des moments les plus excitants de la grossesse se produit lorsque vous sentez bouger votre bébé la première fois. Vous pouvez attendre ce moment entre la 17e et la 21e semaine. Les mouvements ressemblent d'abord à un flottement, comme si vous aviez des papillons ou des poissons dans le ventre, mais ils deviennent plus forts et fréquents au fur et à mesure que les jours et les semaines passent. Bientôt, ils ne feront plus aucun doute. Votre obstétricien consignera peut-être la date à laquelle vous les avez ressentis la première fois.

Sentir les mouvements de votre bébé

Votre bébé commence à bouger autour de la 10e semaine, alors qu'il commence à faire des étirements qui l'aident à développer ses muscles. Ces mouvements augmentent en fréquence et en intensité au cours des quelques semaines suivantes et sont essentiels à la formation de membres et de tissus musculaires.

Vous ne sentirez pas ces mouvements avant le quatrième mois, au plus tôt, lorsque la paroi intérieure de votre abdomen se retrouve plus proche de la paroi extérieure de l'utérus. Vous sentirez un petit « coup de pied » que lorsque le bébé fera face à l'extérieur : vous ne sentirez donc rien si le coup est en direction de l'utérus. Éventuellement, au fur et à mesure que l'utérus grossit et que le bébé grandit, vous remarquerez ses mouvements plus fréquemment et plus clairement.

Alors que la fin de votre grossesse approche, votre bébé changera de position moins souvent, tout simplement parce qu'il a moins d'espace pour être actif. Un des meilleurs moments pour ressentir ses mouvements est quelques heures après un repas. Étendez-vous et placez la main sur votre abdomen. Encouragez votre conjoint à faire de même. Comptez les mouvements : 10 mouvements en 10 minutes est une indication d'un bien-être fœtal. Souvenez-vous par contre qu'il peut y avoir absence totale de mouvement pendant que votre bébé dort. Par contre, si vous n'avez pas ressenti les mouvements de votre bébé pendant plus d'une demi-journée, buvez un jus et étendez-vous sur le côté. Si vous ne ressentez rien, demandez à votre médecin d'écouter les battements cardiaques de votre bébé afin de vous rassurer.

Même si des petits « coups de poings et de pieds » vigoureux peuvent aller jusqu'à vous couper le souffle, appréciez-les comme un signe que votre bébé est fort et bien vigoureux.

POUR VOTRE BÉBÉ

Pendant ces semaines, les mouvements de votre bébé deviennent plus énergiques, actifs et complexes.

À partir de maintenant et jusqu'à la fin de votre grossesse, votre bébé recycle le liquide amniotique de votre utérus, l'avalant et l'excrétant par la vessie et l'urètre. C'est la façon du bébé d'exercer ses mécanismes immatures de déglutition et de digestion.

À partir d'environ 20 semaines, la peau de votre bébé se recouvre complètement d'enduit sébacé, une substance blanchâtre et grasse. Cet enduit demeure sur le corps du bébé jusqu'à la naissance, même si elle est moindre sur les bébés nés après environ 37 ou 38 semaines. Les bébés très prématurés en ont davantage.

Os et muscles
Les tissus musculaires deviennent plus forts et la densité osseuse plus grande.

Ouïe
Les bébés, à ce stade, semblent être en mesure d'entendre mieux que nous le croyions jadis. Votre bébé risque de sursauter en réponse à un fort bruit.

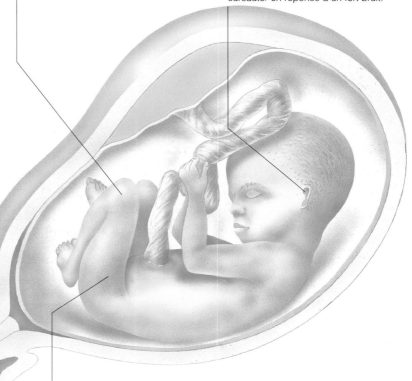

Taille
À la fin de la 21ᵉ semaine, votre bébé mesurera environ 28 cm (11 po) de longueur et pèsera environ 450 g (16 oz).

Peau
La peau de votre bébé est recouverte d'enduit sébacé qui agit comme un imperméabilisant et aide à préserver la texture et la température de la peau.

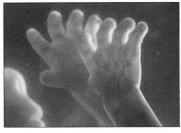

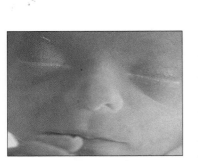

Les dents sont présentes dans la mâchoire à partir du cinquième mois environ. La plupart des bébés n'ont pas de dents à la naissance. Il arrive tout de même parfois qu'un bébé naisse avec une dent.

À partir du cinquième mois, les mains et les pieds du bébé se développent suffisamment pour qu'il puisse plier et téter ses doigts, et aussi plier ses orteils.

EN CONTACT AVEC VOTRE BÉBÉ

Les sens du bébé se développent pendant qu'il est dans l'utérus. Vous pouvez commencer à établir un lien étroit avec votre bébé avant même qu'il naisse.

Nous savons maintenant que les bébés à naître sont très conscients de ce qui les entoure et qu'ils peuvent réagir physiquement à une variété de stimuli. Nous comprenons également bien des choses par rapport à la façon dont fonctionne le corps du bébé dans l'utérus et ce qu'il peut voir et entendre. Ce peut être une expérience réconfortante et enrichissante pour les parents de capitaliser sur la conscience du bébé en établissant des contacts alors qu'il se développe.

Les études sur les bébés à naître et leurs parents suggèrent que les bébés se souviennent de certains aspects de leur vie dans l'utérus. Dans une de ces études, les bébés dont la mère enceinte prenait le temps chaque après-midi de s'asseoir et de relaxer en regardant son émission télévisée préférée, avaient tendance, après la naissance, à se détendre chaque fois que la musique de cette émission se faisait entendre.

Les bébés à naître ont un sens du goût, ils ont des préférences. Des chercheurs ont ajouté de la saccharine au liquide amniotique et ont observé (grâce à l'échographie) que la fréquence de la déglutition du bébé avait doublé. Lorsqu'une huile au goût désagréable était ajoutée, les bébés grimaçaient et leur taux de déglutition chutait radicalement.

Les oreilles de votre bébé sont très sensibles à partir de la 24e semaine. Dans l'utérus, le bébé peut entendre vos battements cardiaques et les bruits de votre digestion, le son de votre voix et celle de personnes qui vous entourent. Un son qui s'apparente à un rythme cardiaque apaise toujours un nouveau-né. D'ailleurs, des enregistrements des sons perçus dans l'utérus, sont disponibles et peuvent être utilisés après la naissance pour calmer les pleurs de votre bébé.

Les muscles des yeux du bébé se développent tôt dans la grossesse. À partir d'environ 16 semaines, le bébé devient sensible à la lumière.

Si une lumière vive est orientée vers votre abdomen, votre bébé bougera peut-être pour s'éloigner de la lumière. Il perçoit aussi la lumière du soleil si vous prenez un bain de soleil sans recouvrir votre abdomen.

Les circuits neurologiques du cerveau sont complètements développés à la 28e semaine du développement. À la 32e semaine, les tests détectent les mouvements oculaires rapides, REM, ce qui se traduit par un état de rêve chez l'adulte. Il semble probable que le nouveau-né revive, en rêves, certaines expériences sensorielles déjà vécues dans l'utérus.

ÉTAT

Plusieurs futures mères veulent savoir si leur état a une influence sur le fœtus. De tels liens sont difficiles à prouver ou à réfuter. Des bébés nés de mères dont la situation financière et émotionnelle était difficile, ont quand même grandi heureux et en santé. Des bébés dont les mères semblaient avoir de l'amour et du confort matériel en abondance ont grandi avec des troubles émotionnels.

Toutefois, lorsque vous êtes heureuse, vous produisez des endorphines, des hormones qui passent dans votre sang et traversent le placenta jusqu'au bébé.

Lorsque vous êtes effrayée ou anxieuse, les hormones surrénaliennes que vous produisez sont transmises de la même façon à votre bébé. Il semble probable, toutefois, que votre bébé puisse réagir à vos émotions, aussi bien aux émotions positives tels l'amour, qu'aux négatives telle la peur.

Mais en dépit de ces observations, les femmes qui ont une attitude positive face à leur grossesse ont tendance à être celles dont l'expérience d'accouchement est la plus satisfaisante. Pour cette raison et pour bien d'autres, concentrez-vous sur vos sentiments positifs envers votre bébé et faites de votre mieux pour lui transmettre amour et bonheur.

PRÉNOMMER SON BÉBÉ

Plusieurs couples donnent un surnom à leur bébé à naître. Bien souvent, c'est un sobriquet qui ne deviendra jamais officiel. C'est une façon remplie d'amour de reconnaître que vous êtes trois et de vous sentir plus proches de votre bébé sans exprimer d'attentes quant au sexe, l'apparence ou la personnalité.

Vous souhaiterez probablement choisir le ou les prénoms de votre bébé avant sa naissance. Un prénom que vous affectionnez particulièrement ou encore le prénom d'un membre de votre famille que vous souhaitez transmettre. Ou vous souhaitez prénommer votre enfant en l'honneur d'une personne que vous admirez ou aimez.

Masser votre bébé, alors qu'il est dans l'utérus, est un moyen merveilleux de lui faire vivre l'expérience d'un contact amoureux. Vous pouvez continuer de masser votre bébé après sa naissance ; il s'apaisera sans doute visiblement alors que vous le caressez et le touchez.

Ce que vous pouvez faire...

Pour stimuler l'ouïe de votre bébé

Faites écouter régulièrement de la musique à votre bébé à partir de cinq ou six mois de grossesse : réservez 10 minutes à cette activité, plusieurs fois la semaine. Choisissez un moment où la maison est tranquille, et asseyez-vous ou étendez-vous près des hauts-parleurs pour qu'il n'y ait aucune interférence entre la musique et vous. Les recherches démontrent que les bébés à naître sont plus calmes, comme s'ils écoutaient réellement, lorsque de simples mélodies sont écoutées. Des sons simples à la flûte semblent obtenir une réponse particulièrement intéressante ; des sons plus complexes, à ce stade, semblent trop difficiles à déchiffrer. La musique orchestrale ou rock avec ses sons percutants occasionnels, semble causer des mouvements plus agités.

Faire écouter de la musique à votre bébé pendant qu'il est dans l'utérus vous aidera à vous sentir particulièrement proche de lui. Vous risquez aussi d'en tirer de belles récompenses après la naissance : la musique est souvent efficace pour apaiser un bébé qui pleure.

Pour que votre voix soit plus familière

Parlez à votre bébé lorsque vous êtes en position allongée et que vous vous détendez. Il peut entendre votre voix. Aidez-le à mieux la reconnaître sans les distractions causées par les bruits.

Ce que vous lui dites importe peu, vous pouvez lire de la poésie, mais adoptez une intonation calme et régulière, Ou encore, chantez-lui des berceuses.

Pour communiquer votre toucher

Les bébés sont très rapidement sensibles au toucher. Lorsque vous ressentez les mouvements de votre bébé, et même lorsque vous voyez la forme de ses pieds ou de ses poings lorsqu'il donne des coups, touchez et massez doucement votre ventre. Vous pouvez utiliser de l'huile pour bébé, une huile végétale ou de noix, une huile d'amande douce, pour rendre l'expérience encore plus agréable. Votre conjoint peut partager ce moment ou faire lui-même le massage pour poursuivre la communication avec votre bébé.

Pour éviter le syndrôme du super-bébé

Un avertissement : il existe des histoires de parents lisant des classiques ou faisant écouter des symphonies à leur bébé à naître dans le but de les voir acceptés dans les meilleures prématernelles dès l'âge de trois ans. Aucune preuve réelle n'existe pour conclure que tout ce travail donne des résultats et même si c'était le cas, rien ne dit que les résultats seront maintenus alors que l'enfant grandira.

Faites savoir à votre bébé que vous l'aimez et qu'il est désiré, avant et après la naissance. Ensuite, laissez-le se développer à son propre rythme.

POUR VOUS

C'est une période pendant laquelle votre utérus grossit rapidement, et pendant laquelle votre prise de poids est rapide. Votre médecin ou votre sage-femme mesurera probablement la hauteur de votre utérus à l'aide d'un ruban à mesurer ; ceci procure un guide précis de la taille de l'utérus et du bébé.

Vous vous sentirez, selon toute probabilité, en forme et en santé, et serez peut-être même tentée de maintenir un niveau élevé d'activité. Mais s'oubliez pas que

L'utérus se soulève au-delà du nombril à 24 ou 25 semaines, et vous remarquerez que votre nombril s'applatira, ou pointera vers l'extérieur, sous la pression.

votre cœur et vos poumons travaillent actuellement 50 % plus fort qu'avant que vous ne soyez enceinte (consultez les pages 56 – 57 et 96 – 97). Prenez soin de ne pas vous épuiser.

Vous remarquerez peut-être que vous avez commencé à produire du colostrum ; chez certaines femmes, une petite quantité coulera des mamelons.

À ce stade, il est relativement facile d'entendre le rythme cardiaque de votre bébé. Empruntez un stéthoscope ; votre conjoint devrait être capable d'entendre le rythme cardiaque du bébé en collant son oreille sur votre ventre.

Comment vos seins se transforment

Vos seins sont composés de tissu glandulaire fait de 15 à 20 lobes, chacun divisé en plus petits lobules. Les lobules contiennent des sacs (alvéoles) composés de grappes de cellules. Chaque lobe est drainé par un canal. Les canaux convergent vers le mamelon. Ils s'élargissent en forme de réservoirs avant de rétrécir de nouveau pour émerger à la surface du mamelon.

Influencé par l'œstrogène et la progestérone, au cours des cinq ou six premiers mois de grossesse, le système des canaux prend de l'expansion, et plus de lobules sont formés. Au fur et à mesure que les lobules grossissent, les protéines et le gras s'accumulent dans les cellules entourant l'alvéole. Vers la fin de la grossesse et au cours des premiers jours de la vie de votre bébé, vos seins libéreront du colostrum, une substance jaunâtre qui contient des protéines, du sucre et des anticorps.

Même si vos seins sont capables de produire du lait après environ six mois de grossesse, vous ne produirez du lait qu'après la naissance. Résultat, les femmes dont les bébés sont nés prématurément, produisent du lait dans les jours qui suivent la naissance, tout comme les femmes dont les bébés sont à terme.

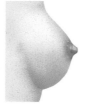  

Avant la grossesse   Après 6 mois   Pendant l'allaitement

POUR VOTRE BÉBÉ

Votre bébé continue de grandir mais a si peu de gras qu'il semble très mince. Pendant ces semaines, le bébé deviendra plus gros et plus fort. La peau est toujours recouverte d'enduit sébacé ; cette production continue d'ailleurs d'augmenter pendant ces semaines.

Si votre bébé nait pendant cette période, il a tout se qu'il lui faut pour survivre. Les poumons sont suffisamment développés pour fonctionner seuls. Ce qui n'empêche pas plusieurs bébé nés au cours de cette période d'avoir besoin de soins néonataux intensifs.

Mains
Des empreintes uniques commencent à apparaître au bout de chaque doigt.

Yeux
Les yeux sont ouverts à partir de la 25ᵉ semaine, et le bébé réagit à la lumière (consultez les pages 104 – 105).

Taille
À 25 semaines, le bébé mesure environ 34 cm (13½ po) et pèse environ 600 g (21 oz).

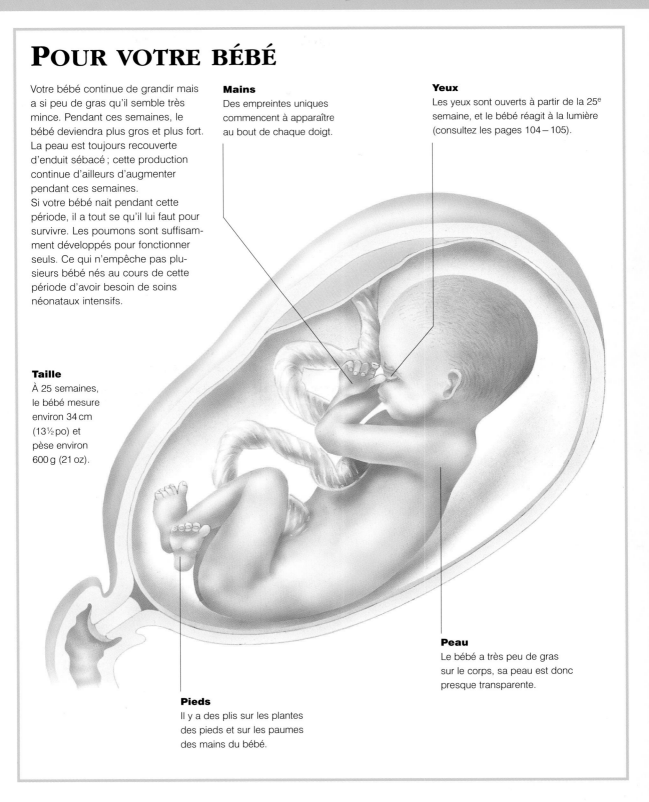

Peau
Le bébé a très peu de gras sur le corps, sa peau est donc presque transparente.

Pieds
Il y a des plis sur les plantes des pieds et sur les paumes des mains du bébé.

IMPACT ÉMOTIONNEL APRÈS SIX MOIS

Une fois l'euphorie d'apprendre que vous êtes enceinte est passée, et au fur et à mesure que la naissance approche, vous et votre conjoint vivrez peut-être des émotions différentes.

La grossesse est un moment idéal pour partager et vous sentir proche de votre conjoint. Vous êtes sur le point d'entamer, ensemble, une des plus extraordinaires aventures de la vie, une aventure qui a débuté grâce à votre amour l'un pour l'autre. Que votre grossesse ait été planifiée ou non, qu'elle soit arrivée rapidement ou qu'elle ait été désirée pendant des années, elle causera naturellement quelques angoisses et préoccupations à propos de l'avenir. Vous êtes peut-être en mesure d'imaginer les quelques premiers jours de votre vie de parents, mais il est toujours difficile d'imaginer plus loin. Vous savez que vous faites face à un test d'adaptation. Êtes-vous prêts et capables de satisfaire aux exigences du rôle de parents ?

Vos sentiments au sujet de votre propre enfance peuvent refaire surface. Si vous avez eu des parents que vous aimez et respectez, la barre sera haute (consultez les pages 68 – 69). Si votre passé est moins heureux, vous serez peut-être préoccupée de l'absence de modèles pour vous guider. Si vos parents ne sont plus vivants, ils vous manqueront peut-être davantage.

Plusieurs cours prénataux commencent pendant cette période. Ils sont un forum pour ventiler vos sentiments et vous donner la chance d'aborder des sujets qui vous préoccupent. Vos angoisses seront prises en compte : vous y apprendrez, ce qui se produit pendant la naissance et découvrirez des façons de vous soutenir l'un l'autre.

VOS PRÉOCCUPATIONS

Votre principale préoccupation sera votre bébé. La première question que pose la plupart des mères, même si les tests prénataux ont confirmé la bonne santé de leur bébé, n'est pas « Est-ce un garçon ou une fille ? » mais plutôt « Est-il ou est-elle en santé ? » Vous commencerez peut-être à vous demander ce que vous ferez si le bébé n'est pas parfait.

Il est normal de mettre les besoins de l'enfant en perspective : un enfant sur six a des besoins particuliers. La très grande majorité sont de problèmes physiques mineurs ou de légères difficultés d'apprentissage, souvent temporaires. Cette statistique ne diminue pas l'impact des besoins de votre enfant, mais elle peut vous aider à réaliser que plusieurs autres parents ont fait face à un défi semblable. Les anomalies graves qui mettent la vie en danger sont relativement rares. Peu importe le besoin, les groupes de

---

Un exemple typique
ANGOISSES CACHÉES

CLAIRE, 30 ANS, A VÉCU SIX PREMIERS MOIS DE GROSSESSE SUPERBES.

« Ma grossesse fut une surprise, même si nous souhaitions commencer une famille bientôt. Heureusement, j'ai échappé à tous les symptômes désagréables des premiers mois. Ensuite, autour de six mois, j'ai commencé à faires des cauchemars terribles. Dans le plus horrible, qui revenait et semblait plus réel chaque fois, le travail se prolongeait pendant des jours et était très douloureux. Et une fois le bébé né, ils ne voulaient pas me laisser le voir. Je croyais avoir donné naissance à un monstre. Les autres rêves n'étaient pas aussi horribles, mais dans chacun, j'étais effrayée ou en douleur.

Après environ un mois à revivre ces rêves, j'ai débuté mes cours prénataux. À mon grand soulagement, une future mère a demandé si les cauchemars étaient habituels parce qu'elle en faisait qui ressemblaient aux miens.

Nous en avons longuement discuté. Progressivement, j'ai réalisé qu'ils étaient nés de mes propres peurs de l'accouchement, de mon angoisse de ne pas être une bonne mère, et de ma culpabilité parce que je ne souhaitais pas avoir un enfant si rapidement.

Après avoir discuté de ces sentiments et les avoir acceptés, les rêves ont cessé. J'ai fait face à la naissance de Sophie avec beaucoup plus de facilité que je ne l'aurais cru. Et bien sûr, elle est parfaite. »

soutien sont nombreux et peuvent fournir information et amitié.

Au fur et à mesure que la naissance approche, identifiez vos craintes par rapport à l'accouchement. Discutez avec votre conjoint et avec d'autres parents pour être préparée le mieux possible.

PRÉOCCUPATIONS DU CONJOINT

Vous partagerez plusieurs émotions avec votre conjoint, l'exaltation à l'idée de devenir parent et l'angoisse à propos du nouvel être qui va bientôt entrer dans votre vie. Si vous n'avez pas d'expérience antérieure d'accouchement, vous vous demanderez peut-être si vous serez en mesure d'offrir à votre partenaire tout le soutien dont elle aura besoin. Vous serez peut-être préoccupé de votre implication avec le bébé ou par la peur des changements que causera inévitablement l'arrivée du bébé sur votre relation. Discutez de vos préoccupations avec votre conjointe.

Un des moyens que plusieurs couples ont trouvé pour se préparer à la vie à trois est d'entreprendre des activités qui rendent le bébé plus réel. Magasiner ensemble à la recherche d'articles pour le bébé semble vous rapprocher du bébé, même s'il n'est pas encore né.

Un deuxième bébé

Si ce bébé n'est pas le premier, vos sentiments sont peut-être encore plus complexes au fur et à mesure que la naissance approche. Vous savez à quoi vous attendre en regard de l'accouchement et des premières semaines avec un nouveau-né, et vous êtes probablement plus en confiance par rapport à vos habiletés de parent. Mais vous vous inquiétez peut-être de l'impact de ce nouveau bébé sur votre premier enfant, et vous avez tendance à surprotéger ce dernier.

Des réactions mitigées à l'égard d'un frère ou d'une sœur sont normales. Votre enfant avait toute votre attention jusqu'à maintenant et devra apprendre à vous partager. Les nouveaux-nés exigent beaucoup de temps et leurs besoins ne peuvent être mis en attente longtemps.

Vous ne pouvez prévoir à l'avance tous les sentiments de votre enfant à l'égard du nouveau-né. (Si votre premier enfant est encore un bébé, il ne sera peut-être même pas en mesure de les exprimer.) Au cours de ces quelques mois, passez autant de temps que possible avec votre enfant, sécurisez-le en lui disant que vous l'aimez et que vous appréciez être avec lui. Si votre enfant est suffisamment âgé, entreprenez avec lui quelques promenades « d'adultes » qu'il adorera. Une fois le bébé né, ces efforts l'aideront à comprendre la place spéciale qu'il a dans la famille.

Parler du bébé comme d'un compagnon de jeu peut être trompeur parce que votre jeune enfant peut s'attendre à ce que le bébé joue avec lui dès sa naissance. Par contre, parler de ce que le bébé apportera à votre famille, une personne de qui il faudra s'occuper, une autre personne à aimer, peut donner à la grande sœur ou au grand frère un sentiment d'implication plus grand. Mettez l'accent sur le rôle de votre enfant par rapport à ce petit frère ou cette petite sœur qui l'aimera et qui aura besoin de lui.

Essayez aussi de vous assurer que votre conjoint passera beaucoup de temps avec votre enfant pour qu'au moment où vous serez très impliquée dans les soins du bébé, la relation solide développée entre votre enfant et son père puisse compenser.

ACTIVITÉ SEXUELLE

La femme enceinte peut voir son désir et sa réponse sexuelle se modifier pendant la grossesse. Trop fatiguée ou angoissée pour relaxer et apprécier le sexe, durant le premier trimestre, durant le deuxième trimestre la plupart des malaises se sont atténués et la femme peut éprouver une satisfaction sexuelle plus grande qu'avant la grossesse.

Votre désir en regard des relations sexuelles peuvent changer au cours de la grossesse. Votre désir sera peut-être plus grand, peut-être moins. Votre attitude peut même changer d'une semaine à l'autre ; votre conjoint et vous constaterez peut-être soudainement que vos besoins sont différents, même si vous avez toujours eu une belle relation amoureuse jusque là.

Au cours des trois premiers mois, vous serez peut-être trop fatiguée ou trop nauséeuse pour apprécier les relations sexuelles. Ensuite, il est normal d'avoir une libido accrue. Autour du quatrième mois, la congestion vasculaire des tissus du vagin cause, chez plusieurs femmes, un état d'excitation plus ou moins permanent. Vous trouverez peut-être aussi que vos seins plus volumineux vous rendent plus attirante.

De plus, bien des hommes trouvent le corps arrondi de leur partenaire très excitant. Après tout, il n'y a rien de plus féminin qu'un ventre de femme enceinte.

D'un autre côté, comme la société accorde tellement d'importance à la minceur, bien des femmes ne se sentent plus attirantes une fois leurs formes arrondies par la grossesse. Rappelez-vous d'abord que vous avez pris et continuerez de prendre du poids pour nourrir la vie qui se développe en vous, et non parce ou que vous vous laissez aller. Le poids pris à bien manger est bon pour votre bébé et pour vous, et il disparaîtra après la naissance. Votre conjoint voit les choses différemment : votre ventre est la preuve finale et irréfutable de sa (et de votre) fertilité. Si le poids est sur le point de devenir un problème entre vous deux : discutez-en.

PRÉCAUTIONS ?

Les relations sexuelles pendant la grossesse ne nuiront à votre bébé d'aucune façon : il est bien protégé grâce au liquide dans le sac amniotique, même à la fin de la grossesse lorsque sa tête est descendu dans le bassin. À ce stade avancé de la grossesse, le bébé sera peut-être légèrement conscient des mouvements de votre conjoint pendant les relations sexuelles, surtout s'ils sont très vigoureux, mais cela ne peut lui nuire en aucun cas.

Votre médecin vous recommandera peut-être de vous abstenir de relations sexuelles si vous avez vécu une ou plusieurs fausses couches. Dans ce cas, il vous demandera peut-être de vous abstenir autour de la période où les menstruations auraient normalement lieu, pendant plus ou moins les trois premiers mois de grossesse. Ensuite, la plupart des médecins vous donneront leur accord.

Votre médecin risque aussi de vous recommander de vous abstenir de relations sexuelles si vous avez un placenta praevia (voir les pages 176 et 177) ou si vous êtes à risque de travail prématuré. Demandez à votre médecin ou à votre sage-femme de vous parler de relations sexuelles sans pénétration et discutez avec votre conjoint des activités qui vous font jouir davantage de votre intimité.

L'angoisse en regard de la fausse couche peut s'avérer une cause de stress. Certains couples préfèrent éviter les contacts et touchers de peur que l'excitation devienne trop grande pour arrêter. Vous ne pouvez provoquer une fausse couche ou un travail prémaruté (s'il n'était pas sur le point de se déclarer de toute façon) avec des gestes sexuels. Écoutez donc vos sentiments. Les « petites taches » de sang sont fréquentes

Activité sexuelle et travail

Toute activité sexuelle libère de l'oxytocine, une hormone qui cause des contractions de l'utérus. Pour cette raison, on conseille parfois aux couples de faire l'amour si le travail tarde à se déclencher.

Si vous n'avez pas le désir d'une relation sexuelle, vous pouvez utiliser ; la stimulation du mamelon, la masturbaton ou la stimulation manuelle. Assurez-vous d'avoir suffisamment d'intimité. Sinon, vous ne serez pas en mesure de vous détendre.

Si vous n'êtes pas trop fatiguée et avez le désir d'une relation sexuelle avec pénétration, rappelez-vous que le sperme contient de la prosta-glandine, qui peut parfois accélérer

le « mûrissement » du col de l'utérus lorsque le travail est sur le point de commencer de toute façon.

Vous devez éviter une relation avec pénétration si vos membranes sont rompues, puisqu'il y a un risque d'infection. Certains médecins vous conseilleront d'éviter la pénétration dès que le col de l'utérus a commencé à se dilater, même si les membranes ne sont pas rompues. Encore une fois, il y a un léger risque d'infection.

Souvenez-vous : l'activité sexuelle ne peut précipiter le travail s'il n'est pas sur le point de commencer. Il n'y a donc aucun risque de travail prématuré ou de début de travail avant que votre bébé et vous ne soyez prêts.

pendant la période des menstruations manquées et sont presque toujours inoffensives, cela n'est pas causé par les relations sexuelles.

POSITIONS CONFORTABLES

Au cours des trois premiers mois de grossesse, en particulier si les changements extérieurs du corps sont mineurs, il n'est probablement pas nécessaire de modifier les positions que vous adoptez normalement pour faire l'amour. Par contre, vous risquez de trouver plus agréable d'éviter la pénétration profonde.

Toutefois, presqu'au tout début de la grossesse, les changements dans vos seins, peuvent rendre certaines positions inconfortables : telle, la position du missionnaire, où vos seins sont continuellement stimulés, ce qui peut les rendre douloureux. Plusieurs femmes affirment que leurs seins deviennent si sensibles qu'elles ont l'impression d'avoir des ecchymoses. Pendant l'excitation sexuelle, le sang se presse dans les vaisseaux sanguins, engorgeant davantage les tissus, les seins moyens augmentent de 25 % pendant l'excitation.

La stimulation des seins et des mamelons, pendant la grossesse, devrait être très délicate, peu importe vos préférences.

Plus tard dans la grossesse, certains changements seront presque inévitables. Certains couples considèrent que la position où l'homme est sur le dessus est inconfortable à moins que celui-ci s'appuie sur ses coudes pour éviter de placer tout son poids sur le ventre de sa partenaire. Si vous avez des étourdissements lorsque vous êtes étendue sur le dos, vous préférerez peut-être vous étendre tous les deux sur le côté, votre conjoint vous pénétrant de l'arrière. Ceci réduit la pression sur votre abdomen et limite la profondeur de la pénétration.

Par contre, vous n'êtes pas face à face.

Les positions où la femme est sur le dessus présente l'avantage d'un contact face à face. Elles vous permettent aussi de contrôler la profondeur de la pénétration et d'établir un rythme agréable.

Pendant le dernier trimestre, les maux de dos peuvent devenir un réel problème. Une fois que la tête du bébé s'engage dans le bassin, vous trouverez probablement qu'il prend tout l'espace disponible. De plus, votre partenaire pourra s'inquiéter de faire mal au bébé (ce qui n'est pas le cas). Vous serez peut-être plus à l'aise à genoux, avec les avant-bras sur le lit pour que le poids du bébé ne repose plus sur le col de l'utérus. De cette façon, votre partenaire peut vous pénétrer de l'arrière.

Peu importe que vous souhaitiez ou non faire l'amour, il est important de rester proche physiquement de votre conjoint. Trouvez d'autres moyens d'exprimer votre amour, même si un de vous deux est fatigué, préoccupé ou n'est pas excité. Utilisez le toucher, les caresses, les baisers, le massage et la masturbation (en solitaire ou ensemble). Lorsque le désir sexuel reviendra, le chemin vers l'intimité sera d'autant plus court.

MALAISES COURANTS

Il est facile de soulager les malaises courants du second trimestre. Plusieurs peuvent d'ailleurs être évités complètement en portant attention à votre alimentation et à votre condition physique générale.

Certaines malaises du premier trimestre risquent de se poursuivre. La pression effectuée par l'utérus donne l'impression que la vessie est pleine même lorsque ce n'est pas le cas, et les hormones de grossesse détendent la vessie, ce qui vous fait uriner plus souvent. D'autres malaises, majoritairement mineurs, peuvent survenir alors que le bébé grossit.

VAGINITE

Alors que les niveaux d'acidité et de sucre dans le vagin changent pendant la grossesse, le champignon Candida albicans peut se multiplier rapidement, ce qui provoque une vaginite chez certaines femmes. Parmi les symptômes : des démangeaisons sur la peau autour du vagin et de l'anus, et des pertes vaginales blanches et laiteuses en caillots. Votre médecin pourra vous prescrire une crème pouvant être utilisée en toute sécurité pendant la grossesse.

Environ 25 % des femmes souffrent d'une infection au Candida à la fin de leur grossesse. Celle-ci est traitée, si les pertes sont irritantes.

CYSTITE

Cette infection bactérienne est courante pendant la grossesse. Elle est causée par l'effet des changements hormonaux sur le tonus musculaire : la vessie ne peut se vider complètement ; les bactéries se multiplient.

Parmi les symptômes : une envie continuelle d'uriner et une irritation, des douleurs ou une sensation de brûlure pendant la miction. Boire beaucoup d'eau peut contribuer à éliminer l'infection.

Pour éviter la cystite, buvez du jus de canneberge, lequel peut empêcher la croissance bactérienne. Urinez avant et après

Comment la grossesse affecte vos organes

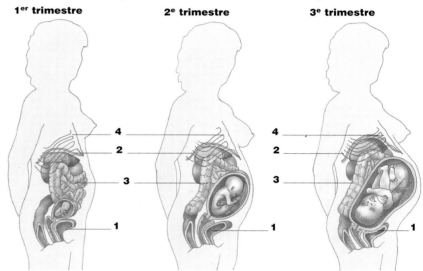

1er trimestre **2e trimestre** **3e trimestre**

1 Vessie
L'utérus en grossissant fait pression sur la base de la vessie jusqu'à ce que l'utérus se soulève hors du bassin (autour de la 12e semaine) ; lorsque que la tête du bébé descend pour s'engager, la pression revient.

2 Diaphragme
Au cours des derniers mois, l'utérus a pris de l'expansion et fait pression sur le diaphragme, le poussant vers le thorax, et diminuant donc la capacité d'expansion des poumons.

3 Intestins
Au fur et à mesure que l'utérus grandit, l'espace laissé aux intestins devient limité et ils sont repoussés vers le haut contre le diaphragme et vers le thorax.

4 Thorax
L'augmentation de circulation sanguine exige plus d'oxygène de la part des poumons. Les poumons prennent de l'expansion pour faire face à la demande, ce qui peut causer l'élargissement, du thorax vers les côtés et l'avant.

les relations sexuelles et essayez de vider complètement votre vessie. Buvez beaucoup d'eau. Votre médecin souhaitera peut-être faire une culture des urines chaque mois, ou prescrire des antibiotiques si la cystite est un problème récurrent ou si vous avez déjà eu une infection aux reins.

VARICES

Les veines dilatées sur les jambes sont souvent le résultat d'une mauvaise circulation sanguine, même si le facteur héréditaire existe également. Les varices surviennent pendant la grossesse en raison du poids supplémentaire que vous portez, et de la compression de l'utérus sur les veines du bassin. Alors que le volume de sang augmente dans les veines, les parois s'étirent, provoquant la stagnation du sang dans les veines.

Essayez d'éviter de vous tenir debout pendant de longues périodes. Ceci fait une compression supplémentaire sur le bas de votre corps. Asseyez-vous avec les pieds soulevés, aussi souvent que possible, et soulevez le pied de votre lit d'environ 15 cm (6 po). Si vous devez être

debout ou assise pendant de longues périodes, portez des bas de soutien et marchez pendant au moins 2 à 3 minutes chaque 30 à 45 minutes.

HÉMORROÏDES

Les varices de l'anus ou hémorroïdes, sont fréquentes pendant la grossesse, encore une fois en raison de la pression exercée par l'utérus sur les veines du bassin. Elles deviennent normalement un problème uniquement lorsqu'elles sont exacerbées par la constipation. Elles peuvent ensuite devenir douloureuses et peuvent saigner ou donner des démangeaisons. Pour éviter la constipation, mangez des aliments riches en fibres et buvez beaucoup de liquide. Les exercices pour le plancher pelvien (voir p. 44 et 45) peuvent aussi contribuer à améliorer la circulation sanguine et à soulager la pression.

Les varices de la vulve sont aussi courantes ; porter une serviette sanitaire peut faire une certaine compression et soulager ce malaise.

DIABÈTE GESTATIONNEL

Le diabète exclusivement lié à la grossesse peut survenir pendant la deuxième moitié de la grossesse. Ce sujet est abordé à la page 143.

Vous asseoir avec les pieds surélevés contribue à éviter au sang (et autres fluides) de stagner dans vos membres inférieurs, ce qui est une cause d'enflures, de douleurs et de varices. Faites des exercices de rotation des pieds (p. 48) pour améliorer la circulation dans le bas des jambes.

Comment puis-je éviter les vergetures ?

Elles sont très difficiles à éviter. Presque toutes les femmes développent ces fines stries rôsatres appelées vergetures. Elles apparaissent normalement sur les seins très tôt dans la grossesse, puis sur le ventre, les hanches, les cuisses et ailleurs.

Les femmes qui arrivent à les éviter sont souvent celles qui ont hérité d'une peau souple, et ont maintenu un régime alimentaire sain et qui ont fait beaucoup d'exercices avant de devenir enceintes (des raisons supplémentaires pour vous mettre en forme avant de concevoir). Les vergetures sont plus courantes chez les femmes dont la peau est délicate. Elles peuvent être minimisées avec une prise de poids progressive et modérée.

Les crèmes peuvent éviter à votre peau de se dessécher. Elles peuvent être agréables à utiliser mais ne peuvent empêcher l'étirement et le déchirement des fibres de collagène, bien loin de la surface de la peau, au fur et à mesure que votre bébé grossit et que vous prenez du poids.

Les vergetures diminueront et deviendront argentées et moins visibles avec le temps. Mais elles disparaissent rarement.

MAUX DE DOS

Les maux de dos peuvent être évités pendant la grossesse. Si vous étiez en forme avant de devenir enceinte, il y a de bonnes chances que vous y échappiez. Un dos et des muscles abdominaux forts vous aideront à maintenir une bonne posture même lorsque votre ventre grossira.

Plusieurs facteurs contribuent aux maux de dos pendant cette période : les effets de la relaxine sur les ligaments ; l'assouplissement des articulations du bassin ; et un changement du centre de gravité alors que votre ventre grossit.

Passer beaucoup de temps debout peut aussi contribuer aux maux de dos.

Portez des chaussures à talons bas. Que vous soyez assise ou debout, votre dos et vos épaules devraient être droits. Soulevez des objets avec précaution en fléchissant les genoux. Évitez de porter des sacs lourds sur une épaule seulement : vous déséquilibrez votre colonne vertébrale, ce qui peut causer des maux de dos.

APPARENCE

Les hormones de grossesse influenceront probablement vos cheveux, ongles et dents, ainsi que votre peau, ces changements sont plus souvent qu'autrement, pour le mieux.

Vous trouverez probablement votre apparence radieuse tout au long de la grossesse. Ou bien il y aura des moments où votre peau, vos cheveux et votre apparence générale sembleront fanés, alors

Cheveux

Adoptez un style facile à coiffer et faites couper vos cheveux régulièrement pour les garder en bon état. Une visite au salon au cours de votre dernier mois de grossesse donnera un coup de pouce à votre moral. vous n'aurez peut-être pas la chance d'y retourner pour quelque temps !

que la fatigue se lira sur votre visage. Ce qui n'empêche pas le phénomène appelé « l'éclat de la grossesse », d'être vécu à un stade ou à un autre par la plupart des femmes. Vous le remarquerez probablement après environ trois mois et il durera jusqu'aux dernières semaines de votre grossesse. Entre temps, tous les malaises ou nausées éprouvées sont devenus choses du passé, ou sont moins prononcés. De surcroît, vous ne vous sentez peut-être plus aussi inquiète ou

Peau

Utilisez un nettoyant et un hydratant hypoallergiques chaque jour et veillez à vous reposer, à faire de l'exercice suffisamment, et à manger des fruits et des légumes frais en quantité.

Dents

Prenez soin de vos dents. Ayez toujours une brosse à dents et du dentifrice au travail ou dans votre sac. Vous pourrez ainsi brosser vos dents après chaque repas ou collation ; voyez votre dentiste régulièrement.

Ongles

Chaque soir, appliquer en massant de l'huile pour bébé, de l'huile végétale ou de l'huile de noix (amande ou noix de coco) sur vos cuticules pour les garder souples.

fatiguée qu'au début, ou autant que vous le serez à la fin des neuf mois. Vous mangez peut-être mieux que vous ne le faisiez avant de devenir enceinte ; ceci aura un effet positif sur votre peau et vos cheveux. Par contre, les principales causes de cet éclat résultent d'une augmentation du métabolisme, lequel filtre plus rapidement les toxines, et à une production plus grande d'œstrogène, ce qui évite toute tendance aux imperfections de la peau et qui élargit les artères qui nourrissent la peau.

VOTRE PEAU

Certaines femmes constatent un assombrissement de la pigmentation de leur peau pendant la grossesse (voir p. 96). Une réaction imprévue aux cosmétiques est encore plus courante. Des produits que vous utilisiez dans le passé peuvent ne plus vous convenir. Une peau sèche peut devenir plus sèche encore, les paumes des mains peuvent être plus rouges et présenter des démangeaisons, toujours à cause de la production plus grande d'hormones. Si vous avez une peau grasse, vous remarquerez peut-être qu'elle devient encore plus grasse.

Vous transpirez peut-être davantage ; certaines femmes ont même des éruptions cutanées lorsque la transpiration ne s'évapore pas. Cette transpiration plus marquée est aussi causée par le travail accéléré du métabolisme. Porter des vêtements amples en coton vous aidera, comme utiliser de la fécule de maïs après le bain ou la douche.

La lumière du soleil constitue un bienfait pour la peau puisqu'elle aide le corps à produire de la vitamine D (dont votre corps a besoin pour métaboliser efficacement le calcium). Vous serez peut-être plus sujette aux coups de soleil pendant la grossesse. Il est donc préférable d'éviter le plein soleil

entre 10 h à 14 h. L'été, portez un chapeau et utilisez un écran solaire offrant une protection élevée, sur les parties exposées du soleil. L'utilisation de lampes à bronzer n'est pas recommandée en raison du risque de brûlures.

VOS DENTS

On dit que les dents souffrent pendant la grossesse. Ce n'est pas toujours le cas, bien sûr, mais il est vrai que les gencives sont plus sensibles à l'infection alors que vous êtes enceinte. Les hormones de grossesse les rendent plus fragiles, les gencives risquent plus d'enfler, de s'irriter ou de se fissurer, et même saigner.

Une muqueuse irritée peut s'infecter, ce qui cause la récession des gencives, et exposer les portions les plus sensibles des dents. De plus, ceci crée un risque plus élevé de caries. Utilisez uniquement une brosse à dents aux soies souples pour éviter d'endommager les gencives.

Vous pouvez faire une différence en pratiquant une bonne hygiène dentaire pendant que vous êtes enceinte. Portez attention au nettoyage et à l'utilisation de la soie dentaire. Consultez votre dentiste pour obtenir des examens réguliers. Faites nettoyer vos dents pour éliminer la plaque, une accumulation peut exacerber les problèmes des gencives. Des gencives qui saignent sont courantes et sont rarement l'indication d'une infection, mais consultez quand même votre dentiste pour vous assurer que tout va bien.

Un régime alimentaire sain est aussi bénéfique pour vos dents. Évitez les sucres raffinés et mangez en quantité les aliments riches en vitamine C (pour renforcer vos gencives) et en calcium (important pour vos dents et vos os, ainsi que pour ceux de votre bébé).

Vos cheveux

Vous pourrez avoir l'impression que vos cheveux sont devenus plus épais puisque la perte des cheveux diminue pendant la grossesse. L'inverse se produit après l'accouchement alors que le déclin des niveaux d'hormones peuvent faire tomber vos cheveux plus rapidement qu'à l'habitude. Ne vous inquiétez pas, de nouveaux cheveux poussent déjà, et tout reviendra à la normale dans quelques mois, aucun traitement n'est nécessaire.

La plupart des femmes trouvent que leurs cheveux sont plus brillants pendant la grossesse puisque les hormones de grossesse stimulent souvent la production d'huile dans le cuir chevelu. Si vous aviez une tendance aux cheveux gras, elle pourra s'accentuer. Chez certaines femmes, c'est l'opposé ; des cheveux normalement secs deviennent plus secs.

Il est préférable d'éviter permanentes et colorants. La condition des cheveux change souvent pendant votre grossesse, ce qui signifie que votre coiffeur ne pourra prédire la réaction de vos cheveux face aux éléments chimiques de ces produits. Une permanente peut ne pas prendre ; une couleur peut se fixer par plaques. (Pour cette raison, plusieurs coiffeurs n'utiliseront aucun produit chimique sur les cheveux d'une femme enceinte.)

Mais le plus important, c'est que les produits chimiques contenus dans ces produits sont absorbés par la tige capillaire du cheveu, passé dans le sang, et, jusqu'au placenta. Des études ont indiqué que ces produits ne causaient pas de dommages au fœtus (ne vous inquiétez donc pas des traitements passés) mais un risque théorique existe. Certains produits colorants contiennent du plomb.

Si vous souhaitez réellement changer la couleur de vos cheveux ou tout simplement vous donner un éclat nouveau, faites l'essai des couleurs qui s'éliminent progressivement : les produits naturels comme les hennés ou les rinces au citron, ou les produits chimiques qui ne font que recouvrir le cheveu plutôt que de pénétrer la tige capillaire. Si vous n'aimez pas le résultat, vous pourrez le corriger plus aisément.

VOS ONGLES

L'élévation du métabolisme, typique de la grossesse, peut faire pousser vos ongles plus vite, mais ceux-ci peuvent aussi devenir cassants et développer des rainures. Une manucure professionnelle peut vous aider à améliorer l'apparence de vos ongles (c'est aussi une merveilleuse expérience qui procure du plaisir).

Vos pieds supportent le surplus de poids et peuvent enfler à cause de la rétention d'eau. La relaxine assouplit les ligaments entre les articulations, ce qui fait élargir vos pieds et rend vos chaussures plus serrées. Bichonnez vos pieds ou demandez à votre conjoint de le faire pour vous. Un massage de pieds à la fin de la journée est un moyen de se détendre.

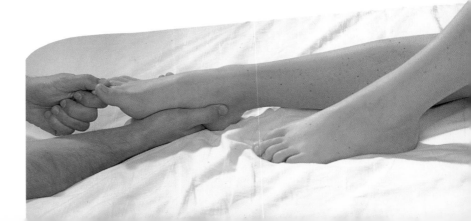

HABILLEMENT

Avoir une belle apparence, pendant la grossesse, vous donnera un sentiment de bien-être ; vous pouvez d'ailleurs choisir parmi plusieurs styles de vêtements, sans compromettre votre style personnel.

Certains de vos vêtements peuvent vous sembler serrés dès la 10ᵉ ou 12ᵉ semaine , mais vous n'aurez probablement rien de particulier à acheter jusqu'au quatrième ou cinquième mois. Les chandails et chemises d'homme (empruntez ceux de votre conjoint) sont souvent grands et bouffants et peuvent être portés jusqu'à la toute fin.

Vous n'avez pas à vous inquiéter pour le bébé si vos vêtements sont serrés, il est entièrement protégé de tout serrement. Toutefois, les vêtements serrés à la taille (ou là où votre taille devrait se trouver) seront inconfortables. Les robes amples de style traditionnel ne sont plus la seule option : les tissus extensibles, comme le lycra, permettent des styles

décontractés et flatteurs si vous désirez mettre en valeur vos nouvelles formes.

Les pantalons et les collants (coupés pour la grossesse, avec espace additionnel à l'avant) portés avec un chandail ou un tee-shirt sont parfaits pour les week-ends. Pour le travail, recherchez des pantalons bien coupés et agencez-les avec une blouse longue ou une chemise (encore une fois, les chemises de votre conjoint feront l'affaire, et vous pouvez même y ajouter une cravate, juste pour le plaisir). Un blouson de maternité peut être coûteux, mais c'est une dépense justifiée si vous le portez presque quotidiennement pendant trois ou quatre mois.

La superposition de vêtements est idéale. Si vous avez trop chaud, ceci est fort possible, si vous êtes enceinte en

été, pouvoir ajouter ou enlever une couche de vêtements vous permettra de régler votre température corporelle plus facilement.

Si vous achetez des vêtements qui peuvent être portés lorsque vous allaitez, vous les porterez pendant plusieurs mois de plus tandis que vous reviendrez lentement à votre taille d'avant la grossesse.

VOS CHAUSSURES

Faites vérifier la taille de vos souliers après le cinquième ou le sixième mois. Comme les ligaments de vos pieds sont plus souples (voir p. 114 – 115), vous découvrirez peut-être que votre pointure est d'une demi-taille plus grande et que tous vos anciens souliers sont serrés.

Un talon plutôt bas est préférable pour votre posture et votre dos qu'un talon haut ou totalement plat. Les talons très hauts et les escarpins peuvent vous faire chanceler dange-

Des garde-robes complètes agencées pour la grossesse sont disponibles dans plusieurs boutiques et sociétés de commandes postales. Elles sont constituées de quelques pièces qui peuvent être combinées de plusieurs façons.

1 & 2 Une jupe-portefeuille qui s'adapte à vos mouvements ; les hauts sont interchangeables et peuvent être également portés avec des pantalons.

3 Les pantalons extensibles sont confortables et portés facilement avec un blouson.

4 Une robe simple et un veston se combinent pour une allure professionnelle.

5 La même robe, accompagnée de bijoux, devient une élégante robe de soirée.

Un maillot de bain régulier ne durera pas longtemps parce que la surextension affaiblira les fibres. Si vous nagez souvent, l'achat d'un maillot de bain de maternité est justifié. Ou demandez à vos amies si l'une d'entre elle en aurait un à vous prêter.

reusement. Choisissez le cuir ou la toile pour que vos pieds respirent. Les souliers d'entraînement avec un bon support pour les arches des pieds et les talons sont un excellent choix pour la maison et les loisirs.

CHOISIR DES SOUS-VÊTEMENTS

Certaines femmes portent leur taille et style de soutien-gorge jusqu'au sixième mois de grossesse ; d'autres ont besoin d'une taille plus grande bien avant cela. Votre cage thoracique s'agrandit, rendant une taille plus grande indispensable. Vous augmenterez probablement de deux ou trois tailles les bonnets à la première grossesse (lors des grossesses subséquentes, les seins nécessiteront peut-être moins de préparation à l'allaitement). Si vos seins deviennent très gros, vous serez peut-être plus à l'aise avec un soutien-gorge de coton léger lorsque vous dormez.

Il vaut la peine de choisir un soutien-gorge qui vous donnera un bon support pendant les derniers mois de votre grossesse et au-delà. Pensez à en choisir un avec ouverture sur le devant pour faciliter l'allaitement. Choisissez un style présentant un élastique large à agrafes à l'arrière ; il vous permettra

d'augmenter la taille du soutien-gorge dans les premiers jours suivant l'accouchement si vous avez besoin de plus d'espace. Des bretelles larges sont plus confortables et offrent un meilleur soutien. Le coton ou les mélanges de coton sont plus frais et supportent mieux les lavages fréquents, (il est courant de perdre du colostrum avant la naissance et du lait après l'accouchement, vous devrez donc laver souvent vos soutiens-gorges).

Achetez des petite culottes que vous porterez sous le ventre, style bikini, ou alors en tissu extensible que vous porterez par-dessus. Des sous-vêtements trop serrés pourraient irriter la peau de votre abdomen là où il est le plus étiré. Les petites culottes à la taille ont tendance à rouler, causant des plis inconfortables et disgracieux. Le coton et les mélanges de coton (au moins, un gousset de coton) sont les meilleures options quant au tissu, en particulier pour les femmes qui sont sujetes à faire des vaginites (voir p. 112) causées par les champignons qui se développent plus facilement à la chaleur.

Vous n'avez pas besoin d'acheter les bas-culottes de maternité les plus couteux lorsque vous devenez trop grosse pour les styles réguliers. Les bas-culottes extra-larges devraient

(voir p. 112)

Votre style personnel

Chaque femme est différente et chaque grossesse est unique. Vous n'avez pas à sacrifier votre style personnel simplement parce que vous êtes enceinte. En fait, certaines femmes sont tellement fières de leur belle poitrine et de leur ventre rond qu'elles veulent les montrer à tous.

Trouvez les éléments de votre style qui peuvent être mis en valeur tout au long des neuf mois de changements corporels (et au-delà). Concentrez-vous sur la couleur, la coupe de la ligne du cou et des manches, la longueur des jupes, les styles de pantalons et les accessoires.

Des vêtements comme les salopettes, les jupes extensibles et les leggings d'une taille ou deux plus grands que la normale peuvent durer bien avant dans votre grossesse. Vous pourrez porter une jupe ample plus longtemps si vous remplacez la ceinture par un élastique. Vous pouvez augmenter votre collection d'écharpes ou de bijoux tout au long de votre grossesse, en particulier lorsque le choix de vêtements deviendra plus limité.

Même durant la grossesse, vous n'avez pas à vous sentir négligée.

faire l'affaire si vous les portez sans devant derrière, de telle manière que la partie la plus grande se trouve devant.

Les bas de soutien peuvent aider à soulager les douleurs aux jambes, en particulier si vous êtes souvent debout. Si vous avez des varices, les bas de soutien seront plus efficaces en les enfilant avant même de sortir du lit le matin. Évitez les bas avec élastique qui peuvent couper votre circulation. Votre médecin peut vous prescrire des bas anti-embolie sur mesure si les varices

DROITS AU TRAVAIL

Au travail, la grossesse vous donne certains droits destinés à protéger votre santé et votre bien-être de même que ceux de votre bébé.

Q *Puis-je prendre congé de travail pour participer à des cours prénataux? Ceux auxquels je désire participer se donnent l'après-midi, et pour les premières semaines de cours je planifiais de travailler.*

R On devrait vous permettre des congés pour que vous puissiez participer aux cours prénataux. Les cours prénataux incluent des activités comme les cours pour les futurs parents, des cours de relaxation et tout ce qui contribue à votre bien-être.

Une lettre de votre médecin, insistant sur l'importance des cours prénataux, pourrait vous aider si votre employeur refuse de vous accorder un congé.

Q *Mon employeur demande que je prenne une partie de mes congés annuels pour me rendre à mes rendez-vous médicaux. Est-ce qu'il peut exiger cela?*

R Non. Les rendez-vous médicaux font partie de vos soins prénataux et vous devriez par conséquent être à même de vous absenter sans perdre aucun droit à vos vacances ou à votre salaire régulier. Cela comprend les absences d'échographie et tout autre test recommandé par votre médecin.

Votre employeur pourrait cependant vous demander des preuves de vos rendez-vous. Par conséquent, assurez-vous d'avoir en votre possession votre carte de rendez-vous et négociez vos absences.

Si votre emploi est sédentaire, vous serez peut-être en mesure de travailler jusqu'à la fin de votre grossesse. Assurez-vous de prendre une pause pour le lunch, surélevez vos pieds si vous le pouvez, et essayez de voyager en dehors des heures de pointe.

Q *Mon travail requiert que je soulève de lourdes charges, et cela m'inquiète pour la sécurité de mon enfant. Puis-je être dispensée de cette tâche de mon emploi?*

R Vous pouvez demander un transfert à un autre poste ou demander d'être exemptée de certaines tâches. Demandez à votre médecin d'écrire à votre employeur en lui expliquant en quoi votre travail est inapproprié pour une femme enceinte. Vous n'avez pas de droit légal pour obtenir un poste avec un salaire équivalent, mais si votre employeur refuse de vous transférer, il devra prouver qu'aucun autre poste approprié n'est disponible.

Certaines petites entreprises sont exemptées d'offrir cette protection et les travailleurs à temps partiel et à contrats ne sont pas couverts. La législation dans ce secteur change périodiquement aussi. Si vous avez des doutes sur vos droits, demandez l'avis de votre représentant syndical, de votre directeur du personnel ou de quiconque ayant une formation en législation du travail.

Q *Dans les premiers stades de ma grossesse j'ai beaucoup souffert de nausées le matin et j'ai souvent pris congé. Est-ce que cela sera soustrait de mon congé de maternité?*

R Non. Vous avez été absente pour cause de maladie comme vous auriez pu l'être si vous n'aviez pas été enceinte. Cette période est donc une absence pour maladie. Elle n'affecte pas vos droits au congé et au salaire de maternité.

Q *J'étais revenue au travail depuis à peine deux mois lorsque j'ai découvert que j'étais enceinte à nouveau. Aurai-je un autre congé de maternité et un salaire?*

R Oui. Une période de congé de maternité n'est pas considérée comme un congé. Votre ancienneté a débuté avec le premier jour de votre emploi. Même chose en ce qui concerne vos vacances, augmentations de salaire, plan de retraite et autres bénéfices qui ne devraient pas être affectés par cette interruption.

Q *Au travail, je suis debout cinq ou six heures par jour et je commence à être fatiguée. Que puis-je faire?*

R De longues périodes debout peuvent vous donner des maux de dos, faire enfler vos chevilles et aggraver les varices et les hémorroïdes, si vous en souffrez déjà. Pensez d'abord à la réelle nécessité pour vous d'être debout. Plusieurs tâches peuvent être faites aussi bien en position assise. Si vous travaillez dans un atelier, vous pouvez demeurer assise une partie de la journée; si vous êtes serveuse ou coiffeuse, vous pouvez prendre une pause entre les clients; si vous êtes policière, vous pouvez passer plus de temps au bureau.

Si vous devez rester debout pendant de longues périodes, reposez vos pieds à d'autres moments. Faites attention à bien manger afin d'avoir de l'énergie. Portez des bas de soutien pour minimiser l'inconfort des varices.

Toutes ces mesures peuvent soulager les douleurs, mais vous devrez peut-être songer à débuter votre congé de maternité plus tôt que prévu.

Q *Mon conjoint peut-il prendre congé lorsque le bébé naîtra? Nous aimerions passer quelques semaines ensemble pour apprivoiser la vie en famille.*

R Bien que certaines entreprises commencent à reconnaître les avantages du congé de paternité pour leurs employés en leur offrant une semaine ou deux de congé payé, la plupart ne le font pas. Toutefois, la présence de votre conjoint dès les premières semaines représente plus d'un avantage: d'abord elle permet de développer la relation avec le bébé puis elle vous procurera un grand soutien.

Si votre conjoint ne peut pas laisser son travail, il pourra peut-être utiliser ses vacances ou prendre un congé sans solde, en supposant que vous puissiez vous le permettre. Peu importe les dispositions que vous devrez prendre, essayez de passer du temps ensemble, comme une famille, dès les premières semaines.

Q *J'ai beaucoup lu sur la sécurité au travail durant la grossesse. Comment puis-je m'assurer que mon lieu de travail est sécuritaire?*

R La plupart des emplois et des lieux de travail sont entièrement sûrs pour les femmes enceintes. Les exceptions sont les emplois qui impliquent des produits chimiques ou des radiations; les soins de santé; le travail avec les animaux (bien que vous puissiez prendre des dispositions pour prévenir l'infection), les emplois qui impliquent de soulever de lourdes charges et de passer de longues périodes debout.

Vous avez le droit de connaître les risques auxquels vous êtes exposée sur votre lieu de travail, et votre employeur a le devoir de vous les signaler.

Si vous travaillez avec de jeunes enfants, vous trouverez peut-être votre emploi fatigant. Assurez-vous de prendre beaucoup de repos. Vous serez également exposée à plus d'infections enfantines. Prenez les mêmes précautions que les autres femmes enceintes: mangez bien; évitez de rester debout pendant de longues périodes, évitez de soulever de lourdes charges et évitez de vous plier à partir de la taille, pliez vos genoux si vous désirez vous mettre au niveau d'un enfant.

Gardiennage :
les options

Plutôt que de vous inquiéter pour votre carrière pensez dès maintenant aux options possibles pour garder votre enfant.

Il y a peu de bonnes ou mauvaises choses lorsqu'on parle de gardiennage, et il y en a certainement une qui est bonne pour votre bébé, pour vous-même et pour les membres de votre famille. Certaines mères au foyer ont des bébés qui s'épanouissent si on en prend soin à la maison ; d'autres mamans se retrouvent confinées aux tâches quotidiennes et sont moins capables de donner au bébé tous les soins et l'attention dont il a besoin. Certains bébés tirent profit de la socialisation hâtive que leur procure une garderie ; d'autres semblent avoir davantage besoin d'attention individuelle.

Penser à vous

Si vous savez que la maternité à temps plein n'est pas pour vous, tâchez de trouver quelqu'un qui s'occupera de votre bébé (voir p. 122 – 123), mais ne croyez pas que vous devez retourner travailler immédiatement après l'accouchement, parce que les soins pour votre enfant sont planifiés. Vous avez besoin de temps pour récupérer physiquement de l'accouchement et vous habituer aux changements émotionnels et mentaux, reliés la maternité.

Profiter du temps que vous passez à la maison vous aidera à développer votre relation avec votre bébé. Vous aurez la chance de vous détendre et d'oublier vos doutes sur le fait de rester à la maison et sur la durée de cette période. Si vous restez au foyer jusqu'à ce que l'allaitement soit bien établi, vous pourrez extraire du lait pour votre bébé durant la journée et maintenir l'allaitement du matin et du soir.

Si vous pensez que vous aimeriez demeurer à la maison mais que vous pensez ne pas pouvoir vous le permettre financièrement, incluez dans vos calculs ce que vous économisez en ne travaillant pas : transport, repas, garde-robe professionnelle et, bien entendu, les coûts des soins pour enfant. Calculez exactement l'argent dont vous avez besoin pour payer les choses essentielles, et réfléchissez à des moyens qui pourraient vous aider à y arriver. Lorsqu'ils s'asseoient pour faire le calcul, de nombreux couples sont étonnés en réalisant le peu qu'ils ont à gagner.

Options

Membre de la famille à la maison

De nos jours, de plus en plus de papas jouent un rôle actif dans l'éducation de leurs enfants et, pour certains couples, que papa reste à la maison est une option intéressante. Pourvu que votre bébé ait un environnement stable, avec quelqu'un qui l'aime, qui est là pour lui et qui le valorise, le sexe de cette personne ne compte pas vraiment. L'autre membre de la famille à qui l'on devrait penser, est un des grands-parents du bébé.

Service de garde en milieu familial

Une gardienne, souvent une autre mère, peut prendre soin de votre enfant, peut-être avec les siens, dans sa propre maison.

Centre de la petite enfance CPE (Québec) ou garderie

Un personnel avec une formation spécialisée qui prendra soin de votre enfant et de tous les autres. Plusieurs garderies prennent des enfants de tout âge, du nourisson jusqu'à l'âge scolaire.

Gardienne à la maison

Une nounou est une employée que vous payez pour qu'elle s'occupe de votre enfant. Certaines vivent à la maison et deviennent un membre de la famille ; d'autres viennent sur une base quotidienne. « Le partage de nounou », par lequel une amie et vous-même employez une nounou pour venir à l'une de vos maisons et prendre soin des deux bébés, est également une option.

Avantages	Inconvénients
● Votre bébé bénéficie des avantages de la maison, la sécurité d'un environnement familier, ses propres jouets et son propre berceau. ● Il a pour lui seul l'attention de celui ou celle qui en prend soin. ● Vous n'avez pas à le conduire chez la gardienne ou à la garderie en plus de votre journée déjà bien remplie. ● Comme il est exposé à moins d'enfants et à leurs microbes, votre bébé aura probablement moins de rhumes, de grippes et de maladies infantiles. ● Les pères qui s'engagent auprès de leurs enfants ont tendance à avoir une relation plus étroite avec eux plus tard. ● Les grands-parents sont souvent valorisés et revigorés par ce nouveau rôle.	● Vous pouvez être blessée de la relation intime qui se construit entre votre conjoint et votre bébé et vous sentir d'une certaine façon rejetée. ● En dépit du nombre croissant de papas aux foyers, les pères sont toujours en minorité dans les groupes parents-bébés. Si votre conjoint est réticent à fréquenter de tels rassemblements, votre bébé n'aura peut-être pas beaucoup d'occasions d'être avec d'autres enfants. ● Si vous demandez à l'un de vos parents ou beaux-parents de prendre soin de votre enfant, vous découvrirez peut-être qu'il a des idées fixes, différentes des vôtres, sur la façon d'élever un enfant. Avez-vous une relation assez ouverte pour lui dire vos impressions sur son attitude avec votre enfant ?
● Ce type de soin coûte en général moins cher que celui d'une nounou, car la gardienne ne se consacre pas à un seul enfant. ● Les soins sont plus personnalisés que dans une garderie et la gardienne peut avoir un horaire plus flexible. ● Votre enfant aura amplement l'opportunité de socialiser avec les autres, ce qui peut être particulièrement important pour un enfant unique, qui a besoin d'apprendre à respecter les autres enfants. ● Les gardiennes doivent être reconnues légalement et leurs maisons doivent se conformer à certaines normes de sécurité.	● Comme elle a plus d'un enfant à prendre soin, la gardienne peut être dans l'impossibilité de donner à votre enfant l'attention individuelle que vous souhaiterez. ● La gardienne ne voudra peut-être pas prendre votre enfant s'il est malade. ● Vous devez ajouter le temps du transport à votre horaire. ● La gardienne aura ses propres idées sur les soins d'un enfant et pourrait être réticente à se conformer aux vôtres. ● Rien n'est prévu si la gardienne est malade.
● Un personnel ayant une formation en développement du bébé et de l'enfant peut offrir de nombreuses activités stimulantes basées sur le niveau de développement de votre bébé. ● Un centre de la petite enfance permet à votre bébé d'avoir un contact social, bien que ce soit moins important pour les nourrissons que pour les bébés plus vieux et pour les bambins. ● Comme il y a plusieurs éducatrices, votre bébé ressentira moins le changement d'éducatrice. Il y aura toujours quelqu'un de familier près de lui. Une telle continuité dans les soins peut être importante pour la sécurité du bébé.	● Un centre de la petite enfance ou une garderie peuvent être coûteux, à moins qu'ils ne soient subventionnés. ● À cause du grand nombre d'enfants dans de telles installations, le taux de maladies infantiles tend à être plus élevé que dans les autres types de gardiennage. ● Votre bébé ne profitera pas du même type de relation intime qu'avec une nounou ou un membre de la famille. ● Vous devez ajouter le temps du transport à votre horaire (à moins que le centre ne soit sur votre lieu de travail).
● Tout comme dans le cas de soins à la maison assumés par un membre de la famille, votre bébé est dans un environnement familier et a tous ses jouets autour de lui. ● Il sera probablement moins exposé aux microbes que dans les autres situations. ● Il a l'avantage d'avoir pour lui seul l'amour et l'attention d'un adulte autre que maman et papa.	● L'exclusivité peut être coûteuse. ● Vous pouvez être froissée d'avoir une autre personne dans votre maison, en particulier si, comme vous l'espérez, elle développe une relation intime avec votre bébé. Si la gardienne demeure avec vous, vous pouvez souffrir d'une perte d'intimité dans votre couple. ● Une fois que le bébé a tissé des liens avec la gardienne, il souffrira si cette personne n'est plus là pour cause de maladie, de problèmes familiaux ou de changement d'emploi. ● Votre bébé pourrait également ne pas avoir l'occasion de se mélanger aux autres enfants.

CHOIX D'UNE CARRIÈRE

Si vous laissez votre bébé aux soins de quelqu'un d'autre, vous devez être absolument certaine que cette personne sera attentive, aimante et réceptive.

Vous devez commencer à rechercher une gardienne au moins deux mois à l'avance. Mais il faut avoir fait un certain travail préliminaire.

Si vous planifiez un retour au travail alors que votre bébé est jeune, cherchez dès maintenant. Si vous désirez employer une nounou, qu'elle vive avec vous ou vienne sur une base quotidienne, contactez les agences pour connaître leurs critères de selection et leurs tarifs. Visitez les garderies pour avoir une idée de la gamme de services qu'elles offrent. Visitez également quelques gardiennes en milieu familial, même si elles n'ont aucune place libre, afin de savoir quelle option choisir lorsque viendra le moment.

VISITER LES GARDERIES

Une visite devrait vous permettre de connaître le ratio éducateur/enfants (un éducateur pour trois enfants est l'idéal), les qualifications du personnel (quelle formation ils ont reçu), et quelle est leur attitude (leur philosophie des soins de l'enfant). Évidemment, un membre du personnel peut répondre à vos questions mais il doit toujours avoir les yeux et les oreilles tournés vers les bébés dont il prend soin.

Notez si les enfants sont séparés selon leur âge (ceux de moins d'un an ne doivent pas être avec les bébés turbulents) et observez-les. Sont-ils heureux et occupés ? Même un tout petit bébé a besoin qu'on lui parle ou qu'on lui donne un jouet avec lequel s'amuser. Si un bébé pleure, observez combien de

Un exemple typique
Lorsque papa reste à la maison

PIERRE ET SARA, TOUS DEUX ÂGÉS DE 35 ANS, VIVAIENT ET TRAVAILLAIENT À 500 KM L'UN DE L'AUTRE ET SE VOYAIENT SEULEMENT LES WEEK-ENDS LORSQUE SARA TOMBA ENCEINTE DE LAURA.

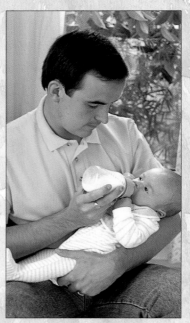

« Bien que ce fut un choc, la grossesse de Sara souleva le problème de notre vie commune et de la perspective d'une nouvelle organisation de nos vies. Nous voulions ce bébé et nous avions moins de neuf mois pour nous organiser.

« Sara ne voulait pas laisser son emploi d'enseignante spécialisée, et j'étais moins impliqué dans ma carrière. Je vendis donc ma maison, quittai mon travail et déménageai avec elle. La décision de devenir papa à temps plein s'imposa graduellement. La maison de Sara était trop petite pour qu'une nounou y vivre avec nous, et la seule gardienne que nous aimions n'avait pas de place pour un bébé. Deux semaines avant l'accouchement, je suggérai de prendre une année sabbatique pour m'occuper du bébé.

« Sara retourna travailler alors que Laura avait 10 semaines. Je ne sais pas si c'est de la chance, mais c'était un bébé heureux dès les premiers jours. Elle était toujours heureuse de revoir Sara, mais ne s'irritait pas lorsqu'elle partait travailler. Elle prenait du poids, dormait bien et pleurait rarement. Tous les après-midis, je l'amenais au parc, et aussitôt qu'elle put se tenir assise, je la mettais sur la balançoire et écoutais son rire. Mais le meilleur moment était

celui du bain. Quand Sara revenait à la maison, elle était alors toute propre et dans son petit pyjama. Elle lui donnait alors un dernier biberon et la couchait.

« Finalement, je passai 15 mois à la maison et je peux honnêtement dire que ce fut la plus belle période de ma vie. J'avais une femme comblée, une fille adorable et je me couchais tous les soirs émerveillé par les nouveaux apprentissages de Laura. »

temps il faut à l'éducatrice
pour intervenir ?

Y a-t-il suffisamment de jouets
appropriés aux âges des bébés et
des enfants ? Demandez si les enfants
sont encouragés à apporter un jouet
familier de la maison. Y a-t-il des
activités extérieures ?

Notez si l'édifice est bien éclairé,
aéré et s'il y règne une température
confortable. Demandez à vérifier le
certificat d'inspection des services
d'incendie. Examinez les lieux où
sont préparés les aliments et demandez
à voir l'endroit où sont entreposés
les biberons. Est-il impeccable ?
Les éducatrices lavent-elles fréquemment leurs mains ? Vérifiez
les attitudes envers les demandes
alimentaires spécifiques.

GARDIENNES

Avant d'aller plus loin, renseignez-vous
sur les procédures d'enregistrement et

*Lorsque vous faites des entrevues, décidez
à l'avance quels sont les points les plus
importants pour vous. Ces questions vous
donnent une idée de quelques-uns des sujets
à couvrir, adaptez-les pour qu'elles soient
adaptées à vos propres besoins.*

*Votre bébé ou votre enfant est le meilleur
baromètre pour savoir si vos dispositions
de soins pour lui fonctionnent bien. S'il
semble heureux, qu'il dort normalement
et qu'il continue à prendre du poids, c'est
probablement que tout va bien. Si un bébé
heureux devient soudain irascible ou pleure
plus que d'habitude, ce peut être le signe
que la gardienne ne donne pas à votre bébé
ce dont il a besoin.*

de vérification par les autorités locales.
Toute gardienne devrait être enregistrée
auprès des services sociaux. N'hésitez
pas à demander des références. La
maison d'une gardienne peut avoir
sa propre dynamique familiale, mais
les zones de préparation de la nourriture et les salles de bain doivent être
propres et aménagées correctement.

Les gardiennes, selon la loi, peuvent
prendre un seul bébé de moins de 15
mois à la fois. En pratique, cela signifie
que votre bébé aura des compagnons
de jeu plus âgés. Y a-t-il des jouets
adaptés pour tous les enfants ? Si votre
bébé apporte les siens, quelqu'un en
prendra-t-il soin ? Tout aussi
important : y a-t-il des signes que
la gardienne passe du temps avec les
enfants à faire des activités, dessins
collés sur le réfrigérateur, modèles
de pâte à modeler sur la table ?

Cela démontre qu'elle est intéressée à
stimuler l'enfant, et non seulement
à le surveiller.

Voyez comment elle réagit aux
horaires flexibles, aux exigences alimentaires et les dispositions pour les
congés. Demandez si une assistance
peut prendre la relève en cas de maladie.
Qu'arrive-t-il si l'un de ses propres
enfants est malade ?

TROUVER UNE NOUNOU

D'une certaine façon, une nounou
peut être le type de gardienne le plus
facile à trouver parce que vous êtes dans
la position de l'employeur, et en théorie,
vous n'avez pas à faire de compromis.
Mais en pratique, si la demande excède
l'offre dans votre région, vous pouvez
ne pas trouver exactement ce que
vous recherchez. Déterminez à l'avance
vos priorités. Vous pouvez préférer
quelqu'un d'ouvert à vos idées sur
les soins à donner aux enfants,
plutôt que quelqu'un de rigide
sur sa façon de faire.

Triez les c.v. des candidats et faites une
courte liste des possibilités. Vérifiez toutes
les références et soyez préparée à poser
des questions sur les anciens employeurs.
Si vous ne trouvez pas quelqu'un dès la
première fois, essayez de nouveau.

Emploi précédent
*Quel âge avait l'enfant le plus
jeune dont vous vous êtes
occupée ? Pendant combien
de temps avez-vous eu votre
dernier emploi ? Pourquoi
l'avez-vous quitté ?
Avez-vous des références ?*

Expérience avec les bébés
*Comment passeriez-vous
votre journée avec mon bébé ?
De quoi pensez-vous qu'un bébé
de cet âge a le plus besoin ?
Avez-vous étudié dans un
domaine touchant aux soins
à donner à l'enfant et
à son développement ?*

Détails personnels
*Pourquoi désirez-vous
cet emploi ?
Combien de journées de
maladie avez-vous prises
l'année dernière ? Avez-vous
des enfants ? Fumez-vous ?*

Disponibilité
*Quelle serait votre réaction
si j'arrivais en retard ?
Pourriez-vous rester le soir ?*

Compétences personnelles
*Avez-vous un certificat de
premiers soins pour bébés ?
Avez-vous un permis
de conduire ?*

JUMEAUX : VOTRE GROSSESSE

Vous aurez deux fois plus d'amour et deux fois plus de joie avec des jumeaux, mais porter deux bébés intensifie souvent les malaises courants dus à la grossesse.

De nos jours, les grossesses multiples sont presque toujours diagnostiquées avant l'accouchement, en général dès la première échographie. Votre médecin vérifiera également si votre utérus est plus grand que la normale pour cette phase de la grossesse. Il pourrait entendre plus d'un rythme cardiaque ou sentir plus de membres qu'un seul bébé ne pourrait en avoir et, plus tard durant la grossesse, il pourrait sentir deux têtes distinctes.

L'utérus devient encombré avec deux bébés, deux cordons ombilicaux et deux placentas (ou un plus gros pour les jumeaux identiques). Dès le début de la grossesse, vous serez plus grosse qu'une femme qui n'attend qu'un seul enfant. Comme point de repère, vous pouvez vous attendre à ressembler, à 30 semaines de grossesse, à la mère d'un bébé unique qui a atteint 40 semaines de grossesse.

MINIMISER LES PROBLÈMES

Porter des jumeaux met au défi vos ressources physiques. Certains malaises sont spécifiques ou du moins plus fréquents lors d'une grossesse gémellaire (voir p. 126–127). Vous pouvez également éprouver de façon plus marquée des maux de dos, de fatigue, de brûlements d'estomac, de nausées, de constipation et d'hémorroïdes.

Le repos est vital : vous devrez vous reposer davantage, très tôt dans votre grossesse. Cela signifie quitter le travail plus tôt que vous ne l'aviez prévu. Le repos est important pour vous aider à traverser la grossesse et les premières semaines suivant la naissance. ce repos peut également aider à minimiser d'autres problèmes comme les nausées et les maux de dos, lesquels sont amplifiés lorsque vous êtes fatiguée.

À mesure qu'avance votre grossesse, trouver une position confortable pour vous reposer (et un lit ou une chaise confortable) peut représenter tout un défi. Supporter votre abdomen sur vos cuisses en vous asseyant plus ou moins droite pourra vous aider. Une chaise longue dont vous pouvez surélever la tête et le pied représente également un bon choix. Faites attention, ou demandez à quelqu'un de rester près de vous, lorsque vous vous levez ou que vous vous asseyez.

Les maux de dos font non seulement souffrir vos muscles mais ils sapent également vos forces. Le yoga peut également vous donner plus d'énergie en tonifiant vos muscles (consultez les pages 52–53), comme le ferait la natation, car l'eau supporte tout l'excédent de poids. Les exercices pour le plancher pelvien (consultez les pages 44–45) sont particulièrement importants car ce sont ces muscles qui supportent la plus grosse partie du poids additionnel lors d'une grossesse gémellaire.

La hauteur de votre utérus, dès la 20e ou à la 24e semaine, causera peut-être des brûlements d'estomac et vous aurez l'impression d'être repue au moment où une bonne alimentation est essensielle. À partir du milieu de votre grossesse, et plus particulièrement vers la fin, vous trouverez plus facile de grignoter tout au long de la journée plutôt que de prendre trois repas complets. Cette approche peut également vous aider si vous avez un problème de constipation. Assurez-vous de boire beaucoup d'eau et des jus de fruits.

Prise totale de poids

Attendez-vous à gagner environ 50 % de plus de poids qu'une femme qui porte un seul bébé ou environ 16 à 20 kg (35 – 45 lbs) au total. Vous deviendrez également plus grosse, plus rapidement, et vous pouvez vous attendre à ce que votre utérus sorte plus rapidement de votre bassin. Cela signifie, bien entendu, que vous devrez porter des vêtements de maternité plus tôt que les autres femmes.

Les jumeaux naissent souvent prématurément et plus ils sont gros, moins votre médecin sera préoccupé par leur condition. En termes pratiques, cela pourrait signifier que vos bébés passeront moins de temps aux soins intensifs ou moins de temps à l'hôpital avant que vous ne puissiez les ramener à la maison.

Pour donner à vos jumeaux les meilleures conditions utérines possibles mangez sainement, choisissez des mets frais et non-traités aussi souvent que vous le pouvez (voir p. 36 – 39).

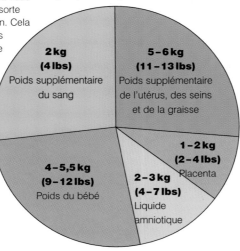

- 2 kg (4 lbs) Poids supplémentaire du sang
- 5 – 6 kg (11 – 13 lbs) Poids supplémentaire de l'utérus, des seins et de la graisse
- 1 – 2 kg (2 – 4 lbs) Placenta
- 2 – 3 kg (4 – 7 lbs) Liquide amniotique
- 4 – 5,5 kg (9 – 12 lbs) Poids du bébé

Les jumeaux identiques ont beaucoup en commun ; dès l'enfance, leurs prénoms seront leur principal moyen d'établir leur individualité. Essayez d'éviter des prénoms qui se ressemblent, que ce soit par le son, les initiales ou le nombre de syllabes afin d'aider les gens à distinguer aussi les prénoms.

SE VÊTIR CONFORTABLEMENT

Trouver des vêtements qui vous vont bien et qui sont confortables n'est pas un jeu d'enfant. En dépit de l'incidence accrue des grossesses gémellaires, peu de fabricants de vêtements de maternité se préoccupent des mères qui portent plus d'un bébé. Les tissus extensibles peuvent vous aider, mais les démangeaisons dont sont victimes de nombreuses femmes durant la grossesse peuvent devenir intolérables si vous portez quoi que ce soit de serré, tout simplement parce que la peau de votre abdomen est distendue jusqu'à en devenir extrêmement mince.

Les salopettes et chemises d'hommes ou les robes amples des magasins spécialisés dans les tailles fortes peuvent être la solution. De façon générale, achetez des vêtements amples et fait de tissus naturels. N'hésitez pas à prendre un vêtement ample de seconde main.

Achats pour les bébés

Se procurer le nécessaire pour des jumeaux est considérablement plus coûteux que pour deux enfants d'âges rapprochés. Les jumeaux exigent de tout avoir en double au même moment ; frères et sœurs se passent leurs vêtements et toutes les fournitures pour bébé du plus vieux au plus jeune.

Bien des parents sont superstitieux quand il s'agit d'acheter quelque chose pour le bébé, « juste en cas ». Mais avec des jumeaux vous n'avez pas vraiment le choix : si vous attendez trop longtemps, ils pourraient arriver avant que vous ne soyez prête (souvenez-vous de ceci si vous planifiez de peindre leur chambre). Le poids additionnel que vous devez porter vous laissera peut-être trop fatiguée pour vous occuper des choses essentielles après le sixième mois ; et vous serez beaucoup trop accaparée par les bébés après la naissance.

Transport

Un landau et une poussette doubles sont moins coûteux que deux simples et le marché de seconde main est en général florissant pour ces marchandises. Gardez en tête qu'une poussette double peut être difficile à manœuvrer : si vous sortez avec deux minuscules bébés, peut-être préférerez-vous en transporter un dans un sac à dos et l'autre dans une poussette, ou demander à quelqu'un de transporter le second. Deux sièges d'auto sont indispensables tant pour la sécurité des bébés que pour se conformer à la loi.

Dormir

Vous pouvez remettre l'achat de deux petits berceaux à plus tard jusqu'à ce que vos bébés soient trop gros et trop mobiles pour être à l'aise à deux dans un petit lit. Songez plutôt à un berceau pleine grandeur qu'ils partageront au début ; achetez-en un second quelques mois après leur naissance.

Vêtements

Ne refusez aucun article de seconde main, en particulier de la taille nouveau-né : la plupart des bébés uniques sous-utilisent cette taille, vous pourrez donc avoir des vêtements presque neufs qui seront parfaits pour vos bébés, plus petits que la moyenne. Bien des parents de jumeaux les habillent de la même façon, dès leur naissance. Il serait plus pratique de ne pas le faire. Si l'un des deux se salit, désirez-vous vraiment avoir à changer les deux ? Et souvenez-vous que des jumeaux, inévitablement, ont énormément en commun. Si, pour certains, cette relation intime avec ce qui s'apparente à une image dans le miroir est un délice, pour d'autres elle cause des problèmes au fil du temps. Les experts suggèrent que vous traitiez vos bébé comme des individus uniques dès leur venue au monde.

Autres produits essentiels

Une double quantité de tous les autres accessoires, literie, couches (voir p. 136–139) et biberons (si vous les nourrissez au biberon), est inévitable.

Dispositions pratiques

Si les jumeaux ont créé un lourd fardeau financier, renseignez-vous sur votre droit à des bénéfices quelconques ; essayez d'obtenir de l'aide à la maison après la naissance (voir p. 127) et songez à contacter un groupe de soutien pour parents de jumeaux.

JUMEAUX : PROBLÈMES ASSOCIÉS

Une fois la grossesse gémellaire diagnostiquée, vous pouvez avoir le sentiment d'être importante ou vous inquièter. Vous bénéficierez presque certainement de soins additionnels durant votre grossesse.

Si vous attendez plus d'un bébé, vous serez suivie de plus près tout au long de votre grossesse, pendant le travail et l'accouchement. On vous suivra également attentivement après l'accouchement. Cela est dû à certains problèmes qui se présentent plus souvent lors des grossesses multiples généralement. Ceux-ci peuvent être très bien traités mais il est important de les déceler tôt.

ANÉMIE

À partir d'environ la 20e semaine de toute grossesse, la formation du sang de vos jumeaux utilisera vos réserves de fer. Si vous avez commencé votre grossesse avec un apport déficient en fer, la concentration de globules rouges, qui dépendent du fer pour leur formation, peut ne pas maintenir la cadence avec l'augmentation du volume accru des liquides corporels. Les globules rouges du sang contiennent de l'hémoglobine, qui transporte l'oxygène de vos poumons à votre corps. Si la carence en globules rouges devient excessive, vous devenez anémique.

Les femmes portant des jumeaux sont enclines à l'anémie parce que deux bébés à la fois se ravitaillent en fer et que leurs liquides corporels présentent un accroissement plus grand.

Les principaux symptômes de l'anémie sont la faiblesse, l'essoufflement et quelquefois, les vertiges. Dans les cas graves d'anémie, vos bébés pourraient recevoir de l'oxygène en quantité insuffisante.

Un exemple typique

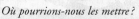

CAROLINE, 32 ANS, EUT UN CHOC LORSQU'ON LUI APPRIT QU'ELLE ATTENDAIT DES JUMEAUX.

« *Avant même que je ne sois enceinte, mon conjoint accepta l'idée que je devais travailler à l'extérieur. Comme je gagnais beaucoup moins que lui, je savais donc que nous ne pouvions nous permettre qu'il arrête de travailler. Où pourrions-nous trouver quelqu'un qui s'occuperait de deux bébés ? Je n'étais* pas certaine que je pourrais m'en occuper moi-même. Je n'avais jamais changé une couche.

« *Toutes les images mentales que j'avais représentaient un bébé dans un carosse, un bébé dans mes bras, un bébé niché entre nous deux dans notre lit... Je ne pouvais pas imaginer deux carrosses ou deux berceaux. Où pourrions-nous les mettre ?*

« *Mon conjoint fut formidable dès le début. Il n'essayait pas de me persuader que tout irait bien, mais il commença graduellement à parler « des bébés » et de lorsque nous « serions quatre », facilitant ainsi l'idée de jumeaux. Il vint à tous mes examens et, de façon subtile, m'aida à prendre soin de moi-même.*

« *Alex et Chloé naquirent à 37 semaines. Pendant trois mois, mon conjoint et sa mère s'occupèrent de tout dans la maison, tout ce que j'avais à faire était de me reposer, manger, me changer, me baigner et allaiter mes bébés. Je me sentais tellement proche d'eux. Je ne pouvais pas croire que je ne les avais pas voulus.*

« *Puis, la garderie de l'entreprise où mon conjoint travaillait disposa de deux places et nous avons décidé de les accepter. Nous avons dû jongler avec mes heures de travail et les couper, mais tout se passe bien. Alex et Chloé savent que je suis leur maman et que je les aime mais que je ne suis pas la seule personne au monde à prendre soin d'eux. Elles ont des moments à vivre sans moi.* »

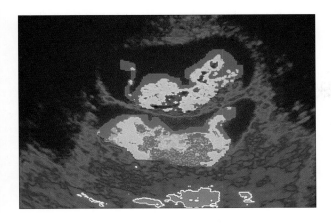

En général, tel qu'illustré ici, chaque bébé a un sac amniotique séparé. Chacun des jumeaux peut avoir un placenta ou les placentas peuvent ce fusionner, que les jumeaux résultent d'un ou de deux œuf.

Soins supplémentaires

Prévoir de l'aide si vous attendez des jumeaux est une priorité. Comme vous ne pouvez pas être certaine que votre grossesse durera 40 semaines, commencez à planifier tôt (autour du sixième mois). Les études démontrent que les parents de jumeaux profitent mieux de leurs bébés s'ils ne sont pas épuisés émotionnellement et physiquement parce qu'ils essaient de tout faire seuls.

Demander de l'aide ne signifie pas que vos capacités de mère sont inadéquates. Cela vous libère et vous permet de vous concentrer sur le fait d'être maman : nourrir, prendre, changer, baigner vos bébés. Les tâches qui ne sont pas reliées à la maternité, comme la cuisine, le nettoyage et le lavage, peuvent aisément être effectuées par quelqu'un d'autre.

Essayez de choisir des aides qui ne demandent pas beaucoup de supervision de votre part. Laissez une amie remplir votre congélateur de plats nutritifs une fois par semaine ou engagez une aide pour le ménage.

Le meilleur traitement pour l'anémie est la prévention grâce à une nourriture riche en fer (voir p. 36–37). Ce serait une bonne idée de prendre des suppléments et peut-être de l'acide folique additionnel. Si vous développez de l'anémie, on pourra vous recommander des suppléments. Si vous avez un diagnostic d'anémie, ne vous en faites pas : les bébés de mères dont l'anémie est traitée manquent rarement de fer à la naissance.

HYPERTENSION ARTÉRIELLE

Les grossesses multiples sont plus susceptibles d'être compliquées par une pression sanguine élevée. Comme une pression sanguine élevée réduit l'efficacité du placenta, les médecins surveillent de près pour détecter tout signe de problème éventuel.

Une bonne alimentation et de l'exercice modéré sont les meilleures façons de prévenir une pression élevée. Le yoga aide souvent à faire diminuer la pression également. Reposez-vous, à la maison si votre médecin est certain que vous vous reposerez, sinon à l'hôpital. L'hypertension artérielle élevée est également un des symptômes de la prééclampsie (voir p. 143), plus fréquente dans les grossesses gémellaires.

SAIGNEMENTS

Un léger saignement à la période où vous seriez normalement menstruée est normal, que vous portiez un ou plusieurs bébés. Toutefois, plus tard dans la grossesse, et en particulier lors d'une grossesse multiple, les saignements peuvent indiquer un travail prématuré ou un décollement prématuré du placenta (le placenta a commencé à se décoller de la paroi de l'utérus).

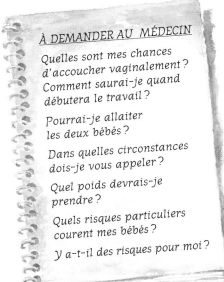

À DEMANDER AU MÉDECIN

Quelles sont mes chances d'accoucher vaginalement ?

Comment saurai-je quand débutera le travail ?

Pourrai-je allaiter les deux bébés ?

Dans quelles circonstances dois-je vous appeler ?

Quel poids devrais-je prendre ?

Quels risques particuliers courent mes bébés ?

Y a-t-il des risques pour moi ?

Vous aurez davantage de vérifications prénatales à faire qu'une femme qui porte un seul bébé, et il est normal d'avoir plus de questions à poser à votre médecin.

Dans les cas de décollement léger ou modéré, le repos est tout ce dont vous avez besoin. On vous suivra toutefois de près et s'il y a un signe quelconque que vos bébés sont en détresse, une césarienne vous sera suggérée.

Le repos peut également être conseillé si votre médecin croit que vous entrez prématurément en travail. Si le repos au lit n'arrête pas le travail, on vous donnera des médicaments qui retarderont l'accouchement. On pourrait vous suivre à la maison ou à l'hôpital et vous devrez peut-être y passer un long séjour.

Pour les renseignements sur l'accouchement de jumeaux et les soins à apporter à deux nouveaux-nés, voir les p. 194–195.

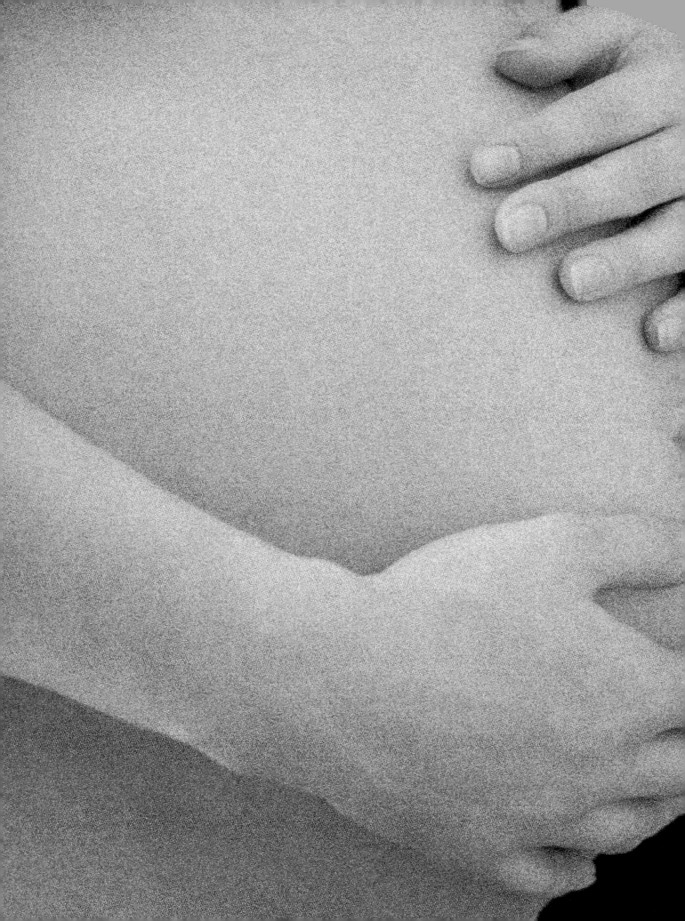

Le troisième trimestre

Pour certaines femmes, ce trimestre s'écoule lentement. Elles sont de plus en plus impatientes de voir le bébé qui grandit, bouge, donne de petits « coups de pied » et qui a même le hoquet. Mais, il y a encore beaucoup à faire à cette étape de la grossesse. Vous aurez à :

- Réfléchir en détail à vos désirs et à vos plans concernant l'accouchement, maintenant qu'il est à portée de la main

- Faire les boutiques et magasins pour trouver les vêtements et articles dont votre bébé aura besoin pendant les premiers mois de sa vie

- Supporter certains malaises à mesure que votre utérus, en prenant du volume, vous gêne et contribue à votre fatigue.

Le troisième trimestre est une période de croissance rapide et de maturité pour votre bébé. Si le bébé naissait au début de cette période, il aurait besoin des soins de nombreux spécialistes pour survivre. À la fin de cette période, le bébé sera fort et en santé.

POUR VOUS

Vous vous sentirez probablement en grande forme et en bonne santé la plupart du temps. Vous pouvez noter un certain gonflement de votre visage, de vos mains et de vos chevilles. Si c'est le cas, parlez-en à votre médecin ou à votre sage-femme : vous faites sans doute de la rétention d'eau. Votre médecin voudra surveiller la situation, car un œdème important, s'il est accompagné d'hypertension artérielle et de protéines dans les urines, peut indiquer une prééclampsie (voir p. 143).

Un peu de colostrum (liquide léger et jaunâtre) peut s'écouler de vos seins si cela n'a pas déja eu lieu. Certains experts recommandent de préparer les mamelons à l'allaitement en exprimant le colostrum des seins et en faisant rouler les mamelons entre le pouce et l'index ; attendez toutefois la 36e semaine avant d'essayer.

C'est à peu près à la même époque que vous devriez passer un autre test sanguin pour vérifier les anticorps Rhésus (Rh) Ce sera peut-être également le moment de s'assurer que vous ne faites pas d'anémie (voir p. 126 – 127).

Vous ressentirez peut-être une pression sur votre diaphragme de même que sur votre vessie, car votre bébé commence à repousser vos organes. Vous aurez la sensation que la peau de votre abdomen est tendue et étirée.

Qu'arrive-t-il si mon bébé est prématuré ?

Beaucoup plus de bébés naissent en retard plutôt qu'en avance, mais bon nombre de femmes craignent que leur bébé ne soit prématuré, c'est-à-dire, qu'il naisse avant la 37e semaine de grossesse.

Dans certains cas, la cause d'un accouchement prématuré est inconnue, mais de nombreux facteurs y contribuent. La cigarette, l'abus d'alcool et la prise de drogues peuvent entraîner un accouchement prématuré, de même qu'un régime alimentaire déséquilibré et un gain de poids inadéquat. Sinon, il existe certains facteurs inévitables concernant votre santé (pression sanguine élevée, diabète et problèmes cardiaques augmentent le risque), l'exposition aux médicaments contenant des œstrogènes synthétiques, un problème avec le bébé, auquel cas, un traitement peut être tenté, (voir p. 146 – 147), une grossesse multiple ou une histoire de naissances prématurées.

Les probabilités de survie sans effets secondaires à long terme chez les bébés prématurés ont augmenté de façon importante au cours des dernières années. Le taux de survie est influencé par : la proximité de votre terme ; la taille du bébé ; les anomalies congénitales ou les déficiences et, finalement, la disponibilité de soins spécialisés.

Les bébés survivent rarement plus de quelques heures s'ils naissent avant la 23e semaine. À la 24e semaine, un peu moins de la moitié survit. Par la suite, les statistiques s'améliorent radicalement. Un bébé né à 25 semaines a une chance de survie légèrement supérieure à 50 %. À 26 semaines, on passe à 75 % ; à 28 semaines, 85 % des bébés survivent. Au moment où votre grossesse atteint sa 35e semaine, le bébé est sauvé presque à coup sûr.

Reportez-vous à la page 134 pour des informations sur la façon de reconnaître un travail prématuré.

POUR VOTRE BÉBÉ

Pendant ces semaines, votre bébé commence à accumuler du tissu adipeux sous la peau. Ce gras lui fournira de l'énergie pendant les premiers jours de sa vie et l'aidera à régulariser la température de son corps. Toutefois, comparativement à un bébé à terme, il est encore très petit et malingre.

Ses poumons commencent à se développer mais s'il naissait en ce moment, sans l'aide des stéroïdes in utero (voir p. 146), plusieurs semaines s'écouleraient encore avant qu'il ne puisse respirer sans avoir besoin d'un respirateur.

Peau
Le tissu adipeux qui se forme sous les couches supérieures de sa peau lui donne une apparence moins translucide et parcheminée.

Organes génitaux
Chez un garçon, les testicules descendent dans le scrotum vers de la 29ᵉ semaine.

Bras et jambes
Le tissu adipeux sous-cutané fait paraître les cuisses et les bras du bébé plus potelés. Il peut toujours se retourner dans l'utérus mais l'espace est de plus en plus restreint.

Tête
La tête du bébé commence à être plus proportionnée au reste de son corps et son visage se remplit un peu, particulièrement au niveau des joues.

Taille
Le bébé mesure environ 40 cm (16 po) et pèse 1,3 – 1,8 kg (3 – 4 lbs).

PLAN DE NAISSANCE

*Consigner à l'avance vos désirs et vos attentes pour
la naissance de votre bébé aide chaque personne impliquée
dans cet événement à respecter vos choix.*

Q *Ma sœur a eu un bébé l'année
dernière et elle n'avait pas de plan
d'accouchement. Dois-je en avoir un?*

R Oui. Plusieurs futures maman
(et leur conjoint) trouvent très
utile d'envisager les diverses options
qui seront disponibles pendant le travail
et au moment de l'accouchement.
Elles discutent de ces options avec
quelqu'un en qui elles ont confiance
et qui peut les conseiller sur les aspects
médicaux de leurs choix.

Un plan d'accouchement est essentiel-
lement un moyen de consigner ce type
de discussion. Il enregistre vos préférences
pour qu'elles soient claires pour quiconque prendra soin de vous pendant
votre accouchement. Puis, si tout se
passe bien, vous serez à même de donner
naissance à votre bébé selon la façon
que vous avez choisie.

*Souvenez-vous, lorsque vous effectuez un
plan, qu'il y représente un idéal:
évidemment, votre santé, votre sécurité et
celle de votre bébé arrivent en priorité et les
circonstances peuvent entraîner des
changements.*

Q *Si je prépare un plan, dois-je
m'y conformer?*

R Non. Le travail et l'accouchement
peuvent être imprévisibles,
comme peuvent l'être vos réponses. Vous
pouvez changer d'idée
au cours des événements. Ou les circonstances peuvent changer de telle
façon que vous devrez changer d'idée
sur ce que vous aviez désiré. Mais
votre plan doit être respecté et les
modifications apportées doivent
obtenir votre permission et
votre approbation (ou celle
de votre partenaire).

Q *Quelles sont les questions auxquelles
je dois réfléchir?*

R Envisagez les diverses postures de
travail et d'accouchement. Est-ce
important pour vous de pouvoir bouger
librement? Désirez-vous un éventail
d'accessoires dans la salle de travail?

Qui désirez-vous avoir comme
compagnon de travail? Si ce n'est pas
votre conjoint, avez-vous choisi quelqu'un d'autre, sœur, mère, ami(e), ou
désirez-vous que votre sage-femme ou
votre médecin vous aide à trouver quelqu'un? (les étudiantes infirmières ou
sages-femmes sont souvent heureuses
de remplir ce rôle.)

Renseignez-vous sur les politiques de
l'hôpital à propos des caméras vidéo
(si c'est important pour vous). Réfléchissez au contrôle de la douleur
(voir p. 170–173) et notez vos attentes.
Désirez-vous une épidurale, ou au
moins la possibilité d'en avoir une?
Quel autre type de soulagement de la
douleur est disponible? Quels sont vos
sentiments à ce sujet? Aimeriez-vous
encouragements et supports pour
éviter les médicaments?

Votre médecin peut suggérer l'induction ou l'accélération du travail par des
médicaments (voir p. 168–169). Quels
sont vos sentiments quant au monitorage
fœtal (voir p. 174–175)?

Si vous désirez allaiter, faites-le savoir,
afin qu'on vous remette votre bébé le
plus tôt possible après l'accouchement,
pour que vous puissiez le mettre au sein.
Il est d'usage courant que les bébés
soient jour et nuit avec leur maman,
mais, si vous avez besoin d'une pause,
renseignez-vous sur les soins offerts
par la pouponnière.

Finalement, quelles sont les politiques
des visites et de quelle sera la durée, de
votre séjour à l'hôpital?

Q *Quel est le meilleur moment pour faire un plan? Je suis enceinte de quatre mois. Est-ce qu'il est trop tôt?*

R La plupart des femmes attendent un peu plus tard dans la grossesse, lorsqu'elles ont eu du temps pour lire et réfléchir sur la grossesse et la naissance, et qu'elles se sont habituées à l'idée d'être enceintes.

Si vous faites votre plan trop tôt, avant d'avoir assisté à des cours prénataux, vous déciderez peut-être d'y apporter des changements par la suite. (Bien sûr, si les circonstances changent, vous êtes libre de changer votre plan en conséquence.) D'un autre côté, si vous attendez trop, vous pourriez ne pas avoir le temps de réfléchir à ces questions. Ayez pour but de compléter votre plan de quatre à six semaines environ avant votre date d'accouchement.

Lorsque vous rencontrez votre sage-femme ou votre médecin pour élaborer votre plan final, arrivez avec quelques notes préparées et soyez prête à être flexible. Apportez également votre liste de questions afin de n'oublier aucun point que vous aviez l'intention de soulever.

Q *Tout cela semble très conventionnel. Existe-t-il un formulaire spécial que je devrais utiliser?*

R Dans certains hôpitaux, le plan de naissance suit un format établi afin que vos attentes sur les points importants soient respectées. Mais si vous trouvez que le formulaire ne couvre pas un aspect qui est important pour vous, ajoutez-le sur une feuille de papier. Certains médecins préfèrent que vous écriviez une lettre décrivant vos désirs, en tout état de cause, parce que le travail et l'accouchement sont des éléments trop personnels pour être adéquatement couverts par un formulaire standard.

Q *Qu'advient-il de mon plan une fois qu'il est rédigé?*

R Vous devriez en faire deux copies. Conservez-en une et joignez l'autre à votre dossier médical. Signez et apposez la date sur le plan et demandez à votre médecin de signer également. Le médecin désirera peut-être inclure certaines clauses de non-responsabilité au cas où des changements de dernière minute à votre plan seraient nécessaires sur le plan médical.

Q *Ne me sentirais-je pas mal à l'aise si je ne me conforme pas au plan? Qu'arrive-t-il si je dois subir une césarienne?*

R Au tout début des plans de naissance, leurs détracteurs faisaient valoir que les attentes des femmes étaient trop élevées et qu'elles seraient déçues d'elles-mêmes ou de leur expérience de naissance si elles ne pouvaient adhérer à chaque aspect de leur plan. Mais le plan n'est pas conçu pour établir un projet détaillé de l'accouchement et de la naissance. Il reflète vos sentiments et vos choix. Un plan de naissance vise un accouchement personnalisé, mais en certaines occasions, les considérations médicales interviennent. Une femme dont le plan s'avère impossible à respecter dans les circonstances peut être confiante qu'elle et son conjoint seront consultés et informés de ce qui arrive. Elle saura, à titre d'exemple pourquoi elle doit avoir une césarienne; elle ne fera pas que la « subir ».

Q *Comment est-ce que je fais un plan?*

R Dites à votre médecin, votre sage-femme ou quelqu'un d'autre impliqué de près dans les soins prénataux, que vous désirez faire un plan de naissance. Dites-lui que vous aimeriez obtenir son aide, son support et son avis. Fixez un moment où vous et votre conjoint (ou compagnon de naissance) pouvez rencontrer cette personne, de préférence lorsque vous aurez suffisamment de temps pour vous asseoir ensemble, sans vous presser, à la fin d'un rendez-vous prénatal.

QUESTIONS À POSER

Si une césarienne s'avère indispensable, mon conjoint peut-il y assister? Peut-il prendre soin du bébé pendant que je récupère de l'anesthésie?

Quel type de contrôle de la douleur est disponible dans cet hôpital?

Un anesthésiste est-il de garde en tout temps?

Je pense que je serais plus détendue si je pouvais écouter ma musique préférée dans la salle de travail. Est-ce possible?

Puis-je être certaine que l'épisiotomie sera évitée autant que faire se peut?

Pourrai-je prendre mon bébé dans mes bras immédiatement après la naissance? Puis-je avoir un accouchement dans l'eau?

POUR VOUS

Vous pensez peut-être quitter votre emploi à ce moment mais, si vous vous sentez bien, que vous êtes active et que votre emploi n'est pas trop exigeant physiquement ou mentalement, il n'y a aucune raison liée à la santé pour le laisser. D'un autre côté, peut-être désirez-vous une période à la maison pour pouvoir préparer l'arrivée de votre bébé. Si vous désirez continuer de travailler, vérifiez d'abord auprès de votre médecin ou de votre sage-femme.

La partie supérieure de votre utérus s'appuie sur votre cage thoracique et votre nombril peut être ressorti.

À partir de maintenant, vos visites prénatales seront plus fréquentes. Vous pouvez également passer une échographie durant ce mois si le placenta semble bas ou si le médecin suspecte d'autres types de problèmes. Un placenta qui est inséré bas dans l'utérus, ou même dans sa partie inférieure, est connu sous le nom de placenta praevia (voir p. 176–177). Dans un cas semblable, votre médecin décidera dans le courant du neuvième mois si vous devez accoucher par césarienne, c'est-à-dire si le placenta bloque la voie de sortie au bébé.

Mes contractions sont-elles réelles?

L'utérus, qui est en fait un grand muscle, se contracte tout au long de la grossesse. Mais vous ne commencerez pas à sentir ces contractions avant le huitième mois et peut-être même plus tard. On les appelle parfois contractions de Braxton-Hicks (du nom des premiers médecins qui les ont observées). Les contractions de Braxton-Hicks tonifient votre utérus avant l'accouchement, ajustent la position de votre bébé pour la naissance et facilitent l'effacement du col de l'utérus en préparation aux contractions du travail. Vous sentirez parfois votre abdomen durcir, et si vous prenez un bain, vous le verrez se tendre et demeurer tendu pendant plusieurs secondes. Les contractions sont rarement douloureuses mais peuvent être désagréables.

Bien entendu, elles représentent une excellente opportunité de pratiquer vos exercices de respiration (voir p. 56–57). Changer de position vous aidera également, comment vous lever et marcher en rond. Si vous êtes très active, peut-être ne ressentirez-vous qu'à peine les contractions.

Vers la fin de la première grossesse, il peut être difficile de déterminer si ces contractions débutent le travail ou pas. En général toutefois, les contractions de Braxton-Hicks ont tendance à être irrégulières, de courte durée (entre 30 et 60 secondes) et intermittentes. Elles ont tendance aussi à croître en durée, en intensité ou en fréquence sur une période de quelques heures. Si les contractions se produisent à une fréquence de plus de cinq à six fois à l'heure, chronométrez-les. Demandez à votre médecin ou à votre sage-femme comment les contrôler et à quel moment vous devez demander un avis médical.

POUR VOTRE BÉBÉ

La position de votre bébé dans votre utérus devient de plus en plus significative à partir de cette étape. Jusqu'au début de ce mois, les bébés ont tendance à occuper n'importe quelle position dans l'utérus. Ils bougent beaucoup, mais «au repos» la plupart se présentent par le siège, c'est-à-dire, les pieds ou les fesses vers le vagin. À la fin du huitième mois, la majorité, 95 %, se sont retournés, afin d'être dans une meilleure position pour l'accouchement. Cette position tête en bas est connue sous le nom de vertex, ou céphalique. Il n'y a aucune inquiétude à avoir. Si votre bébé se présente toujours par le siège à ce stade, il a encore amplement le temps de se retourner. Certains médecins essaient de retourner le bébé manuellement, en utilisant une échographie, lors d'un processus connu sous le nom de version externe.

Peau
Le supplément de gras rend le bébé plus potelé et plus rond et sa peau devient moins ridée.

Mains et pieds
Les ongles des doigts et des orteils sont entièrement poussés. Les mouvements que vous ressentirez à la fin de ce mois seront de forts coups de pied.

Yeux
Les yeux du bébé sont colorés, la plupart du temps de bleu chez les bébés à la peau claire et de brun chez les bébés à la peau plus foncée. Cette couleur peut se modifier durant les mois qui suivent la naissance.

Taille
Le bébé mesure environ 43 cm (17 po) et pèse 2,1 – 2,6 kg (4½ – 5½ lbs). Le poids additionnel provient du supplément de gras plutôt que d'une croissance en longueur, qui est par comparativement très faible.

Cheveux
Les cheveux sont la norme chez tous les bébés et plusieurs en ont beaucoup, bien que leur couleur et leur texture se transformera tout au long des premières années. Le duvet présent sur le visage et le corps du bébé commence à disparaître mais le vernix demeure (voir p. 97 et 103).

ACHATS INDISPENSABLES

Il est vrai que les besoins des bébés sont simples, mais c'est tout de même une bonne idée de préparer votre maison pour le nouveau venu et de vous procurer certains articles.

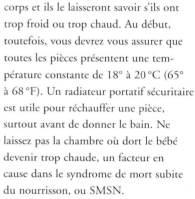

L'une des choses les plus sensées à faire avant d'aller magasiner pour des articles de bébé est de demander aux amis qui en ont déjà ce qu'ils ont trouvé de plus pratique. Certains articles sont utilisés seulement pendant les trois premiers mois ou à peu près : un bain de bébé, à titre d'exemple, devient vite trop petit et une table à langer sans courroie de sécurité est dangereuse pour un poupon gigotant de quatre ou cinq mois. Peut-être pouvez-vous emprunter de tels articles de parents dont les bébés sont plus âgés. Mais gardez à l'esprit que tout ce qui peut vous rendre la vie plus facile pendant les premiers mois vaut la peine d'être acheté.

Siège d'auto

La façon la plus sécuritaire de voyager pour un nouveau-né est d'utiliser un siège d'auto qui s'installe de telle sorte que le bébé est face à l'arrière. Si vous êtes seule dans le véhicule avec votre bébé et que votre auto n'a pas de coussin gonflable, vous pouvez le mettre à l'avant, afin de ne pas être distraite par le fait de vous tourner pour regarder si tout va bien. N'utilisez jamais de siège d'auto à l'avant si vous avez un coussin gonflable du côté du passager.

LA CHAMBRE DE BÉBÉ

Si vous planifiez de préparer une chambre pour votre bébé, c'est maintenant que vous devez le faire. Vérifiez la température de toutes les pièces dans lesquelles votre bébé passera beaucoup de temps. Les bébés en santé sont très tôt capable de régulariser la température de leur corps et ils le laisseront savoir s'ils ont trop froid ou trop chaud. Au début, toutefois, vous devrez vous assurer que toutes les pièces présentent une température constante de 18° à 20 °C (65° à 68 °F). Un radiateur portatif sécuritaire est utile pour réchauffer une pièce, surtout avant de donner le bain. Ne laissez pas la chambre où dort le bébé devenir trop chaude, un facteur en cause dans le syndrome de mort subite du nourrisson, ou SMSN.

Un endroit où dormir, que ce soit le jour et la nuit, est important, votre bébé peut passer jusqu'à 18 heures sur 24 à dormir. Son landau est parfait pour les premiers mois, mais il deviendra rapidement trop petit pour les longues périodes de sommeil. Vous voudrez peut-être un berceau ou un « moïse » ; la plupart des parents aiment en avoir un pour la nuit à partir des tout débuts, gardant le landau pour les siestes de jour. Vous pouvez également coucher votre

Même si vous avez décidé que votre bébé dormirait avec vous la nuit, au début tout au moins, c'est tout de même avant la naissance que se trouve le meilleur moment de préparer la chambre. Gardez une ou deux touches de finition à compléter pour célébrer son arrivée.

bébé dans un lit d'enfant de dimension standard. Les barreaux du lit ne doivent pas être écartés de plus de 6 cm (2½ po). Renseignez-vous sur les critères de sécurité les plus récents concernant les matelas et assurez-vous que le matelas présente un ajustement serré, sans espace qui pourrait emprisonner une petite main ou un petit pied. Choisissez la literie, draps, une ou deux couvertures minces et une couette légère, pour qu'il soit facile de retirer une couverture si le bébé semble avoir trop chaud. Les bébés de moins d'un an ne devraient pas avoir d'oreiller.

Un bain de bébé n'est pas essentiel, mais en posséder un signifie que vous pouvez lui donner son bain dans n'importe quelle pièce. Donner un bain à un tout petit bébé dans un bain d'adulte est mauvais pour votre dos. Vous aurez également besoin de deux serviettes et deux débarbouillettes.

TRANSPORT DE VOTRE BÉBÉ

La loi exige un siège d'auto. Celui-ci doit être d'une taille adaptée à un nouveau-né et correctement placé dans l'automobile dès la sortie de l'hôpital. Il est plus sécuritaire d'en acheter un neuf; un siège d'auto qui a souffert d'un impact, même léger, peut être possiblement endommagé.

Il existe plusieurs types de landau. Certains sont fabriqués pour que le châssis se replie afin de faciliter le rangement. Les landaus traditionnels à larges roues offrent une promenade plus agréable, bien que les bébés ne semblent pas trop soucieux de ce fait, pourvu qu'ils aient un matelas confortable; les landaus plus petits sont plus légers à pousser et plus faciles à manœuvrer. Vous pouvez choisir une poussette robuste avec dossier rabattable en option: un jeune bébé doit pouvoir reposer à plat.

Un sac porte-bébé est un bon choix si vous utilisez souvent le transport en commun. Pour un nouveau-né choisissez-en un qui s'installe à l'avant; une fois le bébé assez grand pour maintenir sa tête, vous pouvez choisir un modèle qui s'installe dans le dos, plus confortable, et qui offrira à bébé une meilleure vision de l'environnement.

ACHATS D'OCCASION

Il y a souvent de bonnes aubaines à réaliser dans les articles d'occasion pour bébés. Assurez-vous de vérifier les landaus, poussettes et lits pour vous assurer de leur sécurité et de leur robustesse. Vérifiez les roues, les vis et les cadres pour vous assurer qu'ils sont bien solides. Faites-les vérifier et réparer si vous avez des doutes. Par contre, il est toujours conseillé d'acheter un matelas neuf.

Une pensée pour vous

Peu importe la façon de nourrir votre bébé, vous passerez une bonne partie du jour (et de la nuit) à ne faire que cela. Relativement à l'allaitement naturel en particulier, une chaise de la bonne hauteur et qui offre suffisamment de support peut faire la différence entre l'une des expériences les plus enrichissantes de votre vie et un mal de dos chronique. Vérifiez dès à présent les chaises que vous possédez. En avez-vous une sur laquelle vous pouvez vous asseoir, le dos supporté et les pieds bien à plat sur le plancher? Si ce n'est pas le cas, y a-t-il quelque chose que vous pouvez mettre sur le plancher pour élever vos pieds (des gros livres, un tabouret) ou placer dans votre dos pour assurer son soutien? Les bras de la chaise sont-ils à la bonne hauteur?

Vérifiez également votre matelas. Un matelas affaissé et plein de bosses n'est pas le gage d'une bonne nuit de sommeil et le sommeil sera un élément précieux une fois le bébé né.

Matelas à langer
Un matelas à langer recouvert de plastique vous permet de changer votre bébé n'importe où dans la maison et protège les tapis, les meubles et la literie.

Serviettes
Vous pouvez, bien entendu, utiliser vos serviettes pour votre bébé, mais assurez-vous qu'elles soient douces et souples: la peau d'un nouveau-né est délicate.

Bain
Le désavantage d'un bain de bébé est que vous devrez peut-être le transporter quand il est rempli d'eau.

BESOINS DE VOTRE BÉBÉ

Une fois les achats indispensables effectués, vous pouvez vous occuper des besoins plus personnels de votre bébé, et planifier un peu à l'avance.

Avant de courir acheter des vêtements de bébé, des jouets et d'innombrables paquets de couches, demandez aux amis et à la famille s'ils peuvent vous prêter vêtements ou jouets de bébé, et quel type de couches ils recommandent. C'est également le moment de penser à la façon de nourrir votre enfant.

COUCHES

Ces dernières années, les parents ont opté pour les couches jetables de façon importante. Bien que les couches jetables soient coûteuses, elles sont faciles à utiliser, s'ajustent bien et ne demandent pas de lavage et séchage fastidieux et énergivore. Les couches de tissu-éponge sont plus économiques, même après avoir pris en compte les coûts du lavage et du séchage, des culottes de plastique et des épingles. Et, comme il est improbable qu'elles soient utilisées par un seul bébé, vous pourrez les réutiliser pour un deuxième enfant. Utiliser un service de couches, une entreprise qui ramasse les couches sales, les lave, les sèche et les livre à la maison, coûte à peu près le même prix qu'utiliser des couches jetables.

Mis à part le lavage, les couches de tissu sont écologiques. Les couches jetables épuisent les ressources à chaque étape de leur utilisation. Et, en dépit de leur nom, elles ne sont pas très « jetables ». À ce jour, il n'y a aucune façon de les recycler.

Une alternative : les couches réutilisables. Ces couches de tissu préformées sont utilisées avec des doublures, comme les couches normales. Mais leur forme et leur disponibilité dans plusieurs tailles donnent un ajustement presque aussi bon, sans

compter le confort, qu'une couche jetable. Certains parents utilisent des couchent de tissu la plupart du temps et des couches jetables ou réutilisables en voyage ou en vacances.

Les bébés peuvent être nettoyés avec un tissu de coton trempé dans de l'eau qui a été bouillie pour en éliminer les bactéries, puis refroidie, mais les lingettes emballées sont pratiques, en particulier lorsque vous voyagez. Une crème protectrice peut être utile mais la plupart des professionnels ne recommandent pas la poudre pour bébé en raison des fines particules qui peuvent être inhalées par le bébé et causer des problèmes respiratoires.

VÊTEMENTS

Assurez-vous que les vêtements de votre bébé soient simples et conçus pour changer facilement la couche (attaches à l'avant, encolures dégagées et boutons pression à l'intérieur des jambes). Évitez tout ce qui présente des cordons ou de la dentelle, dans lesquelles les petits doigts peuvent se coincer. Et achetez seulement quelques articles de toute petite taille.

Les articles de base indiqués plus bas seront à votre bébé pendant ses trois premiers mois et vous éviteront de laver les vêtements de bébé tous les deux jours, ou à peu près : cinq ensemble extensibles tout en un, cinq vestes, trois chandails, une couverture de bébé, un chapeau chaud (si c'est l'hiver), un chapeau de soleil (si c'est l'été). Assurez-vous que tout ce que vous achetez se lave et se sèche à la machine.

Les vêtements de bébé deviennent trop petits avant d'être usés et des vêtements de bonne qualité peuvent être passés à plusieurs bébés avant d'être élimés. Souvenez-vous : des gens auxquels vous n'aurez jamais pensé peuvent vous donner des vêtements de bébé.

NOURRIR VOTRE BÉBÉ

L'allaitement maternel ne requiert aucun équipement, bien que les coussinets pour sein soient pratiques. Si vous désirez extraire du lait, ce qui vous permet de prendre quelques heures de congé (voir p. 207), vous aurez besoin d'une pompe et de biberons avec tétines. Si vous planifiez retourner travailler, un tire-lait électrique peut être pratique. Vous pouvez en louer ou en acheter un. Un stérilisateur n'est pas indispensable

Vêtements
Optez pour des vêtements superposés pour un nouveau-né ; de cette façon, il est facile de les enlever ou de les ajouter si le bébé semble avoir chaud ou froid. Une camisole (certaines destinées aux nouveaux-nés s'attachent sur le côté, ce qui facilite souvent les choses avec un tout petit bébé), un pyjama et un chandail sont l'idéal.

Pompe à sein

Le modèle manuel est économique et facile à utiliser ; tout comme les bouteilles, la pompe doit être stérilisée à sa première utilisation et après chaque utilisation par la suite. Le lait exprimé du sein se conserve au réfrigérateur pendant 24 heures et au congélateur pendant trois mois.

pour les biberons, faites-les simplement bouillir à l'eau pendant 10 minutes, mais vous aurez besoin d'une brosse à bouteille afin de vous assurer que vous avez enlevé toutes les traces de lait.

Si vous nourrissez le bébé au biberon, vous aurez besoin d'une demi-douzaine de biberons avec tétines, plus l'équipement de stérilisation. Certains professionnels soutiennent que la température élevée de l'eau et le séchage à l'air libre dans un lave-vaisselle rendent la stérilisation inutile. Si vous songez à mettre les bouteilles au lave-vaisselle, vérifiez d'abord que les bouteilles et les tétines vont au lave-vaisselle.

Vous n'avez pas besoin d'acheter une chaise pour l'instant, attendez que votre bébé commence à manger des aliments solides. Par contre, il est important de prévoir un budget pour cet achat.

JOUETS

Un nouveau bébé n'a pas besoin de beaucoup de jouets, mais il aimera un ou deux petits jouets, il n'est pas encore capable de faire le point sur quelque chose de gros, qui lui seront familiers dès le départ.

Assurez-vous que les jouets sont conformes aux normes de sécurité et qu'ils sont adaptés à un nouveau-né.

Planifier à l'avance

Vous pouvez ressentir presque physiquement, un «instinct de bâtir le nid» au cours de ces dernières semaines, une urgence de rendre votre foyer confortable pour l'arrivée de votre bébé. Si vous ressentez un surplus d'énergie à mesure que la naissance approche, utilisez-le à bon escient pour terminer toute réparation mineure à la maison ou tâche de jardinage que vous avez toujours voulu faire.

Planifiez de faire le plus de travaux domestiques possibles à l'avance, pour couvrir les deux semaines suivant la naissance ou à peu près. Vous serez heureuse de passer plus de temps avec votre bébé et vous apprécierez la chance de vous reposer et de dormir au moment où bébé le permet !

Avec un peu de planification, vous devriez être capable de vous organiser pour que, durant les premières semaines, tout ce que vous deviez acheter soit des fruits et légumes frais.

Magasiner

Bien se nourrir est aussi important après la naissance que ce l'était avant, mais vous pouvez avoir moins de temps pour cuisiner et être trop fatiguée pour le faire. Cuisinez maintenant et faites congeler les repas que vous aurez simplement à réchauffer et à servir. Remplissez vos armoires de nourriture (pâtes, légumineuses, céréales) et d'articles ménagers.

Sécurité

Pensez sécurité tandis que vous avez encore le temps de faire quelque chose à ce sujet. Vous n'en aurez peut-être jamais besoin, mais cela vaut le coup d'apprendre le RCR (essentiel si vous avez précédemment perdu un bébé à cause du syndrome de mort subite du nourrisson). Demandez à votre médecin ou à votre sage-femme de vous conseiller un endroit où aller. Certains hôpitaux offrent des cours, et des vidéos de formation sont disponibles. Faites des mesures de sécurité une seconde nature avant que n'arrive le bébé. Faites couler l'eau froide dans le bain d'abord, puis ajoutez l'eau chaude. Diminuez la température de quelques degrés. Établissez une protection autour des cheminées et des radiateurs. Enlevez les tapis et stabilisez toute carpette, en particulier dans les escaliers. Posez des serrures sur les armoires contenant des médicaments ou des produits chimiques.

Jouets

Lorsque vous choisissez un mobile à suspendre au-dessus du lit, assurez-vous qu'il ne sera pas à la portée de bébé. Tenez-le en l'air et regardez à quoi il ressemble vu d'en dessous : plusieurs sont beaux de côté mais inintéressants lorsqu'on les voit d'en dessous. Un jouet qui fait de la musique est également un bon choix. Une fois que votre bébé a découvert ses mains, à trois mois environ, un hochet est approprié. Et un petit miroir, attaché aux barreaux du lit ou cousu dans un jouet de berceau l'aidera à développer ses aptitudes visuelles.

Neuvième mois

POUR VOUS

Si vous avez choisi d'arrêter de travailler, ces semaines d'arrêt vous paraîtront longues : vous avez plus de temps pour penser au bébé et à la naissance. Mais différents phénomènes se produisent. C'est dans le courant de la 36e ou de la 37e semaine que la tête de votre bébé peut s'engager, ce qui relâche la pression sur votre diaphragme. L'engagement se produit plus tard pour un deuxième bébé et pour les bébés subséquents, car après avoir eu un premier enfant, les os pelviens sont disposés de façon légèrement

Dès que la tête du bébé est engagée, la pression sur vos côtes diminue. Vous respirerez plus facilement, mais vous devrez peut-être uriner plus souvent car la pression sur la vessie augmente.

différente. Ne vous en faites pas si la tête de votre bébé n'est pas engagée. Dans environ 10 % des premières grossesses, l'engagement ne se produit qu'au début du travail.

Il arrive parfois que le bassin soit trop petit pour la tête du bébé, elle ne peut donc pas s'engager correctement. Le médecin s'en rend compte en général avant que ne commence le travail et un diagnostic de disproportion céphalo-pelvienne est posé. Dans des cas très évidents, on vous avisera que vous devrez avoir une césarienne. Mais dans la plupart des cas, votre médecin vous demandera d'attendre et de prendre une décision au moment opportun. Il laissera le travail démarrer et progresser pour voir si un accouchement vaginal est possible ou pas.

De quelle façon votre bébé peut reposer dans votre utérus

La posture qu'adopte votre bébé dans l'utérus est connue sous le nom de *présentation*. La partie qui se présente est la plus rapprochée du canal d'accouchement et apparaîtra par conséquent en premier. La plupart des bébés sont placés tête en bas. Il y a également ceux qui sont occiput antérieur : l'occiput, l'os arrière de la tête, fait face à l'avant de votre bassin, légèrement à gauche ou à droite. Si le bébé est en position occiput postérieur, l'arrière de sa tête fait face à votre dos, encore une fois légèrement vers la gauche ou vers la droite. Plus rarement, un bébé est placé en présentation de siège, dans laquelle ses jambes ou ses fesses peuvent être la première partie à se présenter. L'impact de ces présentations sur votre travail et l'accouchement est discuté aux p. 166 – 167.

OPD : Occiput postérieur droit
Le bébé est tête en bas et fait face à l'avant de votre corps, arrière de la tête légèrement tourné vers la droite.

OAG : Occiput antérieur gauche
Le bébé est tête en bas et fait face à l'arrière de votre corps, arrière de la tête légèrement tourné vers la gauche.

POUR VOTRE BÉBÉ

La tête du bébé plonge dans le bassin en préparation à l'accouchement. Dans les dernières semaines de la grossesse, votre bébé prend environ 200 g (7 oz.) par semaine, avec une accélération du gain de poids dans les deux dernières semaines environ. Il grandit également d'environ 10 cm (4 po.).

Il est normal que votre bébé bouge moins, mais avertissez votre médecin ou votre sage-femme si vous sentez que tout mouvement a cessé depuis plusieurs heures. Votre bébé tout naturellement a des périodes d'éveil et de sommeil, et une période tranquille peut vouloir simplement indiquer une longue sieste. Mais si vous êtes inquiète, demandez à votre médecin d'écouter les battements de cœur de votre bébé pour vous rassurer.

Bras et jambes

Il y a à présent si peu d'espace dans l'utérus que les mouvements du bébé sont restreints et que les coups distincts de bras et de jambes sont moins courants qu'avant.

Taille

À terme, un bébé moyen mesure 53 cm (21 po) de longueur et pèse 3,2 kg (7 lbs).

Yeux

La vue du bébé se développe rapidement à partir de maintenant, et il peut faire la différence entre la lumière et l'obscurité.

Présentation par le siège

Le bébé est assis dans la cavité pelvienne présentant son derrière en premier.

Présentation par les pieds

Le bébé est assis dans la cavité pelvienne avec un ou les deux pieds étendus vers le col utérin.

Bouche

À partir de la 36ᵉ semaine, le bébé peut efficacement coordonner ses mouvements de succion et de déglutition et il manifeste un puissant reflexe de succion.

Poumons

Bien qu'ils ne contiennent pas d'air, les poumons du bébé sont développés et il pratique de légers mouvements de respiration. Résultat, le liquide amniotique passe dans les voies respiratoires de temps à autre et provoque le hoquet, ce que vous ressentirez comme une série de mouvements légers et rythmiques.

Peau

La quantité de vernix et de duvet (voir p. 97 et 103) qui recouvre la peau du bébé diminue pendant ces semaines ; un bébé né à terme ou après n'en présentera probablement que peu ou pas du tout.

MALAISES COURANTS

Voici le trimestre où les problèmes mineurs se résorbent, bien qu'une fatigue croissante puisse avoir un impact sur votre bien-être.

Certains problèmes sont plus courants à la fin de la grossesse qu'au début. Presque tous sont liés à la taille du bébé ou à l'effet de votre poids additionnel sur votre circulation. Il y a beaucoup de choses que vous pouvez faire pour éviter plusieurs de ces problèmes.

INCONTINENCE DUE AU STRESS

Elle n'a rien à voir avec un stress émotionnel ou psychologique. Elle indique simplement le stress sur les muscles de votre plancher pelvien lorsque vous toussez, éternuez ou courez. Plus la grossesse avance, plus le poids du bébé peut faire en sorte que ces muscles se relâchent, ce qui permet à la vessie d'échapper un peu d'urine à l'occasion.

La meilleure prévention est d'être très fidèle à faire sur les exercices pour le plancher pelvien (voir p. 44 – 45) afin que vos muscles demeurent fermes et

forts. (Vous devriez continuer à les faire après la naissance pour redonner à vos muscles leur fermeté et leur tonus). La seule solution si l'incontinence due au stress devient un problème est d'augmenter la fréquence des exercices et de porter une serviette sanitaire, pour vous sentir en sécurité. Changez-la souvent.

Des écoulements fréquents et persistants lorsque vous toussez et que vous éternuez pourraient être le signe d'un écoulement du liquide amniotique et doivent être immédiatement rapportés à votre médecin.

ŒDÈMES

Un certain gonflement des chevilles, des jambes, des doigts, du visage et des mains, dû à la rétention de liquide dans les tissus de ces régions du corps, est normal à la fin de la grossesse, car il est causé par le surplus de liquides circulant

dans votre corps. Pour minimiser l'inconfort, étendez-vous ou asseyez-vous jambes surélevées chaque fois que vous le pouvez ; assurez-vous que vos souliers sont assez larges ; évitez tout ce qui est serré, des bas avec élastiques, autour de vos jambes et chevilles. Vous pouvez vous sentir plus à l'aise si vous portez des bas support. Boire de l'eau n'augmentera pas l'enflure, pas plus que la restriction au sel ne la diminuera.

En majorité, les cas d'œdème ne sont pas dangereux, mais rapportez tout gonflement lors de votre prochaine visite pré-natale, car c'est l'un des signes d'alarme de la prééclampsie (consultez l'encadré à la page suivante).

Quelques femmes souffrent d'un problème appelé le *syndrome du tunnel carpien*, dans lequel le liquide s'accumule dans les poignets et produit une sensation de picotement, parfois douloureux, dans les doigts. Élever les mains au-dessus de la tête pendant plusieurs minutes vous aidera en permettant au liquide de s'écouler. Des atelles qui conservent les doigts en position

Prendre un bain tiède soulage la tension du poids du bébé sur le plancher pelvien, réduisant ainsi le stress qui lui est imposé. Il soulage également la pression sur le diaphragme, vous permettant de respirer plus facilement. Un bain tiède peut également favoriser un sommeil paisible. Vous devez toutefois éviter les bains chauds ou les cuves thermales.

Prééclampsie

Le problème connu sous le nom de pré-éclampsie est unique à la grossesse. Ses symptômes sont une pression sanguine constamment élevée (après 20 semaines de grossesse, une lecture de plus de 140/90 est considérée comme élevée ; à 160/110, elle est considérée comme sérieuse), en particulier après 30 semaines ; la présence d'œdème au visage, aux mains et aux chevilles, et la présence de protéines dans l'urine. Dans les cas les plus graves, la patiente peut souffrir de maux de tête, d'une vision embrouillée, de douleurs gastriques, de vomissements et de confusion. S'ils ne sont pas soignés, ces symptômes peuvent s'agraver et l'éclampsie peut se développer, entraînant des convulsions et, occasionnellement, le coma.

Comme les symptômes de la prééclampsie sont faciles à repérer, la pression sanguine et l'urine de la femme enceinte sont vérifiées à chaque visite prénatale.

La prééclampsie est plus courante lors des premières grossesses, chez les adolescentes et les femmes plus âgées et chez les femmes qui portent plus d'un bébé ou qui ont une histoire d'hyper-tension chronique. Elle a également tendance à être héréditaire. La cause n'en est pas bien connue et les liens entre les trois principaux symptômes ne sont pas clairs. Mais l'élément qui semble être le déclencheur est le vaso-spasme ou constriction des vaisseaux sanguins à travers le corps.

Un régime sain aide à prévenir une pression sanguine élevée, de même que l'exercice. (La prééclampsie semble être plus répandue parmi les femmes sous-alimentées, indication qu'un régime sain est à recommander.) De nombreuses femmes trouvent que le yoga aide à réduire une pression sanguine élevée.

La pression sanguine élevée est dangereuse car elle peut affecter le fonctionnement du placenta et le débit sanguin à cet endroit. Si le bébé ne reçoit pas suffisamment de nourriture et d'oxy-gène, sa croissance peut être ralentie.

Le traitement de la prééclampsie dépend d'abord du stade de la grossesse. Avant 28 semaines ou à peu près, les médecins sont réticents à provoquer l'accou-chement, à moins que le bébé ne soit en grand danger, de façon à donner au bébé les meilleures chances possibles de survie.

En général, c'est le repos qui est pres-crit, souvent à l'hôpital même, afin que le corps de la femme puisse mieux utiliser l'alimentation sanguine disponible. On peut également administrer des médica-ments. De faibles doses d'aspirine peu-vent prévenir la prééclampsie dans les grossesses à risque élevé en empêchant le vasospasme.

Dans les cas plus légers, du repos avec ou sans médicaments peut contrôler le problème jusqu'à ce que débute le travail. Comme le placenta commence à fonctionner moins bien après 40 semaines dans toutes les grossesses, la plupart des médecins sont réticents à permettre à une grossesse présentant une pression san-guine élevée de se poursuivre au-delà de cette période, car elle pourrait influencer davantage le fonctionnement du placenta.

Dans les cas les plus graves, cepen-dant, une fois le médecin convaincu que les poumons du bébé sont suffisamment développés, ou si la mère est très malade, il provoquera en général le travail ou fera une césarienne pour la naissance du bébé. Comme une épidurale fait en général dimi-nuer la pression sanguine, le médecin pour-rait recommander ce type d'anesthésie.

sont également conseillées. Le problème disparaît généralement après l'accouchement.

ESSOUFLEMENT

Il s'agit d'un problème très courant qui peut commencer tôt durant la grossesse et diminuer seulement lorsque la tête du bébé s'engage dans le bassin (voir p. 140–141). Jusque là, l'utérus en croissance s'appuie contre le diaphragme, faisant pression sur les poumons et les empêchant de complètement se remplir d'oxygène lorsque vous respirez.

Ajuster votre posture pourrait vous aider. Tenez-vous debout très droite si la position debout est nécessaire et asseyez-vous très droite, plutôt que voûtée ou affaissée vers l'avant. Si vous trouvez que l'essoufflement représente un problème la nuit, essayez de dormir presqu'assise, soutenue par des oreillers.

BRÛLURES D'ESTOMAC

Les brûlures d'estomac sont causées par une régurgitation des acides et des aliments contenus dans l'estomac, qui « brûlent » l'intérieur de l'œsophage en remontant. Elles se produisent pendant la grossesse parce que le muscle situé entre l'œsophage et l'estomac se détend sous l'influence des hormones.

Manger de petites quantités de nourriture à la fois facilitera les choses en empêchant la surcharge de l'estomac à un moment où l'espace dans l'ab-domen est précieux. Évitez de vous étendre au cours de la première heure après le repas.

DIABÈTE GESTATIONNEL

Diabète uniquement lié à la grossesse, qui se produit lorsque le corps ne pro-duit pas suffisamment d'insuline pour répondre aux niveaux élevés de sucre dans le sang, causés par les hormones placentaires de la grossesse.

Bien manger et éviter un gain de poids trop important sont les meilleures façons de réduire les risques de dévelop-per un diabète gestationnel. Si vous souffrez de ce problème, un régime sain est primordial pour maintenir des limites sécuritaires. Votre médecin pourra vous aviser de modifier votre régime et contrôler vos niveaux de glucose. La croissance de votre bébé sera soigneusement vérifiée. Mangez de façon régulière et évitez les collations sucrées. L'utilisation d'insuline sera peut-être nécessaire.

IMPACT ÉMOTIONNEL DES DERNIERS MOIS

Plus la date magique se rapproche, plus il devient difficile de penser à autre chose qu'a la naissance du bébé, mais il est important de maintenir d'autres intérêts.

Les enseignants des cours prénataux dans les dernières semaines de la grossesse, trouvent difficile d'amener la classe à se concentrer sur « la vie après la naissance ». Des sujets comme l'alimentation, les pleurs et la façon d'être parent provoquent moins d'intérêt et de discussions que les thèmes entièrement tournés vers l'accouchement.

Il y a probablement une certaine quantité de superstition auto-protectrice dans tout cela, une crainte que d'acheter beaucoup de vêtements et d'articles de bébé ou de considérer en profondeur ce que pourrait être la vie avec un bébé, ne soit une façon de « tenter la chance ». Mais la planification de la vie avec un bébé vous rapproche de votre conjoint. De plus, la plupart des femmes trouvent que les jours sont longs durant le dernier mois ; se garder occupée aide à passer le temps.

Magasiner peut vous procurer une sortie agréable et il est certainement plus facile de vous promener en ce moment que plus tard, lorsque vous essaierez de vous ajuster à l'horaire de votre bébé. Portez des chaussures confortables et ne transportez pas de lourdes charges. Si vous conduisez, assurez-vous de porter votre ceinture de sécurité. Placez-la entre vos seins et en travers de vos cuisses, sous votre ventre. Même si vous n'êtes pas à l'aise, de cette façon, elle ne peut pas blesser le bébé.

CRAINTES

Il est probable que vous êtes moins soucieuse qu'avant de la santé de votre bébé (voir p. (108 – 109), en partie parce que vous pouvez le sentir bouger et donner des coups. Mais vous pouvez être concernée par le fait que vous ne saurez peut-être pas quand débute réellement le travail (vous le saurez) ou que vous n'aurez peut-être pas le temps de vous rendre à l'hôpital (vous l'aurez presque à coup sûr). Si vous dépassez la date prévue pour l'accouchement, vous serez peut-être inquiète à l'idée que l'accouchement devra être provoqué. Ou, si votre bébé est très gros ou qu'il est dans une position difficile pour l'accouchement, vous serez peut-être angoissée à l'idée d'une césarienne.

Comme c'est toujours le cas, parlez de vos inquiétudes avec votre partenaire et vos conseillers médicaux. Pratiquez des techniques de relaxation (voir p. 50 – 51) et profitez de ces dernières semaines d'expectative.

CONSIDÉRATIONS PRATIQUES

Les bébés arrivent quelquefois plus vite que prévu. Il est donc prudent de faire quelques préparatifs. Préparez votre valise pour l'hôpital (voir p. 150 – 151). Assurez-vous que vous pouvez joindre votre conjoint en tout temps. Gardez tous les numéros de téléphone importants près de l'appareil, médecin, sage-femme et compagnie de taxi. Ce dernier au cas où votre conjoint n'aurait pas le temps de revenir à la maison. Mais souvenez-vous que vous pouvez toujours appeler une ambulance si les choses se précipitent. Même au début du travail, il ne serait pas prudent de conduire vous-même. Assurez-vous

qu'il y ait toujours de l'essence et quelques oreillers dans l'auto.

CE QUE VOUS POUVEZ FAIRE

Certaines femmes, bien entendu, travaillent presque jusqu'à la fin de leur grossesse et, de cette façon, évitent de s'ennuyer. Mais si vous avez arrêté de travailler pour tout préparer et prendre une pause avant que les exigences de votre nouvelle maternité ne prennent complètement le dessus, il y a beaucoup à faire pour maximiser ces dernières semaines.

Rester occupée vous évite de devenir trop impatiente en regard de la naissance, et rester active pourrait vous aider à mieux faire face au travail. Essayez de continuer à bouger : allez marcher ou allez nager aussi souvent que vous le pouvez. Ne vous exténuez pas à magasiner mais assurez-vous que vous avez au moins quelques articles et vêtements de base pour le bébé (voir p. 136 – 139).

Plusieurs couples choisissent de ne pas prendre d'engagements sociaux au cas où le bébé arriverait plus tôt que prévu et qu'ils devraient annuler le rendez-vous. Mais cela peut être une erreur. Si vous trouvez que cuisiner est une détente, invitez quelques amis pour un repas (ils comprendront si vous devez annuler) ; si vous n'êtes pas trop fatiguée et que vous pouvez rester assise pendant quelques heures, allez au cinéma ou au théâtre. Souvenez-vous que votre vie sociale peut être en suspens pendant quelque temps après la naissance du bébé, alors profitez-en le plus possible maintenant.

Développez une nouvelle compétence. Choisissez quelque chose que vous pouvez réaliser raisonnablement rapidement, comme l'étude d'une langue étrangère au niveau de la simple conversation. Ou commencez la lecture d'un auteur que vous avez toujours voulu connaître.

Si vous possédez un téléphone cellulaire, assurez-vous qu'il soit chargé en tout temps ; si vous n'en avez pas, songez à en louer un ou à louer un récepteur d'appel (pagette). Consultez les annonces classées des magazines destinés aux parents pour y retrouver les noms d'entreprises qui offrent ce service.

En retard ?

Il est courant pour une femme enceinte de faire le décompte des dernières semaines jusqu'au jour où le bébé devrait arriver, pour finalement voir passer cette journée comme n'importe quelle autre. Comme la journée suivante et celle d'ensuite. Les amis téléphonent pour avoir des nouvelles, les grands-parents impatients ne peuvent rester à l'écart, les voisins sont surpris de vous voir toujours à la maison.

La pratique de donner aux mères une date précise à laquelle elles doivent s'attendre à la venue du bébé les induit en erreur, car moins de 5 % des bébés arrivent effectivement ce jour-là et plusieurs d'entre eux naissent plus tard. Le fait est que tout bébé né entre 38 et 41 semaines de grossesse n'est ni hâtif ni tardif. Cette période de quatre semaines est un laps de temps moyen durant lequel le bébé pourrait arriver. Certains couples éliminent le stress potentiel de la notion de « retard » en se répétant à eux-mêmes et aux autres que leur bébé doit arriver « fin mars » ou « début juin ».

Si vous réalisez que la semaine 40 est arrivée et même passée, il existe de nombreuses preuves à l'effet que des relations sexuelles peuvent déclencher un travail lent à démarrer (voir p. 110). Pourvu que le col de votre utérus ne soit pas dilaté (voir p. 163), les relations sexuelles ne peuvent certainement pas nuire. Donc essayez si vous en avez le désir.

Si rien ne s'est produit après 41 semaines et que votre médecin est persuadé que les dates sont bonnes, il ou elle désirera peut-être vous relier à un moniteur fœtal afin de vérifier le cœur du bébé. Une échographie peut également être suggérée pour vérifier la taille du bébé et le volume de liquide amniotique dans l'utérus : une diminution du volume peut être un signe que le placenta travaille moins bien. Quelques médecins laissent la grossesse se poursuivre jusqu'à 42 semaines. Si vous arrivez à 42 semaines, l'accouchement provoqué vous sera probablement suggéré.

Lorsque la semaine 40 devient la semaine 41 et que vous êtes toujours dans l'attente, le temps peut commencer à vous sembler très long. Essayez de rester occupée ; si vous n'êtes pas disposée à être active, gardez votre esprit occupé. Que votre travail se déclenche de façon spontanée ou pas, votre grossesse ne durera probablement pas encore longtemps. La fin est inévitable !

TRAITEMENTS IN UTERO

Certains hôpitaux, ici et là dans le monde, effectuent de nos jours un travail de pionnier afin d'administrer aux bébés à risque des médicaments ou d'effectuer une intervention chirurgicale avant même leur naissance.

L'intervention médicale pour traiter un bébé dans l'utérus n'est pas nouvelle (consultez l'encadré à droite). Mais, de plus en plus, les médecins se spécialisant dans les traitements in utero sont capables d'intervenir par des moyens chirurgicaux si un problème est détecté.

TECHNIQUES EFFICACES

Lorsque le flux des liquides du corps est bloqué, les organes qui se trouvent à l'avant ou à l'arrière de l'obstruction peuvent être endommagés. Insérer un tube à l'endroit de l'obstruction pour drainer ce liquide peut empêcher des problèmes à long terme.

Cette procédure a été utilisée avec succès dans le cas de bébés dont le débit d'urine est obstrué ou lorsque du fluide s'est accumulé dans les poumons. Elle a été moins fructueuse dans les cas de liquide au cerveau. Lors de telles interventions, le bébé demeure dans l'utérus. Dans d'autres circonstances toutefois, le bébé peut être sorti pour le traitement, tout en restant attaché à l'utérus par le cordon ombilical et le placenta.

CE QUE PEUVENT FAIRE LES CHIRURGIENS

Des chirurgiens ont corrigé des hernies diaphragmatiques, par lesquelles une boucle d'intestin s'échappe de la cavité abdominale vers la cavité thoracique, à travers une imperfection du diaphragme, lequel est la cloison musculaire entre les deux organes. Dans les cas graves, cela peut interférer avec le fonctionnement des poumons et du cœur et causer d'éventuelles difficultés respiratoires fatales.

Des tumeurs ont été retirées du bas du dos et des poumons alors que le bébé était toujours dans l'utérus, et des stimulateurs cardiaques ont été insérés chez des fœtus dont le cœur battait trop lentement. Certains cas de spina bifida (la fermeture incomplète de l'épine dorsale autour de la colonne vertébrale), de même que des obstructions au flux sanguin à travers le cœur et la trachée (le passage de l'air vers et en provenance des poumons), ont également été traités in utero.

Une obstruction dans les liens des vaisseaux sanguins entre les jumeaux à l'intérieur du placenta peut également être opérée chirurgicalement. Lorsque des jumeaux souffrent de ce problème, connu sous le nom de *syndrome de transfusion jumeau à jumeau*, la circulation de l'un des bébés pompe le sang dans l'autre. Cela a pour résultat que l'un des bébés a un trop grand apport de sang et l'autre un apport de sang trop faible. Au mieux, les jumeaux sont de tailles différentes à la naissance, l'un peut peser jusqu'au double de l'autre, et le plus petit des deux peut être victime de problèmes associés à un petit poids à la naissance ; au pire, le problème peut tuer les deux bébés.

LES RISQUES

Les risques d'une intervention chirurgicale à un bébé encore dans l'utérus sont élevés et la chirurgie fœtale en est encore à l'étape de la nouveauté,

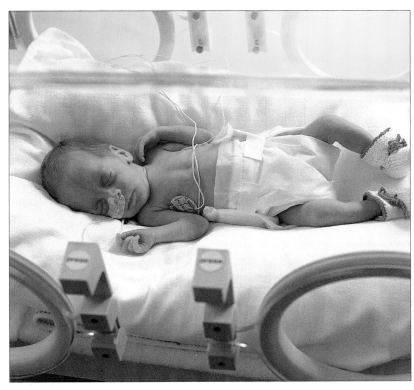

Après une intervention chirurgicale in utero, les bébés naissent en général par césarienne plutôt que de subir une naissance par voie vaginale. Presque tous passent quelque temps aux soins intensifs, où ils peuvent être surveillés de près (voir p. 208 – 209).

disponible dans relativement peu d'endroits à travers le monde. Le risque le
plus grand est que la chirurgie in utero
déclenche un travail prématuré. La
réponse naturelle de l'utérus de la femme
enceinte est de se contracter.

Des médicaments qui combattent
cette réponse sont continuellement en
voie de développement et il est probable
que des médicaments plus efficaces
dans la prévention du travail prématuré,
ou du moins dans son retardement,
apparaîtront dans un futur plus
ou moins rapproché.

LES AVANTAGES

Comme pour tout type d'intervention,
les risques doivent être comparés aux
avantages, qui peuvent être immenses.
La chirurgie fœtale est utilisée lorsque
l'état du bébé menace sa vie avant même
sa naissance ou très tôt après (à titre
d'exemple, lors d'une défaillance cardiaque grave). Le tissu fœtal guérit sans
cicatrice, ce qui est un avantage potentiel
énorme. Avec pour résultat que des
problèmes comme le bec-de-lièvre et/ou
la fissure palatine, lesquels causent
souvent des problèmes d'alimentation
chez les bébés, peuvent être corrigés in
utero. La chirurgie aidera le bébé dès
le départ et elle offre également
des avantages cosmétiques.

L'AVENIR

Il y a encore du travail à accomplir
pour décider quelles mères et quels
bébés tireront avantage d'une chirurgie
in utero. Les médecins travaillent à
développer des critères pour établir le
moment où les avantages de la chirurgie
in utero dépassent les risques considérables de travail prématuré ou de tort
à la grossesse. Dans certains cas, attendre jusqu'après l'accouchement, lequel
peut être provoqué et fait par césarienne, puis procéder à l'intervention
chirurgicale et aux soins intensifs,
est moins risqué.

Problèmes médicaux

Le traitement médical alors que le bébé
est toujours dans l'utérus peut être
conseillé soit pour empêcher que
certains problèmes n'empirent, et
affectent possiblement les chances de
survie de votre bébé, ou pour éviter un
traitement plus difficile ou plus risqué
après la naissance. La consultation
génétique après la naissance d'un
bébé, ou après la perte d'une grossesse à cause de facteurs qui pourraient être récurrents, peut mener au
traitement lors d'une grossesse
subséquente si l'on découvre que
le même problème est survenu.

Une déficience dans la production
des globules rouges, peut répondre
à la transplantation de mœlle épinière,
parce que cette dernière contribue
à la formation des globules rouges.

Dans le cas d'une maladie liée
au facteur rhésus (voir p. 24) ou pour
prévenir l'anémie, une transfusion

sanguine peut être recommandée. Une
carence congénitale de plaquettes, qui
pourrait causer des saignements chez le
fœtus, peut être corrigée par une transfusion de plaquettes. Des hormones
thyroïdiennes, qui règlent le métabolisme
des tissus du corps, peuvent être administrées si une déficience est détectée
(l'enfant d'une mère qui souffre de déficience de la thyroïde peut être atteint).
Des médicaments peuvent également
être utilisés pour régler un rhythme
cardiaque anormal.

On peut administrer des stéroïdes
au fœtus pour améliorer le fonctionnement de ses poumons, s'il est évident
qu'un travail prématuré est sur le point
de se déclencher ou si le bébé doit
naître avant que ses poumons ne soient
complètement développés, afin de lui
éviter des difficultés respiratoires.

On peut administrer des médicaments au fœtus en injectant la médication appropriée dans le liquide amniotique. C'est la procédure habituelle lors
de l'administration de médicaments qui
affectent la glande thyroïde. D'autres
affections, comme certaines conditions
cardiaques, sont traitées par l'administration de médicaments qui traversent
le placenta de la mère et qui, par conséquent, atteignent le fœtus.

*Les bronchioles des poumons res-
semblent aux branches d'un arbre.
Bien que la structure de base des
poumons soit établie dès la 26ᵉ
semaine de la grossesse, de nombreuses
subdivisions supplémentaires sont
nécessaires avant que le bébé ne puisse
bien respirer. Elles se forment entre
les 26ᵉ et 38ᵉ semaine.*

Poumons non développés

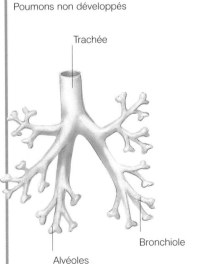

Trachée

Bronchiole

Alvéoles

Poumons développés

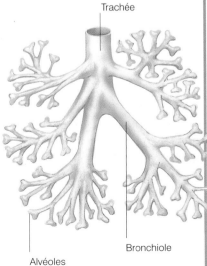

Trachée

Bronchiole

Alvéoles

L'accouchement

DEPUIS DES MOIS MAINTENANT, *votre partenaire et vous même êtes de plus en plus concentrés sur les préparatifs et les attentes relatifs à la journée de la naissance de votre bébé. Probablement que vous :*

- *Avez songé au déroulement du travail et de l'accouchement*

- *Vous êtes mentalement et physiquement préparés à cet événement bouleversant de donner la vie*

- *Avez planifié la façon dont vous désirez que se déroule le travail et l'accouchement, et discuté des circonstances dans lesquelles vos plans pourraient être modifiés*

- *Avez réfléchi aux joies et aux défis du rôle de parents*

La naissance de votre bébé est un événement unique. Vous vous souviendrez à tout jamais des plus petits détails, des conversations et de la gamme des sensations et des émotions éprouvées ce jour-là. Personne n'a encore donné la vie de la même façon, ni n'a eu les mêmes réactions envers cet extraordinaire nouvel être humain. Voilà toute la puissance et la magie de l'accouchement.

QUE FAUT-IL EMPORTER À L'HÔPITAL?

Préparer votre valise pour l'hôpital est aussi excitant que de la préparer pour partir en vacances, à la différence qu'à votre retour, vous ramenerez un nouveau-né!

Certaines femmes attendent les premières étapes du travail pour préparer leur valise, car elles trouvent que cela est une excellente façon de passer le temps avant de partir pour l'hôpital. La plupart des futurs mamans, choisissent de faire leur valise à l'avance, juste au cas où le bébé arriverait plus tôt. En général, deux ou trois semaines avant la date prévue, s'avère un bon moment pour préparer sa valise.

VOTRE VALISE DE TRAVAIL

La considération la plus importante dans le travail est votre confort. De nombreuses femmes souffrent de niveaux de température extrêmes pendant le travail, grelottant une minute pour transpirer la suivante. Pour vous rafraîchir, apportez une bouteille d'eau à jet brouillard. Mettez-la au réfrigérateur dès votre arrivée. Pensez à une serviette de rétine douce pour essuyer votre peau et à un baume pour empêcher que vos lèvres ne sèchent.

Pour rester au chaud, emportez une paire de bas épais et une petite bouillotte (remplissez-la d'eau chaude lors de votre arrivée à l'hôpital) ou un sac thermique. Enveloppé dans un serviette, le sac thermique peut être utilisé pour soulager les douleurs de votre dos ou de vos jambes. Le massage est également conseillé pour les muscles endoloris, apportez par conséquent une huile de massage ou une lotion hydratante pour le corps.

Apportez des boissons et des collations pour vous et votre partenaire. Si le travail est long, vous aurez faim tous les deux. Certains médecins recommandent de ne pas manger durant le travail, juste au cas où vous devriez subir une anesthésie générale. Vérifiez avec l'hôpital. Il est fort probable que seule la glace à sucer soit permise durant le travail.

Pour vous aider à passer le temps, pensez à apporter des cassettes de musique et une radiocassette. Choisissez une large variété de styles de musique afin de pouvoir sélectionner celle qui répond à votre humeur et à vos besoins. Si vous planifiez d'utiliser la visualisation comme stratégie de contrôle de la douleur (voir p. 55), emballez la photographie ou tout autre objet comme point focal. Incluez également des stylos et du papier, ou votre carnet de grossesse, pour prendre des notes, enregistrer les événements, et prendre les noms de tout aidant à qui vous désirez envoyer une note de remerciement. Apportez un miroir que votre partenaire tiendra devant vous afin que vous puissiez voir naître votre bébé (ou vérifiez si l'hôpital peut vous en fournir un). Un appareil photo ou une caméra vidéo vous permettra d'immortaliser les premières minutes du nouveau-né.

VOTRE SÉJOUR À L'HÔPITAL

Bien entendu, vous aurez besoin de vêtements et de sous-vêtements, petites culottes assez grandes et à ajustement serré (pour les serviettes sanitaires) et au moins un soutien-gorge d'allaitement. Vous produirez du lait après la naissance, en trois ou quatre jours et, lorsque vos seins seront pleins et lourds, vous apprécierez le soutien que procure un bon soutien-gorge. Vous pouvez toutefois vous sentir plus à l'aise si vous en portez déjà un. Apportez des coussinets d'allaitement pour absorber l'écoulement de lait.

Vous trouverez pratique de faire deux valises, une destinée à la période du travail et l'autre au séjour qui suit l'accouchement. Si vous décidez de tout mettre dans une seule valise, assurez-vous que les articles dont vous aurez besoin dans la salle de travail se trouvent sur le dessus.

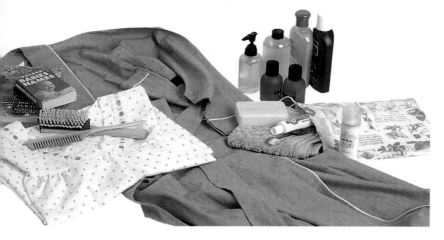

Pour la salle de travail, vous devrez avoir une robe de chambre, des pantoufles et des articles de toilette. Demandez ce que vous devez apporter pour le bébé.

Conjoints : ce que vous pouvez faire

Votre première responsabilité est d'arriver sain et sauf à l'hôpital. Si ce n'est déjà fait (voir p. 144 – 145), munissez-vous d'un récepteur d'appel (pagette) ou d'un téléphone cellulaire et assurez-vous qu'il est toujours chargé.

Connaissez-vous le chemin pour vous rendre à l'hôpital ? S'il ne vous est pas familier, faites un aller «de pratique» pendant l'heure de pointe afin de savoir combien de temps vous prendrez et de repérer les travaux qui pourraient ralentir votre progrès sur la route. Prévoyez une route alternative en cas de délais inattendus. Repérez l'endroit où vous stationnerez. Assurez-vous que le réservoir d'essence soit toujours plein.

Ayez en main une liste des numéros de téléphone des membres de la famille et des amis que vous désirez appeler après la naissance pour leur apprendre la nouvelle, sans oublier des pièces de monnaie ou une carte téléphonique. Les téléphones cellulaires peuvent faire de l'interférence avec l'équipement de l'hopital, on vous demandera par conséquent de fermer le vôtre si vous en possédez un.

N'oubliez pas les articles de toilette, le maquillage et la brosse à cheveux. Incluez deux serviettes moelleuses si vous les préférez, pour votre bain ou votre douche.

La première fois, la plupart des mamans surestiment le temps qu'elles passeront «étendues», à l'hôpital. Vous devrez nourrir et changer votre bébé, accueillir les visiteurs, essayer de vous reposer et recevoir les soins des infirmières. N'escomptez pas avoir grand temps pour vous-même ! Un peu de lecture vous fera du bien. Si vous désirez envoyer aux amis la nouvelle de la naissance, apportez des cartes, des timbres et une plume.

La nourriture de l'hôpital a mauvaise réputation, souvent non méritée. Les repas et les boissons sont servis généralement à des intervalles réguliers. Toutefois, ils pourraient ne pas vous convenir si vous êtes souvent réveillée pendant la nuit pour nourrir votre nouveau-né. Apportez des collations nutritives, des céréales à haute teneur en fibres, des jus de fruits et de l'eau de source. Souvenez-vous que la plupart des séjours à l'hôpital ne durent que de 24 à 48 heures.

Chaque hôpital est différent. Certains fournissant presque tout, d'autres s'attendent à ce que vous apportiez la plupart des choses dont vous aurez besoin. Un changement à la direction de l'hôpital peut signifier un changement de politiques, donc, ne vous fiez pas à ce que vous ont dit vos amies. Demandez à l'avance quelles sont les politiques.

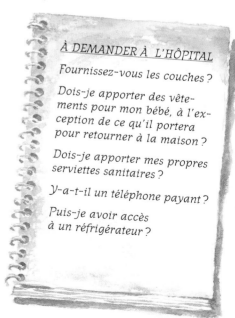

À DEMANDER À L'HÔPITAL

Fournissez-vous les couches ?

Dois-je apporter des vêtements pour mon bébé, à l'exception de ce qu'il portera pour retourner à la maison ?

Dois-je apporter mes propres serviettes sanitaires ?

Y-a-t-il un téléphone payant ?

Puis-je avoir accès à un réfrigérateur ?

ACCOUCHEMENT À LA MAISON

La plupart des professionnels ne sont pas en faveur de la naissance à la maison pour un premier bébé. Mais c'est votre droit de le faire si vous le désirez et cela peut s'avérer une expérience extraordinaire.

Q *J'ai eu une épidurale pour la naissance de mon premier enfant. Puis-je en avoir une à la maison pour mon second bébé?*

R Non. Une sage-femme ne peut pas vous administrer une épidurale parce que ce type d'injection doit être faite par un anesthésiste. Toutefois, d'autres formes de soulagement de la douleur sont disponibles à la maison. Vous pouvez avoir une injection pour calmer la douleur (voir p. 170–173).

Plusieurs femmes considèrent que leur besoin de calmer la douleur est considérablement diminué entre la naissance du premier enfant et celle du second, même si elles ont été à l'hôpital les deux fois. Lors de la seconde naissance et les subséquentes, elles ont souvent besoin de moins de soulagement, et ce plus tard dans le travail. De plus, beaucoup de femmes qui accouchent à la maison, en particulier après un accouchement vaginal pour un premier bébé, trouvent que leur besoin de soulager la douleur est moins grand. C'est probablement parce qu'elles savent à quoi s'attendre relativement au travail et à l'accouchement. Cela réduit la crainte de l'inconnu (est-ce que ça augmentera?) qui augmente la douleur.

Le fait que la naissance à la maison ait lieu dans un environnement familier et sans stress peut également être un facteur d'apaisement. Vous vous sentirez peut-être plus libre de vous déplacer autour dans la maison, ce qui pourrait accélérer votre travail. Et vous découvrirez peut-être que vous pouvez utiliser les techniques de respiration et de visualisation avec beaucoup plus de succès à la maison qu'à l'hôpital.

Q *Quel est l'endroit où j'accoucherai? Mon lit fera-t-il l'affaire?*

R Vous devriez accoucher à l'endroit où vous vous sentez le plus à l'aise. Vous n'avez pas à utiliser un lit, bien que ce soit une solution plus simple pour votre sage-femme que d'avoir à s'accroupir sur le sol pour vérifier vos progrès. Mais vous pouvez recouvrir un tapis de serviettes ou de draps et accoucher sur le plancher, ou même utiliser une chaise ou un sofa robuste ou encore une table si vous préférez. Discutez de ces options avec votre sage-femme; elle sera heureuse de répondre à vos attentes.

Accoucher dans une chambre et revenir à votre propre lit une fois le bébé né est également une option. Vous serez dans un lit propre et confortable pour faire connaissance avec votre bébé sans être dérangée, alors que d'autres s'occuperont de tout nettoyer.

Si vous désirez accoucher dans votre propre lit, mettez-y des draps frais, puis couvrez le lit en entier d'un dessus de plastique. Ajoutez des journaux par dessus et recouvrez avec un vieux drap propre. Une fois que le bébé est né, vos aidants peuvent enlever les couches supérieures de recouvrement du lit, vous laissant avec un lit propre et frais.

Q *Mon fils de huit ans veut assister à la naissance de son petit frère ou de sa petite sœur. Dois-je accepter ?*

R Comme l'accouchement est de plus en plus centré sur la famille, de plus en plus d'enfants assistent à la naissance d'un frère ou d'une sœur. Il s'agit d'une décision éminemment personnelle, prise avec votre conjoint et votre enfant. Certains enfants peuvent être effrayés par les bruits et les gestes lors du travail ; d'autres sont perturbés de savoir qu'il se passe quelque chose derrière les portes fermées. Certains sont fascinés par chaque petit détail ; d'autres, ennuyés par la durée du processus.

Assurez-vous de donner à votre fils une idée de ce à quoi il peut s'attendre, en utilisant des termes qu'il peut comprendre. Si vous pensez qu'il n'est vraiment pas assez mature pour assister à tout le travail, dites-lui. Vous pouvez lui proposer un compromis en lui permettant d'être présent à la naissance même, afin que lui aussi puisse accueillir le nouveau bébé.

Si vous lui permettez d'être là pendant toute la durée, ce serait une bonne idée que quelqu'un puisse s'occuper de lui pour répondre ouvertement à ses questions. La plupart des enfants accepteront une explication comme « maman ne peut pas te parler en ce moment, elle doit se concentrer pour... » mais votre conjoint et vous-même pouvez être trop pris dans ce qui arrive pour être en mesure de l'expliquer de la bonne façon. S'il trouve le temps long et qu'il désire s'en aller et faire autre chose, vous devez être en confiance pour que quelqu'un prenne soin de lui.

Q *Je suis certaine que je désire avoir mon bébé à la maison. Mais y a-t-il des circonstances où je devrai être transférée à l'hôpital et quelles sont-elles ?*

R Votre sage-femme pourrait recommander votre transfert à l'hôpital si elle perçoit des signes à l'effet que votre travail ne progresse pas comme il le devrait, ou que vous ou le bébé êtes en détresse.

Si le travail progresse lentement et que des mesures simples comme vous déplacer et changer de position ne l'accélèrent pas, votre sage-femme pourrait suggérer de vous envoyer à l'hôpital, en particulier si vous devenez très fatiguée, faible et avez des étourdissements, là où vous et le bébé pourrez être surveillés de plus près. Des saignements vaginaux peuvent également indiquer que vous seriez mieux à l'hôpital, où votre condition peut être évaluée et où des mesures peuvent être prises au besoin. (Pensez au temps pris pour vous rendre à l'hôpital lorsque vous décidez si vous aurez votre bébé à la maison ou pas. Vous devez être en mesure de faire rapidement le transfert en cas d'urgence.)

La détresse fœtale, c'est-à-dire, si le bébé ne reçoit pas suffisamment d'oxygène (voir p. 177), rend impératif le transfert vers l'hôpital primordial.

Il est peu probable que votre sage-femme découvre durant l'accouchement que le bébé n'était pas dans une bonne position et qu'une césarienne sera indispensable. Mais une césarienne pourra être recommandée si le bébé montre des signes de détresse ou si vous êtes exténuée.

Après la naissance, votre transfert à l'hôpital sera nécessaire seulement si le bébé a de la difficulté à respirer, si le délai de sortie du placenta est trop long ou si vous êtes en hémorragie.

Q *Comment préparer la pièce dans laquelle je désire accoucher ?*

R Votre sage-femme vous avisera de cela et apportera tout ce dont elle aura besoin. Elle peut vous demander une table ou un chariot sur lesquels placer son équipement. Elle exigera probablement que le lit soit placé de telle façon qu'elle puisse y avoir accès des deux côtés. Vous devez également penser à lui fournir une chaise confortable pour qu'elle puisse se reposer si le travail se prolonge.

En plus des choses que vous devez emballer dans votre valise pour l'hôpital (voir p. 150 – 151), vous aurez besoin de serviettes et de débarbouillettes propres dans la chambre (afin qu'elles restent propres, gardez-les recouvertes de plastique jusqu'au moment où vous en aurez besoin. Ayez également à portée de la main des vêtements pour le nouveau-né.

L'accouchement à la maison n'est pas plus salissant que l'accouchement à l'hôpital. Votre sage-femme vous avisera de protéger votre lit et vos meubles (ou elle fera cela elle-même) à l'aide de piqués ou de draps jetables. Placez des sacs de plastique dans la chambre pour pouvoir vous en débarrasser après l'accouchement en même temps que des autres déchets. Assurez-vous que des boissons froides et autres collations sont disponibles pour la sage-femme.

La sage-femme aura également besoin de quelques bols, d'une bouilloire pour avoir de l'eau bouillie et refroidie en quantité lorsqu'elle en aura besoin, et d'une bonne lampe. Nul besoin d'avoir un projecteur au-dessus de la tête ; une lampe articulée ou un faisceau lumineux est parfait. La chose la plus importante pour votre sage-femme est d'être à même de voir ce qu'elle fait en tout temps.

DÉBUT DU TRAVAIL

*Au premier bébé, le travail peut être lent à démarrer et lent
à progresser ; ce qui peut vous rendre incertaine quant à savoir
si vous êtes réellement en travail.*

Il est difficile de mettre le doigt sur
le moment exact où commence le
travail. Pour certaines femmes, tout
commence très vite et elles passent sans
heurt d'une étape à la suivante. Mais
pour d'autres, les premières indications
que le travail est commencé peuvent
s'étaler sur deux semaines, quelquefois,
pendant des jours, il ne se passe rien.

Vers la fin de la grossesse, la tête du
bébé est susceptible de s'engager (voir
illustration) et vous serez probablement
consciente que cela se produit grâce
à la respiration qui devient plus facile.
Vous perdrez peut-être également du
poids. Il n'est pas inhabituel de perdre
de 1 à 1,5 kg (2 à 3 lbs) dans les dernières
semaines. Certaines femmes ressentent
un regain d'énergie peu avant le début
du travail ; d'autres sont très fatiguées.
N'importe lequel de ces phénomènes
peut indiquer que vous n'en avez plus
pour longtemps à attendre.

BOUCHON MUQUEUX

Il s'agit de l'expulsion du bouchon muqueux qui ferme l'ouverture du col de
l'utérus. Chez certaines femmes, il se
présente comme une bulle de gelée
rosâtre ; chez d'autres, c'est une série
de fragments plus petits. Son expulsion
indique que le col de votre utérus commence à se préparer au travail. Vous
pouvez le remarquer dans votre sous-
vêtement ou sur le papier de toilette
lorsque vous vous essuyez. Plusieurs
jours ou quelques heures peuvent passer
entre le moment de l'expulsion du
bouchon muqueux et le début du vrai
travail. Une expulsion accompagnée
d'un léger saignement vaginal peut
être le signe d'un début de travail.

Lorsque la tête s'engage

*Lors d'une première grossesse, la tête
du bébé peut s'engager dans la
partie supérieure de votre cavité
pelvienne de deux à quatre
semaines avant l'accouchement.
(Ou ne pas s'engager jusqu'à
ce que commence le
travail.) À mesure
que le travail
progresse, la tête
descend plus bas
dans le pelvis.*

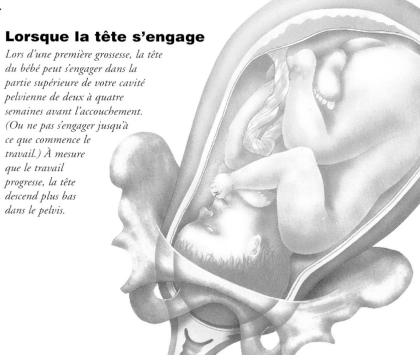

Le médecin, l'infirmière ou la sage-
femme vous demandera, si vous avez
« expulsé » ou pas le bouchon muqueux.
Si ce n'est pas le cas, ou si vous n'avez
rien remarqué, ne vous en faites pas ;
il se peut tout de même que le travail
soit commencé.

RUPTURE DES MEMBRANES

Un autre signe du début du travail est la
rupture des membranes qui forment le sac
amniotique retenant le liquide dans l'utérus. Lorsque ces membranes se rompent,
du liquide amniotique peut s'échapper.
Cela peut se produire d'un coup, et alors
vous sentirez un flot soudain de liquide le
long de vos jambes. Plus souvent toutefois,
il s'écoulera goutte à goutte, si la tête du
bébé est engagée dans le bassin : il n'y a
aucune place pour que de grandes

quantités s'écoulent d'un seul coup. Quelquefois, l'écoulement diminue, puis cesse
complètement, ce qui peut indiquer que la
rupture n'est pas complète et que les
membranes se sont refermées. Quelquefois
encore, lors de la première grossesse, les
membranes ne se rompent pas tant que le
travail n'est pas bien amorcé.

Si du liquide continue à s'échapper
et que vous n'entrez pas en travail dans les
quelques heures qui suivent, téléphonez
à votre sage-femme ou à l'hôpital. Si les
membranes se rompent et que le travail ne
commence pas dans la journée qui suit ou
à peu près, le bébé est vulnérable à l'infection. Si la tête du bébé n'est pas engagée
lorsque vous perdez les eaux, le flot de
liquide peut entraîner le cordon ; la compression de ce dernier pourrait empêcher
l'apport en oxygène de votre bébé.

Un exemple typique
Lorsque le travail commence lentement

JULIE, 28 ANS, ÉTAIT TENDUE DANS LES DER-NIÈRES SEMAINES DE SA GROSSESSE.

« *Après 38 semaines environ, chaque fois que j'allais à la salle de bain, je cherchais des traces de l'expulsion du bouchon muqueux. Et chaque fois que je ressentais un élan-cement dans le dos ou l'abdomen, je croyais qu'il s'agissait du début du travail et je notais l'heure. J'étais terrifiée à l'idée de sortir et de perdre mes eaux sous le regard des gens. Je ne savais pas qu'il n'y aurait probablement pas un flot de liquide de toute façon. David ne m'était d'aucune aide : il était certain que tout se passerait très vite et que nous n'aurions pas le temps de nous rendre à l'hôpital. Nous vivons en ville, mais je pense que nous avions la vision d'un accouchement où nous serions seuls, isolés sur une route de campagne !*

« *Au moment où la date fixée arriva, j'étais si tendue et in-quiète que ma pression sanguine fit un bond. Je ne pouvais pas croire que le temps passait si lentement et, par ailleurs, une partie de moi-même ne désirait pas que le travail commence. Finalement, je pris la décision d'utiliser toute mon énergie pour finir de peindre la chambre du bébé. J'invitai même quelques amis à venir manger et je passai deux jours à planifier ce que je leur servirais. Je préparai quelques plats à mettre au congélateur pour notre retour de l'hôpital. Cela libéra mon esprit de cette longue attente.*

« *À la fin, le premier signe que je ressentis fut l'expulsion du bouchon muqueux, c'était très évident et je me sentis immé-diatement plus calme. J'attendis une ou deux heures puis j'appelai David. Je pense que mon attitude calme le détendit aussi. Il arriva à la maison et, après un léger repas, nous avons visionné un film. Ce n'est que six heures après l'expulsion du bouchon muqueux que les contractions commencèrent. Nous avons eu le temps de finir de regarder le film, de mettre les choses de dernière minute dans la valise et de conduire lentement jusque là. À ma grande surprise, j'étais déjà dilatée de 5 cm.* »

CONTRACTIONS

Les contractions sont un signe de travail si leur fréquence et leur force aug-mentent sur une période d'une heure ou deux et qu'elles durent plus de 40 secondes chacune. Elles vous donneront la sensation d'un serrement de votre abdomen jusque dans votre dos, tout d'abord léger, puis atteignant une pointe, et finalement s'affaiblissant. La douleur qui s'intensifie lorsque vous bougez signifie probablement qu'il s'agit de contractions relatives au travail.

Les contractions sont causées par les fibres musculaires de l'utérus qui raccour-cissent, exerçant une traction vers le haut sur le col de l'utérus et une pression vers le bas du haut de l'utérus. Les fibres mus-culaires se détendent de nouveau à mesure que la contraction disparaît. Mais à chaque contraction, les muscles se rac-courcissent un peu plus, laissant le col de l'utérus légèrement plus ouvert et pous-sant le bébé un peu plus encore vers le bas.

Vous pourriez également avoir mal au ventre. Un peu de nausée et de diar-rhée n'est absolument pas inhabituel (voilà une des raisons pour lesquelles les lavements ne sont plus donnés de façon routinière, le corps de la plupart des femmes a déjà accompli la tâche).

SIGNES DE FAUX TRAVAIL

Vous pouvez expérimenter certains des symptômes ci-dessus alors que vous n'êtes pas encore en travail. Une perte brunâtre plutôt que rosâtre peut être le signe d'un faux travail. À mesure que le col de l'utérus commence à se dilater et à s'effacer (ou à s'amincir), les capillaires sanguins peuvent se rompre, ce qui donne la teinte rosée. Les relations sexuelles ou un examen vaginal peuvent déloger le bouchon muqueux, mais dans ces circonstances, il ne contiendra pas de sang frais et apparaîtra plutôt brunâtre que rosé.

Lorsque le travail est amorcé, les contractions deviennent plus longues et plus fortes en quelques heures. Si vos contractions demeurent irrégulières et n'augmentent ni en in-tensité ni en fréquence, il y a de bonnes chances pour qu'il ne s'agisse pas du travail. Si les contractions cessent ou se calment lorsque vous bougez, encore une fois c'est qu'il ne s'agit probablement pas du travail.

Il peut être ardu de préciser le siège exact de la douleur mais, en général, si la douleur au moment le plus fort de la contraction semble être située dans la partie inférieure de l'abdomen plutôt que de s'étendre jusqu'au dos, c'est que vous n'êtes probablement pas encore en travail.

QUE FAIRE LORSQUE LE TRAVAIL COMMENCE ?

Votre première réaction lorsque vous êtes certaine d'être en travail, est de partir pour l'hôpital ; mais vous pouvez être plus à l'aise à la maison.

Si vos contractions commencent à se rapprocher et à être plus fortes, vous devrez peut-être partir pour l'hôpital plus tôt que prévu. Mais pour bien des femmes, un premier travail démarre lentement et doucement. Vous pouvez avoir des contractions pendant de nombreuses heures avant qu'elles ne soient assez fortes pour que vous avertissiez votre médecin ou votre sage-femme. Assurez-vous que vous sentez le bébé bouger au début du travail. Une absence de mouvement pourrait indiquer que l'état de bien-être fœtal doit être vérifié.

Certaines femmes ont de légères contractions pendant 48 heures ou plus avant que ne commence le travail difficile, contractions qui se présentent sous forme de douleurs diffuses, qui vont et viennent par vagues régulières. Vous pouvez les ignorer et faire autre chose.

(Mais ne vous éloignez pas de la maison, elles pourraient rapidement devenir plus fortes. Gardez les numéros de téléphone importants à portée de la main.)

Plus particulièrement, vous pouvez avoir une journée ou une nuit complète de contractions qui vous empêchent de vous concentrer, même sur un livre ou un film. Dans ce cas, préparez-vous une boisson chaude, écoutez une musique de détente ou feuilletez un magazine pendant que vous attendez.

CE QUE VOUS POUVEZ FAIRE

Essayez de manger quelque chose de nutritif. Vous aurez besoin de toute l'énergie possible pendant le prochain jour et demi, ou à peu près. Ne vous forcez pas à manger si vous ne ressentez pas la faim. Certaines femmes sont trop impatientes pour manger, et d'autres, trop craintives. Vous ne vous causerez aucun tort si vous jeûnez. Que vous mangiez ou non, buvez des liquides en quantité et souvenez-vous de vider votre vessie régulièrement. Une vessie remplie pourrait nuire au progrès de votre travail.

Reposez-vous autant que vous le pouvez ; la prochaine étape de votre travail sera fatigante et vous n'aurez peut-être pas la chance de vous reposer. Si le travail commence au milieu de la nuit, essayez de vous reposer. Évitez de vous allonger sur le dos, ce qui comprime vos gros vaisseaux sanguins et pourrait limiter le flux sanguin vers le placenta. (N'ayez crainte de « rater » l'étape suivante, vous ne raterez rien du tout.) Si vous ne pouvez pas

C'est le moment de mettre les articles de dernière minute dans votre valise d'hôpital. Vous pouvez préparer quelques sandwichs ou toute autre collation pour vous et votre conjoint durant le travail ; si vous n'en avez pas envie, demandez à votre conjoint de s'en occuper.

Aller à l'hôpital

Chronométrez la durée de vos contractions et vérifiez la fréquence. Le moment de partir varie selon la distance que vous avez à parcourir pour vous rendre à l'hôpital et le moment (jour ou nuit) où vous y allez. Si vous n'êtes pas à plus de 15 minutes de l'hôpital, pour un premier bébé, vous pouvez attendre en toute sécurité le moment où les contractions se présenteront environ 3 fois par 10 minutes et dureront entre 50 et 60 secondes. Si vous avez très mal ou si vous pensez ne pas vous en sortir sans aide, vous désirerez peut-être y aller plus tôt.

Le voyage en auto peut être inconfortable lorsque vous êtes en travail. Vous aurez besoin d'autant d'espace que possible, ce qui peut vouloir dire vous asseoir sur le siège arrière, le siège du passager avancé au maximum. Placez un ou deux oreillers dans l'auto pour supporter votre dos ou pour le serrer durant les contractions et ajoutez-y une couverture (vous aurez peut-être froid). Apportez également un petit contenant au cas où vous vomiriez. Il est également important pour votre propre sécurité d'attacher votre ceinture (relâchée sous le ventre), même si cela vous semble très inconfortable.

Votre conjoint doit conduire doucement et de façon égale et sécuritaire, en évitant les embardées et virages brusques. La relaxation peut vraiment vous aider : respirez lentement et de façon régulière, et relâchez consciemment la tension accumulée dans vos épaules et dans vos mains.

Si vous avez des saignements (autres que des taches légères) ou si, lors de la rupture de vos membranes, le liquide amniotique est vert, rendez-vous directement à l'hôpital, téléphonez pour annoncer votre arrivée et appelez votre médecin ou sage-femme afin qu'il ou qu'elle puisse vous rencontrer là-bas dès que possible. Le liquide teinté de vert peut être du méconium (voir p. 177) ; il s'agit de l'un des signes que votre bébé pourrait être en détresse.

Si vous êtes incertaine de devoir partir ou non à l'hôpital, appelez et posez la question. C'est mieux de le faire vous-même afin de pouvoir décrire avec précision ce qui se passe, l'endroit où la douleur est la plus aigue, à quel endroit elle fait mal et ainsi de suite. Bien entendu, vous pouvez transmettre tout cela à votre conjoint, mais la plupart des sage-femmes et des médecins préféreront vous parler directement.

dormir, levez-vous et marchez au lieu de rester étendue à chronométrer les contractions. Si c'est le jour, essayez de vous reposer aussi. Regardez la télévision ou lisez un magazine. Vous distraire un peu vous aidera à passer le temps et soulagera les faibles douleurs que vous ressentez probablement.

Prenez un bain ou une douche tiède (mais pas chaud) si vos membranes ne sont pas rompues. Un bain pourra vous aider à vous détendre et une douche vous rafraîchira. Les deux vous distrairont des contractions.

Appelez votre conjoint s'il n'est pas déjà à la maison et tenez-le au courant de ce qui se passe. Bien qu'il n'ait pas besoin de revenir immédiatement à la maison, à moins que vous ne le vouliez auprès de vous, il doit rester en attente.

CE QUE LE CONJOINT PEUT FAIRE

Votre tâche la plus importante à cette étape est de favoriser la détente de la future maman, raison pour laquelle vous devez aussi demeurer calme. Il est compréhensible de vous sentir nerveux, vous avez aussi un défi qui vous attend, mais le moment est probablement mal choisi pour communiquer vos craintes à votre conjointe. Souvenez-vous que son corps se prépare depuis neuf mois en vue des prochaines heures et qu'il est prêt à donner la vie.

Surveillez les signes de tension dans le visage et le cou de votre conjointe mais ne l'alarmez pas (ce qui rendrait les choses pires). Au lieu de cela, si elle est tendue, offrez de lui faire un massage, que ce soit un massage complet si elle est assez réceptive pour l'apprécier et se détendre (voir p. 58−59) ou seulement un massage du cou et des épaules. Pour bien des femmes, le toucher est un calmant instantané.

Essayez de la distraire des contractions. Parlez-lui, regardez la télé ensemble ou jouez aux échecs ou au scrabble. De temps à autre, chronométrez les contractions pendant une courte période et considérez-le comme une pratique pour le moment où elles se rapprocheront et dureront plus longtemps. Les contractions se chronomètrent à partir du début de l'une jusqu'au début de la suivante. Votre conjointe pourra vous en indiquer le début ou vous pouvez placer votre main sur son abdomen et le sentir se contracter.

ACCOUCHEMENT D'URGENCE

Un premier bébé arrive rarement trop rapidement, pour vous empêcher de vous rendre à l'hôpital; si ce n'était pas le cas, c'est que le corps de la mère et le bébé fonctionnent parfaitement à l'unisson.

Si vous n'avez pas le temps de vous rendre à l'hôpital, vous devrez compter sur la personne présente à ce moment-là pour vous aider ou, encore accoucher seule. Au cas tout à fait improbable d'un accouchement d'urgence, vous et votre partenaire devez savoir quoi faire. En apprenant ce qu'un aidant peut et doit faire, vous serez vous-même préparée à expliquer à quelqu'un d'autre comment vous aider.

Souvenez-vous que lorsque le travail progresse rapidement et efficacement comme c'est ici le cas, il est probable que le résultat final soit la naissance heureuse d'un bébé en santé. C'est un signe que votre corps et votre bébé travaillent bien ensemble. Restez détendue et confiante.

PARTENAIRES OU AIDANTS : CE QUE VOUS POUVEZ FAIRE

Vous pouvez aider en apportant votre support émotionnel, en vous assurant que la mère est aussi bien que possible et en effectuant les tâches de base qui faciliteront l'accouchement. Appelez une ambulance, même si vous croyez que vous pouvez gérer la situation et que vous savez qu'elle arrivera trop tard. Les professionnels devront vérifier que tout est normal et, au cas où quelque chose irait mal, leur présence pourrait faire une différence importante.

Lavez vos mains et frottez vos ongles, puis lavez le périnée et l'anus de la mère avec des linges propres et de l'eau bouillie et refroidie (elle refroidira plus vite dans un bol très froid, grand et peu profond). Utilisez un drap propre ou une serviette pour couvrir l'endroit où la mère est assise, à genoux ou étendue. Si vous avez le temps, aidez-la à se déplacer jusqu'à une surface plus haute, comme un lit, un siège ou un bureau. Si elle se sent à l'aise sur le plancher, laissez-la dans cette

À faire et à ne pas faire

Soyez préparée : laissez les numéros de téléphone d'urgence près de chaque téléphone de la maison et dans votre sac à main.

Restez calme : votre corps sait ce qu'il fait.

Faites bouillir de l'eau : une réserve d'eau bouillie et refroidie sera utile pour laver le périnée de la mère avant et après la naissance, et pour laver le bébé.

Ne paniquez pas : il est tout naturel d'être angoissée car ce n'est pas l'accouchement que vous aviez planifié. Mais souvenez-vous de vos techniques de relaxation et respirez lentement et de façon régulière.

Ne coupez pas le cordon : laissez-le jusqu'à ce que l'ambulance ou le médecin arrive. Si le cordon est très court et empêche le bébé de rejoindre le sein de la mère, mettez le bébé sur son abdomen.

Ne tirez pas le cordon : cela pourrait détacher prématurément le placenta et couper l'alimentation en oxygène du bébé avant que sa capacité de respirer ne soit bien assurée.

Si l'aide est en chemin et que la tête du bébé n'est pas encore apparue, aidez la femme en travail à soulever ses jambes et ses fesses ; cela pourrait soulager la pression sur le périnée et ralentir les choses.

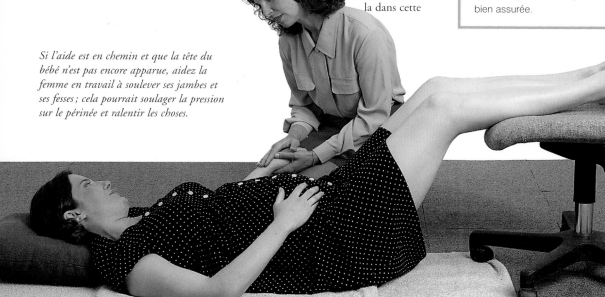

position. S'étendre à plat, jambes relevées ou à genoux les coudes sur le plancher et la tête sur les bras pourrait ralentir un peu les choses. Haleter devrait réduire le besoin de pousser.

Vous apercevrez le sommet de la tête du bébé (voir p. 182–183). Lorsque cela se produira, demandez à la mère de haleter. La tête sortira graduellement avec les prochaines contractions. Placez vos mains en coupe délicatement, retenez la tête doucement afin que le bébé ne soit pas « projeté » mais ne tirez pas pour essayer de l'aider à sortir. Une fois la tête sortie, vérifiez que le cordon ombilical, on dirait une corde foncée, ne soit pas enroulé autour du cou du bébé. Si c'est le cas, passez-le délicatement par-dessus la tête. Avec le bout de vos doigts, essuyez tout mucus ou liquide qui pourrait se trouver dans le nez et la bouche du bébé (essuyez le nez et la bouche). Encore une ou deux contractions et la première épaule devrait apparaître, puis la seconde. Après cela, le bébé glissera à l'extérieur très facilement. Attention : il pourrait être glissant.

N'essuyez pas le vernix du corps du bébé (il le gardera au chaud) et enveloppez-le dans quelque chose de chaud, une serviette réchauffée sur un radiateur sera parfaite. Assurez-vous que la tête est couverte pour éviter la déperditon de chaleur. Puis, donnez-le à la mère, si le cordon n'est pas assez long pour que le bébé atteigne le sein, placez-le sur l'abdomen.

Ne tirez pas le cordon. Sans médication, le placenta ne sortira probablement pas avant une vingtaine de minutes, placez un bol ou des journaux sous la mère pour le recueillir. S'il sort avant que l'ambulance n'arrive, conservez-le pour que l'équipe puisse vérifier si le placenta a été expulsé au complet.

SI VOUS ÊTES SEULE

À la maison, essayez d'atteindre le téléphone et composez le 911. Si vous ne pouvez pas, attirez l'attention en cassant une fenêtre ou, si vos voisins sont près, frappez le plancher ou les murs. Rendez-vous dans une pièce confortable, propre et chaude (s'il n'y en a pas, allez dans une pièce qui peut être rapidement réchauffée lorsque l'aide arrive).

Trouvez une position confortable. Retirez vos pantalons, vos souliers et tout vêtement qui pourrait être incommodant. Poussez doucement si vous en ressentez le besoin. Lorsque vous voyez ou que vous sentez la tête de votre bébé, haletez afin qu'elle sorte plus lentement.

Quelquefois, le cordon est enroulé autour du cou du bébé lorsqu'il sort. Placez votre doigt entre le cou et le cordon et soulevez le cordon par-dessus la tête. Il y aura peut-être une membrane sur le visage du bébé ; essuyez-la pour l'enlever et que le bébé puisse respirer. Lorsque le bébé est expulsé, utilisez vos mains pour « l'attraper ». Attention de ne pas prendre froid. Enveloppez votre bébé, puis enveloppez-vous tous les deux dans une couette ou une couverture. Ne coupez pas le cordon.

Si vous êtes sortie, rendez-vous à un endroit où il y a des gens, comme une boutique ; si vous conduisez, arrêtez un véhicule et demandez au conducteur d'aller chercher de l'aide.

Un exemple typique
Une voisine secourable

SARAH, 25 ANS, MÈRE POUR LA PREMIÈRE FOIS, SUPPOSAIT QU'ELLE AURAIT LE TEMPS DE FAIRE AVANCER SON TRAVAIL À LA MAISON.

« Après une heure de contractions, j'ai soudain réalisé que le bébé était bien en chemin. J'ai appelé une ambulance et mon mari, Tom, puis une voisine Anne, qui fut là en quelques minutes. Elle déclara qu'elle pouvait voir le sommet de la tête et me demanda où je désirais aller. J'étais encore assise dans les escaliers d'où j'avais téléphoné. Je ne pouvais pas bouger, elle décida donc de me laisser là, à me retenir aux barreaux. Elle alla chercher un paquet de serviettes propres, en plaça deux sous moi et monta le chauffage. Je pouvais sentir la tête du bébé avec mes mains. Anne s'agenouilla au pied des escaliers et me demanda de haleter tandis qu'elle plaçait ses mains en coupe autour de la tête du bébé. Elle eut tout juste le temps de me dire que la tête était sortie qu'une autre contraction expulsa le bébé. Il glissa directement dans les mains d'Anne. Elle l'enveloppa dans une serviette et me le donna.

« L'ambulance arriva et l'ambulancier coupa le cordon et vérifia le bébé, de toute évidende en bonne santé, bien réveillée et les joues roses, tandis que nous attendions le placenta. Puis, ils nous firent prendre place dans l'ambulance. Tom fut là juste à temps pour nous accompagner à l'hôpital. Il était désappointé d'avoir raté l'accouchement mais soulagé que tout se soit bien passé.

« Quand j'y repense, je me demande comment j'ai pu rester si calme. Mais Anne irradiait la confiance, bien qu'elle confessa plus tard qu'elle était terrifiée. Une fois le bébé engagé, et sachant que je ne pouvais rien y faire, j'avais cessé d'être effrayée. Je savais que tout irait. »

ADMISSION À L'HÔPITAL

Avant que l'on vous laisse avec votre conjoint pour continuer le travail, un certain nombre de vérifications de votre bien-être et de celui de votre bébé seront faites.

 L'hôpital m'accueillera-t-il à n'importe quelle heure ?

 Bien entendu, les bébés naissent quand ça leur plaît ! C'est toujours une bonne idée d'appeler la maternité pour prévenir de votre arrivée. Ainsi votre médecin ou votre sage-femme peut vous rencontrer là-bas. Pendant que vous vous rendrez le personnel vous aura préparé une chambre.

Certains hôpitaux ont des règles de stationnement et des entrées différentes la nuit, c'est par conséquent important de poser des questions à ce sujet à l'avance. Si ce n'est pas encore fait, ne vous inquiétez pas, mais souvenez-vous de poser la question lorsque vous appelez pour prévenir de votre arrivée.

 Qu'arrive-t-il lorsque nous arriverons à l'hôpital ?

 On vous demandera peut-être de vous rendre à la salle des admissions. Là, une infirmière ou une sage-femme vous posera des questions sur vos contractions, sur les autres symptômes du travail et si vous avez eu ou non des saignements. Certains aspects dans vos notes personnelles seront confirmées, s'il s'agit d'un premier bébé et quels sont les problèmes, survenus au cours de la grossesse. Vos plans de travail et d'accouchement seront peut-être discutés.

Un examen vaginal précisera si vous êtes réellement en travail, si la dilatation a progressé et si vos membranes sont intactes. Entre les contractions, votre infirmière ou sage-femme insérera un ou deux doigts dans votre vagin pour sentir le col de l'utérus. Elle vous renseignera sur sa dilatation (ouverture) après chaque examen. Avant le travail, le col de votre utérus est fermé ; pour que le bébé puisse naître, il doit être dilaté à 10 cm. À l'admission, s'il s'agit d'un premier bébé, le col sera probablement dilaté de 2 à 4 cm.

 Existe-t-il d'autres vérifications de routine ?

 Une infirmière ou une sage-femme prendra votre pression artérielle et vous demandera un échantillon d'urine pour vérifier s'il y a des traces de sucre et de protéines.

Les contractions seront chronométrées pour en connaître la durée et la fréquence, et l'infirmière ou la sage-femme écoutera le cœur de votre bébé et vérifiera sa position. Vous pouvez être reliée à un moniteur fœtal pendant une période de 10 à 20 minutes (voir p. 174 – 175) afin que l'infirmière ou la sage-femme puisse écouter le cœur du bébé pendant les contractions et s'assurer qu'il reçoit suffisamment d'oxygène.

On vous invitera peut-être à prendre un bain ou une douche, ce qui peut être plaisant ou relaxant pour vous. Certains hôpitaux préfèrent que vous portiez une jaquette d'hôpital ; d'autres vous permettent de porter vos propres vêtements. Votre conjoint n'aura pas à porter de masque à moins que vous n'ayez une césarienne.

Vous pouvez aider le personnel infirmier en donnant des informations sur vos contractions, de même que tout détail pertinent sur les autres signes, l'expulsion du bouchon muqueux ou la rupture de la membrane. Si vous ne pouvez pas parler durant les contractions, votre conjoint répondra aux questions.

Assurez-vous que vous connaissez l'hôpital, sinon demandez une carte. Un édifice peut paraître très différent au milieu de la nuit et il pourrait y avoir bien peu de personnel à qui demander des directions.

Q *L'idée d'une personne étrangère rasant le poil de mon pubis me dérange énormément. Est-ce vraiment nécessaire ?*

R Les hôpitaux ont abandonné cette pratique, mais si cette éventualité vous dérange vraiment, confirmez avec l'infirmière ou la sage-femme. Le rasage était fait pour prévenir une infection s'il devait y avoir une épisiotonie.

Si une épisiotomie (voir p. 186–187) s'avère nécessaire pour faciliter la naissance, une petite région peut être rasée pour rendre l'incision et sa réparation plus faciles. Encore une fois, seuls quelques médecins considèrent que le rasage est nécessaire, les autres repoussent simplement les poils lorsqu'ils recousent. Demandez à l'hôpital quelles sont ses politiques et prenez-en note dans votre plan d'accouchement pour vous assurer que vos souhaits soient respectés.

La repousse des poils donne des démangeaisons et associée à la douleur au niveau des points est parfois assez inconfortable.

Q *Je suis certaine de pouvoir gérer le travail, pourvu que mon conjoint puisse être avec moi. Peut-il rester tout au long de l'accouchement ?*

R Encore une fois, c'est un des secteurs dans lesquels les pratiques ont changées. Anciennement, on demandait à votre conjoint d'attendre à l'extérieur durant les vérifications préliminaires et les discussions, et on lui demandait quelquefois de sortir pendant les examens vaginaux. Mais on demande aujourd'hui au conjoint, s'il le désire, de rester. Un futur papa a un important rôle d'aide et de support à jouer auprès de vous. Certains trouvent le tout fascinant, et se souviendront de détails que vous avez manqué, et la plupart des femmes sont plus détendues lorsque leur conjoint reste près d'elles. Si vous préférez être ensemble, il n'y a aucune raison pour ne pas l'être. Si votre conjoint est sensible aux interventions comme l'examen vaginal, il peut se détourner.

Si on lui demande de partir et que vous désirez qu'il reste, dites-le. S'il décide de sortir il devrait demander combien de temps il doit attendre à l'extérieur, et revenir une fois cette période écoulée.

Q *Que se passe-t-il si je suis en travail difficile lors de notre arrivée ?*

R Personne ne retardera l'aide dont vous avez besoin par des « examens de routine ». Un examen vaginal sera immédiatement effectué pour établir à quelle période vous en êtes et on vous amènera dans la salle de travail. Si le médecin ou la sage-femme n'est pas encore là, il y aura un remplaçant en attente. Dans une telle situation, il est fort peu probable qu'on demande à votre conjoint de quitter la pièce.

Q *L'examen vaginal est-il douloureux ?*

R Non, mais certaines femmes trouvent cet examen inconfortable, en particulier si elles sont tendues. Détendez-vous et respirez à fond. Si vous avez une contraction, demandez à l'infirmière ou à la sage-femme d'attendre avant de vous examiner.

La plupart des femmes accueillent ces examens vaginaux comme une preuve que les contractions produisent un résultat, mais souvenez-vous que la dilation n'est pas régulière : il est courant de progresser seulement d'un ou deux cm sur une période qui vous paraîtra durer des heures, pour finalement découvrir que les trois ou quatre prochains cm se termineront rapidement.

Q *Que se passe-t-il si je n'ai pas perdu mes eaux ?*

R Lors du processus connu sous le nom de RAM, rupture artificielle des membranes, le sac amniotique (le sac des eaux) est percé avec un instrument qui ressemble à un crochet, ce qui permet au liquide amniotique de s'écouler du vagin.

L'opinion médicale relative à cette procédure change fréquemment. Certains médecins et sages-femmes croient qu'il vaut mieux de laisser la nature suivre son cours, aussi longtemps que vous et votre bébé vous vous portez bien. Mais, de récentes études de l'amniotomie ont démontré que la RAM peut aider à faire progresser le travail s'il est évident qu'il est déjà bien établi et que la tête du bébé n'est pas trop haute dans le bassin. Dans certains cas, des telles mesures peuvent diminuer le taux de césariennes.

Si la décision d'accélérer votre travail est prise et que vos membranes ne sont pas rompues, votre médecin ou votre sage-femme le fera artificiellement, (voir p. 168–169).

PREMIÈRE PHASE

Dans la première, et la plus longue, phase du travail, le col de votre utérus s'ouvrira graduellement pour permettre à votre bébé de s'engager dans la filière génitale.

Une fois que débute le travail (voir p. 154–155), la première phase dure en général 10 à 12 heures pour un premier bébé ; avec les bébés subséquents, elle sera sans doute plus courte.

QU'EST-CE QU'UNE CONTRACTION ?

Le travail est déclenché sous l'influence des hormones. À terme, le placenta commence à travailler légèrement moins efficacement. En réponse à cela, la glande pituitaire du bébé relâche de l'oxytocine qui traverse le placenta jusqu'à atteindre votre circulation sanguine. La réponse de votre corps à cette oxytocine est de produire lui-même de l'oxytocine, laquelle stimule les contractions. De plus, lorsque la glande surrénale du bébé est à maturité, elle secrète l'hormone cortisol.

Cette dernière passe dans votre sang et influence vos niveaux d'œstrogène et de progestérone avec comme résultat de produire une substance chimique de type hormonal appelée prostaglandine. Les prostaglandines ramollissent le col de l'utérus et ce ramollissement stimule également l'utérus qui commence à se contracter.

Chaque contraction produit deux effets. D'abord, elle restreint l'espace du bébé dans l'utérus (et dans le sac amniotique, s'il ne s'est pas déjà rompu), forçant le bébé à descendre là où la résistance est moindre, c'est-à-dire dans le col ramolli de l'utérus. Ensuite, chaque contraction raccourcit les fibres musculaires attachées au col de l'utérus et les tire vers le haut, loin de l'ouverture. (C'est ce qu'on nomme l'efface-ment et on le mesure en pourcentage. Le col sera effacé à 100 % à la fin de la première phase.) Au même moment, les fibres musculaires autour du col de l'utérus provoquent l'agrandissement de l'ouverture (dilatation). À chaque contraction, le bébé est poussé de plus en plus bas vers cette ouverture qui s'agrandit.

Vous constaterez que les contractions durcissent votre abdomen. Chaque contraction vient graduellement, atteint un sommet puis disparaît. Les contrac-tions peuvent ressembler à d'intenses douleurs menstruelles, bien que certaines femmes les ressentent comme une dou-leur plus aiguë. En général, toutefois, vous ressentirez sans doute la douleur au sommet de la contraction et vous pourrez vous détendre avant et après.

COMBIEN DE TEMPS DURENT-ELLES ?

Pendant la première phase du travail, l'utérus se contracte avec des intervalles de plus en plus courts, alors que les

---

Ce qui se passe lors de la première phase

Contractions

Le sommet de la contraction

Durée de la contraction

Respiration

Respirations lentes et profondes   Respirations superficielles   Respirations lentes et profondes

INSPIRATION

EXPIRATION

Rythme du cœur fœtal

160

140

120

Un moniteur cardiaque fœtal enregistre les contractions de la maman et le rythme du cœur fœtal. Au sommet de la contraction, le cœur du bébé atteint son niveau le plus lent, revenant rapidement à la normale à mesure que la contraction se calme. Vous trouverez peut-être que des respirations rapides et superficielles vous aident à contrôler la douleur au sommet de la contraction.

contractions deviennent plus en plus longues. Au début, vous pouvez ressentir une contraction de 40 à 50 secondes toutes les 10 minutes. À la fin, chaque contraction durera plus d'une minute et il y aura un écart maximum d'une minute entre chacune, vous donnant très peu de temps pour vous reposer entre chacune.

Chaque contraction aide le col de l'utérus à s'effacer et à se dilater. À la fin de la première phase, le col de l'utérus est complètement effacé et entièrement dilaté, prêt pour la naissance du bébé.

Le travail progresse souvent lentement au début. Il peut y avoir plusieurs heures où il semble ne rien se passer du tout. Vous ressentirez peut-être les contractions devenir de plus en plus longues et fortes, et pourtant vous pouvez ne pas être dilatée de plus d'un demi-centimètre. C'est normal. Une fois rendue à 7 ou 8 cm, la tête de votre bébé descendra encore.

Ce qui arrive à votre bébé

Durant la première phase du travail, votre bébé continue à recevoir de l'oxygène et des nutriments à travers le placenta. Il a déjà subi des contractions depuis qu'il est dans l'utérus et au début de la première phase du travail, les contractions ne lui sembleront pas différentes. Certains bébés semblent dormir tout au long de la première partie du travail. Mais, à mesure que les contractions augmentent en intensité, votre bébé sent le serrement des parois de l'utérus contre son corps et la pression du col de l'utérus sur les os de sa tête.

La réponse du bébé aux effets des contractions peut être vue sur le moniteur de surveillance. Lorsque l'utérus se contracte, le débit sanguin à travers le placenta est ralenti. Il se normalise lorsque la contraction disparaît. En réponse au volume de sang plus faible, le battement de cœur du bébé peut ralentir, avec une baisse alternant au sommet de chaque contraction. Lorsque la contraction disparaît, le rythme cardiaque s'accélère de nouveau. Cette baisse du rythme

cardiaque ne cause aucun problème à un bébé en santé à maturité.

Le rythme cardiaque moyen d'un bébé dans la première phase du travail est en général de 120 à 160 battements à la minute, bien qu'il ne soit pas inquiétant pour votre médecin ou votre sage-femme qu'il descende aussi bas que 110 ou qu'il s'élève aussi haut que 170. Un graphique du rythme cardiaque d'un bébé en santé montre des variations mineures la plupart du temps, au moment où le cœur répond à des stimulis comme un changement de position, l'ingestion de nourriture ou de breuvage ou un massage de votre abdomen, en plus de la stimulation des contractions. Ces variations démontrent que le cœur fonctionne bien, répond au stress de la naissance par un ajustement de son rythme cardiaque. Des décélérations persistantes sans accélérations subséquentes peuvent être le signe que votre bébé ne tolère pas bien le travail ; on pourrait vous donner de l'oxygène ou vous faire changer de position.

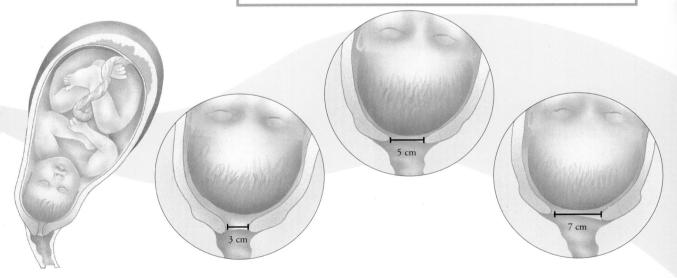

1. À la fin de la grossesse, le col de l'utérus est fermé, bien que l'orifice interne soit suffisamment étiré et ramolli pour que le bouchon muqueux (operculum) ait pu tomber (voir p. 154).

2. Au début du travail, les contractions commencent à légèrement ouvrir le col de l'utérus, le tirant vers le haut et l'extérieur.

3. À 5 cm, la personne qui vous examinera sera à même de sentir le sommet de la tête du bébé. Vous avez parcouru la moitié du chemin de la dilatation complète. Les 5 cm qui restent peuvent s'accomplir plus rapidement.

4. À 7 cm, la personne qui vous fera l'examen touchera le sommet de la tête du bébé par l'ouverture du col.

CE QUE VOUS POUVEZ FAIRE

La première phase de l'accouchement est le travail le plus difficile et le plus excitant que vous avez fait jusqu'à maintenant. Pendant un certain temps, vous pourrez bouger et contrôler la douleur.

Les contractions peuvent être douloureuses mais durant les intervalles vous ne sentirez pas la douleur. Lorsque vous sentez venir une contraction, essayez de vous détendre. Relâchez la tension de vos épaules, de votre visage et de vos mains. La tension de votre corps se transmet à tous vos muscles, y compris l'utérus, et elle augmente la douleur.

Concentrez-vous sur votre respiration. Lorsqu'une contraction commence, respirez lentement et profondément à partir de l'abdomen, en inspirant par le nez et en expirant par la bouche. Cette

façon de faire distribue l'oxygène à toutes les parties de votre corps et à travers le placenta jusqu'à votre bébé. Avec chaque expiration, vous diminuez la tension. Au sommet de la contraction, prenez des inspirations et expirations superficielles par la bouche. Lorsque la contraction diminue, revenez à la respiration profonde. Ne résistez pas à la contraction, elle augmente en intensité, atteint un sommet et commence à diminuer.

Détendez-vous entre les contractions. Cela vous aidera à conserver votre énergie lorsque vos contractions se rapprocheront. Vous aurez besoin de cette énergie plus tard pour aider à pousser le bébé.

Prenez de fréquentes gorgées d'eau ou de jus de fruit et, si vous avez faim et que vous avez envie de manger, demandez une collation. Certaines femmes trouvent que seule la pensée de la nourriture leur donne la nausée ; d'autres sont trop concentrées sur la respiration et la relaxation pour se rendre compte qu'elles n'ont pas mangé depuis des heures. Il peut être rafraîchissant de sucer de la

Rester debout

La plupart des femmes contrôlent mieux le travail si elles sont libres de se déplacer et de trouver une position confortable. Vous réaliserez que différentes positions sont plus efficaces à certains moments.

Des études ont également démontré que si les femmes restent debout, elles connaissent des périodes de travail plus courtes, parce que la pression de l'utérus sur le col peut accélérer la dilatation. Si vous préférez vous étendre, peut-être pour conserver ou récupérer votre énergie, étendez-vous sur le côté plutôt que sur le dos. Rester étendue sur le dos, en particulier sur une surface dure, peut diminuer l'apport sanguin au bébé.

Debout, appuyez-vous contre un mur ou sur votre conjoint. Assurez-vous qu'il peut supporter tout votre poids.

Asseyez-vous sur une chaise en position inversée, vos bras et votre tête reposant sur le dossier. Utilisez des oreillers pour augmenter votre confort.

glace concassée. Urinez fréquemment ; une vessie pleine est très incommodant pendant les contractions.

Si vous souffrez de maux de dos pendant votre travail, demandez à votre conjoint de vous faire un massage, mais demandez-lui d'arrêter si cela diminue votre concentration pendant une contraction.

CE QUE VOTRE CONJOINT PEUT FAIRE

La chose la plus importante pour vous est d'être là, de réconforter et d'encourager votre conjointe, mais vous pouvez également accomplir plusieurs tâches pratiques pour aider votre partenaire à passer à travers cette étape fatigante.

Si votre conjointe est surveillée par un moniteur électronique, demandez au médecin ou à une infirmière d'interpréter

1h00 du matin. Contractions trop fortes pour pouvoir dormir ; une par 10 minutes. Nous regardons une vidéocassette.

4h00 du matin. L'hôpital nous dit de s'en venir. Besoin d'aide pour monter dans l'auto. Contractions toutes les 5 minutes. Peux respirer entre chacune.

5h00 du matin. Examen : dilatée de 3 cm.

7h00 du matin. Contractions fortes, mais qui me rapprochent du moment de voir mon bébé. Je fais face.

8h00 du matin. Fatiguée. Contractions toutes les 2 minutes ; difficile de se détendre.

9h00 du matin. Découragée : dilatée de seulement 7 cm. Veux être seule.

9h30 du matin. Peux plus supporter la douleur. Épuisée et pleure. Avisée d'avoir à attendre de 1 à 2 heures pour avoir des analgésiques.

10h00 du matin Contractions toutes les minutes, mais presque 10 cm de dilatation. Verrai bientôt mon bébé.

le relevé pour vous. Si cela semble lui aider, avertissez votre conjointe du moment où la contraction commence et celui où elle diminue. (Certaines femmes considèrent que de savoir ce qui se passe les aide à se se sentir en contrôle. Pour d'autres, c'est un motif de tension, par conséquent, demandez-lui ce qu'elle préfère.) Si elle n'a pas de moniteur de surveillance, utilisez une montre avec une aiguille de secondes pour chronométrer la longueur et la fréquence des contractions pendant cinq ou dix minutes toutes les demi-heures est probablement suffisant. Si elle le désire, placez vos mains sur son abdomen afin de pouvoir sentir la contraction et respirer avec elle. Si elle perd le rythme, cela lui aidera à se remettre en piste.

Aidez-la à être à l'aise, que ce soit en demandant pour elle un oreiller supplémentaire, en lui donnant à boire, en frottant son dos, en la tenant dans vos bras ou en rafraîchissant son visage et son cou avec une éponge ou un vaporisateur d'eau. Utilisez une serviette pour humidifier ses lèvres. Et si elle vous demande de la laisser seule, ne vous offusquez pas. Restez là pour aider lorsqu'elle en aura besoin.

Rassurez-la en lui disant que tout va

Prenez note des étapes importantes de votre travail ou demandez à votre conjoint de le faire. Une fois votre bébé dans vos bras, vous aurez de la difficulté à vous souvenir des détails du travail mais vous aimerez avoir ces notes pour vous les rappeler.

bien ; c'est normal que ce soit long. Dites-lui qu'elle fait bien son travail et rappelez-lui le nombre de contractions qui sont derrière elle. Ne lui dites pas que c'est presque fini à moins que le médecin ou la sage-femme ne l'indique. Bien que vous puissiez démontrer de l'empathie envers elle, ne lui dites pas que vous savez comment elle se sent, car vous ne le savez pas.

Soyez son intermédiaire, répondez vous-même aux questions que les médecins ou la sage-femme pourrait poser, si vous le pouvez, afin que votre conjointe puisse se concentrer sur ce qu'elle fait. Si elle désire une médication, ou si elle n'est pas soulagée, communiquez sa requête. Et soyez préparé à l'avertir délicatement si les professionnels pensent que ce n'est pas encore le moment de lui donner des analgésiques : si elle est presque entièrement dilatée, ils peuvent ne pas recommander leur utilisation. À ce point, concentrez-vous sur le fait qu'elle est presque prête à commencer à pousser.

…genoux, penchée vers l'avant avec appui sur …e chaise, l'extrémité d'un lit, un ballon, une pile …reillers ou les genoux de votre conjoint.

…quatre pattes, balançant votre bassin durant …s contractions. Essayez également d'arquer …tre dos dans cette position, si cela soulage.

PRÉSENTATIONS ET POSITIONS DU BÉBÉ

La position du bébé dans votre utérus peut avoir un impact important sur votre travail et sur l'éventualité d'une intervention chirurgicale.

La présentation idéale du bébé lorsque vous entrez en travail, pour vous deux, est d'avoir la tête en bas, soit une présentation céphalique (voir p. 140–141) et avec la tête engagée (voir p. 154). Lorsque la tête du bébé s'engage, c'est une bonne indication que votre bébé « s'ajuste » et que le travail progresse normalement. Au cours des quelques dernières semaines, les bébés peuvent changer de position mais le bébé de taille moyenne n'a pas beaucoup d'espace pour bouger.

Les femmes entrent rarement en travail avec un bébé en présentation de siège ou pieds les premiers sans le savoir, (voir p. 140–141), car le médecin ou la sage-femme peut en général sentir si le bébé a la tête ou les fesses vers le bas. Le médecin peut également vous dire si le bébé est en position postérieure ou antérieur (face au devant de votre corps) par un examen vaginal.

Les présentations de délivrance compliquées sont rares. À terme, environ 96 % des bébés ont la tête en bas avec le sommet de la tête comme partie qui se présentera, et apparaîtra en premier. Trois pourcent sont des sièges. Les présentations transversales et obliques, de même que les présentations visage et

Si votre bébé fait face à votre dos (occiput antérieur), son corps est bien aligné pour la délivrance. Vous accroupir vous aidera à ouvrir votre bassin pour une sortie plus facile.

sourcils, représentent seulement 1 % des accouchements.

OCCIPUT ANTÉRIEUR

Si votre bébé est en position d'occiput antérieur gauche ou droit (tête vers le bas, face à votre dos et sommet légèrement tourné vers la gauche ou vers la droite), vous avez une excellente chance d'avoir un travail sans problème. Son menton est rentré sur sa poitrine et la partie qui se présente d'abord est le sommet de la tête. C'est la partie la plus petite, car les os mous et cartilagineux du crâne peuvent se chevaucher pour favoriser la sortie.

OCCIPUT POSTÉRIEUR

Si votre bébé est en position d'un occiput postérieur, il fait face au devant de votre corps. Un peu moins efficace qu'un antérieur parce que la tête est moins bien fléchie. La partie la plus petite n'est pas la première à apparaître et l'utérus devra travailler plus fort pour expulser le bébé. Le travail peut, pour cette raison, être plus long. L'épine dorsale de votre bébé peut être appuyée sur la vôtre ; vous courez plus de risque d'avoir mal au dos pendant et après les contractions. Une forte pression sur votre dos pourra aider à soulager la douleur.

Si votre bébé est en position d'un occiput postérieur, le mal de dos peut être sévère. Reposez sur le côté pour soulager la pression dans votre dos et demandez à votre conjoint de masser vigoureusement votre dos.

La plupart des bébés dont l'occiput est postérieur tourneront à la fin de la première phase pour la descente dans la filière pelvigénitale ; si votre bébé ne se tourne pas, la seconde phase du travail pourrait être longue et le bébé pourrait avoir besoin des forceps ou d'une césarienne pour l'aider à sortir.

PRÉSENTATION DE SIÈGE

La plupart des bébés dans une présentation de siège reposent fesses en premier, certains avec leurs jambes repliées aux hanches et genoux rentrés (siège complet), certains avec leurs jambes pointant vers l'avant. Pendant le travail, une jambe peut retomber, et le pied devient la partie qui se présente. Une naissance par le siège bien gérée peut donner d'excellents résultats, en particulier si l'accouchement est fait par quelqu'un qui a l'expérience de l'accouchement vaginal avec présentation par le siège. Il existe toutefois quelques problèmes potentiels pour le bébé.

Il y a un petit risque que le cordon ombilical glisse dans la filière pelvigénitale et y reste coincé. Votre médecin surveillera cela. Il est aussi possible que les fesses du bébé ne dilatent pas suffisamment la filière pelvigénitale pour que la tête puisse aisément passer car il n'y a pas assez de temps pour le chevauchement des os de la tête. Pour cette raison, la plupart des bébés avec présentation de siège sont ceux où le médecin ou la sage-femme savent, grâce aux rayons X, que le bassin de la mère est adéquat. Si le bébé est prématuré, sa tête sera particulièrement délicate. Plusieurs médecins recommandent une césarienne si vous entrez prématurément en travail avec une présentation par le siège.

La plupart des femmes optent pour une épidurale si le bébé se présente par le siège ; sinon, un anesthésique local pourrait soulager la douleur dans le vagin

Dans une présentation par le siège, il est important que la tête apparaisse d'une manière contrôlée et délicate (plutôt qu'expulsée à la suite des jambes et du tronc). Vos assistants vous aideront en choisissant une position confortable qui minimise cette possibilité.

une fois que les fesses du bébé ont commencé à distendre le périnée. Une épisiotomie pourrait être nécessaire de même que l'utilisation des forceps pour aider la sortie de la tête.

Environ 60 % des bébés à présentation par le siège sont accouchés par césarienne.

PRÉSENTATION DU FRONT

Le bébé a la tête en bas dans une présentation par le front, la tête est inclinée vers l'arrière et c'est le front qui se présente en premier. Comme le front est plus large que le sommet du crâne, le travail pourrait ne pas progresser et vous aurez peut-être besoin d'une césarienne. Quelquefois, cependant, les bébés qui se présentent par le front au début du travail trouvent le moyen d'incliner leur tête pour une présentation de face à mesure que progresse le travail, et un accouchement vaginal est alors possible.

PRÉSENTATION DE LA FACE

Cela se produit lorsque la tête est inclinée encore plus loin vers l'arrière. Comme le visage n'est pas beaucoup

plus large que le sommet de la tête, le travail devrait se dérouler normalement. Dans de rares cas, les forceps ou une césarienne pourraient être utilisés.

POSITION TRANSVERSE

Quelques bébés reposent en diagonale (oblique), et c'est une épaule qui se présente en premier, ou d'un côté et de l'autre (transversal) dans l'utérus. Ces positions sont plus courantes si le bébé est petit et qu'il a plus d'espace pour bouger à la fin de la grossesse. Cela peut également se produire si une femme a eu plusieurs enfants déjà et que son utérus est étiré de façon inhabituelle (permettant au bébé de bouger plus librement) ou si le placenta est bas. Ces positions se produisent également lors de l'accouchement de jumeaux.

Dans une grossesse simple, un bébé en position transverse sera accouché par césarienne. Si le bébé est un second jumeau, le médecin ou la sage-femme essaiera de le tourner après la naissance du premier afin qu'il puisse, lui aussi, être accouché vaginalement.

ACCOUCHEMENT PROVOQUÉ

Si le travail n'est pas encore commencé de façon spontanée à la 41ᵉ ou 42ᵉ semaine, votre médecin pourrait suggérer de provoquer l'accouchement. Si le travail progresse lentement, une stimulation des contractions peut-être indiquée.

Le travail en général débute de façon spontanée au terme de la grossesse (après 37 semaines) et progresse pendant quelques heures jusqu'à l'accouchement. Dans certains cas, par contre, ce n'est pas ce qui se produit. Le travail peut ne pas commencer spontanément ou il peut y avoir des raisons médicales pour accoucher le bébé plus tôt que plus tard. De la même manière, un travail

commencé de façon naturelle peut être trop lent. Il peut même sembler s'arrêter. Les contractions peuvent cesser ou continuer mais sans être assez fortes pour effectuer le travail d'ouverture du col de l'utérus et d'expulsion du bébé.

Vous pouvez quelquefois déclencher un travail lent en marchant ou en changeant de position. Soyez patiente et ne perdez pas courage. Si vous devez

fatiguée ou que votre bébé présente des signes de fatique en regard du stress du travail, on pourrait vous conseiller d'accélérer ou d'augmenter la force des contractions. Si le travail ne commence pas au cours des 12 heures qui suivent la rupture des membranes, votre médecin pourrait suggérer de provoquer l'accouchement.

QU'EST-CE QUE ÇA IMPLIQUE ?

Un accouchement provoqué peut être effectué de trois manières : en introduisant dans le vagin des prostaglan-

---

Un exemple typique

Choisir l'accouchement provoqué

CLAIRE, 30 ANS, A TROUVÉ QUE L'ACCOUCHEMENT PROVOQUÉ ÉTAIT UNE EXPÉRIENCE ENRICHISSANTE.

« Notre premier bébé est né un mois à l'avance et montrait des signes de détresse foetale pendant l'accouchement. J'avais attendu trop longtemps avant l'injection d'anti-douleur et ce n'était plus le moment pour une épidurale. Heureusement, le personnel médical avait eu de la difficulté à localiser un anesthésiste pour une césarienne d'urgence et j'avais eu le temps de progresser au point où Louise arriva avec la seule aide des forceps. L'accouchement que j'avais désiré n'est pas celui que j'ai eu : il fut long et douloureux. Notre angoisse à propos de Louise éclipsa son arrivée et elle passa un mois à l'hôpital dans l'attente d'une chirurgie cardiaque (le problème qui avait causé la détresse). Nous avons finalement pu l'amener à la maison lorsqu'elle eut 10 semaines, après quoi elle prospéra. Mais je ne pouvais me remémorer une seule pensée positive à propos de sa naissance.

« Lorsque je fus enceinte de Nicolas, un contrôle serré fut effectué. Comme il semblait plutôt gros et que je ne suis pas une grosse femme, mon médecin suggéra un accouchement provoqué. Je n'étais pas certaine que c'était une bonne idée mais l'idée d'accoucher d'un bébé qui était beaucoup plus gros que Louise me terrorisait. Mon conjoint et moi, après en avoir discuté, avons convenu que c'était la bonne solution. Nous avons nous-même choisi le jour et avons discuté à l'avance de la possibilité d'avoir une épidurale, puisque les contractions provoquées viendraient vite. La première phase se passa bien ; je la passai à marcher jusqu'à ce que le médecin décide que les ovules n'avaient pas fonctionné comme il le souhaitait. Il attendit la rupture de la membrane. C'est à ce moment que j'eus l'épidurale.

« Une heure plus tard, j'étais prête à pousser et l'épidurale s'effaçait, pas assez pour me permettre de rester debout mais assez pour me laisser sentir le moment de pousser. Nicolas est né 15 minutes plus

tard, environ quatre heures après être arrivés à l'hôpital.

« Comme je n'ai pas souffert et que nous nous sommes sentis en contrôle, en dépit de l'intervention médicale, les seules pensées que j'ai à propos de la naissance de Nicola sont positives. Provoquer un accouchement n'est peut-être pas l'idéal, mais pour moi ce fut tellement mieux que ce que j'avais cru et tellement plus satisfaisant que la naissance « naturelle » de Louise. »

dines, substances qui ramollissent et « font mûrir » le col de l'utérus et peuvent provoquer le travail par la stimulation de la contraction de l'utérus ; par la RAM (rupture artificielle des membranes) ; ou au moyen d'une perfusion d'hormones. En général, ces méthodes sont essayées de façon progressive ; c'est-à-dire si les prostaglandines seules ne provoquent pas de contractions suffisamment fortes, la RAM peut être faite ; si le travail ne progresse toujours pas, une perfusion sera mise en marche.

Les prostaglandines représentent la méthode la moins invasive. Un ovule ou plus est inséré dans le vagin, où il libère des prostaglandines, ou encore, un gel est placé dans le vagin ou, plus rarement, inséré dans le canal cervical. Les prostaglandines ne pénètrent pas dans le sac amniotique qui contient le bébé.

Si les hormones ne sont pas efficaces, les contractions peuvent être stimulées par la RAM. Les membranes sont légèrement détachées avec les doigts (ce qu'on appelle *balayage de la membrane*) et le sac est percé à l'aide d'un petit crochet. Le liquide amniotique s'écoule alors. Cela libère d'autres prostaglandines qui déclenchent le processus du travail.

L'utilisation des prostaglandines, suivie de la RAM, est la méthode la plus courante pour provoquer l'accouchement mais peut être accompagnée d'une perfusion d'hormone. Avec cette méthode, l'oxytocine, une forme synthétique de l'hormone oxytocine, produite par le corps tout au long de la grossesse et qui joue un rôle dans le déclenchement du travail, passe directement dans votre sang. Un petit cathéter, est inséré dans une veine. La perfusion administre l'hormone, et le dosage peut être augmenté ou réduit au besoin.

Lorsque l'accouchement provoqué est justifié

La raison la plus courante pour provoquer l'accouchement est que votre grossesse s'est poursuivie au-delà de 40 semaines. Cela peut mener à des problèmes de post-maturité, causés par l'incapacité du placenta vieillissant à nourrir adéquatement le bébé. Plusieurs médecins préfèrent provoquer l'accouchement lorsque le bébé est en retard de dix jours ; certains attendent deux semaines. Pendant l'attente, votre bébé pourrait être sous la surveillance d'un moniteur pendant une courte période pour vérifier qu'il ne montre aucun signe de détresse (manque d'oxygène) ou de faible croissance. Le niveau de liquide amniotique pourrait également être évalué.

Les grossesses gémellaires sont souvent provoquées après 38 semaines, les bébés sont alors suffisamment développés, tandis que leur permettre de continuer à grossir dans l'utérus pourrait vous causer des problèmes. De la même façon, si une échographie à la 37e ou à la 38e semaine révèle que votre bébé est très gros, on vous offrira peut-être de provoquer l'accouchement dans le but d'éviter une césarienne plus tard. Cette mesure est controversée, en partie parce que le poids estimé peut être inexact.

Certains problèmes médicaux chez vous ou chez votre bébé peuvent faire qu'un accouchement provoqué est judicieux. Le facteur rhésus (voir p. 24) et certains problèmes cardiaques qui nécessitent un traitement peuvent inciter les médecins à provoquer le travail. Un accouchement provoqué peut également être recommandé si vous souffrez de prééclampsie, de haute pression ou de diabète, ce qui pourrait nuire à votre santé ou celle de votre bébé si la grossesse se poursuivait (voir p. 127 et 142 – 143).

Y A-T-IL DES RISQUES ?

Provoquer l'accouchement doit être fait seulement lorsqu'il y a une indication médicale pour la mère ou le bébé. Certains risques sont associés à cette méthode : le travail provoqué peut être plus douloureux que le travail spontané, et l'induction peut quelquefois échouer, ce qui fait cesser le travail et peut mener à une césarienne qui, sans elle, n'aurait peut-être pas été nécessaire.

Ces risques doivent être calculés en regard des risques d'attente du travail spontané. Fondamentalement, vous et votre médecin devez être certains que votre bébé sera mieux à l'extérieur qu'à l'intérieur ou, si l'induction est proposée à cause de votre santé, vous devez tous deux être sûrs que cela est nécessaire.

Même quand tout se passe bien, un accouchement provoqué peut être problématique. Les contractions provoquées sont presque toujours plus fortes et se succèdent plus rapidement que lors du travail spontané et vous n'avez pas le temps de vous y habituer graduellement.

Un travail spontané puis stimulé par ce moyen peut stimuler également de fortes contractions. C'est, bien entendu, le but, mais vous pouvez ressentir leur force comme un choc. Si vous avez une perfusion intraveineuse, vous êtes moins mobile que vous le voudriez. Vous pourriez également avoir besoin d'une plus grande quantité d'analgésique que vous l'auriez voulu.

Il y a également risque de conséquences néfastes pour votre bébé. Le bébé et la perfusion doivent être soigneusement contrôlés. Si les contractions provoquées par l'oxytocine sont trop fortes, elles pourraient réduire l'apport en oxygène pour le bébé. Toutes les contractions restreignent l'alimentation en oxygène du bébé mais, comme les contractions provoquées sont fréquentes, le temps de « récupération » entre chacune d'elles est plus court. La détresse fœtale se produit plus fréquemment pendant cette forme d'induction si le bébé n'est pas surveillé étroitement.

SOULAGEMENT NATUREL DE LA DOULEUR

Le travail et l'accouchement sont douloureux et les médicaments qui soulagent la douleur provoquent des effets secondaires ; heureusement, il y a plusieurs façons de contrôler la douleur, que ce soit avec ou sans médicaments.

Vous pouvez diminuer la douleur de l'accouchement en vous préparant vous-même à l'avance et en apprenant comment la contrôler. Bien des femmes qui préfèrent ne pas recevoir de médicaments (voir p. 172–173) choisissent de contrôler la douleur par la respiration, la relaxation ou par l'utilisation de thérapies complémentaires. Ces approches sont regroupées sous l'entête de « soulagement naturel de la douleur ».

L'objectif principal du soulagement naturel de la douleur est de réduire l'impact et l'intensité de la douleur (il ne peut complètement l'éliminer) tout en vous permettant d'être à même de prendre des décisions et de participer consciemment au processus de l'accouchement. Vous ferez l'expérience complète du travail et de la naissance, ce que la plupart des femmes trouvent valorisant.

Le soulagement naturel de la douleur accélère la durée de récupération après la naissance. Bien que vous serez très certainement fatiguée, votre énergie vous

reviendra probablement plus vite si vous n'avez aucun effet secondaire relatif aux médicaments. Vous dormirez également mieux et de façon plus naturelle.

Il y a également des avantages pour votre bébé. Aucun médicament ne l'atteint. Un bébé né sans aucun des effets secondaires des analgésiques pharmacologiques sera sans doute plus éveillé et réceptif dans les premières minutes après sa naissance. Il respirera bien, la couleur et la teinte de sa peau seront bonnes. Il pourra vous regarder avec de grands yeux bien ouverts parce qu'il ne sera ni somnolent ni apathique. La première tétée se passe mieux parce que les réflexes de succion et de déglutition ne sont pas émoussés par les médicaments.

Vous trouverez ci-dessous les formes les plus recommandées de soulagement naturel de la douleur.

RESPIRATION

C'est le moment où les exercices de respiration que vous avez pratiqué tout

au long de la grossesse deviennent utiles (voir p. 56–57). Autant que possible, répondez aux besoins de votre corps en modifiant le modèle de respiration pour l'adapter à la phase et à l'intensité du travail. Essayez la respiration de niveau 1 au début du travail, lorsque vos contractions sont relativement faibles et courtes ; le niveau 2 à mesure que le travail progresse ; le niveau 3 dans les phases finales, lorsque les contractions sont longues et intenses.

Concentrez-vous pour rester détendue. Ne raidissez pas vos épaules, votre visage ou vos mains, toutes des parties du corps qui retiennent la tension sans que vous le réalisiez. Ne respirez pas trop fort ou trop vite : cela peut sembler une réponse naturelle au stress, mais expirer trop de dioxyde de carbone peut vous donner des étourdissements. Votre partenaire peut vous aider à respirer durant une contraction.

RELAXATION

Pratiquez des techniques de relaxation (voir p. 50–51) pendant la grossesse afin de pouvoir vous détendre rapidement. Apportez votre musique favorite (à moins qu'elle ne nuise à votre capacité de vous concentrer). Une musique qui provoque des associations plaisantes, quelque chose que vous avez entendu en vacances ou lors d'une soirée spéciale, peut vous aider à vous détendre en vous rappelant des moments plus calmes.

Travaillez ces techniques dans diverses positions, couchée, assise, accroupie, debout ou à genoux. Si vous avez choisi la position dans laquelle vous désirez accoucher, concentrez-vous sur celle-là, mais ne négligez pas les autres, le travail est un événement personnel qui ne peut jamais être planifié jusqu'au moindre détail.

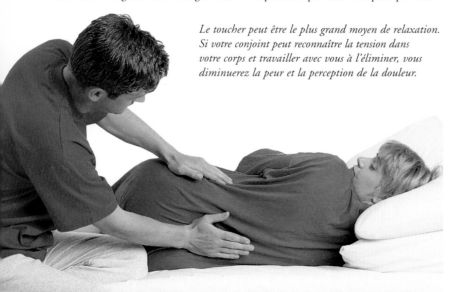

Le toucher peut être le plus grand moyen de relaxation. Si votre conjoint peut reconnaître la tension dans votre corps et travailler avec vous à l'éliminer, vous diminuerez la peur et la perception de la douleur.

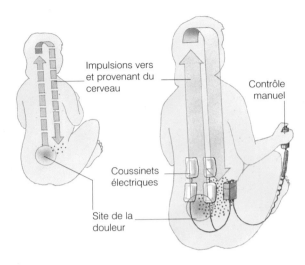

Impulsions vers et provenant du cerveau

Contrôle manuel

Coussinets électriques

Site de la douleur

Les signaux de douleur sont transmis via le cerveau (gauche). En théorie, avec TENS, le courant envoyé au cerveau est retransmis via un différent chemin nerveux. Lorsque ce courant rencontre le signal de douleur sur sa voie vers le cerveau (gauche), des endorphines sont libérées. Elles agissent de façon similaire à la morphine, en réduisant la douleur.

Y a-t-il des inconvénients ?

La grossesse constitue le moment idéal pour enquêter sur les méthodes complémentaires de contrôle de la douleur. Acuponcture, acupression, homéopathie, thérapie par les herbes et massage shiatsu ont tous bonne réputation pour le soulagement de la douleur de l'accouchement. Tous sont utilisés holistiquement pour promouvoir votre santé et votre bien-être général ; certains ont des techniques d'aide à la relaxation, certains stimulent l'utérus et soulagent les contractions et d'autres favorisent la cicatrisation après la naissance. Peu importe celle que vous choisissez, vous aurez besoin d'un thérapeute qualifié qui connaît l'utilisation de la thérapie pendant la grossesse, le travail et l'accouchement.

Prendre des remèdes homéopathiques ou des remèdes à base d'herbes, et utiliser plusieurs huiles essentielles, peut affecter votre bébé ; la plupart sont parfaitement sûrs mais certains peuvent stimuler les contractions utérines et ne doivent pas être pris à certaines étapes de la grossesse. D'autres devraient être évités. Votre thérapeute vous renseignera. Comme pour tous les médicaments, lisez soigneusement les étiquettes et suivez les recommandations du fabricant.

VISUALISATION

La visualisation est une forme de relaxation par laquelle vous pouvez vous concentrer sur quelque chose de plaisant. Une théorie suggère que se concentrer sur quelque chose qui apporte un sens de l'accomplissement après une période d'effort, comme le fait de participer à une course ou d'escalader une montagne, vous stimule à croire en votre propre capacité de passer à travers l'accouchement. En termes plus généraux, le sujet sur lequel s'exerce la concentration importe peu, pourvu qu'il vous permette de vous sentir bien, vous aide à vous concentrer et vous aide à vous détendre.

Vous pouvez également être aidée par la distraction pendant le travail, en particulier durant la dernière partie, lorsque vous trouvez plus difficile de vous concentrer sur la respiration. Compter à rebours à partir de 100, penser aux noms de « filles » et de « garçons » d'un bout à l'autre de l'alphabet, réciter une comptine ou répéter un mot difficile peut être une activité mentale efficace.

HYPNOSE

L'hypnose et l'auto-hypnose ont démontré leur efficacité pour réduire la douleur pendant le travail et l'accouchement. Ces méthodes plaisent à beaucoup de femmes parce qu'elles leur permettent de demeurer éveillées sans ressentir la douleur. L'hypnothérapie n'est toutefois pas pour tout le monde. Certaines personnes n'y sont absolument pas réceptives. D'autres répondent si bien qu'elles peuvent subir une césarienne sans autre anesthésique que l'hypnose.

Les techniques d'auto-hypnose sont apprises lors des premiers stades de la grossesse et sont enseignées par un hypnothérapeute qualifié. Une recommandation de bouche à oreille est la meilleure façon de trouver un thérapeute. Assurez-vous que celui que vous choisirez est membre d'une organisation professionnelle reconnue.

TENS

TENS signifie neurostimulation électrique transcutanée. Elle fonctionne par le biais d'une petite boîte électrique avec des électrodes, placée sur votre dos. En ajustant les commandes de la boîte, vous contrôlez l'émission d'un faible courant électrique. Deux théories existent quant à la façon dont TENS travaille. L'une dit que le signal va jusqu'au cerveau, le stimulant pour produire des endorphines, les analgésiques naturels du corps. La seconde avance que les nerfs peuvent transmettre un seul signal au cerveau à la fois ; le courant TENS surcharge les nerfs, en bloquant le signal de douleur qui provient de l'utérus. Le fait que vous contrôlez le courant vous donne la sensation d'être « en contrôle ». TENS ne produit aucun effet secondaire connu, mais n'est pas efficace pour les douleurs graves. Demandez à votre médecin, à votre hôpital ou à votre enseignant prénatal les renseignements sur la location d'un appareil. Vous pouvez généralement vous en procurer un vers la 3e semaine afin de pratiquer à l'avance.

ANALGÉSIQUES PHARMACOLOGIQUES

Un certain nombre de médicaments couramment utilisés peut soulager efficacement la douleur de l'accouchement.

En dépit des arguments en faveur d'une naissance naturelle (voir p. 170–171), il n'y a aucun déshonneur à utiliser les analgésiques pharmaceutiques si vous en avez besoin. Chaque personne a un seuil de tolérance à la douleur différent, et ce qu'une femme endurera sans beaucoup d'effort peut sembler intolérable à une autre. De plus, chaque travail et chaque accouchement sont différents.

Si vous êtes inquiète quant à votre capacité à contrôler le travail, parlez à votre médecin ou à votre sage-femme des options possibles. Ce n'est pas un constat d'échec de votre part, vous n'êtes pas dans une compétition et si vous devenez trop tendue, vous pouvez nuire au progrès de votre travail. Certaines études démontrent que les médicaments pour le soulagement de la douleur peuvent accélérer la vitesse du travail et diminuer les taux de césarienne en permettant aux femmes de mieux coopérer. Le souhait de chacun est que vous accouchiez d'un bébé en santé : la façon dont vous le faites relève de votre décision.

Vous devez être consciente, toutefois, que les médicaments utilisés pour le soulagement de la douleur lors du travail ont des effets sur votre bébé aussi bien que sur vous-même. Les médicaments traversent le placenta et pénètrent dans le sang de votre bébé. L'effet est en général à court terme et, dans la plupart des cas, faible. Le tableau à votre droite explique à quoi s'attendre des formes les plus couramment utilisées de soulagement de la douleur, pour vous et pour votre bébé.

Qu'est-ce que c'est

Chlorhydrate de mépéridine

La mépéridine est un analgésique synthétique puissant, similaire à la morphine. Elle est efficace lorsqu'elle est administrée par injection intramusculaire, en général dans la cuisse ou la fesse (on peut répéter l'injection de deux à quatre heures plus tard).

La mépéridine n'est en général administrée que lorsque le travail est bien établi ; le soulagement apparaît environ 20 minutes après l'administration de l'injection.

Entonox

Certains pays utilisent encore l'entonox. Il s'agit d'un mélange d'oxygène et d'oxyde de diazote, que vous respirez à travers un masque ou un embout buccal que vous tenez vous-même.

L'entonox ne supprime pas toute douleur mais il peut la rendre plus supportable. Le fait d'être en contrôle du masque rend de nombreuses femmes capables de mieux gérer leur douleur. Et, comme il demande environ 15 secondes à faire effet, vous pouvez inspirer lorsque vous sentez venir une contraction et arrêter lorsque son point culminant est passé.

Anesthésie épidurale

Une forme courante de soulagement de la douleur. Un anesthésique local est injecté dans l'espace épidural à côté de la moëlle épinière. Un cathéter est laissé sur le site de l'injection afin de pouvoir injecter davantage d'anesthésique au besoin. On vous donne en général une infusion IV de liquide qui empêche votre pression sanguine de chuter trop bas, puis on vous demande de vous étendre sur le côté lorsque l'anesthésiste fait l'épidurale.

De nos jours, certains médecins administrent de nos jours de faibles doses d'anesthésique local avec de faibles doses d'un analgésique. Cela fonctionne plus rapidement que l'anesthésique seul et vous permet de ressentir le besoin de pousser et la capacité de le faire. Ces épidurales semblent combiner le meilleur des deux mondes : soulagement de la douleur et participation active à l'accouchement.

Les effets sur vous

● La mépéridine peut vous donner de la somnolence, mais en général, elle n'interfère pas avec vos contractions ou, plus tard, avec votre capacité de pousser.

● Les femmes réagissent à la mépéridine de diverses façons, certaines la trouvant relaxante, d'autres désorientante, ce qui rend le contrôle plus difficile.

● Vous pourriez faire l'expérience de nausées et de vomissements (lesquels peuvent être contrôlés par d'autres médicaments), d'une sensation de dépression et/ou d'une chute de pression.

● Il n'y a aucun effet secondaire durable sur vous.

● Certaines femmes trouvent que l'entonox les rend somnolentes, malades ou étourdies. Toutefois, comme vous contrôlez vous-même la dose, il est simple d'arrêter de l'utiliser, et, aussitôt que vous le faites, vous vous sentez normale de nouveau.

● Une épidurale standard offre un soulagement de la douleur total chez la plupart des femmes (très peu d'entre elles éprouvent un soulagement d'un côté seulement).

● Vous n'aurez aucune sensation à partir de la taille, ce qui, selon la dose et la synchronisation, pourrait rendre plus difficile le fait de pousser à la seconde phase du travail. Certaines études ont démontré que ce procédé augmente la probabilité que les forceps soient requis ; d'autres réfutent cette hypothèse.

● Vous serez engourdie pendant plusieurs heures.

● Vous pourriez, très rarement, être victime de violents maux de tête pendant quelques jours, en général une séquelle du liquide s'écoulant de l'espace épidural.

Les effets sur votre bébé

● Les effets varient selon la dose et la synchronisation avec la naissance (plus la dose est administrée près de la naissance, plus l'effet sera important sur le bébé). Votre médecin gardera la dose aussi petite que faire se peut.

● Votre bébé pourrait être somnolent et avoir de la difficulté à téter.

● Dans de rares cas, un bébé peut avoir besoin d'un apport additionnel d'oxygène pendant quelques heures pour l'aider à respirer.

● L'entonox n'a aucun effet secondaire sur le bébé.

● En de rares occasions, une épidurale peut ralentir le cœur du bébé. On voudra donc placer le moniteur en permanence.

● Certaines études ont démontré que les bébés nés après une épidurale sont plus susceptibles d'être somnolents.

● Les problèmes respiratoires associés aux analgésiques et aux tranquilisants ne se produisent pas.

● La délivrance du bébé peut exiger l'utilisation des forceps ou de ventouses obstétricales.

PERCEPTIONS DE LA DOULEUR

Que vous désiriez ou non prendre des médicaments pour soulager la douleur, vous pouvez vous aider vous-même en étant consciente du fait que les facteurs psychologiques influencent la douleur.

Choisissez un compagnon de naissance sympathique, mais pratique. Vous êtes plus susceptible de succomber à la peur et à l'attendrissement sur soi-même si vous êtes seule ou que votre compagnon est très inquiet de vous. Soyez consciente de la puissance de l'ignorance dans le développement de la peur. Renseignez-vous autant que vous le pouvez sur ce qui va se produire et prenez les choses une étape à la fois. Soyez positive. Chaque douleur fait du bien ; elle rapproche de plus en plus l'arrivée de votre bébé.

Le travail porte bien son nom. Ce peut être un dur labeur. Si vous entrez en travail épuisée, la fatigue augmentera la douleur. Pratiquez la relaxation et les techniques de respiration afin de pouvoir contrôler les contractions et conserver votre énergie entre chacune d'elles.

MONITORAGE FŒTAL

Par la surveillance électronique de votre bébé, (monitorage fœtal) vos soignants peuvent être certains d'évaluer le bien-être fœtal durant le travail et l'accouchement.

 Q *Mon médecin est en faveur d'une surveillance fœtale continue. Qu'est-ce que cela implique au juste ?*

R La surveillance fœtale est une façon d'évaluer le bien-être de votre bébé tout au long du travail et de l'accouchement, en vérifiant le tracé de ses battements cardiaques. Toutes les mères recevant des soins lors du travail connaissent une forme ou une autre de surveillance fœtale.

Certains professionnels de la santé utilisent un stéthoscope Pinard ; il ressemble à une trompette et est placé contre votre abdomen pour écouter les battements cardiaques mieux que ne le ferait l'oreille seule. Le Pinard n'est pas invasif et n'a aucun effet sur le bébé. Il ne peut pas être continuellement utilisé. Bien qu'il n'enregistre pas très bien les battements cardiaques pendant une forte contraction, un utilisateur d'expérience peut en apprendre beaucoup à partir de l'écoute avec le Pinard.

Il existe deux formes de surveillance fœtale électronique. En surveillance externe, un appareil portatif utilise les ultrasons pour surveiller le bébé soit par intermittence ou en continu. Un petit émetteur-récepteur placé sur votre abdomen recueille les battements cardiaques du bébé et mesure la force de vos contractions.

La surveillance fœtale interne utilise une minuscule électrode, attachée au cuir chevelu du bébé (ou à ses fesses, dans le cas d'un bébé qui se présente par le siège). Elle recueille les battements cardiaques, qui sont transmis par un fil à un appareil. L'appareil trace le rythme cardiaque sur une bande de papier graphique.

La télémétrie, qui n'est pas disponible partout, utilise le même type d'électrode fixé au cuir chevelu, mais le signal est envoyé par radio au récepteur. Vous n'êtes pas rattachée à quoi que ce soit avec cette forme de surveillance et vous êtes libre de vous déplacer, pourvu que vous demeuriez à portée du moniteur.

 Q *La surveillance fœtale électronique est-elle douloureuse ou inconfortable ?*

R Non, mais le fait de ne pas pouvoir vous déplacer lorsque vous le désirez peut être frustrant (les moniteurs télémétriques n'empêchent pas le mouvement. Toutefois, l'insertion de l'électrode dans le cuir chevelu signifie que vos membranes doivent être artificiellement rompues si elles ne l'ont pas été de façon naturelle. Les contractions seront plus fortes, plus tôt qu'elles ne l'auraient été autrement sans la rupture (voir p. 168 – 169).

Des études ont démontré que la surveillance fœtale externe, lorsqu'elle est effectuée par la même sage-femme ou infirmière tout au long du travail, est efficace dans la détection de la détresse fœtale. Demandez une surveillance externe, mais optez pour la surveillance interne si le médecin ou la sage-femme suspecte un problème ou n'entend pas bien les battements de cœur (si le bébé se trouve dans une position gênante ou si vous avez beaucoup de surplus de poids).

 Q *Quand la surveillance continue peut-elle être offerte ?*

R Une surveillance sera effectuée dès votre arrivée à l'hôpital, pendant 20 à 30 minutes. Selon les préférences de votre médecin ou de votre sage-femme et si votre travail est considéré à risque élevé ou pas, vous serez sous surveillance continue ou à des intervalles de 15 à 30 minutes par la suite.

Vous serez également surveillée pendant la seconde phase du travail. Si la surveillance n'est pas continue, on écoutera le cœur du bébé après chaque contraction. Certains médecins croient que la surveillance dérange la concentration à cette étape.

 Q *Quels sont les avantages de la surveillance fœtale électronique ?*

R La surveillance fœtale électronique permet une surveillance continue du bébé. Cela peut être important si le bébé est à risque ou si votre médecin sait déjà qu'il pourrait y avoir un problème.

À la seconde phase du travail, lorsque les contractions se rapprochent et que vous n'êtes pas certaine du moment où vous devez pousser et du moment où vous devez ménager vos forces, le moniteur signalera le début et la fin d'une contraction, vous aidant ainsi à maximiser vos efforts. Lors d'une seconde phase plus longue que la moyenne, le moniteur avertit instantanément l'équipe médicale si votre bébé est en détresse afin que des mesures soient prises, peut-être un accouchement assisté ou une césarienne, sera-t-elle nécessaire.

Q *Comment être certaine que la surveillance électronique est sécuritaire ?*

R Il n'y a pas de preuve que la surveillance électronique peut nuire à vous ou à votre bébé, bien que, et c'est le cas pour toute procédure invasive, que l'introduction de l'électrode fixé au cuir chevelu du fœtus introduise aussi des bactéries. Dans de rares cas, un bébé développe une éruption cutanée après la naissance là où les électrodes ont été attachées à son cuir chevelu.

Q *Y a-t-il des désavantages à la surveillance électronique ?*

R Les opinions sont divisées quant à savoir si cette suveillance est nécessaire lors du travail à faible risque, principalement parce que l'interprétation de la lecture, l'appareil produit un imprimé continu, demande des compétences précises. Les études ont démontré que même les obstétriciens d'expérience sont d'avis différents sur ce qui constitue une lecture normale et ce qui pourrait être une cause d'inquiétude. De plus, l'appareil peut détourner l'attention de la maman et du bébé. Comme l'appareil peut également être instable, il peut augmenter l'anxiété chez la mère, son conjoint et ceux qui en prennent soin. Cela peut en retour mener inutilement à une césarienne ou à l'utilisation des forceps. Le consensus dans de nombreux hôpitaux est que la suveillance continue n'est pas nécessaire pour un travail normal, en particulier dans la première phase.

Q *Qu'arrive-t-il si le moniteur détecte un problème ?*

R Plusieurs raisons peuvent être en cause. La plus simple est que le bébé ne reçoit peut-être pas suffisamment d'oxygène parce que vous êtes étendue sur le dos, interrompant ainsi son débit à travers le placenta ; si vous vous déplacez, le tracé de l'appareil pourrait revenir à la normale. Vous donner de l'oxygène, pas un masque ou un embout buccal, pourrait également aider.

Votre médecin ou votre sage-femme révisera rapidement vos notes pour voir si un problème sous-jacent, plutôt que la détresse du bébé, pourrait causer un tracé irrégulier.

Si une détresse fœtale est suspectée, votre médecin vérifiera les autres signes pour confirmer le diagnostic. Cela peut inclure l'examen d'un échantillon de liquide amniotique pour y repérer des traces de méconium, ou d'un échantillon de sang du bébé pour vérifier ses niveaux de pH. Si le diagnostic de détresse fœtale est confirmé, une césarienne sera effectuée aussitôt que possible.

La surveillance électronique vous rassure quant au fait que tout va bien pour votre bébé, mais il signifie que vous êtes confinée au lit, souvent pour de longues périodes.

Q *Tout ce que j'ai lu à propos du monitorage m'incline à le refuser. Est-ce que je peux ?*

R Oui, bien qu'il soit évidemment recommandé de demander l'avis des professionnels de la santé qui s'occupent de vous. Si votre bébé a montré des signes de détresse fœtale, s'il est petit ou que tout autre problème potentiel a été identifié, vous devriez considérer une surveillance continue afin que tout problème soit immédiatement détecté. Vous ne pourrez tout de même pas éviter les problèmes d'interprétation, de défaillance de l'appareil et de niveau d'anxiété mais la disponibilité immédiate de l'information est plus importante que tous ces aspects.

Si le personnel médical s'attend à ce que tout se déroule normalement, demandez à obtenir la forme de surveillance la moins invasive, une surveillance intermittente par ultrasons ou stéthoscope de Pinard. Vous découvrirez probablement que les battements cardiaques de votre bébé soit vérifiés aux 15 à 20 minutes, et après la plupart des contractions pendant la seconde phase du travail. Si vous désirez pouvoir vous déplacer, demandez si la télémétrie est disponible.

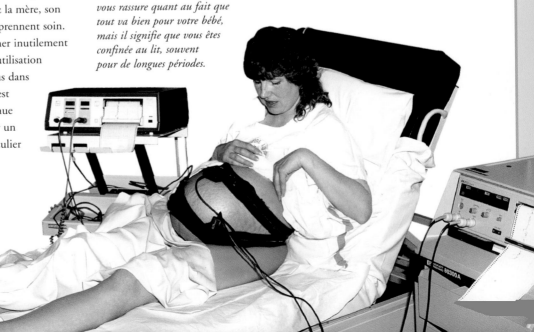

LORSQU'UNE CÉSARIENNE EST NÉCESSAIRE

Si l'accouchement vaginal s'avère difficile, voire impossible, la césarienne est une façon rapide et sûre de faire naître votre bébé.

Une naissance par césarienne signifie que votre bébé est sorti de votre corps après une intervention chirurgicale qui implique une incision à travers l'abdomen et l'utérus. Une césarienne peut s'avérer nécessaire si des doutes surgissent en regard du bien-être fœtal si vous accouchiez par voie vaginale.

Certains détracteurs ont suggéré que les médecins sont pressés d'aviser les femmes d'avoir une césarienne parce qu'ils ont peur d'une éventuelle poursuite, c'est-à-dire qu'ils désirent pouvoir démontrer qu'ils ont fait tout ce qui était en leur pouvoir pour éviter un problème lors de l'accouchement ou du travail. Certaines mères demandent une césarienne, peut-être parce que la

douleur de l'accouchement les terrorise ou parce qu'elles ont vécu une mauvaise expérience lors d'un précédent travail. Mais une césarienne, bien que sûre, est tout de même une procédure chirurgicale à ne pas prendre à la légère. Une fois tous les éléments pris en compte, votre corps récupérera tout de même plus rapidement d'un accouchement vaginal que d'une césarienne.

CÉSARIENNE ÉLECTIVE

Peut-être savez-vous déjà que votre bébé naîtra par césarienne avant même d'entrer en travail. Dans ce cas, on vous donnera un rendez-vous à l'hôpital avant la date prévue pour l'accouchement. On nomme de telles interventions « électives » parce que, selon l'avis de votre médecin, vous choisissez d'accoucher par césarienne.

Une disproportion céphalo-pelvienne est l'une des raisons pour une césarienne élective. Votre bébé est trop gros pour s'adapter à votre bassin ou la forme particulière de votre bassin risque de causer au bébé un stress lors de sa naissance ou peut faire en sorte que votre travail soit long et pénible. Si le bébé se présente par la tête, toutefois, la plupart des médecins conseilleront tout de même un essai d'accouchement vaginal.

La position de votre bébé pourrait rendre obligatoire la césarienne (voir p. 140–141 et 166–167). Certains médecins et sages-femmes préfèrent accoucher un bébé se présentant par le siège par césarienne parce qu'un accouchement vaginal pourrait être problématique. Avec des soins et un contrôle adéquats de l'accouchement, toutefois, les bébés se présentant par le siège peuvent naître par voie vaginale sans risque indu (voir pp. 166–167).

Le placenta praevia est un problème

Certaines femmes sont déçues d'un accouchement par césarienne, mais il est important de garder une perspective plus large. Votre grossesse s'est terminée par ce que tous désiraient le plus, la naissance d'un bébé en santé.

Accouchement vaginal après une césarienne

On croyait auparavant qu'une femme ayant subi un accouchement par césarienne ne serait jamais capable d'accoucher vaginalement par la suite. La théorie voulait que le stress des contractions sur l'incision pourrait entraîner la rupture de l'utérus, mettant en danger mère et bébé. Cet argument était valide lorsque l'incision était faite verticalement au centre de l'utérus, créant une cicatrice dans la partie la plus fragile de l'utérus. De nos jours, l'incision transverse est presque universelle et seule la partie inférieure, qui est également la plus résistante de l'utérus doit être recousue. Bien que le risque de rupture pendant un travail subséquent soit de moins de 1 %, la plupart des médecins conseillent un accouchement à l'hôpital après une césarienne pour s'assurer que vous aurez des soins immédiats en cas d'urgence.

Une seconde césarienne serait obligatoire uniquement dans le cas où la première était causée par un problème qui persiste ou qui se répète (ce qui est improbable). Si, à titre d'exemple, vous souffrez d'une grave maladie cardiaque, la plupart des médecins ne seraient pas d'accord pour un accouchement vaginal. Un diagnostic de disproportion céphalo-pelvienne n'indique pas qu'une césarienne sera nécessaire la seconde fois ; selon la taille de votre deuxième bébé, vous pourriez tenter l'accouchement vaginal. (Des études ont démontré que certaines femmes qui avaient reçu un diagnostic de disproportion céphalopelvienne lors de leur première grossesse, et qui avaient donné naissance par césarienne, accouchent vaginalement d'un bébé plus gros lors de la grossesse suivante.)

La prééclampsie, la détresse fœtale, le placenta praevia et un bébé dans une mauvaise position sont des cas de césarienne qui ne sont pas susceptibles de se répéter. Avec un bon support et un bon suivi, vous pouvez faire partie des 75 à 90 % des femmes qui ont un accouchement vaginal sans problème après une césarienne.

---

au cours duquel le placenta s'attache trop bas dans l'utérus. Ce problème apparaîtra lors de l'échographie de fin de grossesse (un diagnostic hâtif peut s'avérer utile à mesure que l'utérus s'élargit pendant la grossesse) et rendra une césarienne élective inévitable pour prévenir l'hémorragie.

Des naissances multiples sont souvent accouchées par césarienne, en particulier si le premier bébé se présente par le siège ou en position transversale. Certains problèmes pour lesquels une césarienne est indiquée sont plus communs dans une grossesse multiple que chez les femmes qui ne portent qu'un seul bébé. Ils comprennent l'insuffisance placentaire, une pression sanguine élevée et la prééclampsie (voir p. 127 et 143).

CÉSARIENNE D'URGENCE

Quelquefois vous entrez en travail en vous attendant à un accouchement vaginal mais les circonstances changent et rendent la césarienne indispensable. Bien que nommée césarienne « d'urgence », cette opération est rarement décidée à la dernière minute.

L'échec dans la progression du travail est une raison courante pour une césarienne une fois le travail enclenché. Cela signifie qu'après avoir été en travail pendant de nombreuses heures, le col de votre utérus n'est tout de même pas très dilaté, la tête de votre bébé n'est pas descendue et le médecin considère qu'une césarienne est préférable à un travail qui n'avance pas. Certains médecins recommandent une césarienne après 16 à 18 heures s'il n'y a pas de progression. D'autres vérifient votre état et comment se comporte le bébé ; si vous êtes toujours à même de faire face, et qu'il n'y a aucun signe de détresse fœtale, le médecin pourrait décider d'attendre ou suggérer d'accélérer votre travail (voir p. 168 –169).

Peut-être que la première phase sera tellement épuisante qu'il vous restera très peu d'énergie pour pousser lors de l'expulsion. S'il est bien engagé dans la filière pelvigénitale, il sera peut-être possible d'utiliser des forceps pour l'aider à sortir. Dans les cas où cela s'avérerait difficile, une césarienne sera recommandée. De la même façon, un bébé dans une position difficile pourrait rester pris dans la filière pelvigénitale, ce qui rendrait indispensable la césarienne.

La détresse fœtale est une autre raison pour justifier une césarienne d'urgence. Le tracé du moniteur fœtal peut montrer que le bébé reçoit trop peu d'oxygène, ce qui abaisse son rythme cardiaque (voir p. 174 – 175). L'infirmière ou la sage-femme peut également noter la présence de méconium dans le liquide amniotique. Le méconium est en général éliminé dans les premières selles de votre bébé quelques jours après la naissance. Le fait qu'il soit éliminé plus tôt peut être un signe que votre bébé subit un stress. Bien que cette indication seule puisse ne pas avoir de signification, si votre bébé montre d'autres signes de détresse, le médecin optera pour une césarienne.

La procidence du cordon se produit lorsque les membranes se rompent et que le liquide jaillit à l'extérieur, entraînant le cordon à travers le col de l'utérus et quelquefois dans la filière pelvigénitale. À mesure que le bébé descend dans le canal, il y a un risque qu'il s'appuie sur le cordon, réduisant ou même coupant l'arrivée d'oxygène. La procidence du cordon est rare mais c'est l'indication qu'une césarienne d'urgence doit être effectuée.

NAISSANCE PAR CÉSARIENNE

Une attitude positive envers l'accouchement par césarienne, élective ou d'urgence, peut minimiser de nombreux problèmes dont les femmes sont victimes.

L'intervention chirurgicale pour une césarienne est la même, sous anesthésie générale ou épidurale. Une anesthésie signifie que vous serez totalement consciente du début à la fin. Vous et votre conjoint pourrez accueillir votre bébé dès sa naissance et prendre le temps, pendant que l'on vous fait les points de suture, de faire sa connaissance. Vous pouvez toutefois préférer une anesthésie générale. Une anesthésie générale sera également appropriée si le bébé doit être immédiatement accouché et que l'épidurale n'est pas en place. Une épidurale prend environ 20 minutes à faire effet ; dans le cas d'une anesthésie générale, c'est une question de secondes.

CE QUE FAIT LE CHIRURGIEN

Le bas de votre abdomen sera rasé et un cathéter sera inséré jusqu'à votre vessie pour drainer l'urine. On lavera votre abdomen avec une solution antiseptique et, si vous devez demeurer éveillée, on placera un écran entre vous et votre abdomen afin que vous ne puissiez pas voir l'incision. Votre conjoint peut s'asseoir à votre tête et tenir votre main.

Lorsque le chirurgien sera certain que l'anesthésie a pris effet, il fera une incision horizontale le long de la ligne de vos poils pubiens (la cicatrice sera cachée lorsque vos poils repousseront). L'incision suit les lignes naturelles des tissus de votre abdomen, ce qui minimise le saignement et signifie une douleur moindre et une guérison plus rapide. Le chirurgien coupera alors à travers la partie inférieure de votre utérus ; encore une fois, la coupure faite ici minimise le saignement et le risque de rupture de la cicatrice lors d'un travail subséquent. Vous pouvez être consciente que des incisions sont pratiquées, mais elles ne vous causeront aucune douleur.

Le liquide amniotique sera aspiré, si vos membranes ne sont pas déjà rompues, ce qui fera un son de gargouillis. Puis, le chirurgien sortira le bébé, quelquefois à la main, quelquefois à l'aide des forceps. Vous pourrez ressentir cela comme une poussée ou une traction mais, encore une fois, vous ne ressentirez aucune douleur. À partir de la première incision jusqu'à la naissance du bébé, il peut s'écouler entre 5 et 10 minutes. Le cordon du bébé est pincé et coupé et si tout va bien, on mettra le bébé dans vos bras. (Demandez à l'avance si, en cas d'anesthésie générale, le bébé peut être donné à votre conjoint). Le placenta et les membranes sont sortis et le processus de suture débute. Les couches de la paroi utérine et de la peau de l'abdomen sont recousues, l'une après l'autre, ce qui peut prendre environ 30 minutes. Les points sont en général fondants, vous n'aurez donc pas à les faire retirer. Si ce ne sont pas des points fondants, ils seront probablement enlevés avant que vous ne quittiez l'hôpital.

APRÈS LA CÉSARIENNE

Vous vous sentirez probablement fatiguée dans les jours qui suivront la césarienne, probablement plus fatiguée qu'après un accouchement vaginal, et la zone autour de la cicatrice sera sensible. Vous souffrirez peut-être de gaz intestinaux, ce qui est courant après une intervention abdominale. Rire ou tousser sera pénible parce vos muscles abdominaux ont été coupés, on vous montrera comment soutenir votre cicatrice pour éviter la douleur. On vérifiera régulièrement votre cicatrice pour s'assurer qu'elle guérit bien.

On vous donnera des analgésiques pour vous aider à soulager la douleur. Si vous avez eu une épidurale, elle peut être laissée en place pour faciliter l'administration de médicaments. Sinon, on peut vous offrir des injections d'analgésiques. Vous aurez une perfusion intraveineuse dans le bras pendant environ 24 heures (ou jusqu'à ce que vous puissiez boire autant que vous le

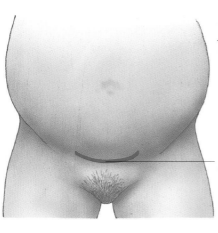

L'incision de votre abdomen pourrait ne pas être la même que celle de votre utérus. Bien que la plupart des incisions abdominales soient basses et transverses, pour un bébé prématuré ou se présentant par le siège et dans certains cas de position transversale (voir p. 167), une incision verticale pourrait être faite dans l'utérus.

Incision transverse du segment inférieur

désirez) afin de remplacer les liquides perdus. Au début, vous ne pourrez pas vous lever pour uriner et le cathéter restera en place ou on vous aidera à utiliser un bassin de lit. Toutefois, on vous encouragera à bouger autant et aussitôt que vous le pourrez pour faciliter votre respiration, améliorer la guérison et empêcher la formation de caillots de sang.

L'allaitement naturel peut vous demander un peu plus de patience que si vous aviez eu un accouchement vaginal. Vous aurez besoin d'aide pour placer confortablement votre bébé et pour vous placer vous-même dans une position qui ne cause pas de pression ou d'inconfort sur votre abdomen. Essayez de soulever votre bébé à l'aide

d'un oreiller placé sur vos jambes ou de le nourrir sur le côté (voir p. 206 – 207).

Une fois à la maison, vous devrez avoir de l'aide pour les tâches ménagères et éviter de soulever quoi que ce soit de lourd. Cela peut s'avérer difficile si vous avez d'autres enfants qui ont besoin d'attention ou de caresses. Si personne ne peut vous aider à mettre un enfant dans un berceau ou dans une chaise haute, envisagez d'autres moyens de vous en sortir pendant un certain temps. L'enfant peut-il être transféré dans un autre lit ou se coucher sur un matelas sur le plancher ? Pouvez-vous le nourrir, assise sur un oreiller sur le plancher ? Pouvez-vous vous étendre tous les deux sur le sofa ?

L'IMPACT ÉMOTIONNEL

La récupération physique après votre césarienne ne devrait entraîner aucun problème, mais la cicatrice vous donnera des picotements pendant un certain temps : portez des pantalons amples qui montent jusqu'à la taille. Il y a rarement une infection, laquelle qui pourra être traitée avec des antibiotiques.

L'impact émotionnel lié à votre césarienne pourrait être plus important. Certaines femmes se sentent déçues après un accouchement par césarienne. Si le bébé est en bonne santé, elles peuvent se sentir coupables de leur réaction négative. Les gens ne réalisent pas que vous êtes préoccupée par la façon dont votre bébé est né. Mais si vous espériez l'accouchement vaginal, que votre bébé ait été accouché « pour » vous peut faire que vous avez l'impression d'avoir manqué quelque part.

Parlez de vos sentiments à votre conjoint, à d'autres mères qui ont connu l'accouchement par césarienne et à votre médecin qui pourra vous expliquer pourquoi la césarienne était indispensable.

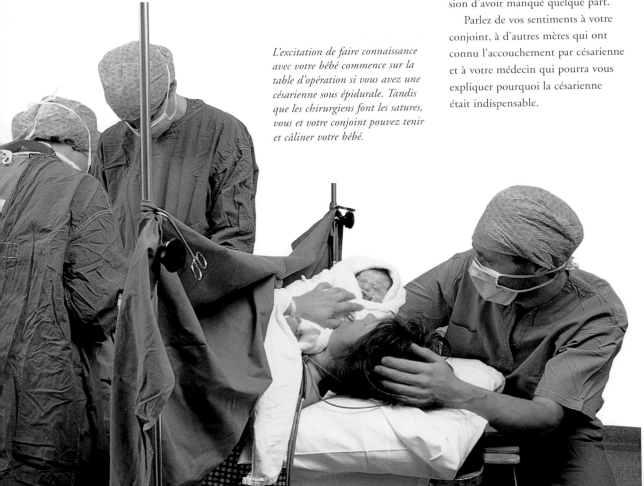

L'excitation de faire connaissance avec votre bébé commence sur la table d'opération si vous avez une césarienne sous épidurale. Tandis que les chirurgiens font les satures, vous et votre conjoint pouvez tenir et câliner votre bébé.

PÉRIODE DE TRANSITION

La fin de la première phase peut être épuisante physiquement et émotionnellement mais la période de transition est une étape importante du travail.

La plupart des femmes ressentent la transition comme une expérience différente du reste de la première étape. À ce moment-là, bien que le col de votre utérus soit presque complètement dilaté, vous pouvez ne pas ressentir le besoin de pousser, lequel vient habituellement avec les contractions de la seconde phase ; vous pouvez également ressentir un irrésistible besoin de pousser même si vous n'êtes pas complètement dilatée.

La transition marque en général les 2 ou 3 derniers centimètres de la dilatation et peut avoir une durée aussi courte que 15 minutes ou aussi longue qu'une heure. Physiquement, vous pouvez avoir trop chaud une minute et trop froid la minute suivante. Vos jambes peuvent trembler, ou présenter des crampes. Une sensation de nausée n'est pas inhabituelle et certaines femmes vomissent même. Comme la tête de votre bébé est bien engagée, elle appuie sur votre rectum, vous faisant ressentir le besoin d'aller à la selle.

Vos contractions seront fortes, quelquefois jusqu'à 90 secondes et elles se présentent toutes les deux minutes. Comme elles sont longues, fortes et rapprochées, vous pouvez être moins consciente qu'elles se présentent, atteignent un point culminant et diminuent ; elles semblent se présenter sans intervalle.

L'intensité des contractions peut également vous influencer mentalement. Vous pouvez perdre votre capacité à vous concentrer sur quoi que ce soit excepté sur la contraction actuelle ou la suivante. Vous pouvez être impatiente et fatiguée tout en étant ragaillardie. Il est également possible que vous deveniez fâchée, frustrée et irritable envers le personnel médical.

C'est le moment où certaines femmes commencent à mettre en doute leur capacité à accoucher. L'épuisement peut jouer un rôle dans ces doutes mais elles peuvent également être causées par le fait que la période de transition est une étape épuisante sur le plan psychologique aussi bien que physique. Vous êtes sur le point de franchir une étape inoubliable, la tâche très exigeante de passer à travers la première phase, avec ses contractions de plus en plus fortes et de plus en plus rapprochées jusqu'a l'arrivée si longtemps attendue de votre bébé.

CE QUE VOUS POUVEZ FAIRE

Faites confiance à votre corps et à ce qu'il s'y produit et n'essayez pas de résister. Prenez chaque contraction comme elle vient, plutôt que d'essayer de deviner

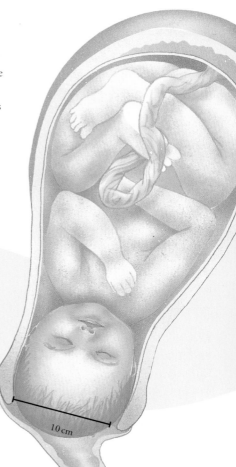

La première phase se termine

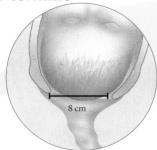

8 cm

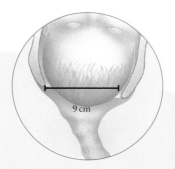

9 cm

9 cm de dilatation
Les contractions seront très rapprochées jusqu'à la dilatation complète.

8 cm de dilatation
Le médecin ou la sage-femme sera capable de sentir le rebord du col de l'utérus de chaque côté de la tête du bébé.

Dilatation complète
À 10 cm, le col de l'utérus est complètement effacé et dilaté la tête du bébé s'y glisse.

10 cm

Un exemple typique
L'expérience de la phase de transition

VALÉRIE, 35 ANS, ÉTAIT SUBMERGÉE PAR L'INTENSITÉ DU TRAVAIL LORSQUE SE TERMINA LA PREMIÈRE PHASE.

« La phase de transition a été le moment où j'ai perdu mon calme, physiquement et émotionnellement. Mon travail avait été provoqué parce que j'avais atteint 42 semaines. J'avais eu une rupture des membranes et une perfusion avait été installée vers 15h00. Les contractions ont alors commencé à se rapprocher, mais j'avais reçu une injection d'analgésique, ce qui les rendait moins pénibles. Je pouvais faire face. J'étais agenouillée, me retenant à Olivier, qui semblait savoir quoi faire, frottant mon dos une minute, essuyant mon front la suivante, parlant parfois et me laissant me concentrer à d'autres moments.

« Après environ deux heures de cet intense travail, j'eus tout d'un coup si chaud que je pouvais à peine respirer. Je portais l'une des vieilles chemises d'Olivier et il fallait que je l'enlève, mais à cause de la perfusion, ça m'était impossible. Je me souviens avoir crié à la sage-femme de la découper parce que je ne pouvais pas l'endurer une minute de plus. Il leur aurait fallu à peine quelques secondes pour décrocher la perfusion mais je criai à Olivier de couper.

« Puis, je fondis en larmes et le repoussai, déclarant que je ne voulais pas de bébé et demandant comment il avait pu me faire une chose pareille. Je ne sais plus combien de temps je restai là, à sangloter mais je me souviens que je cherchais une façon de m'en retourner à la maison.

Puis, soudainement, j'eus besoin de pousser. L'impulsion était irrésistible. La sage-femme déclara qu'elle n'était pas certaine, elle avait vérifié seulement 10 minutes auparavant et j'étais à 8 cm. Je l'insultai et lui dit de vérifier de nouveau. Elle déclara que j'avais raison ; j'étais complètement dilatée. Je me calmai et commençai à pousser. Charles naquit à 17h59.

« La sage-femme revient me voir le lendemain pour s'assurer que j'allais bien. Elle semblait très jeune. Je commençai à m'excuser pour avoir crié et l'avoir insultée mais elle me dit que tout s'était bien passé et que beaucoup de femmes font l'expérience d'émotions extrêmes à cette étape. Les livres sont peu explicites sur le sujet, comme si c'était simplement la fin de la première phase. Mais pour moi, ce moment avait un début et une fin bien précis. C'était une phase bien définie en tant que telle. »

---

combien il en reste. Si vous le pouvez, détendez-vous entre les contractions et maintenez votre mode de respiration lorsqu'elles viennent.

Trouvez une position dans laquelle vous êtes confortable. Bien des femmes trouvent que de s'agenouiller avec leur tête et leurs bras sur une pile d'oreillers les aide à conserver leurs forces. Par dessus tout, tenez bon. Vous y êtes presque.

LORSQUE VOUS NE POUVEZ PAS POUSSER
Quelquefois le col de l'utérus se dilate de façon inégale. Lorsque l'infirmière ou la sage-femme vérifie vos progrès, elle est en mesure de sentir une portion du col de l'utérus non dilaté entre la tête de votre bébé et votre os pubien. Pousser contre cette « lèvre antérieure » est inefficace, épuise votre énergie et pourrait même meurtrir le col de l'utérus, ce qui retardera la naissance. Il est possible que vous ressentiez le besoin de pousser mais que le personnel médical vous demande de vous retenir. En général, encore quelques contractions seront suffisantes pour compléter la dilation du col de l'utérus. Vous pouvez haleter, ce qui vous empêchera de pousser. Vous pouvez également essayer de vous agenouiller tête en bas et fesses vers le haut. Cela réduira la pression sur la lèvre du col de l'utérus, diminuera l'intensité des contractions et préservera votre énergie.

CE QUE VOTRE CONJOINT PEUT FAIRE
C'est l'une des étapes les plus difficiles pour votre conjoint, parce que les réactions des femmes à la phase de transition sont variées, imprévisibles et peuvent changer d'une minute à l'autre. La chose la plus importante est d'être là, même si votre conjointe vous repousse. Bientôt, elle vous désirera près d'elle. Acceptez ses impatiences. Si elle vous veut près d'elle, prenez-la pour lui donner un support physique.

Rappelez-lui qu'elle est en phase de transition et que cette étape passera probablement très vite. Félicitez-la pour le chemin parcouru et offrez-lui beaucoup de mots d'amour et d'encouragement. Si elle grelotte, réchauffez ses pieds et ses jambes ; si elle a trop chaud, essuyez son front avec une serviette éponge fraîche ou donnez-lui de la glace concassée à sucer.

DEUXIÈME PHASE

La plupart des femmes trouvent la seconde phase du travail plus facile à traverser que la première, car elles peuvent exercer un plus grand contrôle sur ce qui se passe.

Une fois le col de votre utérus complètement dilaté, la tête de votre bébé peut commencer à s'engager dans la filière pelvigénitale. C'est le signal du début de la seconde phase de travail ; elle se terminera avec la naissance de votre bébé.

Si vous n'avez pas eu d'épidurale, vous saurez que vous avez atteint la seconde phase par le besoin que vous ressentirez de pousser. Si vous avez eu une épidurale, vous pouvez ne pas ressentir le besoin de pousser et vous saurez que vous êtes entièrement dilatée seulement lorsque la sage-femme ou le médecin vous en avertira. Elle vous dira également quand pousser ; vous ou votre conjoint pouvez également sentir les contractions en plaçant votre main sur votre abdomen ou en consultant le tracé du moniteur fœtal (si vous êtes sous surveillance électronique).

CE QUI VOUS ARRIVE

Au début de la deuxième phase, la tête de votre bébé peut devenir visible pendant une contraction. Chaque contraction et chaque poussée l'aide à avancer dans le vagin. Au début, elle disparaît lorsque la contraction se termine, poussée par la résistance des muscles du plancher pelvien. Mais les progrès sont là. La tête ne se retire pas aussi loin qu'elle était. Encore quelques contractions et la résistance est surmontée, la tête ne recule plus. Elle descend de plus en plus avec chaque contraction. Lorsque le dessus de la tête devient complètement visible à la vulve, on dit qu'elle est « couronnée ».

Les contractions de la seconde phase sont différentes de celles de la première.

Descente dans le canal génital

Une fois le col de l'utérus complètement dilaté et effacé, la seule résistance à la naissance de votre bébé vient des muscles de votre plancher pelvien et de votre vagin. Graduellement, les contractions de l'utérus et la pression de la tête du bébé surmontent cette résistance.

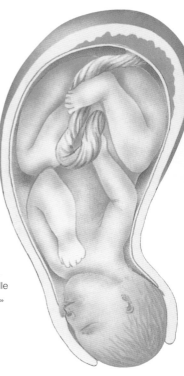

Couronnement
Lorsque le haut de la tête devient visible, elle apparaît « couronnée » par la vulve.

Une grande partie de la contraction vous force à pousser. Bien que les contractions de la seconde phase soient douloureuses (à moins que vous n'ayez eu une épidurale), de nombreuses femmes les trouvent plus faciles à contrôler que celles de la première phase. Enfin, vous pouvez faire quelque chose lorsqu'elles se présentent. Pourtant, bien qu'elles puissent durer jusqu'à 90 secondes, les intervalles entre elles peuvent être plus longs que ceux de la première phase, vous permettant de vous reposer.

La tête du bébé sera appuyée contre l'arrière de votre bassin et sur votre anus, ce qui vous donnera envie de déféquer. Certaines femmes ont tellement peur d'aller à la selle qu'elles s'empêchent de pousser. Il est normal d'évacuer tout ce qui se trouve dans votre rectum ou dans votre vessie ; le personnel médical ne sera pas embarassé par cela et vous ne devriez

pas l'être non plus. Lorsque la tête descend dans la filière pelvigénitale et que cette pression diminue, vous la ressentirez plutôt sur le plancher pelvien, le périnée et la vulve à mesure qu'ils s'étirent.

Lorsque le périnée s'étire, vous voudrez peut-être regarder dans un miroir pour y voir la tête de votre bébé ; si vous ne le faites pas, votre conjoint pourra peut-être vous dire s'il voit les cheveux du bébé et de quelle couleur ils semblent être.

Vous ressentirez probablement une sensation de brûlure à mesure que la peau de votre périnée s'amincira. Votre sage-femme ou votre médecin vous demandera de ne pas pousser s'il croit que vous risquez de déchirer le périnée. Il ou elle vous suggérera de respirer profondément, de haleter ou de pousser plus doucement. Une compresse chaude tenue contre le périnée favorisera les tissus à la

La tête apparaît
Les tissus du périnée
sont étirés au maxi-
mum à mesure que la
tête continue sa sortie.

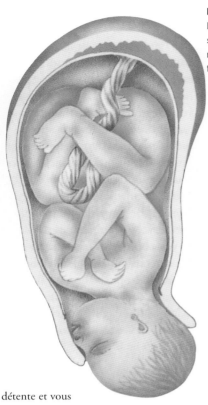

Naissance
Encore une ou deux
contractions et le vi-
sage de votre bébé
est entièrement visible.

détente et vous
aidera peut-être
à éviter une déchirure.
Mais si votre médecin pressent que
vous subirez une déchirure, il vous fera
une épisiotomie (voir p. 186 – 1 87).

Encore une ou deux contractions
et la tête de votre bébé glissera à
l'extérieur (voir p. 190 – 1 91).

CE QUI ARRIVE À VOTRE BÉBÉ

Votre bébé sera sous surveillance
d'un bout à l'autre de la seconde
phase, bien que vous n'en serez
peut-être pas consciente. Vos
énergies et votre concentration
seront concentrées sur les poussées.

Au début de la seconde phase,
la tête du bébé se tourne généralement
pour que le sommet se trouve face
à l'avant de votre corps, permettant
à la partie la plus large de s'adapter
à votre bassin. La tête et le cou font
une extension sous l'os pubien,
et la tête apparaît.

La tête du bébé est comprimée
lors de sa descente le long de la filière
pelvigénitale ; les os crâniens cartilagineux et mous chevauchent
l'un sur l'autre pour faciliter le
passage. Ce processus est appelé
moulage et il peut faire que la tête
de votre bébé semble un peu
difforme pendant quelques jours.
Si l'engagement dans la filière
pelvigénitale s'est révélé très étroit,

il se peut qu'il ait
fait éclater quelques
vaisseaux sanguins minuscules.

Aucun de nous ne se souvient
consciemment de notre entrée dans
le monde mais les réactions de certains
d'entre eux dans les premières heures
après la naissance indiquent qu'ils
trouvent l'expérience effrayante.
Vos mains affectueuses et votre corps
chaud éloigneront bientôt toute frayeur.

Combien de temps dure la seconde phase ?

Pour un premier bébé, la seconde
phase du travail dure généralement
une heure. Il est toutefois possible
qu'elle se termine en quelques
contractions, chacune d'elles
pouvant durer une minute avec
moins d'une minute entre elles.
Le second bébé et les bébés
subséquents peuvent naître
après une ou deux poussées
dans une unique contraction.

Une seconde phase prolongée,
de plus de deux heures, est épuisante pour vous et peut signifier
une fatigue trop grande pour le bébé
qui naît. Si tout va toujours bien pour
votre bébé et que vous tenez le coup
et faites des progrès, même lents,
le personnel médical pourrait vous
laisser continuer. Mais si vous êtes
fatiguée ou que le bébé montre des
signes de détresse, le médecin ou
la sage-femme peut l'aider à naître à
l'aide des forceps, de ventouse obstétricale (voir p. 188 – 189) ou même
d'une césarienne (voir p. 176 – 179).

CE QUE VOUS POUVEZ FAIRE

Pousser pour que le bébé naisse est difficile mais la plupart des femmes sont ragaillardies à la seconde phase du travail et désirent aider leur bébé à venir au monde.

Après une longue première phase et les exigences imprévisibles de la période de transition, la deuxième phase représente le moment de travailler en collaboration avec votre conjoint. Il est rare que la seconde phase, même lors d'un premier travail, dure plus de deux heures, et la perception de la plupart des couples est qu'elle est rapidement traversée.

Prenez une position confortable dans laquelle vous pouvez donner naissance facilement et efficacement et dans laquelle votre bassin peut s'ouvrir pour permettre la sortie du bébé. La gravité joue en votre faveur mais si vous êtes trop fatiguée pour être accroupie ou semi-accroupie, essayez d'autres positions. Il y aura probablement des intervalles entre les contractions mais vous devrez conserver votre énergie plutôt que de la gaspiller à changer de position, à moins que vous ne soyez inconfortable.

Pour obtenir le maximum de chaque poussée, poussez uniquement durant une contraction. Respirez profondément lorsque la contraction apparaît, puis, lorsqu'elle atteint un sommet, poussez pendant environ cinq secondes ou jusqu'à ce que vous désiriez reprendre votre souffle. Retenir votre respiration de façon prolongée pourrait affecter l'alimentation en oxygène de votre bébé et vous épuiser inutilement. Par conséquent ne la retenez que pour une courte période, puis expirez. Si la contraction est toujours à son sommet, prenez quelques inspirations profondes, puis poussez de nouveau. Plus vous travaillez à chaque poussée, plus vite vous verrez votre bébé.

Vous serez guidée sur le moment et la durée de la poussée, mais écoutez votre corps et répondez à vos besoins. Vous sentirez probablement le besoin de pousser trois à cinq fois à chaque contraction. Faites-le calmement et imaginez votre bébé qui descend un peu plus chaque fois que vous poussez.

La meilleure position est celle où vous êtes à l'aise entre les contractions, rend facile les mouvements de votre bassin et permet à la sage-femme ou au médecin de voir ce qui se passe et d'atteindre le bébé avec ses mains. Vous aurez besoin d'un recouvrement de sol propre et confortable si vous n'accouchez pas dans le lit. Un petit matelas recouvert de draps propres est parfait.

Accroupissement

Si vous pouvez vous accroupir confortablement, cette position permet à votre bassin de s'ouvrir complètement et à votre bébé de naître avec l'aide de la gravité. S'accroupir peut être difficile si vous n'y êtes pas habituée et c'est judicieux de pratiquer cette position durant la grossesse. Vous aurez peut-être besoin de support pour la partie supérieure de votre corps pour vous aider à garder votre équilibre lorsque vous êtes accroupie.

Posture accroupie supportée

Une chaise représente un excellent support pour s'accroupir. Votre conjoint pourrait également vous supporter de l'arrière en vous soutenant sous les bras, bien qu'il devra alors être suffisamment fort pour supporter tout votre poids lorsque vous donnerez naissance.

CE QUE VOTRE CONJOINT PEUT FAIRE

Votre conjointe peut avoir besoin de votre support physique pour maintenir une position confortable lorsqu'elle pousse et aura certainement besoin de votre soutien émotionnel.

Répétez-lui combien elle travaille bien ; encouragez-la à pousser lorsque votre médecin ou votre sage-femme vous la demande (mais s'il y a trop de gens pour l'encourager, parlez-lui plutôt calmement) ; laissez-la serrer votre main ; donnez-lui de la glace concassée à sucer ; massez-lui le dos ; dites-le lui lorsque vous pouvez voir la tête du bébé.

Les autres options

Si aucune des positions illustrées ne vous semble acceptable, il y a tout de même plusieurs autres choix.

Assise

Cette posture travaille contre la gravité et peut causer une certaine compression du bassin, mais elle vous permet de vous détendre entre les contractions. Vous aurez besoin de plusieurs oreillers pour supporter votre dos et vos épaules.

À genoux

Quelqu'un devra vous supporter de chaque côté pour vous aider à conserver votre équilibre. C'est une bonne position pour que votre bassin reste ouvert et pour aider le bébé à sortir.

Lithotomie

C'est une tradition dans les pays occidentaux que les mères soient étendues sur le dos, jambes en l'air et chevilles supportées par des étriers. C'est une position inconfortable pour un accouchement normal, elle ne vous permet pas de vous sentir en contrôle et elle comprime certains des vaisseaux sanguins les plus importants.

Banc ou chaise d'accouchement

On peut vous offrir, ou vous pouvez demander, un banc ou une chaise de naissance qui vous supportera dans une position semi-assise. Vous aurez peut-être besoin de support pour votre dos si vous utilisez un banc.

À quatre pattes

Certaines femmes considèrent que se mettre à quatre pattes est très confortable. Cette posture permet également une bonne visibilité du périnée, pour votre médecin ou votre sage-femme.

Tête en bas

Cette position a tous les avantages de la position à quatre pattes et elle vous permet également de vous reposer entre les contractions. Elle réduit également la pression sur le périnée et pourrait vous aider à éviter la déchirure ou l'épisiotomie. Il peut être difficile toutefois de pousser avec efficacité si votre tête est basse. Cette position est donc préférable entre les contractions.

Debout

Vous pouvez être trop épuisée pour vous tenir debout toute seule et si vous avez eu une épidurale, vous serez incapable de le faire. Mais être en position debout laisse la gravité aider le bébé à sortir. Prévoyez une chaise ou un banc pour vous soutenir. Vous pouvez également adopter cette position pour donner une pause à votre conjoint lorsqu'il vous soutient dans une position semi-accroupie.

ÉPISIOTOMIE

Il est courant que le périnée déchire un peu pendant l'accouchement, mais si votre sage-femme ou votre médecin pense que vous risquez une déchirure grave, il ou elle pourrait suggérer une épisiotomie.

Q *Qu'est-ce exactement qu'une épisiotomie?*

R C'est une incision faite dans le périnée, la zone entre le vagin et l'anus, qui s'étend à travers les muscles sous-jacents jusque dans le vagin. Elle agrandit le point de sortie pour le bébé et permet à la tête de se présenter plus rapidement et plus facilement. Au besoin, elle sera faite lorsque la tête du bébé est couronnée.

Deux types d'incision sont courants : la première, appelée ligne médiane, s'étend en ligne droite vers l'anus. La seconde, une incision médiolatérale, commence comme l'incision médiane, puis bifurque de côté pour éviter l'anus.

Q *Pourquoi certaines femmes ont-elles besoin d'une épisiotomie?*

R Quelquefois, cela dépend de la pratique courante de votre personnel médical. Des sondages démontrent que certains professionnels utilisent l'épisiotomie plus que d'autres. La justification clinique a deux volets : pour prévenir une déchirure grave, déchiquetée et possiblement profonde du périnée et du vagin (qui est plus compliquée à recoudre et plus difficile à guérir) et pour faciliter la sortie de la tête du bébé. Si les forceps sont requis (voir p. (188 – 189), vous devrez peut-être avoir une épisiotomie.

Q *Une épisiotomie est-elle toujours mieux qu'une déchirure?*

R Les recherches démontrent que des petites déchirures, c'est-à-dire des déchirures qui n'impliquent pas plusieurs couches de muscles, guérissent plus rapidement et présentent moins de problèmes qu'une épisiotomie.

Les déchirures plus importantes et déchiquetées, toutefois, sont plus difficiles à recoudre et peuvent causer plus de problèmes qu'une coupure nette qui peut être facilement recousue.

Q *Ça semble douloureux. Est-ce que l'épisiotomie fait mal?*

R Non. On vous fera une injection anesthésie locale avant de faire l'incision.

Si l'épisiotomie est faite parce qu'elle est rendue nécessaire à cause de l'utilisation des forceps pour aider votre bébé à sortir et que vous n'avez pas eu d'épidurale, on vous fera, là encore, une anesthésie locale.

Q *La suture est-elle douloureuse? Ma peau ne sera-t-elle pas étirée?*

R La suture, est effectuée après la troisième phase, soit l'expulsion du placenta, et elle peut être douloureuse. On vous fera une anesthésie locale qui devrait éviter ce problème. Si l'anesthésie n'atténue pas complètement la douleur, réclamez une nouvelle injection.

La suture peut être longue, car le médecin doit coudre à travers la peau du vagin, puis le muscle, puis la peau extérieure du périnée, couche par couche. Vos jambes seront probablement dans les étriers à cette étape, afin que le médecin ait une bonne vision de ce qu'il fait.

Essayez de détendre votre tête et vos épaules, des oreillers pourront vous aider. Évidement, si vous et votre conjoint pouvez tenir et embrasser votre bébé pendant ce temps, vous sentirez moins la douleur, car l'euphorie de cette nouvelle arrivée et le plaisir de découvrir votre bébé vous divertiront du malaise causé par la suture.

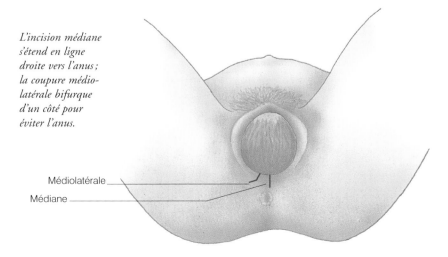

L'incision médiane s'étend en ligne droite vers l'anus ; la coupure médio-latérale bifurque d'un côté pour éviter l'anus.

Médiolatérale

Médiane

Q *Les points seront-ils douloureux dans les jours suivants ?*

R Oui. Au mieux, ils seront incommodants ; au pire, ils seront douloureux, en particulier pendant les deux premières journées environ. Vous pouvez demander des analgésiques (bien qu'ils laisseront des traces dans votre lait maternel et peuvent rendre votre bébé somnolent). Si vous êtes particulièrement souffrante, demandez à ce qu'on vérifie la cicatrice. Quelquefois, une suture peut présenter un nœud qui vous blesse ou les points sont trop serrés. Les nœuds peuvent être enlevés ou on peut refaire la suture de nouveau. Si vous êtes très fatiguée, vous trouverez peut-être que les points sont douloureux. Essayez de vous reposer.

Un sac de glace aide à soulager la douleur. Enveloppez un sac pour la congélation avec de la glace concassée avec un chiffon propre et appliquez-le sur les points de suture. L'hôpital peut également vous suggérer une crème qui pourrait vous soulager. L'huile essentielle à la lavande (ajoutez 10 gouttes à votre bain) est également réputée pour guérir les tissus meurtris et suturés.

La position assise sera en général un peu inconfortable au début, bien qu'une fois assise vous devriez vous sentir mieux : asseyez-vous bien droite en contractant les muscles fessiers pour éviter de tirer sur les points. Asseyez-vous et levez-vous lentement et avec précaution.

Plusieurs femmes craignent de faire éclater les points lorsqu'elles vont à la selle. Cela n'arrivera pas mais c'est une bonne idée d'essayer d'éviter la constipation en buvant beaucoup de liquide et en mangeant des aliments riches en fibres. Si vous êtes inquiète, lubrifiez l'anus avec un lubrifiant gras avant d'aller à la selle.

Les exercices pour le plancher pelvien (voir p. 44–45) amélioreront l'afflux sanguin au périnée, ce qui favorisera la guérison. Si vous vous sentez incapable de sécher cette zone avec une serviette, utilisez un séchoir à cheveux à la position tiède (cela peut également s'avérer très apaisant).

Tout devrait être revenu à la normale après quatre à cinq semaines.

Q *Y a-t-il des effets à long terme ?*

R La plupart des épisiotomies guérissent sans problème. Les points se dissolvent et n'ont pas à être enlevés. La peau se cicatrise et le périnée redevient le même qu'avant (bien que même après un an, vous puissiez être capable de voir une légère cicatrice si vous la cherchez vraiment).

Dans quelques cas, toutefois, les mamans souffrent d'effets secondaires, en général dus à une infection ou à une mauvaise suture. Très rarement, un point peut s'infecter et cela peut être douloureux. Une mauvaise suture signifie que vous avez été suturée si serrée que le processus de guérison laisse votre périnée et votre vagin beaucoup moins élastiques qu'ils devraient l'être. Les relations sexuelles peuvent être désagréables ou même impossibles. Vous devez demander de l'aide si cela vous arrive ; le périnée devra peut-être être réparé sous anesthésie locale.

Occasionnellement, le fait qu'une épisiotomie ait été effectuée devient le point fixe de toutes les sensations négatives dues à l'expérience de l'accouchement. Si c'est ce qui vous arrive, parlez-en à votre médecin, il vous recommandera peut-être de consulter.

Q *Devrais-je avoir une épisiotomie la prochaine fois, si j'en ai eu une cette fois-ci ?*

R C'est possible, car la peau du périnée ne s'étire pas aussi bien là où le tissu est cicatrisé. Si vous avez déjà eu une épisiotomie, le personnel médical sera plus susceptible d'en faire une de nouveau pour éviter une déchirure.

Q *Je ne veux vraiment pas d'épisiotomie. Puis-je l'éviter ?*

R Dites-le aux gens qui s'occupent de vous et inscrivez-le dans votre plan de naissance. Les professionnels compétents peuvent essayer de contrôler la sortie de la tête. Ils vous conseilleront sur le moment où vous devez arrêter de pousser, ce qui empêchera la tête de se présenter trop vite.

Vous pouvez masser le périnée tout au long de la grossesse pour en garder la peau souple et extensible et plus à même de s'étirer sous la pression de la tête de votre bébé, sans déchirer et sans que le personnel médical ne croie que vous allez déchirer. Accroupissez-vous, lubrifiez un ou deux doigts avec un lubrifiant gras et insérez-les dans votre vagin, puis appuyez sur votre périnée. Certains experts recommandent d'effectuer quotidiennement ce traitement à partir de six mois environ, augmentant graduellement la pression et le nombre de doigts. Vous pouvez également augmenter l'élasticité du périnée en insérant les deux index et en étirant très doucement.

Accoucher en position debout ou semi-debout pourrait également vous aider car une légère pression est alors exercée sur le périnée. Si vous êtes accroupie, les muscles du périnée se détendent, rendant la déchirure moins probable.

FORCEPS ET VENTOUSE OBSTÉTRICALE

Quelquefois, une aide supplémentaire est nécessaire au moment de l'accouchement. Environ un bébé sur cinq est né grâce à l'utilisation judicieuse des forceps ou de la ventousse obstétricale.

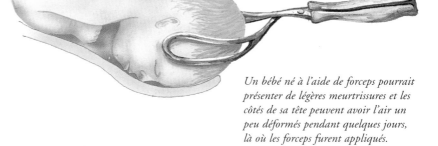

Certains bébés, et aussi leurs mères, ne supportent pas très bien la seconde phase du travail. Dans plusieurs cas, un peu d'aide peut être d'un grand secours. Ces cas se classent en deux catégories : l'accouchement semble trop long pour que vous puissiez le supporter ; ou votre bébé montre des signes de détresse.

Si la situation n'est pas à ce point menaçante qu'elle nécessite une césarienne d'urgence (voir p. 177), et que la tête du bébé est bien engagée, votre médecin ou votre sage-femme pourrait décider d'utiliser les forceps ou la ventouse obstétricale pour accélérer l'accouchement.

Un bébé né à l'aide de forceps pourrait présenter de légères meurtrissures et les côtés de sa tête peuvent avoir l'air un peu déformés pendant quelques jours, là où les forceps furent appliqués.

LORSQU'UNE AIDE EST NÉCESSAIRE

L'une des raisons les plus courantes pour un accouchement avec aide est la détresse fœtale, laquelle se produit lorsque le bébé manque d'oxygène. Un diagnostic de détresse fœtale est rendu lorsque le rythme cardiaque du bébé ralentit en réponse aux contractions, mais n'accélère pas comme il le devrait par la suite. Un autre signe est que le bébé élimine du méconium (le contenu de son rectum), qui teintera le liquide amniotique de vert. Le niveau d'oxygène dans le sang à partir du cuir chevelu du bébé peut également être évalué pour aider au diagnostic.

La détresse fœtale peut être causée par un placenta dont le fonctionnement est inadéquat, un travail long et fatigant, des contractions trop fortes ou trop fréquentes, ou un prolapsus du cordon ombilical, lequel peut être comprimé par le corps du bébé, l'empêchant

ainsi d'obtenir de l'oxygène en quantité suffisante.

La sortie du bébé peut être empêchée ou retardée parce qu'il est dans une position inadéquate, comme face vers le haut (occiput postérieur) ou parce que le bassin de la mère ne s'ouvre pas suffisamment. La plupart des médecins choisissent d'utiliser des forceps pour entourer la tête d'un bébé se présentant par le siège durant l'accouchement.

Quelquefois les contractions de la seconde phase ne sont tout simplement pas assez fortes pour expulser le bébé à l'extérieur. La sage-femme ou le médecin peut essayer une perfusion d'oxytocine pour augmenter la force des contractions mais, si cette mesure n'est d'aucune aide, il ou elle suggérera probablement d'utiliser les forceps ou l'extraction par la ventouse. Dans d'autres cas, la mère peut être trop épuisée pour pousser pendant les contractions. L'utilisation de forceps est très courante chez les femmes qui ont eu une épidurale. Si la mère ne peut pas sentir les contractions, elle pourra trouver difficile de

coordonner ses poussées en accord avec les contractions.

Finalement, si la mère a un problème de santé, comme une pression sanguine élevée ou un problème cardiaque, pousser sur une longue période pourrait aggraver le problème, et son médecin suggérera probablement de l'aider.

AIDE À L'EXPULSION

Si vous avez besoin d'aide à l'expulsion, on vous donnera un anesthésique. Si une épidurale est déjà en place, on vous administrera une plus forte dose d'anesthésique ; sinon, un anesthésique local sera administré dans le périnée. Votre vessie sera vidée avec un cathéter. Vous aurez probablement besoin d'une épisiotomie (voir p. 186 – 187) pour faire de la place à l'instrument qui sera utilisé. Vous serez étendue sur le dos et vos jambes seront soulevées, les chevilles supportées par les étriers, afin d'être en position de lithotomie (voir p. 184 – 185) : vous vous sentirez probablement un peu exposée mais il sera plus facile pour le médecin de bien voir ce qu'il fait.

Il y a différents types de forceps mais ils sont tous faits de deux moitiés séparées qui se verrouillent l'une sur l'autre. Chaque moitié possède une poignée à une extrémité et une cuillère à l'autre. Le choix du type de forceps varie selon ce que le médecin aura à tourner le bébé avant de le sortir ou simplement à l'aider à sortir. Les forceps sont insérés dans le filière pelvigénitale une cuillère à la fois. Une cuillère est placée de chaque côté de la tête du bébé, et les poignées sont verrouillées.

Lorsque vous sentez venir une contraction, on vous dira de pousser, tout comme vous le faisiez auparavant, tandis que le médecin dirigera doucement le bébé vers la délivrance (aucune traction n'est faite sur la tête). Cette partie du processus prend en général deux ou trois contractions. Vous pouvez être en mesure de voir naître votre bébé si vous êtes légèrement soulevée. (Votre conjoint n'a pas à sortir, à moins qu'il ne le désire ; s'il préfère ne pas regarder, il peut s'asseoir près de votre tête.)

L'extraction par ventouse peut également être utilisée pour tourner et faire sortir le bébé. L'instrument, nommé ventouse obstétricale, est un tube avec une coupelle à l'une des extrémités. L'autre extrémité est attachée à une bouteille sous vide puis à une petite pompe. La coupelle est appliquée sur la tête du bébé et la pompe crée une pression négative qui la fixe là. Lorsque la mère pousse avec chaque contraction, le médecin aide d'une délicate traction sur la coupelle. Une fois de plus, le bébé naît en général en deux ou trois contractions. Une épisiotomie ne sera peut-être pas nécessaire avec l'extraction par ventouse.

VOTRE BÉBÉ

Votre bébé sentira les cuillères du forceps ou la coupelle de la ventouse sur sa tête pendant l'expulsion et peut être est-il conscient qu'une force est exercée pendant les contractions. Les contractions dureront probablement environ une minute, mais la pression sera uniquement exercée lorsque vous poussez activement.

La plupart des bébés nés avec l'aide des forceps ou de la ventouse sont en pleine santé. Les quelques bébés qui

doivent passer un certain temps aux soins intensifs immédiatement après la naissance le font à cause de la situation qui a mené à une naissance avec aide, comme la détresse fœtale, plutôt que l'aide elle-même.

APRÈS L'ACCOUCHEMENT

Vous vous sentirez probablement endolorie et meutrie après un accouchement avec aide. Si vous avez eu des points, suivez les conseils que vous retrouverez aux pages 186 – 187. Certaines femmes sont déçues que la naissance de leur bébé se soit terminée de cette façon, mais la plupart acceptent le fait qu'un accouchement sécuritaire est plus important que le type d'accouchement. Si vous ressentez des sentiments négatifs, il peut être utile d'en parler avec le médecin qui a accouché le bébé ou avec un conseiller professionnel.

Si vous avez eu un accouchement avec aide, cela ne signifie pas que vous aurez besoin d'une aide similaire lors du second accouchement. Votre travail sera probablement plus rapide la prochaine fois, vous serez peut-être moins fatiguée et votre bébé ne sera peut-être pas en état de détresse. Si l'accouchement à l'aide des forceps est survenu parce que le bébé était dans une position difficile, un second bébé pourrait ne pas être placé de la même façon. Même si c'était le cas, vos contractions pourraient être assez fortes pour l'aider à sortir.

Si vous êtes anxieuse d'éviter un second accouchement avec aide, vous voudrez peut-être éviter l'épidurale (ou demander si vous pouvez avoir l'épidurale de marche, voir p. 172 – 173). Cela pourrait vous permettre de rester debout autant que possible durant la seconde phase du travail.

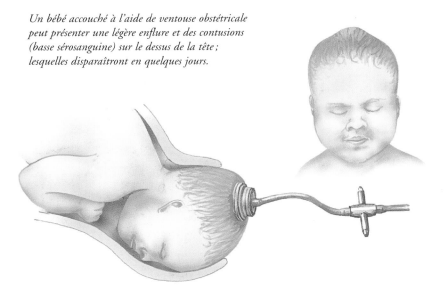

Un bébé accouché à l'aide de ventouse obstétricale peut présenter une légère enflure et des contusions (basse sérosanguine) sur le dessus de la tête ; lesquelles disparaîtront en quelques jours.

VOTRE BÉBÉ EST NÉ

À partir du moment où la tête est couronnée jusqu'à la fin de l'accouchement, quelques minutes seulement s'écoulent mais vous vous souviendrez de chaque seconde.

Le travail difficile est terminé. Durant l'expulsion de votre bébé, votre utérus continuera à se contracter et on vous demandera de pousser, en général plus doucement qu'avant. On pourrait vous demander de haleter pour ralentir la sortie du bébé, si votre sage-femme pense que vous risquez de déchirer. Vous serez presque à coup sûr moins consciente de la douleur ou de l'inconfort qu'à n'importe quel moment de votre travail. Mais ces dernières minutes peuvent sembler durer une éternité à mesure que votre impatience de voir votre bébé et le tenir enfin dans vos bras atteint un sommet.

CE QUE FAIT LE BÉBÉ

Pendant la seconde phase du travail, la tête de votre bébé tourne de 90 degrés d'une position à l'autre de l'arrière vers l'avant. Au même moment, le bébé fléchit sa tête et rentre son menton vers sa poitrine.

Lorsque la tête se couronne (voir p. 182 – 183), une autre contraction complète ce processus de pivotement. Puis, à mesure que le bébé continue sa descente, sa tête suit la pente abrupte du vagin vers la sortie. Pour faciliter cette sortie, les muscles de l'arrière du cou du bébé commencent à s'étirer, soulevant légèrement la tête avec la prochaine ou les deux prochaines contractions.

La tête de votre bébé émerge visage vers le bas. Au même moment, ses épaules pivotent et son corps se présente de côté : une épaule face à l'avant de votre corps, l'autre face à l'arrière. Cette position permet à l'épaule face à l'avant de votre corps de sortir en premier, suivie de l'autre. Lorsque les épaules pivotent, la tête, maintenant à même de bouger librement, tourne de nouveau sur le côté, pour être en ligne avec les épaules. Ce mouvement est appelé *rotation externe* et *restitution*

parce qu'il restaure la tête dans la position qu'elle avait au début de la seconde phase.

Après les épaules, le reste du corps du bébé glisse facilement, toujours attaché au placenta (qui n'est pas encore sorti) par le cordon ombilical.

CE QUE VOTRE CONJOINT PEUT FAIRE

Assurez-vous que votre conjointe si elle le désire peut voir la tête lorsqu'elle sort. Soulevez-la, ou ajustez l'angle du lit au besoin. Elle pourrait également désirer sentir le dessus de la tête du bébé. Guidez sa main si elle le désire. (Cela la rassurera également car elle se rendra compte des progrès.)

Notez l'heure. Une fois le bébé né, donnez-le à la mère pour qu'elle le tienne et l'embrasse pendant que vous lui aidez à trouver une position d'allaitement confortable. Vous voudrez peut-être prendre quelques photos ou peut-être préférerez-vous simplement serrer dans vos bras la maman et le bébé.

Tout au long du travail, votre bébé a bougé sa tête et son corps pour faciliter sa descente. À présent, le pivotement de sa tête pour aider le corps à sortir est spontané.

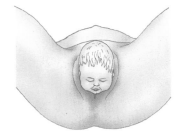

Que vous soyez debout, ou étendue sur le dos, ou à quatre pattes, la tête de votre bébé émergera probablement face à votre dos. Une fois la tête couronnée, l'anneau de la vulve descend jusqu'aux sourcils puis découvre le visage.

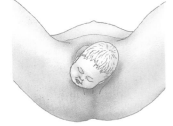

Une fois la tête à l'extérieur, le cordon est vérifié et, s'il est autour du cou, il sera passé par-dessus la tête. Le bébé tourne alors sa tête d'environ 45 degrés afin qu'elle soit en ligne avec ses épaules.

Il peut y avoir une pause avant que les contractions ne reprennent. Lorsqu'elles reprennent, les épaules du bébé descendent jusqu'à la vulve. Son corps au complet se tourne afin que la tête et les épaules se trouvent à angle droit avec votre corps, et le bébé naît de profil.

Première respiration

Votre bébé peut commencer à respirer par la bouche avant même que ses épaules et son corps ne soient sortis. Il est aussi possible que son corps en entier émerge avant qu'il ait eu le temps de respirer pour la première fois. La plupart des bébés prennent leur première respiration deux ou trois minutes après que leur bouche soit apparue à la vulve.

Votre bébé pourrait hoqueter, s'étouffer ou même pleurer lorsque l'oxygène pénètre pour la première fois dans ses poumons. Ne vous inquiétez pas si vous n'entendez pas de pleurs : certains bébés commencent à respirer sans émettre un son.

Personne ne sait exactement ce qui déclenche la première respiration mais la température et le changement de pression dont il fait l'expérience à l'extérieur du corps pourraient être des facteurs déclencheurs. Avec son premier souffle, la poitrine de votre bébé s'étend et aspire l'air dans les poumons. Jusqu'à présent, ils étaient affaissés, un peu comme des ballons dégonflés. La soudaine expansion des poumons entraîne un afflux de sang et l'oxygène qui a été inhalé est rapidement absorbé dans la circulation sanguine du bébé. Lorsque cela se produit, la circulation du bébé subit un changement drastique car elle passe de l'apport d'oxygène à travers le placenta à un apport d'oxygène à travers les poumons. La pression accrue de ce afflux de sang soudain fait circuler le sang vers et à partir du cœur et des poumons à travers les artères pulmonaires. Au même moment, le système artériel qui a alimenté le cœur et le placenta en sang s'arrête. Une fois le cordon coupé (voir p. 192 – 193), les conduits artériels du cœur, qui fonctionnaient lorsque le bébé recevait de l'oxygène à travers le placenta, se ferment en réponse aux changements de pression dans les cavités cardiaques.

Votre bébé respire à présent à un rythme de 40 à 50 respirations à la minute, faisant peut-être entendre quelques surprenants hoquets jusqu'à ce que le système respiratoire soit bien établi. L'oxygénation de son sang est responsable du changement de couleur de votre bébé ; il passe du bleu violacé au rose.

Avant la naissance

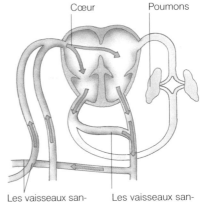

Cœur   Poumons

Les vaisseaux sanguins tirent leur oxygène du placenta et l'y retournent.

Les vaisseaux sanguins entraînent le sang loin des poumons.

Après la naissance

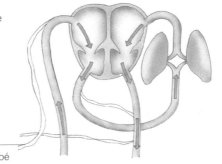

Ces vaisseaux sanguins se dessèchent une fois que le bébé commence à respirer de l'air.

Il peut arriver qu'un problème survienne après la naissance. Le plus courant est que certains bébés naissent avec trop de mucus dans de la bouche et le nez et peut-être dans la gorge, et ne peuvent pas commencer à respirer sans aide. En général, on peut aspirer rapidement ce mucus et votre bébé pourra alors prendre sa première inspiration. Vous pouvez regarder ce qui arrive et rassurer la mère à l'effet que tout va bien. Si votre bébé a souffert de détresse fœtale et que l'accouchement a été accéléré par l'utilisation de forceps, ou si le liquide amniotique présentait des traces de méconium, un pédiatre viendra l'examiner. Encore une fois, vous pouvez être mieux placé que la nouvelle maman pour voir ce qui se passe et la rassurer.

CE QUE VOUS NOTEREZ PEUT-ÊTRE

Si tout va bien pour vous et le bébé, on vous le remettra immédiatement. Il peut être recouvert de vernis et d'un peu de sang sur sa tête et son corps (c'est votre sang et non le sien, provenant d'une déchirure ou d'une épisiotomie). Sa tête peut sembler légèrement déformée, à cause du moulage de son crâne (voir p. 182 – 183). Votre bébé peut être éveillé et attentif. Le personnel médical vous examinera et examinera votre bébé avec soin et fera quelques vérifications initiales (voir p. 202 – 203).

Vous pouvez sentir ou même entendre une arrivée soudaine de liquide lorsque le liquide amniotique retenu derrière votre bébé s'écoule.

Une fois que votre bébé respirera bien (voir boîte), le cordon ombilical sera attaché et coupé (voir p. 192 – 193). Il n'y a aucune terminaison nerveuse dans le cordon, cela n'est donc pas douloureux pour lui.

TROISIÈME PHASE

La troisième phase de l'accouchement pourra passer inaperçue alors que votre attention est entièrement concentrée sur votre précieux bébé.

La dernière partie de l'accouchement commence après la délivrance et se termine avec la sortie du placenta et des membranes. Elle dure en général moins de cinq minutes, mais vous devrez rester dans la salle d'accouchement pour permettre la suture d'une déchirure ou d'une épisiotomie, le cas échéant.

Pour l'immense majorité des femmes, la troisième phase se passe sans anicroche. Dans quelques cas toutefois, un problème peut survenir même lorsque tout s'est très bien passé jusque là.

CE QUI VOUS ARRIVE

Dans la plupart des hôpitaux des interventions médicales de routine sont effectuées dans le but d'accélérer les progrès de cette phase de l'accouchement, principalement pour éviter une hémorragie causée par une rétention placentaire.

Lorsque votre bébé est sur le point de naître, en général dès l'apparition de la première épaule, on vous fera une injection d'oxytocine. Cette injection vous sera donnée dans la cuisse ou dans la fesse, ou à travers la perfusion intraveineuse, si vous en avez une, et vous pouvez même ne pas la remarquer. Une fois votre bébé sorti, le cordon ombilical est attaché et coupé. En général, on préfère attendre que le bébé respire de lui-même et que le cordon ait arrêté de battre, ce qui est une indication que l'apport d'oxygène au bébé n'est plus dépendant du placenta. (Le cordon peut toutefois être laissé intact jusqu'à la sortie du placenta.)

L'oxytocine stimule l'utérus à se contracter plus fortement. L'utérus devient plus petit, plus dur et plus contracté (vous pouvez sentir ces contractions mais vous serez trop prise par le bébé et votre conjoint

pour vous en apercevoir). Suite à cela, le placenta se décolle de lui-même de la paroi interne de l'utérus. La force d'expulsion de la contraction facilite l'expulsion du placenta. On pourrait vous demander de pousser une fois ou deux pour faciliter la manœuvre. Le médecin ou la sage-femme peut également accélérer l'expulsion du placenta par une manœuvre appelée traction contrôlée du cordon, par laquelle il ou elle appuie sur l'utérus d'une main tout en tendant doucement le cordon avec l'autre main.

Au moment où le placenta est expulsé, les vaisseaux sanguins qui y étaient reliés se ferment sous la force des contractions. Cela empêche tout saignement excessif.

Vous pouvez sentir le placenta glisser à l'extérieur entre vos jambes, suivi des membranes. On les recueille généralement dans un bol afin que le médecin puisse vérifier que tout est là. Tout vaisseau ouvert ou déchiré sur le placenta indique qu'une section peut avoir été retenue dans l'utérus. Elle doit être retirée immédiatement.

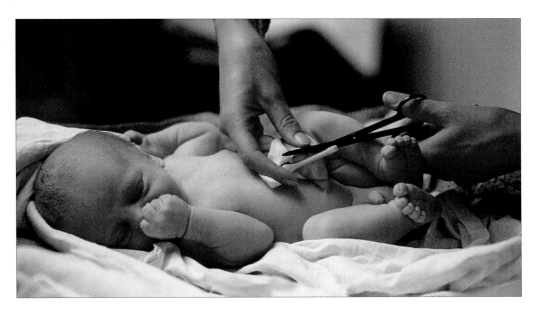

Le cordon ombilical mesure environ 50 cm (20 po.). Une fois le bébé sorti, il est attaché à deux endroits pour prévenir la perte de sang, puis coupé à environ 25 mm (1 po.) du corps du bébé.

Bien que votre attention soit concentrée sur votre bébé, le personnel médical est là pour s'assurer que tout se passe en douceur pendant la troisième phase et vérifier que rien n'indique un éventuel problème.

Si des morceaux de placenta demeurent dans l'utérus, vous pourriez souffrir d'une infection ou de graves saignements.

COMPLICATIONS POSSIBLES

Les complications les plus courantes qui peuvent se produire durant la troisième phase sont l'hémorragie postnatale (saignement excessif après l'accouchement), la rétention d'une partie ou de tout le placenta et l'inversion de l'utérus.

L'hémorragie postnatale se produit lorsque la quantité de sang est supérieure à 500 ml. Elle se produit lorsque les vaisseaux sanguins déchirés par le placenta qui se sépare ne se referment pas efficacement par la contraction de l'utérus. Cela peut se produire parce que le placenta n'est pas entièrement sorti, empêchant ainsi l'utérus de se contracter adéquatement. Il y a également la possibilité que le placenta ait été expulsé mais que l'utérus ne demeure pas contracté, soit parce que le tonus musculaire est faible après un long travail ou parce qu'il est excessivement distendu (par plus d'un bébé).

Si vous présentez une hémorragie, le médecin peut faire un massage utérin ou vous administrer des médicaments qui aideront l'utérus à se contracter. Si aucun de ces moyens ne fonctionne, on donnera à la mère des liquides et médicaments par intraveineuse, mais rarement une transfusion. Si le problème est causé par une absence de coagulation adéquate du sang, des coagulants vous seront administrés.

Occasionnellement, la partie supérieure de l'utérus se contracte avec force et retient le placenta avant qu'il n'ait eu la chance d'être expulsé. Si cela se produit, le médecin essaiera de retirer le placenta.

L'inversion de l'utérus se produit seulement lorsque le placenta était rattaché à la partie supérieure de l'utérus ; lorsque le placenta est expulsé, l'utérus se replie sur lui-même. Cela peut souvent être corrigé manuellement : le médecin pousse tout simplement l'utérus à sa place. Dans de rares cas, une intervention chirurgicale peut s'avérer nécessaire.

Une troisième phase physiologique

Les adeptes de l'accouchement naturel déclarent que la gestion de la troisième phase est inutile. Ils suggèrent que les femmes doivent pouvoir expulser le placenta au moment adéquat, sans médicaments ou contractions stimulées et sans traction sur le cordon. Le placenta émergera alors environ une demi-heure après la naissance, sous le stimulus des contractions utérines naturelles.

Mettre votre bébé au sein, qu'il tète ou pas, libère de l'oxytocine. Cette hormone aide naturellement votre utérus à se contracter, avec pour résultat l'expulsion du placenta et des membranes. De l'oxytocine sera également libérée lorsque vous allaiterez votre bébé dans les jours et les semaines à venir. La libération de cette hormone causera des spasmes utérins ou douleurs après l'accouchement. L'allaitement stimule la production de lait.

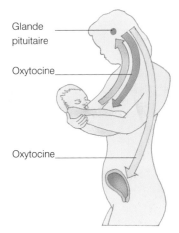

Glande pituitaire

Oxytocine

Oxytocine

Le réflexe des points cardinaux et le réflexe de succion sont très forts dans la première heure après l'accouchement (voir p. 205). La succion du bébé stimule votre glande pituitaire pour qu'elle produise de l'oxytocine et de la prolactine (voir p. 67).

DONNER NAISSANCE À DES JUMEAUX

*Plusieurs accouchements de jumeaux s'effectuent sans compli-
cation et vaginalement mais il y a tout de même des risques
potentiels de complications lors de l'accouchement de deux bébés.*

Les jumeaux naissent souvent avant 40
semaines. Vous pouvez entrer en travail
plus tôt ou le médecin peut décider de
provoquer l'accouchement ou d'effectuer
une césarienne avant la 40ᵉ semaine. La
durée moyenne de la grossesse pour des
jumeaux est de 37 semaines si l'accouchement n'est pas provoqué, et environ
20 % des grossesses de jumeaux
n'atteignent pas la 36ᵉ semaine.

Les médecins provoquent le travail
parce qu'un utérus distendu peut ne pas
se contracter efficacement. Vous pouvez
être épuisée à cause de votre taille et
vous courez plus de risque de développer
une pression sanguine élevée. De plus,
un ou les deux jumeaux pourraient
se développer trop lentement. Occasionnellement, l'un des deux jumeaux
s'approprie la plus grande partie de
l'alimentation qui traverse le placenta.
Cela fait que l'un des jumeaux est
de poids insuffisant alors que
l'autre est dans la moyenne.

PRÉSENTATIONS
DES JUMEAUX

La meilleure présentation des jumeaux
est également la plus courante, dans
45 % des cas, les deux ont la tête en bas.
Dans 35 % des cas, l'un des deux est
un siège ; dans 10 % des cas, les
deux le sont.

Dans 10 % des grossesses de jumeaux,
l'un des bébés repose latéralement dans
l'utérus, tandis que l'autre est en position
céphalique ou de siège. Si le premier bébé
est en position transversale, la césarienne
est inévitable. Rarement (environ une fois
sur 1 000), les jumeaux peuvent être
« verrouillés ». Le premier bébé se présente
par le siège, alors que l'autre se présente

Un ou deux placentas ?

*Les jumeaux
fraternels ou
dizygotes ont
chacun un pla-
centa. Pour les
jumeaux iden-
tiques, si les cellules
se sont séparées en
deux peu après la
fécondation, cha-
cun d'eux aura son
propre sac externe
(chorion), sac in-
terne (amnion) et
placenta. Si les cel-
lules ne se sont pas
séparées jusqu'à
leur implantation,
les bébés auront
leur propre amnion
mais partageront
un chorion et
un placenta.*

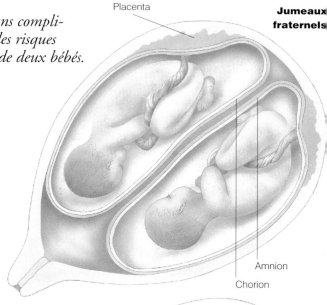

Jumeaux fraternels

Placenta

Amnion

Chorion

Chorion

Amnion

Placenta

Jumeaux identiques

Présentation des jumeaux

À la fin de la plupart des grossesses de jumeaux, le premier
des deux repose verticalement, tête ou siège en premier.

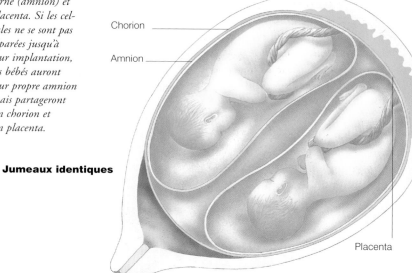

Siège et siège   Tête et siège   Tête et transversal

par la tête (voir p. 166–167) et la tête du bébé en présentation de siège est coincée au-dessus de la tête de l'autre. Dans une telle situation, une césarienne pourrait être nécessaire. Elle peut être effectuée sous épidurale si le problème a été identifié assez tôt lors de l'échographie ; s'il est découvert à la dernière minute, une anesthésie générale sera administrée.

VOTRE TRAVAIL

Il est probable que plus de gens seront présents lors de la naissance de jumeaux : une sage-femme, un médecin, un anesthésiste et deux pédiatres, un pour chaque bébé. Les bébés seront suivis séparément tout au long du travail.

La première phase de votre travail pourrait être de la même durée que celle d'une femme accouchant d'un seul bébé. La pression additionnelle sur l'utérus pourrait faire que le col de l'utérus s'efface plus rapidement mais il se peut qu'aucun des bébés ne se trouve dans une position idéale pour stimuler de fortes contractions, prolongeant ainsi la dilatation.

La seconde phase d'un accouchement vaginal se termine normalement par la naissance du premier bébé, duquel le cordon est attaché et coupé. L'attention est alors reportée sur le second bébé. Si son rythme cardiaque est normal et qu'il se présente par la tête ou le siège, votre médecin attendra que les contractions redémarrent. (S'il est en présentation transversale, il sera tourné de l'extérieur pour amener sa tête ou son siège en ligne avec le col.)

Si un problème survient, les membranes du second bébé peuvent être rompues ou des médicaments peuvent être administrés pour stimuler les contractions (voir p. 168–169). Comme le col de l'utérus est entièrement dilaté et que le filière pelvigénitale a déjà été étirée par le premier bébé, la plupart du temps le second bébé arrive naturellement à 20 minutes d'intervalle du premier. Si le cours des événements ralentit, le second

---

Allaiter vos bébés

Votre corps est capable de produire autant de lait qu'il faut à un bébé et, avec deux fois plus de stimulation qu'une mère de bébé unique, vos seins produiront bien assez de lait pour des jumeaux. En plus des avantages que vous leur apportez, allaiter vos bébés, ce que vous ne pouvez pas confier à quelqu'un d'autre, vous obligera à vous asseoir pendant la journée.

Vous aurez peut-être besoin d'aide pour apprendre à vos bébés à bien prendre le sein (voir p. 206–207), et besoin du soutien de votre conjoint et des gens autour de vous (une mère qui a allaité avec succès des jumeaux serait l'aidante idéale. Contactez votre association locale de naissances multiples).

Vous devrez décider si vous désirez allaiter les bébés séparément ou ensemble et, si vous choisissez de les allaiter ensemble, vous devez faire l'expérience de diverses façons pour que vous et les bébés soyez bien à l'aise. Les jumeaux ont tendance à avoir des habitudes d'alimentation différentes, tout comme les autres bébés, et la coordination d'un allaitement qui les rendra tous deux heureux n'est pas toujours chose facile. L'un peut avoir faim et pleurer tandis que l'autre est endormi et désintéressé. Dans ce cas, vous trouverez peut-être que vous passez la plus grande partie de votre journée, et de votre nuit, à allaiter.

Si vous les allaitez ensemble, c'est une excellente idée que quelqu'un s'asseoit avec vous pour vous aider. L'un des bébés peut avoir besoin qu'on le remette au sein et un(e) aidant(e) pourra prendre le premier bébé qui a terminé, puis soit le coucher soit l'occuper pendant que le second bébé termine de téter.

Certaines mamans consacrent un sein à chaque bébé afin que l'alimentation de chacun des bébés soit taillée sur mesure ; d'autres alternent. Alterner peut aider la production de lait au début pour que vous puissiez toujours satisfaire le bébé le plus affamé ; une fois la sécrétion de lait bien établie, c'est moins nécessaire.

Avec le temps et le support, beaucoup d'encouragement et de confiance en vous-même, l'allaitement deviendra plus facile, et de toutes façons, beaucoup plus simple que de préparer tous les biberons nécessaires !

---

jumeau peut être aidé par l'utilisation des forceps.

La troisième phase est la même qu'avec un bébé unique, mais pour les jumeaux fraternels, il y aura deux placentas, qui seront expulsés une fois que les deux bébés seront nés.

APRÈS LA NAISSANCE

Même si les deux bébés sont de bonne taille et n'ont présenté aucun problème, vous remarquerez qu'ils seront à l'unité des soins intensifs, sous observation pendant une courte période. Ne paniquez pas, demandez à votre conjoint de s'assurer qu'il s'agit d'une simple précaution.

Si l'un ou les deux bébés doivent passer un moment aux soins intensifs, on vous encouragera à les voir, à les toucher et à les prendre aussitôt que vous aurez récupéré de l'accouchement. S'ils sont trop petits pour être nourris au sein ou à la bouteille, on pourrait vous encourager à extraire du lait qui leur sera administré à raison d'une ou deux gouttes à la fois.

Si les jumeaux sont prématurés, un bébé pourrait partir à la maison alors que l'autre restera à l'hôpital. Cela peut être physiquement et émotionnellement épuisant. Avoir de l'aide est indispensable, en particulier si vous essayez d'exprimer du lait et de visiter le bébé à l'hôpital. Acceptez toutes les offres et réalisez que vous et votre partenaire pouvez faire uniquement l'essentiel dans les circonstances. Il y aura du rattrapage à faire dans votre relation avec votre bébé une fois qu'il sera revenu à la maison.

Après la naissance

L'ATTENTE EST TERMINÉE, *votre bébé est là. À mesure que vous commencez à le connaître, vous :*

- *Devrez apprendre à le nourrir et à satisfaire ses besoins fondamentaux*

- *Devrez apprendre à interpréter ses pleurs et à découvrir s'il s'agit de pleurs signalant la faim ou le chagrin*

- *Devrez le présenter à ses grands-parents, à ses frères et sœurs ainsi qu'aux amis de la famille*

- *Devrez être présente lors des examens médicaux de routine pour vous assurer que tout va bien*

- *Sentez que votre corps se transforme tandis qu'il revient à la normale.*

Les premiers jours et les premieres semaines avec un nouveau-né sont aussi exaltantes qu'épuisantes. Vous apprenez à vous connaître tous les deux ; donnez-vous le temps de bien profiter de cette période de votre vie.

CONNAÎTRE VOTRE BÉBÉ

Le travail difficile est terminé, à présent vous et votre conjoint pouvez passer à la tâche suivante : celle d'accueillir votre bébé dans ce monde.

Si votre bébé est en santé et qu'il respire bien, il sera probablement vif et alerte pendant environ une heure. Prenez-le contre votre peau aussitôt que possible. La salle d'accouchement sera probablement chaude mais placez tout de même un drap ou une serviette sur lui pour vous assurer qu'il ne prendra pas froid. Détaillez tous ses membres et émerveillez-vous de le découvrir. Parlez-lui doucement, son ouïe est délicate. Ne vous inquiétez pas de ce que vous devez dire : les mots adéquats vous viendront tout naturellement.

Vous aurez peut-être besoin d'aide pour mettre votre bébé au sein (voir p. 206–207). Puis, si tout va bien, le personnel hospitalier vous laissera tous trois partager ces précieux moments dans le calme.

À QUOI RESSEMBLERA VOTRE BÉBÉ

Bien qu'à vos yeux il soit parfait, ne vous attendez pas à ce que votre bébé présente de bonnes joues rondes et un grand sourire. La majorité des nouveaux-nés ne ressemble en rien à l'image idéalisée que nous avons tous d'un nouveau-né.

La première chose que vous remarquerez est sa tête, qui vous semblera disproportionnée tant elle est grosse (elle représente en moyenne le quart de la longueur totale du bébé). Si vous avez accouché vaginalement, elle peut être également légèrement déformée. Vous pouvez sentir ou voir les sutures de sa tête, là où les os crâniens du bébé se sont glissés l'un par-dessus l'autre lors de sa descente dans la filière pelvi-génitale. La tête pourrait présenter des bosses bizarres (voir p. 188–189) s'il y a eu des forceps ou une ventouse. Si vous avez été en travail, puis avez eu une césarienne, la tête de votre bébé peut aussi être déformée ; par contre, elle ne le sera pas si la césarienne a été planifiée. Vous pourrez sentir le point mou sur le dessus

À quoi ressemblera votre bébé

Comme les nouveaux-nés changent très rapidement, même les parents d'un deuxième bébé oublient à quoi ressemble un bébé âgé de quelques minutes. Si vous êtes parents pour la première fois, il peut ne pas correspondre à l'image mentale d'un nouveau-né.

Organes génitaux
Toute enflure de la vulve subsistera pendant environ une semaine ; l'enflure du scrotum pourrait s'étendre sur quelques semaines. Le prépuce d'un garçon sera très serré.

Peau
Un gros bébé aura une peau douce et d'apparence épaisse ; un bébé petit ou prématuré aura, quant à lui, une peau plus mince à travers laquelle vous pourrez voir les vaisseaux sanguins.

Jambes
Les jambes seront ramenées sur le corps mais elles se détendront lorsque votre bébé dormira.

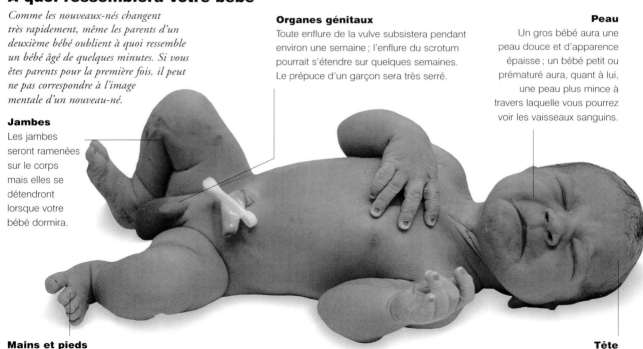

Mains et pieds
La circulation sanguine de votre bébé, est immature, ce qui cause la coloration bleutée ou pâle des mains et des pieds pour quelques minutes, quelquefois même pendant des jours après la naissance.

Tête
La tête peut sembler écrasée et déformée. Les cheveux seront emmêlés et peuvent être striés de sang (le vôtre, et non pas celui de votre bébé).

de sa tête et, peut-être, y palper ses pulsations cardiaques. Certains bébés naissent avec beaucoup de cheveux et d'autres sont chauves ; toute variation entre ces extrêmes est normale.

Les yeux d'un bébé caucasien seront en général gris-bleu foncé ; un bébé plus foncé présentera quant à lui des yeux bruns. Leur couleur changera toutefois probablement au cours des prochains mois. Ses paupières seront bouffies et certains bébés ont même l'air de loucher. Cela peut être causé par une difficulté à faire la mise au point (voir p. 204–205) ou parce que bébé ne sait pas encore faire fonctionner ses deux yeux en même temps. Le nez peut être aplati, le menton reculé et les joues meurtries.

La peau d'un bébé prématuré peut être couverte de lanugo (voir p. 97) et même certains bébés à terme présentent des traces de vernix sur leur peau. La peau d'un bébé prématuré sera très ridée. Un bébé en retard pourrait avoir une peau sèche et squameuse (utilisez de l'huile d'olive ou d'amande douce comme hydratant). Jusqu'à ce que la respiration soit bien établie (voir p. 191), la teinte de sa peau peut être inégale et les extrémités, en particulier, peuvent être pâles. La teinte de la peau peut demeurer inégale pendant quelques jours. Il sera presque impossible de voir le cou de votre bébé à cause des plis de gras autour des épaules.

Juste avant l'accouchement, un accroissement d'hormones maternelles traverse le placenta. C'est ce qui explique que les organes génitaux de votre bébé (le scrotum chez un garçon et la vulve chez une fille) sont œdémaciés. Les seins des garçons comme ceux des filles peuvent être gonflés et peuvent sécréter un liquide laiteux. Une perte laiteuse ou teintée de sang peut s'écouler du vagin d'une fille. Les jambes auront l'air maigrichonnes et les orteils seront repliés. Les poings du bébé seront peut-être serrés.

Formation des liens maternels

De la même façon qu'un caneton ou un oisillon suivra jusqu'à maturité le premier objet qu'il aperçoit (en général un parent), les psychologues déclarent que les mères et les bébés ont besoin d'établir ce lien pendant les premières minutes qui suivent la naissance pour pouvoir développer une relation intime et aimante. Des études ont démontré que les mères ont plus de facilité à aimer et à prendre soin de leur bébé si elles ont eu du temps auprès de lui. Interrompre ce processus, à moins de raisons médicales importantes pour ce faire, risque de déranger ce processus.

La formation des liens maternels avec votre bébé peut commencer dès la salle d'accouchement. Les premières minutes de la vie de votre bébé marquent souvent le début d'une histoire d'amour qui débute par l'émerveillement et le soulagement d'avoir votre bébé en sécurité et en santé tout près de vous. Mais la formation de ces liens est un processus, non pas un événement instantané. Prendre votre bébé aussitôt que vous le pouvez vous aidera à démarrer ce processus, mais si vous êtes fatiguée, engourdie ou en état de choc suite à l'accouchement, si vous avez eu une expérience désagréable ou malheureuse, si vous avez eu une médication inadéquate ou si on est à suturer votre épisiotomie, vous pouvez vous sentir protectrice de votre bébé et soulagée que le travail soit terminé, mais sans la passion irrésistible de l'amour maternel.

La relation parent-bébé n'est pas instantanée. Certaines mamans tombent instantanément amoureuses de leur bébé, mais pas toutes. Si vous avez été séparée de votre bébé pendant une certaine période, ne vous inquiétez pas et n'allez pas croire que tout est perdu et que vous ne serez jamais une aussi bonne mère que vous auriez pu l'être. Une séparation ne signifie pas que vous ne pourrez jamais être proches, pas plus qu'être trop épuisée après l'accouchement pour réellement porter attention à votre bébé. (Certains experts, de toutes façons, suggèrent qu'une semaine, approximativement, représente la période nécessaire pour que votre bébé vous reconnaisse, bien qu'il soit probablement conscient de votre odeur bien avant cela.)

Donnez-vous du temps. Toute une gamme d'émotions surviennent durant et après l'accouchement. Vous aurez besoin d'un certain temps pour vous sentir « normale » à nouveau. Intellectuellement, vous savez qu'il s'agit de votre bébé tant désiré, mais émotionnellement vous aurez peut-être l'impression que c'est un étranger très exigeant. Il est également normal de ressentir une impression d'irréalité ou même de détachement de toutes les autres facettes de la vie pendant quelques jours. Soudainement, vous ferez face à une nouvelle gamme de sentiments. Ou cela peut se produire plus graduellement. Vous réchaufferez votre fils ou votre fille, vous rapprochant de plus en plus et, à partir de là, votre amour s'épanouira. Rassurez-vous en pensant aux liens solides qui existent entre les parents adoptifs et leurs enfants et entre certains grands-parents et leurs petits-enfants. S'il était vital de ressentir de l'amour immédiatement au moment de la naissance, de telles relations n'existeraient jamais.

IMPACT ÉMOTIONNEL DE LA NAISSANCE

Accoucher marque en vous le début d'énormes changements physiologiques, hormonaux et émotionnels, chez votre conjoint, l'accouchement déclenche de grands changements émotionnels.

Les réactions à la naissance d'un enfant sont aussi variées que le nombre de mères et de pères qui en font l'expérience. Peu importe ce que vous et votre conjoint ressentirez dans les premières heures et les premiers jours après la naissance ; ces émotions seront normales. Rien de ce que vous ressentirez ne fera de vous un meilleur ou un moins bon parent que quiconque ; aucune réaction ne surprendra, ne choquera l'équipe médicale qui vous soigne.

CE QUE VOUS RESSENTIREZ ÉVENTUELLEMENT

L'arrivée de votre bébé peut vous transporter vers des sommets inconnus de joie et de bonheur. Bien des femmes décrivent cette sensation comme si elles étaient sur un nuage pendant toute la première journée. Cela est probablement dû en partie aux effets de l'adrénaline (voir p. 66 – 67) qui vous a maintenue alerte et qui circule toujours dans votre système Vous pouvez également vous sentir incapable de vous reposer parce que vous êtes distraite, que vous prenez et nourrissez votre bébé, le regardant pendant des heures, vous penchant sur son berceau pour vous assurer qu'il respire toujours, appelant famille et amis, et recevant des visiteurs enthousiastes. Il est également fréquent durant les premiers jours de vous sentir facilement au bord des larmes, bien souvent jusqu'au troisième ou quatrième jour.

Les raisons de ce qu'on appelle « blues du bébé » ou « blues postpartum », sont en partie psychologiques. Votre corps est occupé à restaurer son équilibre après les énormes exigences de l'accouchement et vous prenez conscience des immenses responsabilités et des changements qui vous attendent. Vous avez eu le temps de vous occuper de votre bébé pour la toute première fois, ce qui peut vous faire sentir gauche et maladroite. Vous réaliserez peut-être après quelques allaitements, que, finalement, votre bébé ne veut pas téter. De votre petit nuage, vous retomberez alors rapidement sur terre.

Le « blues » peut également être hormonal. La baisse de progestérone qui accompagne l'expulsion du placenta et le début de la production de prolactine (l'hormone qui fabrique le lait) peuvent affecter votre état psychologique. Physiquement, à mesure que les effets des anesthésiques et autres médicaments s'estompent, et que vos nuits semblent toutes aussi courtes les unes que les autres, peut-être serez-vous plus consciente des meurtrissures, des douleurs et des points de suture.

Si vous avez simplement besoin d'amour et de compréhension, parlez-en à votre conjoint. Mais si vous avez vraiment besoin d'aide (pour l'allaitement, les douleurs après l'accouchement ou les pleurs), parlez-en au personnel médical (appelez votre médecin si vous êtes déjà à la maison et que vous ne pouvez pas attendre la visite de l'infirmière ou de la sage-femme). À présent que votre bébé est arrivé, le fait qu'il soit avec vous tout au long de la journée, ce que vous étiez certaine de désirer, peut à présent vous sourire un peu moins. Si vous êtes toujours à l'hôpital et que vous désirez que le bébé passe quelques heures à la pouponnière pour pouvoir vous reposer, demandez-le. Agir ainsi ne représente pas un constat d'échec. Choisissez le moment où le bébé vient de finir de boire et demandez qu'on vous le ramène lorsqu'il aura faim de nouveau. Puis, reposez-vous. N'ayez crainte, ses besoins seront comblés : la plupart des pouponnières sont sous-utilisées.

Pendant les premières heures qui suivent la naissance, vous désirerez probablement appeler votre famille et vos amis pour leur annoncer la nouvelle. Le moment est parfait pour leur annoncer le nom que vous avez choisi, mais peut-être préférerez-vous en faire l'essai pendant quelques jours avant de décider s'il lui convient.

CE QUE VOTRE CONJOINT RESSENTIRA

Vous êtes un père. La journée la plus palpitante et la plus épuisante vient de se terminer. Pendant les prochaines 12 à 24 heures, vous vous sentirez peut-être angoissé et même craintif. Pourtant, à d'autres moments, vous vous sentirez fort et plus près de votre conjointe que vous ne l'avez jamais été.

Vous ressentirez exaltation, fierté et soulagement, fierté de votre conjointe, de vous-même et de votre nouveau bébé; soulagement que ce soit terminé et que votre bébé, si longtemps désiré, soit enfin là. Vous réaliserez peut-être que vous ne serez plus jamais le même, ou que vous ne vivrez plus jamais de la même façon qu'auparavant.

Si vous ne pouvez pas rester à l'hôpital avec votre conjointe (de telles installations ne sont pas universelles), après avoir passé un peu de temps avec elle et le bébé, et vous être assuré que les deux se préparent à un repos bien mérité, vous pouvez rentrer à la maison et dormir. D'un autre côté, c'est normal que vous vous sentiez un peu à plat, en particulier si vous rentrez dans une maison vide. Votre tête bourdonnera probablement et vous serez agité et incapable de vous concentrer sur quoi que ce soit.

Pendant la durée du séjour de votre conjointe à l'hôpital (ce qui peut s'avérer être une seule nuit), votre temps sera envahi par les visites. Passez autant de temps que vous le pourrez là-bas, mais soyez prêt à écourter votre visite si votre conjointe est fatiguée, ce qui est fort possible. Elle peut être joyeuse ou un peu triste. Les deux états sont normaux. Donnez-lui votre amour et votre soutien. Être avec vous représente probablement son unique occasion d'exprimer ses sentiments. Ne soyez pas déçu si votre bébé dort lorsque vous arrivez. Vous aurez amplement le temps de vous rattraper.

Un exemple typique
Un ami véritable

ANTOINE, 40 ANS, ÉTAIT ÉPUISÉ APRÈS LA NAISSANCE DE SA FILLE.

« Marie est née à 20h00. Nous étions à l'hôpital depuis tôt le matin et Claire avait passé la plus grande partie de la nuit précédente en travail. Nous étions donc épuisés. J'appelai plusieurs des membres de notre famille et des amis. L'un d'entre eux, Benoît, déclara qu'il viendrait me prendre et me ramènerait à la maison parce qu'il croyait que je ne devais pas conduire après avoir si peu dormi. Lorsqu'il arriva, son fils de six mois, David, était à bord; Benoît avait essayé de coucher David pendant des heures et il s'était finalement endormi pendant la promenade. Nous sommes retournés chez lui et pendant qu'il mettait David au lit, sa femme me fit cuire des pâtes et me servit un verre de vin. Puis, ils préparèrent une chambre d'amis pour moi. « Je n'oublierai jamais combien je me suis senti malheureux, lorsque David est né, de revenir seul à la maison » déclara Benoît. « Reste ici pour la nuit et je te ramènerai à l'hôpital demain matin ».

« Je tombai immédiatement endormi mais, après quelques heures, je m'éveillai, sachant que quelque chose de formidable était arrivé mais sans pouvoir me rappeler quoi! Puis, après trois ou quatre secondes, je réalisai que nous avions eu un bébé. Claire et moi étions devenus parents. Je me détendis et retombai immédiatement dans le sommeil. »

Lorsque vous recevez l'appel qui vous informera que la mère et le bébé peuvent revenir à la maison, assurez-vous qu'il y a suffisamment de nourriture pour quelques jours et que la maison soit chaude. Prenez quelques vêtements pour le bébé si votre conjointe n'en avait pas apporté et pensez à des vêtements amples pour elle. Essayez de trouver quelque chose qui ne fait pas partie de sa garde-robe de maternité : elle désirera sûrement un changement. Un chemisier qui se boutonne est idéal pour allaiter. Et n'oubliez pas des chaussures confortables.

CE QUE PEUT RESSENTIR VOTRE BÉBÉ

Les émotions d'un nouveau bébé sont très primaires et sont liées à leurs importants besoins de chaleur, de nourriture et de sécurité. Lorsqu'il pleure, réconfortez-le en le berçant doucement et en le serrant tout contre vous ; lorsqu'il a faim, nourrissez-le. Souvenez-vous que le froid et la faim sont nouveaux pour lui ; jusqu'à présent, il n'avait pas fait l'expérience de telles sensations parce que l'environnement utérin comblait parfaitement ses besoins. En répondant à ses besoins aussitôt qu'il les exprime, vous lui faites comprendre qu'il est aimé et en sécurité.

Après la première heure ou à peu près, la plupart des bébés ont tendance à s'endormir, probablement à cause de la fatigue de la naissance. Plusieurs bébés dorment beaucoup pendant les premiers jours et commencent à s'intéresser davantage à leur nouvel environnement vers le troisième ou le quatrième jour.

EXAMEN DU BÉBÉ

Le bébé ne prend pas plus de quelques minutes pour s'acclimater à la vie à l'extérieur de l'utérus et le personnel médical sera là pour s'assurer qu'il s'adapte bien à son nouvel environnement.

Aussitôt que votre bébé naît, le personnel médical évalue son bien-être grâce à quelques observations routinières. Sa bouche et son nez sont libérés de l'excès de mucus et il est possible qu'on doive aspirer délicatement du mucus qui serait resté dans sa bouche avec un petit cathéter que manipulera le médecin ou la sage-femme. Ses yeux sont essuyés avec des tampons.

INDICE D'APGAR

Une ou deux évaluations formelles sont faites pour déterminer l'indice d'Apgar, en général à une minute et à cinq minutes après la naissance.

L'indice d'Apgar est utilisé principalement pour aider le personnel à reconnaître les bébés qui ont besoin des soins immédiats d'un spécialiste. Des résultats de 0, 1 ou 2 sont donnés sur les divers aspects de l'apparence et des réactions du bébé puis ils sont additionnés. Peu de bébés atteignent un maximum de 10 parce que la circulation,

même celle du plus éveillé des bébés, prend un certain temps à atteindre les extrémités des membres. Un résultat de 7 est bon ; les bébés affichant un résultat de 4 à 6 ont besoin d'aide ; on peut aspirer le contenu de leurs voies respiratoires et leur administrer de l'oxygène ; ceux qui ont moins de 4 (ils sont très peu nombreux) nécessitent des techniques de réanimation (voir p. 208 – 209).

MESURES

La longueur de votre bébé, la circonférence de sa tête et son poids à la naissance seront enregistrés et serviront de balises utiles à partir desquelles sa croissance future sera évaluée.

Plus de 95 % des bébés nés à terme ont un poids variant entre 2,500 et 4,250 g (5½ à 9 lbs), la moyenne étant de 3,400 g (7½ lbs). Les garçons, en moyenne, pèsent 250 g (½ lbs) de plus que les filles.

La longueur de votre bébé, mesurée

du sommet de la tête au talon, se situera selon toute vraisemblance entre 46 et 56 cm (18 et 22 po.) ; la moyenne est de 51 cm (20 po.). La circonférence de sa tête se situera entre 33 et 37 cm (13 et 14 ½ po.); pour une moyenne de 35 cm (13 ¾ po.).

On examinera la bouche de votre bébé pour détecter une possible fissure palatine (en général, un doigt mis dans sa bouche est suffisant).

Le médecin écoutera le cœur de votre bébé. Certains problèmes cardiaques sont indiqués par l'irrégularité du rythme cardiaque ou par le son du sang pénétrant et sortant des cavités cardiaques. Les souffles au cœur sont très courants, un nombre aussi élevé que 50 % de tous les bébés en ont la première semaine. Ils disparaissent en général en quelques semaines.

Dans la plupart des hôpitaux, on donne de la vitamine K peu après la naissance, soit oralement soit par injection pour prévenir une maladie rare caractérisée par un sang qui ne se coagule pas. Certains soutiennent que c'est inutile. Demandez à votre médecin son opinion.

Indices d'Apgar

Signe	Résultat		
	2	1	0
Coloration	Complètement rose	Corps rose, extrémités bleues	Pâle, bleu
Fréquence cardiaque	Plus de 100 à la minute	Moins de 100	Absente
Réactivité aux stimuli	Cri vigoureux	Grimace	Aucune
Tonus musculaire	Mouvements actifs	Légère flexion des membres	Flaccidité
Respiration	Pleurs vigoureux	Lente ou irrégulière	Absente

La phénylcétonurie est l'incapacité de métaboliser la phénylalanine qui se retrouve dans de nombreuses protéines. Si la phénylalanine s'accumule dans le corps, de graves dommages au cerveau peuvent survenir. Le traitement implique que l'enfant atteint devra suivre une diète restrictive jusqu'à la puberté, moment où le corps aura acquis la capacité de gérer l'amino acide.

On passera également des tests pour déceler une glande thyroïde paresseuse, ce qui pourrait ralentir le développement du cerveau.

Le médecin de votre bébé vérifiera les fontanelles du crâne du bébé, les os des bras et des jambes, le cou et les épaules, pour y déceler toute trace d'anomalie, et il palpera l'abdomen du bébé pour vérifier ses organes internes. Les organes génitaux seront examinés pour s'assurer qu'ils ne présentent aucun signe d'hernie. Le médecin sera particulièrement attentif à l'articulation de la hanche pour déceler une luxation de la hanche. Il manipulera chaque articulation des hanches pour s'assurer que la tête du fémur (os de la cuisse) bouge bien dans sa cavité et qu'elle ne glisse pas à l'extérieur. Si elle est

Le cœur d'un bébé bat environs 120 fois à la minute. Lorsque le pédiatre mesure les battements cardiaques, il vérifie en même temps la poitrine pour s'assurer que les poumons se déploient comme ils le doivent.

VÉRIFICATIONS ULTÉRIEURES

Durant la première semaine de la vie de votre bébé, de nombreuses vérifications supplémentaires seront faites, soit à l'hôpital, soit par la sage-femme, ou par l'infirmière qui vous appellera tous les jours ou presque.

Un échantillon sanguin sera prélevé par une piqûre à son talon. Le sang sera vérifié pour y déceler la phénylalanine, qui, si elle est présente à un niveau élevé, indique la (phénylcétonurie), une affection très rare du métabolisme qui affecte 1 bébé sur 15 000.

disloquée, elle glisse facilement à l'extérieur, ou est instable, ce qui signifie qu'elle pourrait se disloquer plus tard, un traitement impliquant une atelle ou un plâtre pour tenir le fémur en place tout au long de la croissance du bébé sera mis en place.

Vous noterez peut-être après quelques jours que la peau de votre bébé présente une teinte jaune. Dans les premiers jours de sa vie, le foie ne fonctionne pas toujours bien. Résultat, la bilirubine, l'un des produits de la destruction des globules rouges dans le foie, peut se retrouver dans le flux sanguin et s'y accumuler. Elle est en général éliminée dans les quatre jours qui suivent la naissance, mais si elle persiste, un échantillon sanguin sera pris pour en vérifier le niveau. Si le niveau continue à s'élever, on traitera le bébé à la photothérapie, traitement aux rayons ultraviolets.

On écoutera de nouveau le cœur de votre bébé avant que vous ne quittiez l'hôpital et chaque fois qu'il aura un bilan de santé, au moins jusqu'à l'âge scolaire. Il s'agit d'une mesure de précaution en cas d'anomalie non détectée auparavant, et parce que certains problèmes cardiaques se déclarent seulement une fois le bébé plus âgé. La plupart des problèmes peuvent être traités si on les détecte tôt.

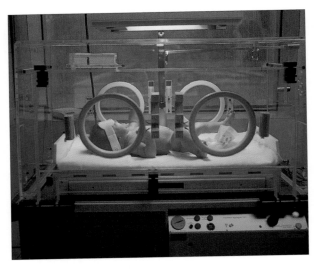

La photothérapie détruit la bilirubine pour qu'elle puisse contourner le foie et être plutôt excrétée par les reins. La majorité des bébés dorment tout au long de ce traitement. Des lampes peuvent également être prescrites pour utilisation à la maison.

CE QUE VOTRE BÉBÉ PEUT FAIRE

Il peut sembler impuissant lorsqu'il repose dans son berceau mais votre bébé est né avec toutes les aptitudes dont il a besoin pour survivre.

Regardez-le, parlez-lui, prenez-le et vous vous rendrez compte à quel point il est conscient et réceptif dès le début. Votre bébé a besoin de votre aide pour développer ses sens. Une telle quantité de réflexes et de réponses attireront votre attention sur le fait qu'une réelle synchronisation se développera bientôt entre les besoins de votre bébé et vos réactions.

LES SENS DE VOTRE BÉBÉ

Les nouveaux-nés ont de la difficulté à faire le point sur des objets éloignés de plus de 30 cm (12 po.) de leurs yeux. Votre visage lui apparaîtra donc claire-ment lorsque vous l'allaitez mais non pas une illustration sur le mur derrière vous. Ses yeux suivront votre visage si vous êtes tout près de lui et que vous tournez la tête, mais sa vue ne sera entièrement développée qu'entre trois à six mois. Certains nouveaux-nés sont très sensibles à la lumière pendant quelques jours, ayant besoin de s'adapter au sortir de la semi-obscurité de l'utérus, mais ils s'y font rapidement.

Le bébé peut entendre et des sons bruyants le feront sursauter. Il semble mieux répondre aux voix douces et aiguës de même qu'à vos battements cardiaques qui lui rappellent le son le plus net dont il était conscient dans l'utérus. Si votre bébé semble de mauvaise humeur, le tenir sur votre épaule gauche l'aidera peut-être, car il percevra le rythme familier de vos battements cardiaques. Il est inutile de marcher sur la pointe des pieds autour de bébé de peur de le réveiller, ou de faire en sorte que les autres membres de la famille demeurent

cloîtrés dans le silence. Les bébés s'habituent rapidement aux sons normaux de la maison et les perçoivent comme apaisants. Mais il est important qu'aucun bruit n'éclate près des oreilles sensibles du bébé, non plus qu'une trop forte musique, laquelle pourrait endommager son ouïe. Si vous ne pouvez pas parler sans avoir à élever le ton pour couvrir la musique, c'est qu'elle est trop forte. Baissez le volume.

Votre bébé est très sensible au toucher. La peau est l'organe sensoriel le plus grand, développé à partir de la même portion de l'embryon que le système nerveux, six semaines après la conception. Votre bébé répondra rapidement à votre toucher, et que vous le tapotiez, le caressiez, le berciez ou le massiez, il en sera apaisé.

LES RÉFLEXES DE VOTRE BÉBÉ

Un réflexe est un mouvement involontaire en réaction à un stimulus et on évalue qu'un bébé manifeste environ 75 réflexes dans les premiers mois de sa vie. Certains demeurent tout au long de la vie (cligner des yeux lorsqu'un corps étranger approche, à titre d'exemple) ; d'autres disparaissent après quelques semaines ou quelques mois à mesure que le système nerveux du bébé se développe et qu'il devient plus à même de coor-donner pensées et actions.

Si vous touchez la paume de la main de votre bébé ou que vous y placez un objet, il le saisira fermement et le tiendra. De la même façon, si vous touchez la plante de son pied, il courbera ses orteils comme s'il cherchait à saisir quelque chose.

Le réflexe de Moro ou « de sursaut » est perçu lorsque vous soutenez votre bébé sur votre main et votre avant-bras

Votre bébé mimera un mouvement facial environ une heure après sa naissance. Attirez son attention et faites une grimace, plusieurs fois si nécessaire, et il vous fera la même grimace en retour. Les bébés apprennent également rapidement à surveiller vos lèvres lorsque vous leur parlez.

Réflexes des points cardinaux, de la succion et de la déglutition

Votre bébé vient au monde avec trois réflexes extrêmement importants qui l'aideront à s'alimenter. Il se tourne vers la source de stimulation lorsque vous touchez délicatement sa joue, il tourne la tête du côté que vous avez touché et ouvre sa bouche, recherchant votre mamelon ou quelque chose à téter. Si vous caressez sa lèvre supérieure, il ouvre la bouche, ses lèvres bougent et sa langue sort dans un mouvement de succion. Vous pouvez quelquefois observer ce réflexe, qui dure plusieurs semaines, lorsque vous prenez votre bébé : il essaie de s'accrocher à tout ce qui est à portée de sa bouche. Si vous avez de la difficulté à ce que votre bébé s'accroche à votre sein, ce réflexe pourra vous être utile.

Le réflexe partenaire de celui des points cardinaux est le réflexe de la succion. Une fois que quelque chose est placé dans la bouche de votre bébé, il le tétera fortement. Vous pouvez le ressentir si vous placez votre petit doigt dans sa bouche : mettez-en la partie inférieure contre son palais et vous sentirez l'effet de succion lorsqu'il mettra sa langue autour de votre doigt et créera une puissante aspiration.

Lorsque vous allaitez votre bébé (voir p. 206 – 207), il ouvre la bouche pour faire de la place au sein. Le mamelon est pris loin dans sa bouche et sa langue l'y maintient. Puis il comprime le mamelon et le tissu du sein, extrayant le lait des conduits. Le réflexe de déglutition fait descendre le lait dans l'œsophage. Bien que le réflexe de déglutition soit présent dès la naissance, la plupart des bébés prennent un certain temps à apprendre à coordonner la déglutition et la respiration. Ne vous inquiétez pas si votre bébé s'étouffe occasionnellement lorsqu'il est nourri, en particulier si vos seins sont pleins : il respire et avale plus d'une fois à la seconde, donc une certaine pratique est essetielle à la coordination des deux actions.

Ces trois réflexes coordonnés ne sont pas entièrement développés jusqu'à la 32e semaine de grossesse, raison pour laquelle il est difficile ou même impossible de nourrir les bébés très prématurés.

Les réflexes des points cardinaux, de la succion et de la déglutition semblent actifs chez certains bébés dès l'heure qui suit leur naissance ; par conséquent, il est toujours bon d'offrir le sein très tôt. La plupart des bébés ne sont pas affamés à ce point et plusieurs n'ont pas énormément d'appétit avant quelques jours.

et que vous utilisez votre seconde main pour supporter sa tête. Lorsqu'il est détendu, abaissez la main qui soutient sa tête. Il ouvrira bras et jambes et jettera sa tête vers l'arrière, puis reviendra en position normale. Il aura le même type de réponse si un son bruyant l'effraie.

Vous serez témoin du réflexe de la marche automatique si vous tenez votre bébé en position « debout » et dos à vous sur une surface ferme, comme une table, vos deux mains autour de sa poitrine. L'un de ses genoux se plie et le pied s'étend, comme s'il allait faire un pas ; son corps et sa tête ont tendance à se raidir au même moment. Toutefois, après quelques jours, ce réflexe est difficile à provoquer.

Le réflexe d'extension croisée est perçu lorsque vous stimulez la plante d'un pied. Le bébé retire sa jambe (courbant ses orteils, comme dans le réflexe de préhension) puis plie l'autre jambe. Ensuite, il étire sa jambe une fois de plus. Si vous caressez la plante de son pied, il réagira par le réflexe Babinski : son gros orteil s'étendra vers le haut et ses autres orteils s'étendront. Ce réflexe disparaît vers l'âge de deux ans, âge auquel il replie plutôt ses orteils vers l'intérieur.

Si vous caressez le dos de votre bébé, en suivant la ligne de sa colonne vertébrale, il courbera son dos. C'est le réflexe d'incurvation latérale du tronc.

À ce stade également, uriner et déféquer sont des réflexes et le demeurent pendant à peu près un an, lorsqu'ils commencent à devenir volontaires.

On évalue qu'il y a environ 75 réflexes chez les nouveaux-nés et la plupart d'entre eux, comme la marche, ne sont pas très significatifs. Certains, comme le réflexe « du sursaut » peuvent représenter la recherche d'une personne à qui s'accrocher en cas d'insécurité.

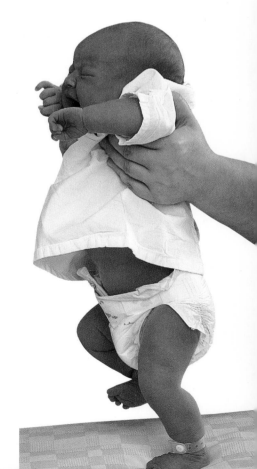

NOURRIR VOTRE BÉBÉ

Pour la plupart des bébés, le sein est ce qu'il y a de mieux, mais si vous décidez de ne pas allaiter pour une raison ou une autre, l'alimentation au biberon représente également un bon départ.

Le lait maternel procure à votre bébé tout ce dont il a besoin comme nourriture et boisson pendant les premiers quatre à six mois de sa vie. Il contient des anticorps qui augmentent la réponse immunitaire du bébé. Donc les bébés nourris au sein ont tendance à moins souffrir de maladies, de problèmes gastro-intestinaux et d'allergies. Il peut également diminuer l'incidence des maladies chroniques comme le diabète. Le lait maternel est toujours d'une qualité nutritionnelle élevée et s'adapte parfaitement aux besoins de votre bébé. Comme il est plus facile à digérer que le lait préparé pour nourrisson, un bébé nourri au sein est plus rarement constipé. Et il appert que l'incidence de mort subite du nourrisson est plus faible chez les bébés nourris au sein. L'allaitement est peu dispendieux et pratique. Le lait maternel est toujours disponible. Plus que tout, l'allaitement crée chez votre bébé une très grande intimité entre vous. C'est l'expérience ultime de la formation des liens maternels.

L'allaitement est également bon pour vous. Les hormones libérées lorsque vous allaitez aident votre utérus à se contracter pour retrouver sa taille d'avant la grossesse. Et, comme l'allaitement brûle des calories, vous perdrez le poids gagné durant votre grossesse plus rapidement.

COMMENT ALLAITER

L'allaitement est une chose naturelle, mais bien des mères et des bébés doivent apprendre la façon de faire. Vous aurez peut-être besoin d'une aide professionnelle pour placer votre bébé de façon à ce qu'il ne blesse pas vos mamelons. Tenez votre bébé poitrine contre poitrine afin qu'il n'ait pas à tourner sa tête ou à fléchir ou à étendre son cou pour prendre le sein. Lorsque sa bouche est grande ouverte, comme pour un baillement, placez-le délicatement sur votre sein pour qu'il prenne bien toute l'aréole. S'il prend bien le sein, sa lèvre inférieure sera courbée vers l'extérieur, une plus grande partie de votre aréole sera visible au-dessus de sa lèvre supérieure, davantage qu'en-dessous de sa lèvre inférieure, et il créera une succion avec sa langue.

Évitez de comprimer votre mamelon et n'essayez pas de donner une forme à votre mamelon avec vos doigts. N'importe laquelle de ces actions pourrait faire en sorte que votre bébé saisisse uniquement le mamelon, le blessant ainsi et causant des fissures et, en conséquence un allaitement inefficace. Si vous avez des mamelons inversés, vous aurez besoin d'un peu plus de patience et d'aide pour que le bébé prenne bien le sein.

La succion de bébé et la libération du lait dans vos seins stimulent une réponse hormonale qui dicte à vos seins de fabriquer davantage de lait (voir p. 66–67). En fait, plus vous nourrissez, plus vous produisez de lait, raison pour laquelle les mères de jumeaux produisent deux fois plus de lait. De plus, un allaitement efficace stimule le réflexe d'éjection du lait, lequel pousse le lait stocké dans les seins vers les conduits, et à l'extérieur à travers les points de sortie des mamelons.

Un allaitement « sur demande » est meilleur pour les mères et les bébés qu'un allaitement « programmé ». Permettre à votre bébé d'établir lui-même la durée et la fréquence de ses boires signifie que vous produisez la bonne quantité de lait. Plus tard,

Le lait est la nourriture idéale pour votre bébé, toujours à la bonne température et allant chercher dans votre sang les nutriments dont il a besoin. Le lait maternel devient encore plus aqueux lorsqu'il fait chaud.

Alimentation au biberon

Certaines femmes choisissent de nourrir leur bébé au biberon dès le début ; d'autres y passent plus tard parce qu'elles ont de la difficulté à allaiter au sein ou elles préfèrent la commodité de l'extraction du lait maternel. L'alimentation au biberon permet au père du bébé de prendre en mains certains boires depuis le début.

Si vous ne désirez pas nourrir au sein, personne ne doit vous imposer de le faire. Mais si vous êtes vraiment indécise, commencez par l'allaitement au sein et voyez comment évolue la situation. Vous pouvez toujours passer au biberon plus tard mais vous aurez besoin de beaucoup de soutien pour revenir à l'allaitement au sein si vous changez d'idée après quelques semaines d'alimentation au biberon.

(Si vous êtes sous médication et que vous désirez allaiter, vérifiez-en la possibilité auprès de votre médecin ; n'assumez pas que médicament signifie obligatoirement alimentation au biberon.)

Utilisez toujours une formule pour bébé (la plupart sont basées sur le lait de vache, modifié pour s'adapter au système digestif d'un bébé) et assurez-vous que tout ce que vous utilisez est scrupuleusement propre. La formule prête à utiliser est pratique, en particulier lorsque vous sortez, mais elle est coûteuse à la longue ; la plupart des parents choisissent une formule en poudre, mélangée à de l'eau préalablement bouillie.

Préparer des biberons pour une journée complète à la fois vous fera gagner du temps. Suivez à la lettre les

instructions du fabricant. Placez la quantité d'eau stipulée dans les bouteilles, puis ajoutez la préparation de lait, en égalisant le haut de la cuillère avec un couteau. Placez les couvercles sur les biberons et secouez vigoureusement pour dissoudre la poudre. Si vous ne le donnez pas immédiatement, stockez-le au réfrigérateur et réchauffez-le avant de le donner au bébé en le plaçant dans un bol d'eau chaude. Ne le réchauffez pas au micro-ondes car la circulation de la chaleur y est inégale et des parties trop chaudes pourraient brûler la bouche de votre bébé.

Vérifiez la température en laissant tomber une goutte à l'intérieur de votre poignet. Vous pouvez garder la formule reconstituée au réfrigérateur pendant 24 heures.

---

lorsque l'allaitement est établi (après environ six semaines), vous constaterez probablement que votre bébé désire être nourri de façon plus régulière. Mais dans les premiers jours et semaines, des tétées fréquentes, 6 à 12 tétées en 24 heures, sont normales.

Dans les quelques jours qui suivent la naissance, la succion qu'exerce votre bébé produit le colostrum, un mélange d'eau, de protéines et de sucre riche en anticorps. Votre lait « arrivera » entre le jour deux et le jour cinq et vous sentirez lorsque cela se produira. Vos seins seront pleins et lourds.

Le colostrum est de couleur jaunâtre, le lait maternel a une teinte plus bleutée que le lait de vache.

AVOIR DE L'AIDE

De nombreuses femmes ont des problèmes mineurs d'allaitement les premiers jours. C'est parfois bouleversant de trouver l'allaitement difficile. Si vous êtes toujours à l'hôpital, demandez de l'aide ; si vous êtes de retour à la maison, parlez à la sage-femme ou à l'infirmière, ou contactez un conseiller de l'un des

organismes de soutien de votre région (voir p. 218 – 219). Aucun problème ou presque n'est insurmontable si vous recevez l'aide appropriée.

Des mamelons douloureux ou fissurés sont en général causés par une position mauvaise ; un conseiller peut vous montrer à placer le bébé et vous aider à traiter vos mamelons. Un bébé qui semble insatisfait peut ne pas avoir suffisamment de lait ; encore une fois, cela peut être dû à un problème de posture, il tient uniquement le mamelon dans sa bouche. Ou, s'il est petit et somnolent, il peut ne pas téter suffisamment pour stimuler une production adéquate de lait. Vous seriez bien avisée de le nourrir plus souvent ou d'exprimer du lait pour maintenir une bonne réserve.

EXTRAIRE VOTRE LAIT

Savoir extraire votre lait est une technique qui vous sera utile car elle permettra que le lait maternel ainsi extrait soit donné à votre bébé par quelqu'un d'autre. Attendez que vous et votre bébé soyez à l'aise avec l'allaitement avant de lui

donner un biberon. Après six semaines environ, prendre le biberon (qu'il devra téter de façon différente du sein) ne devrait pas influencer sa succion. Le lait extrait du sein se conserve au réfrigérateur pendant 24 heures et au congélateur pendant trois mois.

Si vous l'extrayez à la main, vous aurez besoin d'un peu de pratique pour réussir. Choisissez un moment où vos seins sont naturellement presque pleins, mais à une heure au moins d'un boire ; lavez-vous les mains et détendez-vous. Élevez votre sein avec la partie plate de votre main, massez-le d'un mouvement d'aller vers le mamelon et de retour vers votre sternum. Travaillez autour du sein avec vos doigts et votre pouce mais ne tirez pas et ne comprimez pas le mamelon. Une fois que le lait commence à couler, laissez-le s'écouler dans un bol stérilisé.

Vous pouvez également extraire le lait de vos seins avec une pompe (manuelle ou électrique) qui fonctionne en créant une succion aspirant le lait à l'extérieur. Suivez les instructions fournies avec la pompe.

SOINS INTENSIFS POUR LES NOUVEAUX-NÉS

Les hôpitaux sont dotés d'incubateurs dans lesquels votre bébé recevra la chaleur, l'oxygène et l'alimentation dont il a besoin pour se développer.

Si à sa naissance votre bébé a besoin de soins spéciaux, on l'amènera immédiatement à l'unité des soins intensifs néonataux. Selon votre état, vous et votre conjoint pourrez vous y rendre également. Ce peut être une période de confusion et de détresse parce que le personnel médical agira rapidement, souvent sans vous consulter, de façon à donner sans délai à votre bébé les soins dont il a besoin. Aussitôt que les choses seront plus calmes, demandez une explication du problème et pendant combien de temps votre bébé aura besoin de soins. Un bébé sur sept passe quelque temps à l'unité des soins intensifs, la majorité une ou deux heures, certains une nuit complète. La plupart de ces mesures sont des mesures de précaution.

Demandez au personnel de vous expliquer chacun des appareils. Certains d'entre eux ne font rien « pour » votre bébé à part mesurer la température de son corps, son rythme cardiaque et sa pression sanguine.

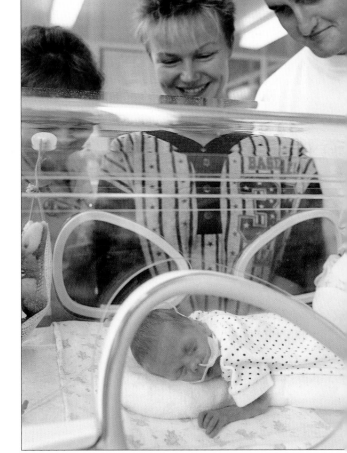

POURQUOI LES BÉBÉS ONT BESOIN DE SOINS INTENSIFS

Votre bébé peut avoir besoin de soins intensifs si le personnel médical doit l'observer de près (s'il a connu un état de détresse durant l'accouchement) ; s'il a besoin d'aide pour respirer ; s'il a besoin de température constante ; ou s'il a besoin de médication fréquemment ou en continuité.

Pour qu'un bébé passe plus de quelques heures aux soins spéciaux, c'est en général parce qu'il est malade ou prématuré. Un petit bébé, dont le poids est de moins de 2,5 kg (5½ lbs), sera souvent admis à l'unité des soins intensifs. Ces bébés sont en général prématurés, nés avant terme ou à environ 36 semaines de grossesse, ou ils souffrent de retard de croissance intra utérine, c'est-à-dire qu'ils sont beaucoup plus petits que la moyenne

pour leur âge gestationnel. L'insuffisance placentaire, qui prive un bébé de la nourriture et de l'oxygène, entraîne un retard de croissance intra-utérine causé par le fait que la mère fume ou abuse de drogues ou présente des problèmes médicaux, comme une pression sanguine élevée ou une maladie rénale. Un tel bébé est plus susceptible que d'autres de

souffrir de problèmes respiratoires, de troubles de l'alimentation ou plus enclin à faire une jaunisse, une infection ou de l'hypothermie ; mais un bébé à terme de taille moyenne souffrant de n'importe lequel de ces problèmes sera également admis à l'unité des soins intensifs.

Les bébés souffrant d'anomalies congénitales qui menacent leur santé

seront également admis aux soins intensifs, de même que ceux qui ont subi une intervention chirurgicale.

APPRENDRE À CONNAÎTRE VOTRE BÉBÉ

Il peut être difficile de se rapprocher d'un nouveau-né s'il est la plupart du temps dans un incubateur, avec des électrodes et des tubes attachés partout sur son petit corps. Si votre bébé est très malade ou très prématuré, vous pourriez même avoir peur de trop vous en rapprocher émotionnellement, au cas où il ne survivrait pas. Mais vous rapprocher de lui pourrait en fait augmenter ses chances de survie. Les études démontrent que les bébés qui sont régulièrement caressés et touchés prennent du poids plus rapidement que ceux qui ne le sont pas, par conséquent prenez-le chaque fois que vous le pouvez, même si ce n'est que pour de courtes périodes. Le toucher, le caresser et lui parler ont un effet thérapeutique. Lorsque vous pouvez le sortir de l'incubateur, tenez-le aussi près de vous que faire se peut, lui allouant le plus de contact possibles peau contre peau. Vous pourriez peut-être même le transporter dans une petite poche près de votre poitrine afin qu'il puisse sentir et entendre vos battements cardiaques. Si vous réalisez que vous retenez votre amour pour votre bébé, demandez au personnel médical de vous donner une évaluation honnête de ses chances ; plus de 75 % des bébés qui pesaient seulement 1 kg (2 lbs) à la naissance survivent.

Une alimentation par intraveineuse est obligatoire pour les bébés dont le système gastro intestinal n'est pas suffisamment développé pour digérer le lait maternel, ou le lait en formule pour nourrisson, ou qui ne sont pas assez développés pour téter (en général ceux qui sont nés avant 32 semaines). Si votre bébé est trop petit ou trop faible pour que vous puissiez l'allaiter, vous pouvez

peut-être extraire votre lait pour qu'il l'absorbe à partir d'une coupelle ou, plus fréquemment, à partir d'un tube d'alimentation passé dans le nez et jusque dans l'estomac. (Extraire du lait établit également la lactation afin que vous soyez à même de l'allaiter lorsqu'il sera plus fort.) À l'hôpital, on vous offrira d'utiliser un tire-lait électrique.

Le lait de la mère est particulièrement important pour les bébés prématurés, car ses anticorps aident le bébé à combattre l'infection. Vous pouvez ne pas avoir beaucoup de lait au début, mais de minuscules bébés nécessitent de minuscules quantités. Le médecin de votre bébé désirera probablement connaître précisément la quantité qu'absorbe votre bébé et il conseillera peut-être des suppléments de formule pour bébé prématuré, en plus du lait maternel.

RAMENER VOTRE BÉBÉ À LA MAISON

Votre bébé aura la permission de partir à la maison dès qu'il sera assez fort pour se passer d'intervention médicale toute la journée. S'il a passé un certain temps à l'hôpital, vous pouvez vous sentir angoissée à l'idée de prendre soin de lui mais soyez assurée qu'on ne lui donnerait pas la permission de quitter l'hôpital si le

médecin avait un doute quelconque sur sa capacité à se développer. Votre médecin ou votre sage-femme sera disponible à tout moment si vous vous sentez anxieuse, et votre bébé sera probablement plus à l'aise dans l'environnement de sa famille. Essayez de lui offrir un foyer calme et tranquille pendant les premiers jours pour vous laisser le temps de vous habituer l'un à l'autre.

Il est possible qu'il soit encore très petit et qu'il ait besoin de traitements spéciaux à la maison. On vous demandera peut-être de vous assurer que la maison soit toujours chaude et de le nourrir toutes les trois heures, ou plus souvent, qu'il se réveille ou pas. Les petits bébés dorment beaucoup mais on ne peut leur permettre de passer de longues périodes sans manger si on veut qu'ils maintiennent une croissance régulière.

Votre bébé changera à mesure qu'il prendra des forces. Vous serez habituée à avoir un bébé somnolent pendant plusieurs semaines, puis vous serez étonnée lorsqu'il commencera à être éveillé et exigeant, qu'il pleurera pour être nourri plus souvent et qu'il tètera pour de plus longues périodes. Ce sont les signes que votre bébé fait normalement tout ce que fait un nouveau-né après les premiers jours.

Quand mon bébé sera-t-il au même niveau que les autres ?

Une fois hors de danger immédiat leur bébé petit ou prématuré, hors de danger, bien des parents désirent savoir combien de temps cela lui prendra pour atteindre les mêmes niveaux de développement que les autres bébés du même âge. Lorsque vous essayez d'estimer le moment où votre bébé maîtrisera une aptitude particulière, travaillez à partir de la date de son terme plutôt que de sa date de naissance actuelle, et au moins pendant la première année, ajoutez un peu de temps à cela. Un bébé qui est né prématurément de deux mois

par exemple, peut avoir à 14 ou 15 mois les mêmes aptitudes qu'un bébé à terme autour de son premier anniversaire.

Tout chez votre bébé prématuré est miniature et tous ses organes sont immatures. Il aura peut-être besoin de temps pour que son alimentation soit bien établie avant même de commencer à grossir.

Pourvu que votre bébé soit bien nourri, soigné et aimé, il atteindra les niveaux de développement de la même façon que tous les autres enfants le font, soit à son propre rythme.

PREMIÈRES JOURNÉES À LA MAISON

Tandis que vous êtes occupée à vous adapter aux exigences de votre nouveau-né, votre corps revient doucement à son état d'avant la grossesse.

La période d'adaptation de votre vie familiale aux besoins de votre bébé est longue et vous devez vous assurer que vos besoins et ceux du reste de la famille sont également comblés. N'espérez pas un foyer qui fonctionne sans aucune anicroche immédiatement. Si vous le pouvez, essayez d'avoir de l'aide du matin au soir, au moins pendant la première semaine. Essayez de ne rien faire d'autre que de vous occuper de vous-même et du bébé, l'accouchement est exigeant, physiquement et mentalement, et vous avez besoin de temps pour récupérer.

SE REPOSER

Si vous allaitez, il est probable que vous n'aurez jamais plus de quatre heures de sommeil de suite. Certains parents dorment mieux lorsque leur bébé dort, peut-être dans l'après-midi ou tôt en soirée, et rattrapent le sommeil perdu de cette façon. Pour plusieurs, toutefois, dormir pendant le jour est trop inhabituel.

Le repos est une priorité. Branchez votre répondeur, débranchez le téléphone, et allez au lit. Vous pouvez prendre votre bébé au lit avec vous s'il n'est pas endormi ou s'il doit être nourri. S'il est agité et qu'il a besoin d'une paire de bras aimants ou du confort d'une promenade, demandez à la personne qui vous aide de le faire. Si vous n'avez pas envie de vous coucher, surélevez vos pieds et lisez un livre ou un magazine. Ne vous inquiétez pas de tout ce qu'il y a d'autre à faire. Vous fonctionnerez beaucoup mieux si vous prenez ce temps pour vous-même.

S'ADAPTER AUX VISITEURS

Il est compréhensible que la famille et les amis veuillent voir le bébé et que vous, bien entendu, soyez impatiente de leur présenter. Mais qu'ils soient là pour une heure ou une semaine, vous n'avez pas à les distraire et à vous occuper d'eux, ils peuvent faire le café ou le repas, et les faire pour vous également.

Si la visite vous fatigue, ne soyez pas mal à l'aise de vous excuser et de changer de pièce avec votre bébé. Votre conjoint ou votre aide peut prendre soin d'eux. Si les visiteurs veulent prendre et bercer le bébé, laissez-les faire, mais seulement si vous êtes à l'aise d'accepter. Si vous manquez de confiance en vous pour manipuler le bébé, que quelqu'un d'autre le fasse avec facilité ne vous aidera en rien. Et de nombreux bébés montrent par leurs pleurs qu'ils n'aiment pas que les visiteurs les prenne.

De la même façon, pour la période où vous et votre bébé vous habituez à l'allaitement, vous serez peut-être plus à l'aise dans une autre pièce. Des mères qui ont déjà allaité, tout en étant heureuses d'offrir conseils et encouragements, peuvent vous faire sentir légèrement incompétente (si c'est si simple, pourquoi ai-je tant de problèmes?) Celles qui n'ont jamais allaité peuvent se demander pourquoi vous persévérez alors qu'un biberon serait tellement plus facile.

CHANGEMENTS PHYSIQUES

Après la naissance, votre abdomen sera légèrement tombant et mou pendant un certain temps et vous ne pourrez pas enfiler vos vêtements les plus serrés pendant quelques mois (et peut-être même davantage). Bien que vous ayez perdu le poids du bébé, du placenta et du liquide amniotique, vos muscles ont été étirés.

L'allaitement et l'exercice restaureront éventuellement votre silhouette d'avant la grossesse. Vous n'avez pas besoin de « diète » (être à la diète pourrait, en fait, compromettre votre quantité de lait). Mangez simplement sainement et normalement.

Les heures d'éveil de votre bébé seront probablement occupées tout d'abord par l'allaitement mais lorsqu'il est éveillé et qu'il n'a pas faim, c'est le moment de vous asseoir avec lui. Reposez-vous cette période est importante pour vous, autant que pour lui. « Babiller »avec lui vous aide à vous connaître l'un l'autre.

Votre utérus continue à se contracter pendant les jours qui suivent la naissance et à mesure qu'il revient à sa taille normale. Les contractions après l'accouchement peuvent être plus aiguës lorsque vous allaitez. Si vous les trouvez réellement insupportables, demandez à votre médecin de vous recommander des analgésiques, mais dites-lui que vous allaitez afin que ceux qu'il prescrit soient sûrs pour votre bébé.

Vos seins seront plus gros lorsqu'ils seront pleins de lait (voir p. 206–207); c'est le résultat de l'augmentation de la sécrétion de lait, de sang et de lymphe dans les tissus du sein. Chez certaines femmes ils restent gros pendant de nombreuses semaines puis se mettent à diminuer. Cela ne signifie pas que vous avez arrêté de produire du lait; simplement que les mécanismes d'approvisionnement et de demande de lait se sont équilibrés et que vous produisez plus de lait lorsque votre bébé se nourrit.

Les pertes vaginales après l'accouchement sont appelées *lochies* et c'est un mélange de sang et de tissus de l'intérieur de l'utérus. Au début, elles sont rouge clair. Elles sont ensuite de couleur brun rosâtre puis verdâtre et finalement crème. Elles sont abondantes au début et vous aurez besoin de nombreuses serviettes sanitaires (n'utilisez pas de tampons, vous risqueriez d'introduire des bactéries dans le vagin). Après la première semaine, les pertes diminueront mais elles peuvent prendre plusieurs semaines à disparaître. Demandez l'avis du médecin si vous perdez beaucoup de sang frais après que la quantité ait diminué, ou si vous avez de gros caillots après les premiers jours.

Si vous êtes souffrante à cause des points de suture suivez les conseils des pages 186–187.

Exercices postnataux

Il n'est jamais trop tôt pour commencer les exercices postnataux, bien que ce puisse être la dernière des choses que vous ayez envie de faire. Les plus importants sont les exercices pour le plancher pelvien (voir p. 44–45) et vous devriez les démarrer aussitôt après la naissance, dès que vous le pouvez. Non seulement ils vous aideront à soulager la douleur au périnée mais ils réduisent également la possibilité d'incontinence à l'effort tout en tonifiant le vagin pour rendre les relations sexuelles plus agréables.

Encore quelques jours (attendez que votre médecin vous donne la permission dans le cas d'une césarienne) et vous pourrez ajouter des exercices abdominaux pour refermer l'écart entre les muscles de votre abdomen.

Flexion du dos

1 Couchez-vous sur le lit ou sur le plancher, genoux repliés et tête supportée.

2 Inspirez puis expirez tout en contractant votre abdomen et poussez le bas de votre dos pour qu'il appuie sur le lit ou le plancher. Maintenir la contraction cinq secondes. Inspirez et relâchez. Répétez trois fois.

Étirement abdominal

1 Couchez-vous sur le lit ou sur le plancher, genoux repliés et tête supportée. Laissez vos mains reposer sur vos cuisses.

2 Soulevez votre tête et pointez vos mains vers vos genoux. Lorsque vous sentez la contraction dans votre abdomen, maintenez la contraction cinq secondes, puis relachez.

3 À partir de la même position de départ, pointez vos mains à gauche, aussi près du plancher que vous le pouvez. Répétez en pointant à votre droite. Répétez la séquence en entier trois fois.

À LA MAISON AVEC VOTRE BÉBÉ

Les premiers jours à la maison avec un nouveau-né peuvent être épuisants, mais, à mesure que vous apprenez à combler les besoins de votre bébé, ces journées seront aussi formidablement excitantes.

Ne vous inquiétez pas si votre bébé pleure continuellement pendant un jour ou deux lorsque vous revenez à la maison. C'est un phénomène très courant, d'une certaine façon, il peut être le signe qu'il est conscient des changements dans son environnement. N'essayez pas d'enrôler bébé dans une routine : ce qui arrive les premiers jours ou les premières semaines n'établira pas le modèle suivi tout au long de sa petite enfance. Chaque jour sera différent, aussi bien en termes de comportement que de fréquence et de durée des tétées. La meilleure chose que vous puissiez faire est de répondre à ses besoins et d'être flexible.

SOMMEIL ET ÉVEIL

Les nouveaux bébés dorment pendant au moins un certain temps entre les boires et ils dorment en général plus la nuit. Au total, un nouveau-né dort normalement entre 12 et 18 heures sur 24. Il est également normal pour un nouveau-né de se réveiller quelquefois affamé pendant la nuit (les bébés ont de petits estomacs et ne peuvent ingurgiter assez de lait pour ne pas avoir faim plus de deux ou trois heures à la fois).

Votre bébé peut dormir n'importe où sur une surface ferme, confortable, propre, exempte de courants d'air, ni trop chaude et ni trop froide. Si vous utilisez un berceau, placez les pieds du bébé près du bout du berceau (afin qu'il ne puisse pas s'enrouler dans les couvertures et avoir trop chaud) et couchez-le sur le dos. Ayez une literie légère et n'utilisez pas de couette ni d'oreillers pour un bébé de moins d'un an. Il peut dormir dans un berceau à côté de votre lit pour faciliter les tétées de nuit. Vérifiez que votre bébé n'ait pas trop chaud quand il dort, en touchant sa poitrine et son cou. La peau devrait être tiède mais pas chaude ou moite.

Si votre bébé ne veut pas dormir entre les boires, il se peut qu'il ne soit pas fatigué, jouez avez lui pendant quelques minutes, parlez-lui ou transportez-le dans une poche ventrale tandis que vous faites autre chose.

S'il pleure ou s'il est fatigué, vous pouvez le soulager de plusieurs façons. Offrez-lui le sein de nouveau, il pourrait avoir encore faim. Un bébé nourri au biberon peut également avoir besoin d'un biberon de lait ou d'eau bouillie, puis refroidie. Laissez-le s'endormir dans vos bras avant de le mettre dans son berceau, mais assurez-vous qu'il est bien endormi avant de le déposer (son corps sera mou lorsqu'il sera entré dans un sommeil profond). Vous pouvez le bercer en le tenant contre votre épaule, ou tapotez son dos de façon rythmique. Cela l'aidera à éliminer tout gaz qui pourrait être emprisonné dans son estomac et l'incommoderait. Vous pourriez essayer de chuchoter ou de chanter doucement. Si rien ne fonctionne,

Lorsque votre bébé passera plus de temps éveillé, surveillez ses changements d'expression. Bien qu'il y ait désaccord à propos du moment où vous pouvez vous attendre à un premier sourire, la plupart des bébés montrent une gamme d'expressions faciales dès leur première journée.

Mon bébé n'arrête pas de pleurer

Pleurer est la seule façon qu'a votre bébé pour vous dire que tout n'est pas parfait dans son petit monde. À mesure qu'il vieillit, vous deviendrez de plus en plus apte à discerner ce qui cause ses pleurs, et à mesure qu'il se sent « chez lui », il pleurera probablement de moins en moins. Mais au début, la meilleure façon de gérer ses pleurs est simplement d'y répondre. Allez vers votre bébé, prenez-le et essayez de découvrir la cause probable de ses pleurs.

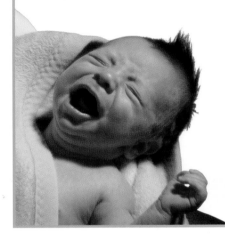

Faim

C'est la raison la plus évidente de ses pleurs. Peut-être penserez-vous que vous venez tout juste de nourrir votre bébé mais une heure ou deux se sont écoulées, offrez-lui le sein ou le biberon. Il ne prendra pas ce qu'il ne désire pas.

Malaise

Il peut être mouillé ou sali ou les deux. Vérifiez sa couche et changez-le au besoin. Assurez-vous que la couche ne soit pas trop serrée ou qu'un ruban gommé ne soit pas collé sur sa peau (erreur que font tous les parents de nouveaux-nés). Vérifiez que ses vêtements n'irritent pas sa peau délicate. Il peut avoir des coliques. Tapotez ou frottez son dos.

Ennui

Il a peut-être seulement besoin d'un changement de décor ou de bras. S'il est étendu dans un berceau d'où il voit les environs, placez-le dans une chaise de bébé; s'il est agité dans sa chaise, prenez-le et marchez autour de la pièce. Chantez-lui une chanson (ou demandez à un enfant plus âgé de le faire).

Contrariété

Lorsque vous avez trop de visiteurs qui se passent le bébé l'un à l'autre, il peut en être contrarié. Si la maison est pleine, prenez-le dans un coin plus tranquille pendant qu'il se calme; s'il n'y a aucun endroit calme, emmenez-le dehors.

Fatigue

Suivez les conseils sur la façon de l'endormir (voir page opposée).

Vous ne gâterez pas votre bébé en répondant à ses pleurs. Les bébés pleurent pour une raison, même si cette raison n'est pas plus précise que d'être légèrement de mauvaise humeur. Faites-lui comprendre que lorsqu'il a faim, il sera nourri et lorsqu'il pleure, il sera pris et réconforté.

Vous ne pouvez certes pas enseigner à votre bébé à être «bien» en le laissant pleurer pendant des heures jusqu'à ce qu'il s'endorme.

---

le mouvement est peut-être la solution: emmenez-le en auto (bien attaché dans son petit siège pour bébé, tel que décrit aux pages 136–137) ou bercez-le.

COMMENT HABILLER VOTRE BÉBÉ

Un bébé né l'hiver a besoin des mêmes vêtements que vous pour l'extérieur, plus un vêtement d'extérieur. Veillez à ce qu'il n'ait pas trop chaud et, lorsque vous le ramenez à l'intérieur, souvenez-vous de lui enlever la couverture ou le vêtement additionnel.

Pour un bébé né l'été, la literie et les vêtements seront légers. Les tissus de coton ou de mélange de coton sont plus frais que les vêtements synthétiques. Lors

des jours les plus chauds, tout ce dont a besoin votre bébé est une couche et une veste de coton. Ne laissez jamais votre bébé en plein soleil. Utilisez le pare-soleil de la poussette ou du landau pour garder votre bébé à l'ombre en tout temps.

Si vous n'avez pas tout, ne paniquez pas; les besoins d'un nouveau-né sont simples. Envoyez quelqu'un magasiner pour ces articles, qui dureront quelques jours, jusqu'à ce que vous fassiez une liste plus détaillée (voir p. 136–139).

À ACHETER

Un paquet de couches jetables taille nouveau-né

Tampons de coton, pour le nettoyage

Trois vestes ou tricots de corps

Trois pyjamas

Cardigan ou couverture douce

DÉPRESSION POSTNATALE

Après l'euphorie de la naissance, la plupart des nouvelles mamans reviennent sur terre et leurs émotions reviennent à la normale ; quelques-unes ont des problèmes plus durables.

Il est normal de souffrir du « blues du post-partum », de se sentir au bord des larmes, angoissée ou malheureuse, ou de passer de l'euphorie à la dépression dans les premiers jours suivant la naissance. La privation de sommeil et la baisse du niveau d'œstrogène et de progestérone qui se produisent après la naissance sont en général responsables de ces changements d'humeur, et une fois que vos hormones seront stabilisées, votre état psychologique le sera également. On évalue toutefois que 10 % des nouvelles mamans sont victimes d'une dépression postnatale plus sérieuse. Plusieurs autres, peut-être la moitié, passent par des étapes de manque de confiance en soi, de solitude, d'isolement et d'épuisement.

La dépression postnatale est une maladie, non un signe de faiblesse ou de caprices. Une mère qui souffre de ce problème peut être une bonne mère qui prend bien soin des besoins physiques de son bébé. Il se peut que rien n'indique aux étrangers sa tristesse et l'agitation de ses pensées. Mais néanmoins, ils sont bien là.

SIGNES ET SYMPTÔMES
Plusieurs des signes de la dépression postnatale sont courants chez les nouvelles mamans, mais si vous en avez plusieurs, ou si votre capacité à vous en sortir semble diminuer plutôt que de s'améliorer, cherchez de l'aide.

Celles qui en souffrent, très souvent, « perdent » quelques heures de la journée. Vous pouvez aussi bien regarder l'horloge et vous demander où sont donc passées les deux dernières

Un exemple typique
Combattre la dépression

ALEXANDRA, 30 ANS, AVAIT TRÈS HÂTE D'ÊTRE MÈRE.

« Nous étions mariés depuis six ans, le temps que mon conjoint David ait une carrière bien établie, lorsque nous avons décidé de commencer une famille. Puis il perdit son emploi juste avant la naissance de Victoria. J'allaitai pendant un mois avant de retourner travailler. David était un père merveilleux mais je voyais bien qu'il ne prenait pas soin de Victoria comme je l'aurais fait. Il me semblait tellement injuste qu'il ait tout ce que j'avais désiré alors que j'avais attendu si longtemps pour être mère. Je me sentais exclue de leur relation, je travaillais de longues heures pour joindre les deux bouts et je ne réalisais pas que ma fatigue m'éloignait d'eux et relevait de ma maladie.

« Je craquai une fin de semaine où ma sœur et son bambin vinrent nous rendre visite. David n'était pas là et ma nièce, Charlotte, tomba d'un cheval berçant sur lequel elle jouait. Elle ne s'était pas fait mal mais je devins hystérique, hurlant que j'avais presque tué ma nièce : comment donc pourrais-je jamais m'occuper d'un bébé ; j'étais une mère inutile et incapable. Ma sœur amena les enfants dans une autre pièce puis appela notre médecin. Je pleurais toujours une heure plus tard lorsque David revint à la maison. Le médecin et ma sœur m'amenèrent à l'hôpital.

« J'y restai comme patiente pendant six semaines et Victoria me rendit de longues visites. Je parlais à un psychothérapeute tous les jours. Il m'aida à voir ce qui semblait évident en rétrospective : subvenir aux besoins de ma famille ne faisait pas de moi une mère moins adéquate. Comme les autres parents, David et moi avions eu à faire du mieux que nous pouvions dans des circonstances loin d'être idéales, et Victoria ne saurait pas que je voulais faire plus mais m'aimerait pour ce que j'étais. Peu importe qui prendrait soin d'elle, je serais toujours sa maman.

« Je ralentis la cadence lorsque je retournai au travail et, heureusement, David trouva un emploi quelques mois plus tard. Je pus enfin prendre un congé de maternité à temps plein. Victoria ne semblait pas souffrir des débuts chancelants de notre relations, mais je me demande parfois ce qui serait arrivé si ma sœur ne s'était pas trouvée là au bon moment. »

heures. Vous pouvez vous réveiller le matin avec l'impression de n'avoir pas du tout dormi. La fatigue est courante bien entendu, mais l'épuisement et l'apathie, même lorsque la tâche la plus simple comme faire une tasse de café semble un effort, peuvent être des signes de dépression.

Vous constaterez peut-être que vous ne souriez pas beaucoup et que vous riez encore moins. La vie des nouveaux parents est remplie d'incidents amusants (une couche mise sans devant derrière, un dîner à minuit) mais vous pouvez ne pas être apte à percevoir l'humour qu'ils recèlent. Vous pouvez pleurer ou vous sentir au bord des larmes sans raison ou pour une raison insignifiante.

Les sentiments de ne pas mériter son bébé ou de se croire incapable d'en prendre soin sont courants parmi les victimes de la dépression postnatale. Même chose si vous vous sentez absente, comme si les expériences ne vous touchaient pas. La seule personne avec qui vous vous sentez vous-même est peut-être votre conjoint, et quelquefois ce n'est même pas le cas.

PERSONNES À RISQUE

Tout le monde peut être touché par la dépression mais certaines femmes sont plus à risque que d'autres.

La maladie est moins commune dans les sociétés où il existe un bon réseau de soutien de gens qui aident la nouvelle maman avec son bébé. Dans les sociétés occidentales, une nouvelle maman peut se sentir seule et sans amis, car les contacts sociaux sont difficiles à établir et plus difficiles encore à créer. Celles qui sont seules ou qui ont un conjoint qui ne les supporte pas se retrouvent tout en haut de la liste des personnes à risque. Comme le sont également les femmes qui ont une histoire de problèmes psychologiques.

Les femmes qui ont des souvenirs d'enfance malheureux, qui ont vécu

---

Psychose postnatale

La psychose postnatale, quelquefois appelée *psychose puerpérale*, est une maladie mentale qui affecte peut-être une ou deux femmes sur mille. Elle commence en général juste après l'accouchement et peut empirer lors des jours et semaines subséquentes. Elle est caractérisée par des illusions, des hallucinations, un changement de personnalité et des comportements bizarres qui peuvent être compulsifs ou obsessifs. Vous pouvez désirer n'avoir jamais eu de bébé ou souhaiter qu'il disparaisse. Certaines victimes songent même au suicide. Toutes sont évidemment très malades pour les personnes qui les entourent.

La psychose postnatale peut demander un traitement à l'hôpital et peut durer quelques mois. La plupart des femmes qui souffrent de dépression se rétablissent complètement. Il existe toutefois un risque accru qu'elle apparaisse de nouveau après un second accouchement.

---

privations et négligences ou qui ont de mauvaises relations avec leurs parents ont tendance à souffrir plus, comme celles qui ont eu une expérience d'accouchement « décevante », qui devient alors le centre de tous les sentiments d'incompétence (« Si je n'avais pas eu une césarienne, je pourrais m'occuper de mon bébé lorsqu'il pleure »).

Finalement, les problèmes que d'autres femmes savent gérer, points douloureux, bébé exigeant, nuits sans sommeil, incapable de porter des vêtements réguliers, poussent certaines femmes vers la dépression.

AVOIR DE L'AIDE

Si vous pensez souffrir de dépression, recherchez de l'aide. C'est important pour vous , mais également pour votre bébé. Les mères qui souffrent peuvent ne pas être à même d'entrer en communication avec leur bébé, et le jeu verbal et non verbal normal, s'en trouve diminué. Cela peut avoir des effets à plus long terme sur la façon dont se développent et apprennent ces bébés.

Si vous n'étiez pas satisfaite de votre médecin, même de nos jours, certains prescrivent des anti-dépresseurs plutôt que de s'occuper de la cause de la dépression, persistez ou demandez à votre conjoint de persister avec vous.

Le soutien de votre conjoint est vital en ce moment. Vous pouvez désirer qu'il vienne chez le médecin avec vous pour qu'il puisse vous aider lorsque vous décrivez les symptômes et rendre compte de tout progrès que vous faites. Il peut aussi vous rappeler les conseils que vous donne le médecin, quelquefois les gens dépressifs ne se souviennent de rien de ce qui leur a été dit. Faire face à cette maladie ensemble peut accélérer votre guérison.

Demandez de l'aide pour les travaux ménagers et prendre soin du bébé. Pour pouvoir mieux dormir lorsque le bébé le permet, prenez une marche tous les jours (mettez le bébé dans la poussette ou dans le landau). Si vous le pouvez, faites un peu d'exercice. Certains centres sportifs ont des garderies ou vous pouvez peut-être trouver une amie qui s'occupera du bébé pendant une heure ou plus. Faites du bain ou de la douche une priorité. Plus vous vous sentirez jolie, mieux vous vous porterez. Contactez un groupe de soutien pour femmes qui ont vécu ce que vous vivez et qui s'en sont sorties.

Votre médecin pourrait vérifier votre glande thyroïde s'il croit que la cause peut être hormonale. Les anti-dépresseurs peuvent être utiles à court terme. L'admission à l'hôpital vient en dernier recours.

CONSIGNER LES PREMIERS JOURS

Lorsque vous revenez à la maison avec votre bébé, vous croyez peut-être que chaque détail de ces premières semaines sera imprimé dans votre mémoire pour toujours. Mais les souvenirs s'effacent facilement.

Peu importe s'il sont occupés et prennent soin de leur bébé et peu importe s'ils sont épuisés, la plupart des nouveaux parents trouvent le temps de garder un dossier de la naissance de leur bébé, peut-être l'événement le plus important de leur vie. Il peut-être amusant de garder des souvenirs de la naissance et des premiers jours de votre bébé.

Vous pouvez également désirer rédiger un compte-rendu de votre travail et de votre accouchement, une façon de trouver un sens à ce qui représente une expérience extraordinaire.

PRENDRE DES PHOTOS

Un dossier photographique de votre bébé vous aidera à garder les souvenirs de ces premières semaines et à suivre la chronologie des transformations du bébé.

Immédiatement après l'accouchement, les photos seront probablement prises à la lumière fluorescente qui donne une teinte verte à un film couleur. Utilisez un filtre pour obtenir un résultat plus naturel. Certains appareils photo automatiques font la mise au point sur le premier objet que détecte la lentille, donc si votre bébé est dans un incubateur ou que vous prenez une photo dans la pouponnière de l'hôpital, tenez-en compte. Une image de la mère, du bébé et du médecin ou de la sage-femme qui a procédé à l'accouchement est un beau souvenir.

Photographier votre bébé à la même heure environ tous les jours de la première semaine enregistrera les changements presque imperceptibles. Essayez de prendre des photos de votre enfant dans des poses similaires avec un arrière-plan similaire pour en faire une séquence attrayante dans un album.

Vous recevrez probablement des albums de photo et c'est une bonne idée de classer vos photos à mesure qu'elles sont développées. Assurez-vous de mettre la date sur chacune d'elles. (Certains appareils enregistrent cette information sur le film.)

Il existe un risque d'endommager les yeux de votre bébé avec le flash, bien qu'il soit minime (les bébés, tout comme les adultes, clignent des yeux par réflexe lorsqu'un lumière brillante les éblouit). Essayez d'utiliser la lumière naturelle autant que possible ; elle donnera des contours plus doux et éliminera la possibilité de fatigue oculaire chez bébé. S'il n'y a pas de lumière naturelle et que votre appareil photo le permet, dirigez le flash sur une surface loin du visage de votre bébé. Souvenez-vous qu'un bébé content et endormi représente un sujet parfait et élimine tous les problèmes créés par un flash.

Les vidéos sont également un enregistrement formidable des expressions passagères de votre bébé et représentent le cadeau idéal pour les amis et parents qui vivent loin et ne voient pas régulièrement le bébé.

Photographiez votre bébé au cours d'événements quotidiens, lorsqu'il est au sein, ou endormi, montrant de l'intérêt pour ses mains, et apportez l'appareil photo lors des occasions spéciales. Photographiez votre bébé avec un jouet doux comme un ourson en peluche ou une poupée de chiffon au cours de sa première année et de sa petite enfance. Plus tard en regardant la séquence, apparaîtra de façon saisissante la croissance de votre bébé, au début il apparaîtra minuscule à côté de son ourson puis le dépassera graduellement.

Pour des portraits plus formels, parents-bébé, songez à l'utilisation d'un film noir et blanc, qui donne d'adorables résultats, des finis très doux. C'est également une bonne façon de chercher des ressemblances : demandez à vos parents des photos de vous-même lorsque vous étiez bébé. Prenez des poses naturelles et simples.

AUTRES DOSSIERS

Les livres de bébé, qui vous permettent de conserver le « premier sourire », la « première dent » et autres détails tout au long de la première année de bébé, sont des cadeaux populaires. Si vous en recevez un, prenez le temps de le compléter, votre bébé l'adorera lorsqu'il sera plus vieux. Si vous trouvez que le livre est trop restrictif, bien des parents ne désirent pas être restreints aux événements spéciaux, achetez un cahier et faites votre propre journal. Incluez-y des détails comme ce que porte bébé, pendant combien de temps il dort, combien de tétées il prend, qu'elle était sa température, de même que les étapes importantes de son développement.

L'enregistrement de cassettes vidéo de votre bébé font des souvenirs fascinants et de bons cadeaux pour la famille et pour les amis qui vivent loin. Enregistrez les premiers gargouillis de votre bébé, ses pleurs lorsqu'il s'éveille, ses premiers balbutiements et, plus

Votre coffre à héritage grandira avec lui au fil des ans et deviendra un magnifique souvenir de ses premières journées et mois.

tard, son rire et ses tentatives de prononcer des mots.

UN COFFRE D'HÉRITAGE

Afin de rassembler des souvenirs de la vie de bébé, un coffre d'héritage pourra être commencé dès que vous arriverez à la maison. Une vieille boîte à chausssures est idéale pour les premiers souvenirs. Plus tard, une boîte plus grande sera peut-être nécessaire.

De l'hôpital, conservez les bandes d'identification de votre bébé, l'attache du cordon ombilical et le bouchon de la bouteille de champagne que vous avez ouverte pour porter un toast à son arrivée. Demandez à quelqu'un d'acheter un journal du jour de la naissance du bébé et conservez-le en parfait état. Si vous aimez la musique populaire, achetez une copie de l'album numéro un de cette semaine-là. Les magazines de mode et autres publications qui montrent la vie et les mœurs de l'époque sont également des souvenirs fascinants.

Prenez l'empreinte du pied et de la main de votre bébé (pressez son pied et sa main sur un tampon d'encre puis sur une pièce de carton) et une mèche de

ses cheveux. Plus tard ajoutez une boucle de sa première « vraie » coupe de cheveux.

Gardez un journal quotidien au jour le jour durant la première semaine, complété avec les photographies, et conservez-le dans le coffre d'héritage. Vous devriez y inclure l'annonce de la naissance parue dans le journal de même que les cartes de félicitations que vous avez reçues. Des fleurs pressées provenant des bouquets que vous aurez reçus sont de bons ajouts également.

À mesure que votre bébé grandit, ajoutez ses premiers souliers, tout vêtement spécial qui, à votre avis, le fait paraître particulièrement mignon (ou une photo de lui le portant), et les dessins et barbouillages qu'il a fait au cours de ses années pré-scolaires. Une fois l'école commencée, les bulletins sont intéressants à garder et, bien entendu, sa première dent.

Quand votre enfant aura six ou sept ans, avec déja le sentiment de ce qu'est le « passé », vous pourrez sortir le coffre et continuer à construire vos souvenirs ensemble.

INDEX

A

acide folique 14–15, 37, 127
accouchement 150–195
    VOIR ÉGALEMENT travail
    accouchement assisté
        188–189
    active 72–73
    canal 182, 183
    césarienne voir césariennes
    contrôle de la douleur 72, 132,
        143, 150, 152
    délivrance 190–191
    eaux 73, 75
    forceps 167
    foyer 73, 75, 81, 152–153
    géré 72
    GP units 72–73, 80
    hôpital 72–73, 80–81,
        150–151, 157
    naturel 72
    méthode Lamaze 51, 73, 74, 75
    options 72–73, 80–81,
        132–133, 184–185
    partenaires 89, 132, 173
    pères 72, 73, 81, 89, 150,
    plan 132–133
    positions 140–141,
        166–167, 151, 184–185
    position transversale 166, 167
    prématuré voir avant terme
    préparations 144, 150–153,
        156–157
    présentation 140–141,
        166–167
    psychoprophylaxie 73
    questions 74, 88, 108–109,
        132–133, 152–153,
        160–161, 186–187
    siège 140, 141, 166, 167, 188
    tabouret 185
    travail avant terme 127, 147
    urgence 158–159, 177
    vérifications 202–203
acupression, acupuncture 19, 55,
    85, 171
âge 25
alcool 12, 18–19, 38, 130
allergies 37
allaitement 137, 206–207
    bouteilles 125, 138–139, 207
    césarienne, après 179
    colostrum 106, 130
    exprimer 120, 130, 138–139,
        207, 209
    hormones 67
    intraveineuse 209
    jumeaux 195, 206
    prématurés 209
    sein 132, 138–139, 150–
        151, 205, 206–207, 210
alpha-fetaprotéine 101
anémie 126–127, 130
anesthésie
    césariennes 178–179

B (continued from A column)

Entonox 172–173
épidurales 143, 152, 167,
    172–173, 177, 178
épisiotomie 186
gaz et air 172–173
médicaments 172–173
péthidine 172–173
animaux 20–21, 119
anomalies congénitales
    100–101, 209
ARM 161, 162
aromathérapie 58–59, 82
    105, 171
asthme 12
automobiles
    ceintures de sécurité 144, 157
    conduire 144
    sièges 125, 136, 137
    travail 144, 157
avortement voir arrêt

B

bains 82, 142, 157, 160, 187, 215
    bébé 137
bébé
    apaisement 212–213
    balayage 77, 82, 97, 98–99,
        100
    bouche 77, 141, 202
    capacités 204–205
    cerveau 77, 104, 203
    cheveux 97, 135, 199
    cœur 77, 99, 146, 147, 202,
        203
    communication 105
    déglutition 83, 205
    dents 83, 103
    duvet 97, 135, 141, 199
    embryon 71
    émotions 201
    fœtus 77
    formation des liens maternels
        199, 209, 210, 215
    formé 83
    goût 104
    gras 131, 135, 198
    hanches 203
    hernies 146, 203
    jaunisse 203, 208
    jouer avec 212, 213
    massage 105
    membres 71, 77, 83, 97, 99,
        103, 107, 131, 135, 141,198
    mouvements 83, 96, 102–103,
        141
    naissance 190–191
    nez 77, 83, 199
    nouveau-né 198–199
    occiput antérieur/postérieur
        140, 166–167
    ongles 97, 135
    oreilles 77, 83, 97, 135
    organes 71, 77, 83, 97
    ouïe 97, 103–105, 198, 204

organes génitaux 83, 97, 99,
    131, 198, 203
peau 103, 107, 131, 135, 141,
    198
personnel médical 120–123
pleurs 212–213
points cardinaux 205
position céphalique 135
position vertex 135, 140
poumons 131, 140, 141, 147,
    191, 203
prématurés 107, 130, 147,
    195, 208–209
problèmes médicaux 147
réflexes 204–205
respiration 191
Résultats Apgar 202
sens 204
siège 140, 141, 166, 167
sommeil 102, 104, 141, 201,
    212, 213
spina bifida 146
squelette 77, 83, 99, 103
système nerveux, 77, 104,
    204–205
taille 71, 77, 83, 97, 103, 107,
    131, 135, 141, 202
tests sanguins 203
tête 71, 77, 83, 97, 99, 131,
    140, 154, 159, 163,
    182–203, 198
tétée 83, 205
thyroïde 147, 203
traitements in utero 146–147
transfusion de plaquettes 147
transfusion sanguine 147
toucher 204
vérifications 202–203
vernix 103, 107, 135, 141,
    159, 191, 199
vêtements 125, 138, 151, 213
vue 97, 104, 107, 141, 204
yeux 77, 83, 97, 104, 107,
    135, 141, 199
berceaux 136
« blues du bébé » 200, 214–215
boire voir alcool
bouteilles 125, 138–139, 207
brûlements d'estomac 38–39, 47,
    86, 124, 143

C

caféine 14, 36
cage thoracique 112
candida 112
ceintures de sécurité 144, 157
césariennes 176–179
    accouchements à la maison
        153
    accouchements subséquents
        80, 177
    d'urgence 177, 183
    élective 176–177
    jumeaux 127, 194

    procédures 178–179
    raisons 72, 134, 140, 167
changer nattes 137
chambre d'enfant 120–123
chats 20–21
cheveux 102, 115
chevilles, enflées 142
chorionique humaine
    gonadotropine (HCG) 64, 67,
        71, 82, 84, 101
« clicky hip » 203
col de l'utérus 26–27, 31
    anormalités 79
    dilatation 160, 161, 163, 180,
        181, 182
    incompétence 90
colostrum 106, 130
conception 62–63
    âge 25
    fertilité voir entrée principale
    fécondation 62–63
    hormones 66, 67, 70
    indicateurs 64–65, 67
    planification 10–33
    processus 26–29
    questions 12, 24–25
    synchronisation 25, 28–29
conditions héritées 12
conduire 144
congé de paternité 119
conjoints voir accouchement :
    conjoints
consultation
    accouchement assisté 189
    allaitement naturel 207
    épisiotomie 187
    génétique 12, 13
    HIV 79
    infertilité 29, 32
    stress 22
constipation 76, 86, 124
    diète 37, 86, 113
    exercice 42, 48, 86
contraception, effets de la 13
contractions de Braxton-Hicks
    134
contractions voir travail
contrôle de la douleur 72, 132,
    165, 170–173
    voir également médecines
        complémentaires
    accouchement à la maison 152
    accouchement d'un siège 167
    césariennes 178–179
    chaleur 150
    épidurales 143, 152, 167,
        172–3, 177, 178
    hypnose 19, 171
    médicaments 172–173
    naturel 170–171
    relaxation 50–55, 170–171
    respiration 56–57, 170
    TENS 171
    visualisation 22–23, 55, 150,

171
cordon ombilical 77
  coincé 167
  compression 155
  coupure 158, 191, 192
  développement 77
  fonction 83
  procidence 177
costumes de bain 117
couches 125, 138, 151
couronnement 159, 163, 166,
  182, 190
croissance intra-utérine
  ralentissement (IUGR) 208
CVS 100 – 101
cystite 112

D
date d'accouchement estimée
  (EDD) 65, 145
date du terme 65, 145
D & C 91, 92
debout 119, 143
délivrance 190 – 191
  assistée 188 – 189
  césarienne voir césarienne
dents 12, 85, 114, 115
dépression
  prénatal 69
  postnatale 200, 214 – 215
développement embryonnaire 71,
  77
diabète 12
  balayages 98
  gestationnel 79, 98, 113, 143
  provoquée 169
diarrhée 155
diète 36 – 39, 130
diète sans gluten 37
diète sans lactose 37
dilatation et curetage
  (D & C) 91, 92
distrophie musculaire 12
doigts, enflés 142
dossiers 78, 165, 216 – 217
duvet 97, 135, 141, 199

E
eaux voir liquide amniotique
EDD 65, 145
émotions 105
  accouchement 200 – 201
  changements 67, 68 – 69, 87
  dérangé 90
  derniers mois 144 – 145
  fausse couche 92, 93
  postnatales 200, 214 – 215
  travail 180 – 181
endométriose 30, 31, 32
Entonox 172 – 173
envies subites 85
épidurales 152, 167, 172 – 173,
  177 – 178
  de marche 172
  prééclampsie 143
épisiotomie 161, 183, 186 – 187
équipement 136 – 137
  jumeaux 125

seconde main 137
être parents 68, 69, 108, 109
  formation des liens maternels
    199, 209, 210, 215
  soins 212 – 213
étourdissements 86, 126
évanouissement 86
exercice 145
  abdomen 44, 45, 49, 211
  accroupi 49
  bras 46
  brûlements d'estomac /
    indigestion 47, 86
  chevilles 48
  constipation 42, 48, 86
  cou 47
  dos 41, 42 – 43, 52
  épaules 43, 46 – 47
  genoux 53
  jambes 43, 48 – 49, 53
  nage 124, 145
  pelvis 44 – 45, 53, 142, 211
  pieds 48
  postnatales 211
  pré-grossesse 16 – 17
  prénatal 42-29
  respiration 56 – 57, 170
  yoga 52 – 53
expression 138 – 139, 207, 209
extraction par aspiration 183, 189

F
facteur rhésus 24, 169
fatigue
  prénatale 64, 82, 84, 119, 124
  postnatale 210, 214 – 215
fausse-couche 90 – 93
  avertissements 91
  D & C 91, 92
  diète 39
  effets secondaires 92 – 93
  émotions 93
  future grossesse 93
  pères 92
  raisons 90 – 91, 93
  récupération 92 – 93
  relations sexuelles 110
  soulever 21, 90
fausses grossesses 64, 90 – 91
fertilité
  voir également infertilité
  âge 25, 29
  mâle 12 – 13, 21, 27, 28, 29,
    30 – 31
  stress 12, 22, 31
fibroïdes 30, 79, 90
fibrose kystique 12, 13
fin 101
fissure labiale / palatine 147
fœtal
  détresse 153, 188
  provoquée 169
  signes 157, 163, 177
  surveillance 132, 145, 160,
    163, 174 – 175
  syndrome alcool 18, 38
fœtus voir bébé
follicule 26, 27

forceps 167, 177, 183, 188 – 189
formation des liens maternels
  199, 209, 210, 215
frères et sœurs 109, 153, 213
fumer
  dangers de 18 – 19, 38
  insuffisance placentaire 208
  prématurité 130

G
gardiennes 120 – 123
gaz
  bébé 212, 213
  césarienne, après 178
gaz et air 172 – 173
gênes 25
GIFT 31, 33
glande pituitaire 66, 67
grands-parents 120 – 121
grossesse ectopique 31, 62, 91

H
hémorragie voir saignements
hémorroïdes 113, 124
hérédité 12, 25
herpès génital 72
HIV 79
homéopathie 87, 171
hormones
  changements 64, 200
  délivrance 192, 193
  de reproduction 66 – 67, 70
  déséquilibre 90
  émotions 68, 69, 87, 105
  malaises 67, 76, 82, 84
  nausées 67, 76, 82, 84
  placenta 76, 82, 83
  postnatales 200
  provoquer 168 – 169
  triple test 101
hôpital
  admission 160 – 161
  accouchement 72 – 73,
    80 – 81, 157
  choisir 80
  quitter 209, 210 – 211
  préparations 144-5, 150 – 151,
    156
  synchronisation 156, 157
huiles 171
  bain 82, 187
  massage 58 – 59, 105
humeurs
  changements 67, 69, 87
  effets de 104 – 105
  postnatales 200, 214 – 215
hypertension voir pression
  sanguine : élevée
hypnose 19, 171
hystérosalpingogramme 31

I
immunisation 12, 21
incontinence au stress 142
indigestion 38 – 39, 47, 86, 124,
  143
infection 12, 21
infections à la levure 112

infertilité
  voir également fertilité
  causes 30 – 31
  consultation 29, 32
  traitement 29, 31, 32 – 33
insecticides 20
« instinct de faire son nid » 139,
  154 – 155
intestins 112
  constipation 37, 42, 48, 76,
    86, 113, 124
  défécation 180, 182, 187
  diarrhée 155
  travail et 180, 182
imperfections du tube neural
  (NTD) 101
IUD 13
IVF 33

J
jambes, enflées 142
jaunisse 203, 208
jouets 139
journal 78, 165, 217
jumeaux 25, 63, 124 – 127
  aide 126, 127
  allaitement195, 206
  allaitement naturel 195, 206
  anémie 126 – 127
  césariennes 127, 194
  délivrance 194 – 195
  exercices 124
  fatigue 124
  grossesse, longue de la 194
  groupes de soutien 125
  hypertension 125
  positions 167, 194
  prématuré 195
  provoqué 169, 194
  questions 127
  saignements 125
  soins spéciaux 195
  syndrome de la transfusion 146
  yoga 124
jumeau à jumeau 146
  jumeaux 125, 146, 194

L
landaus 125, 137
laparoscopie 31
liquide amniotique 83, 96
  amniosynthese 98, 100 – 101
listeria 39
literie, chambre
  accouchement à la maison
    152, 153
  celle de bébé 125, 136, 137,
    212, 213
lithotomie 185, 186
lochies 211

M
mains, enflées 142
maladies cardiovasculaires
  25, 169, 177, 188
  voir également problèmes
    circulatoires
maladie des reins 72, 90, 208

maladie de Tay-Sachs 12
maladie hémorragique du
  nouveau-né 202
maladies transmises sexuellement
  (MTS) 72, 79
malaises 64, 67, 76, 82, 84–85
  arrêt de travail 118
  jumeaux 124
  travail 155, 180
malaise matinal voir nausée
mamelons voir seins
marchandises de seconde main
  125, 136, 137, 138
marques de naissance 96, 113
marsupialisation 146
massage 51, 58–59, 89, 111
  bébé 105
  travail 157, 165
masturbation 110, 111
matériel de nettoyage 20
maternité
  quitter 118, 134, 145
  vêtements 87
maux de dos 113
  exercices 42–43
  jumeaux 124
  posture 40–41, 113
  travail 166, 167
méconium 157, 177, 188
médecins 74
  avis de conception 12, 25, 30
  avis de naissance 72, 73, 80
  choisir 25, 61, 72, 74, 75
  soins prénataux 78–79
  tests de grossesse 64
médecines alternatives voir
  médecines complémentaires
médecines complémentaires 87,
  171
  acupression, acupuncture 19,
    55, 85, 171
  aromathérapie 58–59, 82,
    105, 171
  homéopathie 87, 171
  hypnose 19, 171
  infertilité et 33
  méditation 55
  Shiatsu 55, 171
  Tai-chi 54
  technique Alexander 54
  thérapie par les herbes 171
  visualisation 22–23, 55, 150,
    171
  yoga 52–53, 87, 124, 143
médicaments 18–19
  abus 12, 19, 130, 208
  anesthésique 172–173
  anti-nausée 85
  aux herbes/homéopathiques
    remèdes 87, 171
  de sous le comptoir 24, 87, 171
  fertilité 32
  prescrit 12, 85, 87
  soulagement de la douleur
    172–173
  traitement fœtal 147
médications voir médicaments;
  homéopathie

méditation 55
menstruation 24–25, 66
minéraux 14–15, 36
muguet 112
musique
  bébé 105, 204, 212–213
  travail 150

N
nager 124
naissances multiples 25, 32, 33, 63
  voir également jumeaux
  césarienne 177
  groupes de soutien 125, 195
  prééclampsie 143
nausées 64, 67, 76, 82, 84–85
  arrêt de travail 118
  jumeaux 124
  travail 180
noms 105, 125, 200
nounous 120–121, 123
nourriture voir diète
nutrition voir diète

O
obstétriciens 74–75
œdèmes 96, 130, 142
ongles 115
ordinateurs 21
ovaires 26–27
  endométriose 30
ovulation 28, 29, 30
  GIFT 33
  IVF 33
  stimulation 32
oxytocine 67, 192, 193

P
pagettes 145, 151
peau 114–115
  allergies 114
  coloration 82, 96, 102, 114
  lotion solaire 114–115
pelvis 82
  voir également travail
  anormalités 79
  céphalo-pelvienne
    disproportion 140, 176, 177
  exercices 44–45, 53, 142
  pelvipéritonite
    (PID) 13, 31
pères
  accouchement 72, 73, 81, 89,
    150, 151, 184–185
  accouchement d'urgence
    158–159
  balayages 99
  congé de paternité 119
  cours prénataux 88, 89
  délivrance 190–191
  fausse couche 92
  hôpital 150, 151
  inquiétudes 69, 109
  massage 51, 58–59, 89, 157
  postnatales 201
  soin des bébés 120–121, 122
  support 51, 72, 109, 165, 185
  travail 157–159, 161, 165,

181, 184–185
périnée 158, 182–183
  accouchement assisté 188
  épisiotomie 186–187
péthidine 172–173
petits lits 125, 137
phenylketonuria (PKU) 203
photographies 132, 150,
  216–217
pieds
  enflés 115, 142
  exercice 48
  massage 115
  souliers 113, 115, 116–117,
    142
pilule, la 13
placenta 67, 71, 76, 77
  accouchement d'urgence
    158–159
  accouchement par césarienne
    177
  croissance 64, 79, 96, 102,
    106, 112
  D & C 91
  décollement placentaire 98, 127
  délivrance 192–193
  difformité 90
  douleurs après accouchement
    211
  provoquée 169
  fausse couche 90, 92–93
  fibroïdes 30, 79, 90
  insuffisance 208
  inversion 193
  jumeaux 124
  marsupialisation 146
  mouvement 82, 96, 102,
    112, 134
  praevia 73, 110, 134,
    176–177
  prééclampsie 143
  présentation 140–141
  rétention 193
  syndrome de transfusion
    traitements in utero 146–147
  travail 163
pleurs 212–213
poids
  fertilité 29
  gain 70, 79, 106, 110
  jumeaux 124
  perte 154, 210
poils pubiens 161, 178
points de suture
  épisiotomie 186–187
pollution 12, 20–21
pollution de l'eau 20
posture 40–41, 143
poumons 112
poussettes 125, 137
prééclampsie 143
  accouchement, choix de l' 73
  césarienne 177
  jumeaux 127
  provoquée 169
  symptômes 127, 130, 142, 143
prématurité
  jumeaux 195

soins spéciaux 208–209
survie 107, 130
travail 127, 147
prénatal
  arrêt de travail 118
  cours 88–89, 108, 144
  dépression 69
  exercices 42–49
  soins 78–79
  tests 96, 100–101
pression sanguine 160, 208
  accouchement assisté 188
  basse 86
  césarienne 177
  du bébé 208
  élevée 12, 50, 79, 98
  fausse couche 90
  jumeaux, avec 127, 194
  prééclampsie voir entrée
    principale
  prématurité 130
  provoqué 169, 194
  travail et 72
problèmes circulatoires 12, 76, 96
  voir également maladies
    cardiovasculaires
  exercices 42, 48
  veines variqueuses 112–113
problèmes d'alimentation 15
problèmes génétiques
  consultation 12, 13
  tests 100–101
produits chimiques 12, 20–21,
  119
prostaglandines 168–169
provoquée 132, 145, 161,
  168–169

Q
questions
  accouchement 74, 88,
    108–109, 132–133, 152–
    153, 160–161, 186–187
  conception 12, 24–25
  jumeaux 127
  soins des enfants 123

R
radiation 12, 20, 21, 119
rayons X 12, 20 21
relations sexuelles 110–111
  conception 28–29
  fausse couche 110
  travail 110, 145
relaxation 22–23, 47, 82
  techniques 50–55
  travail 157, 170–171
respiration 56–57, 170
  à bout de souffle 126, 143
résultats Apgar 202
rétention des liquides 96, 130, 142
rêves 108
risques agricoles 20, 21
rougeole 12
rubéole 12, 78

S
sage-femmes 72, 75

saignements
  voir également fausse couche
  apparition 154, 155
  jumeaux 127
  lochies 211
  postnatal 193, 211
  prénatal 63, 91, 98, 110
  travail 153, 157
salmonelle 39
santé, pré-grossesse 12 – 13
sécurité
  maison 139
  RCR pour bébé 139
  sièges d'auto 125, 136, 137
seins
  allaitement voir allaitement
  changements 64, 67, 82, 96, 106
  colostrum 106, 130, 207
  douloureux 206, 207
  fausse couche 93
  grossis 82, 86, 211
  mamelons, inversés 79, 206
  pompes 138 – 139, 207
  sensibles 67, 82, 86, 111
  soutien-gorge 41, 86, 117, 150 – 151
serviettes sanitaires 150, 151, 211
sexe, du bébé 62
  choisir 25
  confirmation 82, 97, 99
shiatsu 55, 171
SIDA 79
soif 96
soins des enfants 120 – 123
  chambre d'enfant 120 – 123
  gardiennes 120 – 123
  grands-parents 121
  nounou 120 – 123
  père 120 – 122
  questions 123
soins néonataux 107
soins postnataux 198 – 217
  dépression 200, 214 – 215
  émotions 200 – 201
  exercice 211, 215
  formation des liens maternels 196, 209, 210
  hôpital 202 – 203
  psychose 215
  revenir à la maison 209, 210 – 207
  soins spéciaux 195, 202, 208 – 209
soins/traitements dentaires 12, 85, 114, 115
sommeil
  du bébé 102, 104, 136 – 137, 141, 201, 212, 213
  insomnies 82
  matelas 137
  perte de souffle 143
  positions 41
  postnatales 210
  rêves 108
  stress 22, 23, 51
soulever 21, 41, 118, 119
souliers 113, 115, 116 – 117

sperme 27
  décompte 13, 18 – 19, 30 – 32
  qualité du 12 – 13, 18 – 19, 29, 30 – 31
  traitements de fertilité 33
spina bifida 146
stéthoscope de Pinard 174, 175
stress 12, 22 – 23, 50 – 51, 84
surveillance fœtale électronique (EFM) voir surveillance fœtale
syndrome de Down 25, 100
syndrome de mort subite du nourrisson 136, 139
syndrome du tunnel carpien 142 – 143
système reproducteur 26 – 27, 66 – 67

T
Tai-chi 54
technique Alexander 54
téléphones cellulaires 145, 151
température
  corps 28, 29
  pièce 136
tension voir stress
test d'anormalité 100 – 101
  ARM 161, 162
  eaux arrières 191
  rupture 154 – 155, 161, 169
  vert 157, 177, 188
tests 78 – 79
tests de grossesse 64
tests de réaction acrosomique 31
tests d'invalidité 100 – 101
tests d'urine 79, 143, 160
tests sanguins
  anémie 130
  bébé 203
  grossesse 64
  immunité 12, 78
  ligne de base 78
  maladies génétiques 13
  rhésus 24, 78, 130
  triplets 101
tetanos 12
thalassémie 12
thérapie par les herbes 171
thyroïde 147, 203, 215
toxines 12, 20 – 21
toxoplasmose 20 – 21, 39
trait drépanocytaire 12
transpiration 96
travail 118 – 119
  congé de maternité 118, 134
  risques 21, 118, 119
  sécurité 21, 118, 119
  temps d'arrêt 118
travail 154 – 175, 180 – 195
  voir également accouchement
  accéléré 132, 161, 168 – 169
  accouchement assisté 188 – 189
  accouchement, moment de l' 190 – 191
  apparition 154, 155
  contractions 134, 155 – 157,

162 – 165, 169, 180 – 185
  couronnement 159, 163, 166, 182, 190
  début 156 – 157
  détresse fœtale 153, 156, 163, 169, 174 – 175, 188
  diarrhée 155
  dilatation 160, 161, 163, 180 – 182
  eaux 154 – 155
  EFM voir surveillance fœtale
  émotions 180 – 181
  épisiotomie 161, 183, 186 – 187
  extraction par aspiration 183, 189
  faux 134, 155
  forceps 167, 177, 183, 188 – 189
  hyperventilation 57
  malaise 155, 180
  nausée 180
  prématuré/préterme 110, 127, 130, 147
  première phase 162 – 165
  provoqué 132, 145, 161, 168 – 169
  positions 164 – 165, 181, 184 – 185
  pousser 181, 184 – 185
  reconnaissance 144, 154 – 155
  relations sexuelles 110, 145
  relaxation 50, 51, 54, 55, 170 – 171
  respiration 56 – 57, 170, 171
  seconde phase 182 – 191
  soulagement de la douleur voir entrée principale
  surveillance fœtale 132, 145, 160, 163, 174 – 175
  tête, engagement de la 140, 154, 166
  troisième phase 192 – 193
  transition 180 – 181
  uriner 156, 165, 182, 188
  visualisation 22 – 23, 55, 150, 171
travail des soins de santé 21, 119
trimestres
  premier 61 – 93
    premier mois 70 – 75
    deuxième mois 76 – 81
    troisième mois 82 – 93
  second 94 – 127
    cinquième mois 102 – 105
    quatrième mois 96 – 101
    sixième mois 106 – 127
  troisième 128 – 147
    septième mois 130 – 133
    huitième mois 134 – 139
    neuvième mois 140 – 147
trompes de Fallope 26
  bloquées 30, 31, 32
  conception 62

U
ultrasons
  balayages 77, 82, 97, 98 – 99,

100, 134, 169
  surveillance fœtale 174, 175
urine
  voir également travail, accouchement assisté 188
  césarienne 178
  cystite 112
  fréquence 64, 76, 112
  incontinence au stress 142
  travail 156, 165, 182
utérus 26

V
vaccination 12, 21
vagin 26
  voir également saignements
  anormalités 79
  décharges 28, 64, 86 – 87, 211
  examen 161
valise, hôpital 144, 150 – 151, 156
varicelle 12
veines variqueuses 112 – 113
VDU 21
végétaliens, végétariens 37
vernix 103, 107, 135, 141, 159, 191, 199
verrues hydatidiformes 64, 90 – 91
vessie voir uriner
vêtements 87, 102, 116 – 117
  bébé 125, 138, 151, 213
  cuisses 113, 117, 142
  jumeaux 125
  sous-vêtements 41, 86, 117, 150 – 151
  travail 150, 151, 160
vidéos 132, 150, 216 – 217
villosité choriale 71, 76
  CVS 100 – 101
visage, enflé 96, 130, 142
visiteurs 210, 213
visualisation 22 – 23, 55, 150, 171
vitamines 14 – 15, 36, 37, 85
  voir également minéraux
  hydrates de carbone 36
  diabète 143
  souper à l'extérieur 39
  fibre 37, 86
  liquide 37, 86
  risques 39
  hôpital 150, 151, 156, 164
  prééclampsie 143
  pré-grossesse 12, 14 – 15
  protéines 36
  mets réguliers 82
  magasiner 139
  casse-croûte 37, 82, 84 – 85, 124
  spéciaux 37
  goût 64, 85
  jumeaux 124

Y
yoga 52 – 53, 87, 124, 143

REMERCIEMENTS

h=haut ; b=bas ; c=centre ; g=gauche ; d=droite

1 Laurence Monneret/Tony Stone Images ; 2 Chris Harvey/Tony Stone Images ; 3 Laurence Monneret/Tony Stone Images ; 4h Matthew Ward, 4b Laura Wickenden, 5h Laura Wickenden ; 5c Frans Rombout/Bubbles ; 5b Laura Wickenden ; 6 Andy Cox/Tony Stone Images ; 7 Robert Harding Picture Library ; 8 The Stock Market ; 9 Susanna Price/Bubbles ; 10–11 Laura Wickenden ; 13 D. Oullette, Publiphoto Diffusion/Science Photo Library ; 14 Jacqui Farrow/Bubbles ; 15 Laura Wickenden ; 16h Warren Morgan/Robert Harding Picture Library, 16b Matthew Ward ; 17 Mattthew Ward ; 18g CNRI/Science Photo Library ; 18d Dr Tony Brain/Science Photo Library, 19g James Stevenson/Science Photo Library ; 19c James Stevenson/Science Photo Library ; 19d The Stock Market ; 20h Marc Henrie ; 20b The Stock Market ; 21 Robert Kristofik/The Image Bank ; 23h Sandra Lousada/Collections ; 23b Laura Wickenden ; 24–25 Jo Foord ; 29 Stewart Cohen/Tony Stone Images ; 31g John Greim/Science Photo Library ; 31 Keith/Custom Medical Stock Photo/Science Photo Library ; 32 Jennie Woodcock/Bubbles ; 33 Hank Morgan/Science Photo Library ; 34–35 Laura Wickenden ; 36–37 Peter Myers ; 38 Sterling K. Claren, Prof. of Pediatric Dept., University of Washington School of Medicine ; 39 Loisjoy Thurston/Bubbles ; 40–49 Laura Wickenden ; 50 Anthea Sieveking/Collections ; 52–53 Laura Wickenden ; 50 Bubbles ; 56–64 Laura Wickenden; 65 Emap Elan ; 66 Matthew Ward ; 67 The Image Bank ; 68–70 Laura Wickenden ; 72–75 F. Rombout/Bubbles ; 76–79 Laura Wickenden ; 80 Pauline Cutler/Bubbles ; 81 Holy Name Hospital, New Jersey ; 82 Laura Wickenden ; 83 Petit Format/Nestle/Science Photo Library ; 84–85 Laura Wickenden ; 86 John P. Kelly/The Image Bank ; 87h Laura Wickenden ; 87 Loisjoy Thurston/Bubbles ; 88–89 Gary Bistram/The Image Bank ; 92 Laura Wickenden ; 93 Jennie Woodcock/Bubbles ; 94–95 Laura Wickenden ; 96 Laura Wickenden ; 97 Petit Format/Nestle/Science Photo Library ; 98 Angela Hampton/Bubbles ; 101 Howard Sochurek/The Stock Market ; 102 Laura Wickenden ; 103 Petit Format/Nestle/Science Photo Library ; 104–106 Laura Wickenden ; 108 Emap Elan ; 109–111 Laura Wickenden ; 113 Chris Harvey/Tony Stone Images ; 114–116 Laura Wickenden ; 117 Anthea Sieveking/Collections ; 118 David de Lossy/The Image Bank ; 119 Jennie Woodcock/Bubbles ; 120h Nancy Durrell McKenna/Hutchison Library ; 120hc Fiona Pragoff/Collections ; 120bc Tony Stone Images ; 120b Nick Oakes/Collections ; 122 Anthea Sieveking/Collections ; 123 Don Wood/Robert Harding Picture Library ; 125h Sandra Lousada/Collections ; 125b Laura Wickenden ; 126 Lupe Cunha/Bubbles ; 127 J. Croyle/Custom Medical Stock Photo/Science Photo Library ; 128–130 Laura Wickenden ; 132 Jennie Woodcock/Bubbles ; 134 Laura Wickenden ; 136h Andrew Sydenham ; 136 Elizabeth Whiting Associates ; 137–140 Laura Wickenden ; 142 Jennie Woodcock/Bubbles ; 144 Laurence Monneret/Tony Stone Images ; 145h Laura Wickenden ; 145b Jennie Woodcock/Bubbles ; 146 Frans Rombout/Bubbles ; 148–152 Laura Wickenden ; 155 Robert Harding Picture Library ; 156–158 Laura Wickenden ; 159 Bruce Ayres/Tony Stone Images ; 160–167 Laura Wickenden ; 168 Laurence Monneret/Tony Stone Images ; 170 Laura Wickenden ; 173 Andy Cox/Tony Stone Images ; 175 Jeremy Beckett/Bubbles ; 176 Tim Brown/Tony Stone Images ; 179 Ron Sutherland/Science Photo Library ; 181 Jennie Woodcock/Bubbles ; 184–185 Laura Wickenden ; 192 Petit Format/Bubbles ; 193 Michelle Edelmann/Bubbles ; 196–197 Laura Wickenden ; 198 Frans Rombout/Bubbles ; 199 The Stock Market ; 200 Laura Wickenden ; 201 Robert Harding Picture Library ; 203h Ian West/Bubbles ; 203b Frans Rombout/Bubbles ; 204 Laura Wickenden ; 205 Jennie Woodcook/Bubbles ; 206 Chris Harvey/Tony Stone Images ; 208 Robert Harding Picture Library ; 210–211 Laura Wickenden ; 212 Susanna Price/Bubbles ; 213 Frans Rombout/Bubbles ; 214 Mark Lewis/Tony Stone Images ; 216 Jennie Woodcock/Bubbles ; 217 Laura Wickenden

Toutes les illustrations ont été produites par Mick Saunders